Detlef Luthe
Fundraising

Detlef Luthe

Fund-raising

Fundraising als beziehungsorientiertes Marketing – Entwicklungsaufgaben für Nonprofit-Organisationen

Maro Verlag

Dissertation Universität Bremen 1996

Die Deutsche Bibliothek – CIP-Einheitsaufnahme

Luthe, Detlef:
Fundraising : Fundraising als beziehungsorientiertes Marketing –
Entwicklungsaufgaben für Nonprofit-Organisationen / Detlef Luthe. -
Augsburg : MaroVerl., 1997
    Zugl.: Bremen, Univ., Diss., 1996
    ISBN 3-87512-150-3

1. Auflage Mai 1997

Gesamtherstellung: MaroDruck, Augsburg

Vorwort

Fundraising wird in den USA, ganz im Gegensatz zu Deutschland, nicht als reine „Geldbeschaffung" oder gar als „Betteln" verstanden. Fundraising bedeutet vielmehr „Ressourcenmanagement": Management für die regelmäßige Akquise von Finanzmitteln für gemeinnützige Organisationen, aber auch – und das ist noch wichtiger – für die Gestaltung und Pflege von vertrauensvollen Beziehungen zu existierenden und potentiellen Ressourcengebern.

Detlef Luthe bietet uns in seinem Buch „Fundraising als beziehungsorientiertes Marketing – Entwicklungsaufgaben für Nonprofit-Organisationen" einen Überblick über die Grundlagen des Fundraising und liefert Bausteine für die theoretische Fundierung der Fundraising-Arbeit in gemeinnützigen Organisationen. Er geht von einem prinzipiell dialogorientierten Kommunikationsverständnis der Nonprofits aus, welches die Ziele der Spender nicht nur berücksichtigt, sondern ihnen – wie in den USA schon seit Jahrzehnten praktiziert – einen hohen Stellenwert einräumt. Mittelbeschaffung wird zu einem beiderseitigen Austausch von Geben und Nehmen, welcher zu langfristig lukrativen Beziehungen führt.

Ich wünsche diesem für die Gemeinnützigkeit wichtigen Buch engagierte und kritische Leser, so daß es auch in Deutschland zu einer expliziteren öffentlichen Diskussion zu Fragen der Ethik des Fundraising, zu notwendiger Professionalisierung des Fundraising in Nonprofit-Organisationen sowie zu einem gesunden Selbstbewußtsein haupt- und ehrenamtlicher Fundraiser kommen wird.

Dagmar L. Kohring, CFRE
International Fundraising & Management Consulting, Inc., Boston und Bonn
Februar 1997

Inhaltsverzeichnis

Einleitung

Fundraising ist ein schillernder Begriff. Sowohl in den Medien als auch innerhalb von gemeinnützigen Organisationen wird er häufig – mit Blick auf beeindruckende Beispiele aus der Praxis der Mittelbeschaffung in den USA – als Lösung drängender Finanzierungsprobleme in deutschen Nonprofit-Organisationen angesehen. Bei genauer Betrachtung werden jedoch nicht nur die zweifellos vorhandenen Potentiale und Chancen deutlich, die mit den Versuchen einer Übertragung auf hiesige Verhältnisse verbunden sind; auch Vorbehalte, Risiken, Grenzen und vor allem die zahlreichen organisationsinternen Vorleistungen treten dabei zu Tage. Kontinuierliche und systematische Mittelbeschaffung erweist sich in erster Linie als anspruchsvolle Kommunikationsaufgabe.

Nonprofit-Organisationen als nicht-kommerzielle und nicht-staatliche Organisationen können nicht alles, aber einiges besser als privatwirtschaftliche Unternehmen oder staatliche Institutionen. Als Sympathisant mit den Zielen zahlreicher NPO sowie ihrer prinzipiellen Funktion und Bedeutung für die Gesellschaft, ist mein Erkenntnisinteresse primär auf die Stärkung ihrer Selbstorganisationskräfte gerichtet. Zahlreiche Aufgaben und Ziele gemeinnütziger Organisationen fristen ein Schattendasein, weil sie nur unzureichend präsentiert, kommuniziert und organisiert werden (können). Im Einzelfall lassen sich dafür eine Fülle von Ursachen nachweisen – ein gemeinsamer Nenner scheint mir jedoch nicht zuletzt die Finanzierbarkeit zu sein. Keineswegs gehe ich davon aus, daß Nonprofit-Organisationen zwangsläufig und immer „Gutes" tun oder „Schlechtes" verhindern; sie sind interessengeleitet wie andere Organisationen auch. Allerdings können ihnen grundsätzlich gemeinnützige Ziele unterstellt werden, die immer auch ein Gegengewicht zum vorherrschenden Eigennutz bilden können.

Im Rahmen der vorliegenden Arbeit bezeichnet der Begriff Fundraising alle Aktivitäten im Zusammenhang mit der Beschaffung von Ressourcen für Nonprofit-Organisationen (NPO). Dieses weit gefaßte Verständnis betrachtet die Ressourcenbeschaffung als Management aller Einnahmequellen und -arten. In Deutschland sind für zahlreiche NPO dabei nach wie vor die wichtigsten Quellen für diese Ressourcen Öffentliche Haushalte – von der Europäischen Gemeinschaft bis zu den Kommunen. Doch „wenn die öffentliche Hand leer ist, muß man eben private um so heftiger schütteln" (Lutter 1993). Nach dieser Devise setzen sich deutsche Nonprofit-Organisationen zunehmend auch mit anderen – im Unterschied zu den USA oder Großbritannien – noch weniger etablierten Formen der Mittelbeschaffung auseinander. Dabei geraten *einerseits* die Potentiale des „Private Giving" in den Blick, d.h. von Einzelpersonen, Unternehmen und Stiftungen gegebene Mittel, die freiwillig auf NPO übertragen werden. Neben Geld, Sachmitteln, kostenlos zur Verfügung gestellten Dienstleistungen handelt es sich dabei auch um immaterielle Transfers in Form von Förderung und Unterstützung der Organisationsziele sowie ehrenamtlicher Mitarbeit. In einem engeren Sinn wird Fundraising deshalb auf freiwillig gegebene Mittel aus privaten Quellen bezogen. *Andererseits* erlangt – je nach Arbeitsbereich der NPO – auch der Verkauf von Leistungen Bedeutung. Sowohl das Private Giving als sozialer Austausch als auch der Verkauf von Leistungen als kommerzieller Austausch können für die Mehrzahl der NPO in Deutschland als noch unausgeschöpfte Potentiale für das Fundraising gelten.

Gleichgültig ob Fundraising als Management aller Ressourcenquellen und -arten verstanden wird oder sich auf das Private Giving als freiwillige Transfers aus privaten Quellen, d.h. Einzelpersonen, Stiftungen und Unternehmen bezieht – im Zentrum stehen immer *der erfolgreiche Aufbau, die Aufrechterhaltung und Verbesserung von Beziehungen zu allen relevanten Bezugsgruppen und Personen unter Berücksichtigung der Ziele aller beteiligten Parteien.* Vor diesem Hintergrund richtet sich mein Interesse weniger auf formale Abgrenzungen bezüglich unterschiedlicher Ressourcen, sondern auf eine inhaltliche Ausrichtung der Mittelbeschaffung an Prinzipien der Beziehungsorientierung. Im Rahmen dieser Arbeit wird deshalb das Fundraising als Managementaufgabe verstanden, die sich auf alle Ressourcenquellen und -arten bezieht. Beziehungsorientiertes Fundraising umfaßt jedoch mehr als die Akquirierung Öffentlicher Mittel oder das Sammeln von Spenden. Vielmehr handelt es sich auf der Basis einer klar formulierten

Organisationsphilosophie um selbstbewußte Angebote von Nonprofit-Organisationen an staatliche und andere Institutionen, einzelne Personen, Unternehmen sowie die Gesellschaft insgesamt. Als Begriff der sich auf das *Wie* der Mittelbeschaffung bezieht, läßt sich das „Relationship Fundraising" (Burnett 1992) auf die Formel bringen: „The mission is the magnet" (Rosso 1991). Damit wird auf die Notwendigkeit von Überzeugungsarbeit verwiesen: Die Botschaften, Ziele und Werte müssen organisationsintern klar beschrieben und akzeptiert sein und nach außen transportiert werden, um als Magnet für alle Beteiligten wirken zu können. Angebote und Botschaften beziehen sich auf die Gestaltung von Austauschprozessen bzw. Relationships. Aus diesem Grund führe ich den Begriff des Fundgiving ein: Er richtet zunächst auf einer abstrakten Ebene die Aufmerksamkeit auf die Tatsache, daß zu jedem *Fundraising* auch ein *Fundgiving* gehört und fungiert somit als Komplementärbegriff zum Fundraising; gleichzeitig dient er im Kontext dieser Arbeit als Bezeichnung für alle freiwillig gegebenen Ressourcen aus privaten Quellen. Der Phänomenologie und dem komplexen Bedingungsgeflecht des Tausches sowie entsprechenden theoretischen Erklärungsansätzen kommt eine zentrale Bedeutung zu. Dem entspricht die im Rahmen dieser Arbeit propagierte Ausrichtung des Relationship Fundraising an einem Konzept des Relationship Marketing, dem es im wesentlichen um die Gestaltung von Austauschbeziehungen geht.

Fundraising ist weder eine neue besondere Technik oder Methode noch eine neue Aufgabe für das Management gemeinnütziger Organisationen; sie ist vielmehr untrennbar mit der Struktur und Funktion von NPO verknüpft. Dennoch wird dieser Aufgabenbereich häufig weder strategisch geplant noch kontinuierlich mit einem der Bedeutung dieser Aufgabe entsprechenden Mitteleinsatz betrieben. Aus meiner Sicht gibt es dafür zwei Gründe: Fundraising kostet zunächst immer Geld und Zeit bevor sich Erfolge einstellen. Dieser *Mitteleinsatz* zur *Mittelbeschaffung* wird jedoch in der Regel nicht als notwendige Investition, sondern als verzichtbar erscheinender und lästiger Kostenfaktor angesehen. Daneben existieren Vorbehalte in bezug auf eine Beschäftigung mit Marketing und Öffentlichkeitsarbeit – Arbeitsbereiche, die jedoch untrennbar mit dem Fundraising verbunden sind.

Fundraising im Sinn einer Arbeit an konzeptionellen Ansätzen für die Ressourcenbeschaffung von NPO steht in Deutschland seit einigen Jahren im Mittelpunkt einer steigenden Zahl von Fachdiskussionen und Publikationen. Vor diesem Hintergrund sprechen mindestens drei Argumente für eine Studie, die nicht nur einen Überblick über wesentliche Aspekte des Fundraising liefert, sondern vor allem mit Hilfe der modifizierten Übertragung von Erkenntnissen aus verschiedenen Disziplinen, die Erörterung von Aspekten einer theoretischen Fundierung des Fundraising zum Ziel hat:

Erstens stellt sich das Fundraising als zentrale Managementaufgabe Organisationen, die als nicht-kommerzielle angesichts ihrer intermediären Struktur und unterschiedlichen Finanzierungsquellen und -arten einem besonderen Erklärungs- und Rechtfertigungsdruck für ihre Existenz ausgesetzt sind. Not-For-Profit-Organisationen funktionieren selten nach dem Modell: Kunden zahlen selbst und direkt für die nachgefragten bzw. angebotenen Dienstleistungen oder Produkte. Im Bereich des Sports, der Kunst, Kultur, Ökologie ebenso wie im Sozialen Bereich, müssen NPO daher ihre Existenz anders als kommerzielle For-Profit-Organisationen begründen und ihre Leistungen profilieren. Außerhalb eines einfachen Marktmodells agierend, welches auf Nachfrage, Angebot und direkter Bezahlung seitens der Kunden bzw. Nutzer basiert, unterliegen nicht-kommerzielle Organisationen latent prekären Existenzbedingungen, die in Zeiten von öffentlichen Mittelkürzungen schnell in manifeste Existenzbedrohungen umschlagen können. Ein beziehungsorientiertes Fundraisingkonzept bietet sich vor diesem Hintergrund insbesondere für das Management der komplexen Kommunikations- und Finanzierungsbedingungen an.

Zweitens liegen Erkenntnisse aus der Marketingwissenschaft, der Sozialpsychologie, Soziologie und Sozialwissenschaft vor, die für das Fundraising von NPO relevant sind und nutzbar gemacht werden können. Dies gilt insbesondere für den Ansatz des Relationship Marketing, von dem ein beziehungsorientiertes Fundraising profitieren kann; für Studien zur Altruismusforschung bzw. zum prosozialen Verhalten, die Erklärungen und Modelle liefern für das Fundgiving sowie für die Soziologie des Vertrauens, die sich zur Analyse dieses Schlüsselfaktors für erfolgreiches Fundraising heranziehen läßt. Damit läßt sich das üblicherweise primär als operative Aufgabe angesehene und organisierte Fundraising auch in einen theoretisch begründeten konzeptionellen Rahmen stellen. Auf der Handlungsebene wird das Postulat des beziehungsorientierten Fundraising von vielen NPO akzeptiert und praktiziert. Die eher praxisorientierte Einführung des Begriffs Relationship in die Fundraising-Diskussion und die theoretische Diskussion des Relationship-Ansatzes innerhalb der Marketingwissenschaft stehen jedoch weitgehend unverbunden nebeneinander. Die hier beabsichtigte Verknüpfung beider Ansätze erscheint für die Weiterentwicklung des Fundraising sinnvoll.

Drittens ist inzwischen auch in kleineren NPO das Interesse der Verantwortlichen an Sichtweisen und Methoden des Managements von Profit-Organisationen, speziell an Methoden des Marketing und der Öffentlichkeitsarbeit, gestiegen. Ein Blick in die Fachliteratur, aber auch in die Praxis von NPO macht dies deutlich. Seit einigen Jahren werden nicht nur Begriffe, sondern auch Methoden aus dem Profit-Bereich „importiert", die allerdings selbst von aufmerksamen Betrachtern kaum noch zu überschauen bzw. zu bewerten sind. Insgesamt weisen Diskussionen in Theorie und Praxis bezüglich der Übertragbarkeit von Begriffen und Konzepten aus dem Profit-in den Nonprofitbereich zahlreiche Ambivalenzen und Unsicherheiten auf Seiten der Verantwortlichen in NPO auf. Die vorliegende Studie will unter anderem auch zu einer Vergewisserung bezüglich einiger grundlegender Begriffe und Sichtweisen beitragen.

Fundraising ist jedoch nicht nur für NPO selbst bzw. kommerziell interessierte Berater und Agenturen relevant; auch staatliche Stellen finden verstärkt Interesse daran, entweder selber Mittel aus bisher ungenutzten Quellen zu akquirieren oder NPO dabei zu unterstützen. Im Hintergrund steht die Absicht, langfristig die Eigeninitiative von NPO zur Kompensation von knapper bemessenen Öffentlichen Haushaltsmitteln zu stärken. Eine zusammenfassende und reflektierende Erörterung des Fundraising liefert in dieser Situation wichtige Leitlinien für die Verantwortlichen in NPO, um die Diskussion um Möglichkeiten und Grenzen des Fundraising selbstbestimmt und selbstbewußt führen zu können.

Eine wissenschaftliche Beschäftigung mit dem Fundraising ist jedoch mit einigen Schwierigkeiten konfrontiert. Die englischsprachige Literatur zu diesem Thema bewegt sich zum größten Teil auf der Ebene des „how-to-do" und berichtet, in der Regel aus der Sicht von Praktikern, mit welchen Instrumenten und Sichtweisen in den USA bzw. Großbritannien Fundraising betrieben wird. Das ist selbstverständlich keine Aussage zur Qualität dieser Publikationen; eine theoretische, systematische Auseinandersetzung und Übertragung auf deutsche Verhältnisse ist dadurch jedoch erschwert. Die deutschsprachigen Veröffentlichungen zum Fundraising sind ebenfalls in der Regel Praxis- und Erfahrungsberichte in bezug auf einzelne Organisationen bzw. Kampagnen oder Checklisten für die konkrete Planung und Umsetzung. Aus wissenschaftlicher Perspektive muß Fundraising (noch) als ein weitgehend unbearbeitetes Feld angesehen werden.

In der vorliegenden Arbeit wird ein beziehungsorientiertes Modell des Fundraising favorisiert, basierend auf einer Einbindung in beziehungsorientiertes Marketing. Die Orientierung an Prinzipien des Relationship Marketing und die Reflexion und Gestaltung von Bedingungen und Einflußfaktoren auf das Fundgiving halte ich für zentrale Erfolgsfaktoren für gelingendes Fundraising. Daraus ergeben sich auf einer praktischen Ebene zahlreiche Entwicklungsaufgaben für NPO.

- Im ersten Teil dieser Arbeit werden zunächst Sichtweisen, Definitionen, methodische Empfehlungen sowie einige Quellen und Arten von Ressourcen beschrieben. Diese Ausführungen haben im wesentlichen den Charakter einer Materialsammlung, die zunächst einmal Fakten zur Phänomenologie des Fundraising in Deutschland dokumentiert und bewertet. Informationen über quantitative und qualitative Aspekte dieses sich sehr dynamisch entwickelnden Aufgabenbereichs liegen bisher in einer zusammenfassenden und kritisch-reflektierenden Form nicht vor.

- Im zweiten Teil steht eine Analyse des Fundgiving im Mittelpunkt: Welche Beweggründe und Implikationen sind für das freiwillige Geben von Zeit, Geld und anderen Ressourcen sowie die entsprechenden Entscheidungsprozesse relevant? Fundgiving wird als Tauschverhältnis mit jeweils unterschiedlichen Inhalten beschrieben, mit Hilfe von Theorien des Gebens analysiert und als Variante prosozialen Verhaltens dargestellt.

- Das Konzept der Intermediarität liefert im dritten Teil der Arbeit Erklärungsansätze zur gesellschaftlichen Verortung und Funktion von NPO als den Akteuren des Fundraising.

- Im vierten Teil wird die These erörtert, inwiefern sich nicht nur die übrigen Leistungen der NPO, sondern auch das Fundraising selbst als Dienstleistung für die Ressourcengeber darstellen läßt. Im Rahmen des Fundgiving lassen sich freiwillig gegebene Ressourcen als eine Reaktion auf Partizipations-, Erfahrungs-, Delegations- und Aktionsangebote der Fundraising betreibenden Organisation darstellen.

- In einem fünften Arbeitsschritt wird die Ressourcenbeschaffung in den Kontext des Marketing gestellt. Dabei zeigt sich, daß insbesondere das Konzept des Relationship Marketing Anhaltspunkte liefert für die Gestaltung eines beziehungsorientierten Fundraising. Dieser Ansatz ist darüber hinaus auch für die Gestaltung aller anderen internen und externen Beziehungen bei der Produktion, Distribution, Kommunikation und Finanzierung von Leistungen der NPO relevant.

Diese Sichtweisen widersprechen weitverbreiteten Interpretationen des Fundraising: Weder handelt es sich um die „Kunst des Bettelns" (Burens 1995) noch um einen „Verkauf" von Zielen und Werten nach dem Motto „he who pays the piper calls the tune". Vielmehr geht das hier favorisierte Verständnis des Fundraising davon aus, daß auf der Basis von Austauschbeziehungen und Interaktionen materielle und immaterielle Ressourcen gegen unterschiedliche Leistungen von NPO getauscht werden. Von diesen Leistungen oder *Benefits* profitieren im günstigsten Fall alle Beteiligten.

Teil I

Fundraising –
Sichtweisen, Definitionen, Methodik
und Phänomenologie

In diesem Teil der Arbeit wird Fundraising auf verschiedenen Ebenen und mit unterschiedlichen Zugängen erörtert. Zunächst sind in der Literatur verwendete Sichtweisen und Beschreibungen darzustellen und in Gestalt von drei Definitionsansätzen zu bündeln. Da es, angefangen von der Schreibweise bis hin zur genauen Abgrenzung des Begriffs, keinen Konsens gibt, dienen mir zur Systematisierung die drei Kategorien Beschaffungs-, Transaktions- und Interaktionsorientierung. Sie bieten einen ersten Zugang und führen zu entsprechenden typischen Beschreibungen des Begriffs Fundraising, aus denen ich die von mir im Rahmen dieser Arbeit verwendete Definition ableite. Daran schließen sich kurze Erläuterungen zum Begriff der Spende sowie zu unterschiedlichen Funktionsbeschreibungen des Fundraising an.

Ein Kapitel zur Methodik des Fundraising stellt drei Vorschläge zur Operationalisierung dieser komplexen Aufgabe vor. Dabei liefert das Modell von Purtschert/Schwarz (1994) mit seiner systematischen Einordnung der Ressourcenbeschaffung in den Kontext des Marketing auch eine theoretische Verortung des Fundraising. Im nächsten Schritt wird auf einer konkreteren Ebene ein Ausschnitt aus der Fülle von Quellen und Arten von Ressourcen beleuchtet. Nach einer eher quantitativ ausgerichteten Beschreibung des deutschen Fundraisingmarktes kommen auch qualitative Aspekte im Zusammenhang mit Ansätzen zur Kontrolle und Selbstkontrolle spendensammelnder Organisationen zur Sprache. Daran schließt sich ein separates Kapitel zum Sponsoring als spezieller Ressourcenart an. Abschließend werden einige Umfrageergebnisse referiert und bewertet, die ein Licht auf Meinungen und Einschätzungen zum Fundraising aus der Sicht von Fundgivern werfen. Die sich darin widerspiegelnde Einstellung läßt sich als *skeptische Sympathie* gegenüber NPO bezeichnen.

Insgesamt zeichnet der erste Teil dieser Arbeit ein stellenweise unscharfes Bild des Fundraising in Deutschland: Der Begriff wird nicht nur mit unterschiedlichen Inhalten benutzt; auch über die quantitativen Aspekte herrscht weitgehend Unklarheit. Dies erscheint erstaunlich angesichts des Milliardenumsatzes auf dem deutschen Fundraisingmarkt und verweist auf die Notwendigkeit von mehr Transparenz und Präsentationsarbeit bezüglich der Arbeit von NPO. Die in Deutschland eher verborgenen Kulturen des Gebens könnten dadurch in ein ihrer Bedeutung entsprechendes Licht gerückt werden.

1 Sichtweisen und Definitionen

1.1 Übersetzungen des Begriffs

Der englischsprachige Begriff Fundraising setzt sich aus zwei Teilen zusammen: „Fund" als Hauptwort bezeichnet eine Geldsumme bzw. einen Vorrat („sum of money saved or available for a particular purpose; stock or supply of something"). Der Begriff im Plural („funds") steht für finanzielle Ressourcen bzw. für Mittel, Gelder, einen Schatz oder Vorrat. Das Verb („to fund") bezeichnet die finanzielle Unterstützung einer Institution bzw. eines Projekts („provide an institution, a project etc. with money"). „Raise" hat im Englischen zahlreiche Bedeutungen: Im Zusammenhang mit Geld und Ressourcen steht der Begriff für das Aufbringen bzw. Beschaffen von Mitteln. „Fund raising" wird also in einem engen Sinne mit „Geldbeschaffung bzw. Spendenaktion" übersetzt. „Fund raiser" sind dementsprechend „Spendenbeschaffer bzw. Spendensammler" (vgl. Oxford University Press 1989; Klett Verlag 1991).

Die Lexikonübersetzungen verweisen auf das Problem der Schreibweise dieses zusammengesetzten Begriffs. In den USA und Großbritannien werden sowohl „Fundraising" als auch „Fund Raising" benutzt. Die amerikanische Fachzeitschrift *Fund Raising Management*, die us-amerikanische Berufsorganisation *National Society of Fund Raising Executives (NSFRE)*, die Veranstalter des jährlich stattfindenden *International Fund Raising Workshops* in Nordwijkerhout schreiben den Begriff getrennt; viele deutschsprachige Autoren und Anbieter von Fortbildungsveranstaltungen benutzen eine substantivierte Schreibweise. Christoph Brocks spricht sich bei der Verwendung des Begriffs für die letztgenannte Variante aus, mit der Begründung, daß im Englischen getrennt, also in zwei Worten, geschrieben wird, was sich auf das Verb bezieht und zusammen, was sich auf das Substantiv bezieht. Demnach erscheinen die folgenden Schreibweisen sinnvoll: to raise funds, the fundraising, the fundraiser. Entsprechend müßte es im deutschen Sprachgebrauch heißen: das Fundraising, die Fundraiserin, der Fundraiser, Fundraising praktizieren (vgl. Brocks 1994 b: 30).

Ken Burnett verweist noch auf eine dritte Variante: „One of the great fundraising mysteries, still unsolved, is to do with the very word ‚fundraising' itself. How should it be spelled? Is it ‚fundraising' or ‚fund raising'? Or is it hyphenated [fund-raising]? I think it is one word to describe one area of activity and that is the style I shall use in this book. Many others hold an alternative view (for example the International Fund Raising Group). There is no obvious solution [...]. The *Oxford English Dictionary*, source of arbitration in such matters, is not much help. Until recently it didn't even mention us. Now it does, but as two words, hyphenated" (Burnett 1993: 13). Kathleen S. Kelly entscheidet sich in ihrer Arbeit „Fund Raising and Public Relations. A Critical Analysis" für folgende Variante: „For the purpose of this book, *fund raising* and *fund raiser* are expressed as two words, and *fund raising* is hyphenated when used as an adjective" (Kelly 1991: 1). In dieser Arbeit werde ich die Schreibweise „Fundraising", also in substantivierter Form benutzen; Zitate enthalten jedoch selbstverständlich die Schreibweise der Autoren.

1.2 Unterschiedliche Sichtweisen

Ist schon die Schreibweise des Begriffs Fundraising uneinheitlich, so gilt dies um so mehr für seine inhaltliche Bestimmung und Verwendung. Ich teile die Ansicht von Kelly, die den nicht vorhandenen Konsens in bezug auf die Schreibweise als einen Indikator für viel schwerwiegendere Unklarheiten im Verständnis des Fundraising sieht: „This lack of agreement is indicative of the little progress that has been made in advancing the field beyond a vocation" (ebd.). Häufig wird keine Definition im Sinn einer genauen Bestimmung und Abgrenzung des Begriffs verwendet. Um die unübersichtliche Definitionssituation produktiv für eine inhaltliche Auseinandersetzung nutzen zu können, müssen die unterschiedlichen Sichtweisen kategorisiert werden. Zu diesem Zweck schlage ich drei Kategorien vor: Die Systematisierung in Beschaffungsorientierung, Transaktionsorientierung und Interaktionsorientierung erscheint sowohl für die englischsprachigen wie für die deutschsprachigen Beschreibungen und sich darin widerspiegelnden Sichtweisen auf das Fundraising sinnvoll.

Bei einer *beschaffungsorientierten* Sichtweise liegt der Schwerpunkt auf dem einseitigen Transfer, d.h. der *Übertragung* einer Ressource vom Spender zur NPO. Eine sehr pragmatische beschaffungsorientierte Beschreibung des Fundraising benutzt beispielsweise Joan Flanagan: Sie bezeichnet Fundraising schlicht als „asking for money for your organization" (Flanagan 1992: 1). Für das *National Society of Fund Raising Executives (NSFRE) Institute* ist Fundraising die von steuerbegünstigten Organisationen betriebene Suche nach Spenden aus unterschiedlichen Quellen: „the seeking of gifts from various sources as conducted by 501(c)(3) organizations" (NSFRE 1986, zit. in Kelly 1991: 8) [1]. Mit dieser Definition wird der Staat als Finanzierungsquelle für das Fundraising ausgeschlossen, da es sich bei seinen Leistungen nicht um Spenden oder Geschenke, also freiwillige Transfers handelt. Auch freiwillig gezahlte staatliche Finanzierungen bzw. Zuschüsse gelten üblicherweise nicht als Spenden. Nach dieser Definition haben alle Aktivitäten und Programme die nicht direkt auf die Spendenbeschaffung gerichtet sind, nichts mit dem Fundraising zu tun.

Bruno Fäh u.a. verwenden keine explizite Definition des Fundraising. Sie benutzen jedoch die Begriffe „Mittelbeschaffung", „Spendenmarketing" bzw. „Marketing für private Spenden-Hilfswerke". Als Finanzierungsquellen haben die Autoren dabei Privatpersonen, Unternehmen und Stiftungen im Blick; als Finanzierungsart die Geldspende (vgl. Fäh/Ebersold/Zaugg 1991). Marita Haibach übersetzt Fundraising mit „Geldbeschaffung" bzw. „die Beschaffung von Spenden und Zuwendungen für unterschiedlichste Zwecke." Fundraising wird von ihr als eine „Kulturtechnik" umschrieben, „die nahezu alle Amerikaner von Kindheit an lernen und praktizieren" (Haibach 1993: 178).

In Gablers Wirtschaftslexikon wird „fund raising" im Zusammenhang mit der Finanzierung von Nonprofit-Organisationen beschrieben als „die Gewinnung von Spenden, Gaben, Legaten usw. bei breiten Bevölkerungs-

---

1   Die Ziffern 501(c)(3) beziehen sich auf Vorschriften der us-amerikanischen Steuergesetzgebung.

kreisen" (Schwarz 1993: 2419). Die im Kontext des *Forschungsinstituts für Verbands- und Genossenschafts-Management* an der Universität Freiburg/ Schweiz von Peter Schwarz mit entwickelten Modelle für das Management, Marketing und Fundraising von NPO sind jedoch komplexer als diese beschaffungsorientierte Beschreibung des Fundraising suggeriert (vgl. Purtschert/Schwarz 1994; vgl. auch Kapitel 2.3 in diesem Teil der Arbeit). Werner Heister befaßt sich ebenfalls aus dem Blickwinkel des Marketing mit spendensammelnden Organisationen und versteht unter „Fundraising i.e.S. [...] alle Formen, Anlässe etc. [...], die dazu dienen, einer Organisation finanzielle Mittel, Sachwerte und/oder Freiwilligenarbeit zu beschaffen. Fundraising i.w.S. meint ein umfassendes Fundraising-Management. Dazu gehört nicht nur die Beschaffung von Mitteln, sondern auch deren Verwaltung (incl. profitabler Zwischenanlage) und Vergabe" (Heister 1994: 42 f.). Walter Schönfelder u.a. berichten aus der Finanzierungspraxis von us-amerikanischen Projekten, die in der Gemeinwesenarbeit aktiv sind und übernehmen dabei den amerikanischen Fundraisingbegriff: Erschließung von „Finanzierungsquellen außerhalb der Förderung durch Bund, Länder und Kommunen" (Schönfelder u.a. 1991: 474) [2].

Bei den *transaktionsorientierten* Verwendungsformen des Fundraisingbegriffs liegt der Schwerpunkt auf einem *Austausch* von Ressourcen. Nicht nur die Spende selbst, sondern auch der Prozeß des Austausches inclusive der Vor- und Nachbereitung stehen dabei im Mittelpunkt; Nicht nur die Interessen der NPO werden als relevant angesehen, sondern auch die der Ressourcengeber. Der Begriff Transaktion wird hier im Sinn von Leistungsaustausch verwendet und Fundraising wird benutzt als „codeword for a much larger set of concepts, programs and activities associated with [...] translating private resources into the public good" (Carbone 1986, zit. in Kelly 1991: 80). Diese Definition enthält mit der Verwendung des Begriffs Ressourcen eine Ausweitung der Finanzierungsarten über die ansonsten im Vordergrund stehenden Geldspenden hinaus. Außerdem geraten alle Orga-

---

2 Dieser Aufsatz ist übrigens in der vom *Bundesverband der Arbeiterwohlfahrt e.V.* herausgegebenen Zeitschrift *Theorie und Praxis der Sozialen Arbeit* erschienen. Die Redaktion sah sich zu folgender Vorbemerkung veranlaßt: „Amerikanische Sozialleistungen vor allem freier Träger werden wesentlich von Spendensammlern finanziert. Kein Vorbild für Deutschland, aber interessant als Kontrastprogramm" (Schönfelder u.a. 1991: 471).

nisationen ins Blickfeld, die an der Erstellung von „öffentlichen Gütern" („public goods") beteiligt sind.

Dieter Schöffmann erweitert „die gebräuchlichste Übersetzung Geld- oder Mittelbeschaffung" und differenziert zwischen strategischem Fundraising als „Vermögensbildung" und operativem Fundraising als „Mittelbeschaffung" (Schöffmann o.J. [1994]: 7). Auch er bezieht das Fundraising auf alle Ressourcenquellen und -arten: „Im Wort ‚Kapital' steckt der Begriff ‚Vermögen', was einerseits den Besitz bzw. materiellen Wert bezeichnet und andererseits die Kraft und Fähigkeit, etwas zu tun. ‚Geldbeschaffung' ist eine mögliche Übersetzung für Fundraising, die aber meines Erachtens zu kurz greift. Denn beim Fundraising [...] geht es nicht einfach nur um das Geld, sondern um die Befähigung der Organisation, ihre Ziele zu verfolgen und zu erreichen" (Schöffmann 1993: 194 f.). Fundraising ist somit eine sowohl nach außen als auch nach innen gerichtete Aktivität von NPO; die Differenzierung in ein externes und internes Fundraising ist eine plausible und produktive Erweiterung des Begriffs. Finanzierungsquellen sind für Schöffmann neben Privatpersonen, Unternehmen und Stiftungen auch andere Verbände, Vereine, Institutionen sowie die Öffentliche Hand. Folgerichtig ist auch die Palette der Finanzierungsarten sehr breit und reicht von öffentlichen Zuwendungen, Leistungsentgelten, Krediten und Bürgschaften bis zu den „klassischen" Varianten Spenden und Beiträge (vgl. Schöffmann o.J. [1994]: 18 f.).

Robert Purtschert und Peter Schwarz verorten das Fundraising im Rahmen eines „analytisch-systematischen Marketing-Ansatzes". Die Autoren setzen Fundraising mit „Finanzmittel-Beschaffung" gleich, verwenden jedoch ausschließlich den Begriff der Spende bzw. des Spenders im Zusammenhang mit einzelnen Aktivitäten im Rahmen des Fundraising. Die Verortung des Fundraising im Rahmen eines transaktionsorientierten Marketing spricht dafür, die „Finanzmittel-Beschaffung" dennoch den transaktionsorientierten Sichtweisen zuzuordnen (vgl. Purtschert/Schwarz 1994).

Bei den *interaktionsorientierten* Ansätzen stehen die *Beziehung* und die in diesem Rahmen stattfindenden Interaktionen zwischen den beteiligten Partnern im Mittelpunkt. Der Prozeß der Transaktion von Ressourcen gelingt nur auf der Basis von Interaktion im Sinne von wechselseitigen Beziehungen, die sich über unmittelbare oder mittelbare Kontakte ergeben. Der Interaktionsbegriff wird verwendet als Summe dessen, was zwischen den

22

beteiligten Personen in Aktion und Reaktion geschieht (vgl. Gabler Verlag 1993: 1650). Explizite interaktionsorientierte Definitionen des Fundraising liegen nicht vor. Dennoch vertreten beispielsweise Kelly (1991) und Burnett (1992) implizit eine solche Sichtweise; Fundraising erscheint darin als Transaktion, die mit Interaktionen als Mittel zum Zweck gestaltet wird.

Kelly betrachtet Fundraising als den zweckgerichteten Prozeß des Bittens um und der Entgegennahme von Geldspenden, die von Einzelpersonen, Unternehmen und Stiftungen an gemeinnützige bzw. wohltätige Organisationen gegeben werden: „Fund raising is defined as the purposive process of soliciting and accepting monetary gifts from individuals, corporations, and foundations by a charitable organization" (Kelly 1991: 80). Sie beschränkt damit den Begriff Fundraising auf „monetary gifts", d.h. Geldspenden. Sie werden differenziert nach ihrem Zweck („unrestricted und restricted gifts"), nach ihrer Höhe („lower level und major gifts") und nach der Geldquelle („individuals, corporations and foundations"). Damit sind beispielsweise die Ressource ehrenamtliche bzw. freiwillige Mitarbeit ebenso wie der Staat als Finanzierungsquelle ausgegrenzt. Auf der Basis dieser Definition entwickelt Kelly ein Modell der „donor relations" in Anlehnung an theoretische Konzepte der Public Relations-Forschung. Fundraising wird von ihr als eine Spezialisierung der PR-Arbeit aufgefaßt. Damit wird zwar die Bedeutung von Interaktionen und Relationships anerkannt; sie wird jedoch nicht zum Bestandteil der Definition des Fundraising. Die Transaktion steht im Mittelpunkt ihres Fundraising-Verständnisses, während die Gestaltung von Beziehungen eher als Mittel für diesen Zweck erscheint.

Burnett dokumentiert in seinem programmatischen Buch „Relationship Fundraising" (Burnett 1992) eine für viele angloamerikanische Publikationen zu diesem Themenkomplex typische Sichtweise: Die Bedeutung von Interaktionen und Beziehungen wird benannt und in ein handlungsorientiertes Konzept eingebracht, aber nicht theoretisch begründet. Dies schmälert keineswegs den Gehalt dieser und anderer Publikationen zum Thema Fundraising; eine wissenschaftliche Fundierung der Ressourcenbeschaffung läßt sich daraus jedoch nicht direkt gewinnen, sondern lediglich ableiten. Implizit verdeutlicht Burnett aber zahlreiche Elemente einer beziehungsorientierten Sichtweise: „Your donors are your organisation's best friends. With friends you can share good news and bad, keep in touch and develop a long-term relationship that brings benefits to both sides" (Burnett 1992: 5).

23

„We have to see donors as co-owners of the organisation, partners in a common aim" (a.a.O.: 7). An anderer Stelle nennt Burnett weitere Schlüsselprinzipien des Fundraising: „Fundraising is not about raising money. It's about meeting needs and bringing about change"; „People give to people, not to organisations or even causes. Fund development is people development" (a.a.O.: 39 f.).

Für Brocks ist Fundraising der Oberbegriff für „alle Maßnahmen, die gemeinwohlorientierte Institutionen planmäßig für die Gewinnung ihrer Ressourcen einsetzen" (Brocks 1994 a: 11). Fundraising bezieht sich dabei auf alle Ressourcenquellen und auf alle materiellen und immateriellen Ressourcenarten: „Spenden aus der Bevölkerung, Zuschüsse öffentlicher Stellen, Fördermittel von Stiftungen, Mittel aus Sponsoring-Vereinbarungen mit Unternehmen, ehrenamtliche Mitarbeit, Multiplikator-Aktivitäten, Platz in den Medien und ähnliches" (a.a.O.: 17 f.). Fundraising wird somit zur planmäßigen „Organisation der Unternehmenskommunikation mit dem Ziel der Ressourcenbeschaffung" (a.a.O.: 29).

Auch in der Sichtweise von Panas spiegelt sich eine interaktionsorientierte Sichtweise wider, indem Fundraising beschrieben wird als „the magnificent business of helping others undertake consequential acts of kindness and generosity" (Panas 1984, zit. in Kelly 1991: 81). Darin ist implizit ein Aspekt enthalten, der im Teil IV dieser Arbeit noch ausführlich erörtert wird: Fundraising ermöglicht anderen Menschen Akte der Wohltätigkeit und Großzügigkeit und läßt sich somit auch als eine Dienstleistung für die Fundgiver einer Organisation verstehen.

Im Detail kann die vorgenommene Kategorisierung in beschaffungs-, transaktions- und interaktionsorientierte Sichtweisen nicht exakt und trennscharf sein, sie dient jedoch einer ersten Orientierung. Abgesehen von den wissenschaftlichen Arbeiten von Kelly (1991), Purtschert/Schwarz (1994) sowie Heister (1994), handelt es sich bei allen anderen genannten Quellen um praxisorientierte Literatur, die sich nicht zwangsläufig mit Definitionsproblemen konfrontiert bzw. konfrontieren muß. Insofern stellt die Zuordnung zu den von mir benutzten Kategorien keineswegs eine Wertung dar. Als Indikatoren für meine Differenzierung habe ich sowohl die Begriffe benutzt, die von den Autoren verwendet werden, als auch Sichtweisen, die auf der Basis der verwendeten Literatur interpretierbar sind.

Abschließend sei noch exemplarisch auf einige *problematische* Verwendungsweisen des Fundraisingbegriffs hingewiesen, in denen sich

24

Ungenauigkeiten und Einseitigkeiten widerspiegeln. Kirstin Schiewe schränkt beispielsweise in ihrem Buch zum Sozial-Sponsoring das Fundraising auf den „persönlich adressierten Bittbrief (,direct mailing')" ein und vertritt die Ansicht, daß dies „in deutschsprachigen Ländern die häufigste Form des ,fund raising' [sei]." Fundraising wird von ihr mit „Geldbeschaffung" gleichgesetzt und ihrer Meinung nach „im deutschen in der Regel nur für Spendenwerbebriefe verwandt" (Schiewe 1994: 118). In einer Broschüre, die Umweltschutzorganisationen zur Akquirierung von Ressourcen dienen soll, wird wie bei Schiewe (ebd.) nicht nur das Fundraising auf Spendenwerbung mittels Direct Marketing reduziert, sondern das Direct Marketing zudem lediglich als Direct Mailing verstanden: „Aus dem angelsächsischen Sprachraum kommend, wird das Wort in der Bundesrepublik bislang allerdings in erster Linie für die Spendenwerbung mittels Direct Marketing benutzt – also Briefsendungen [...]" (Politische Ökologie 1994: 7).

Die Definition von M. G. Gurin steht für die Sichtweise von externen Fundraising-Beratern nicht nur in den USA: Fundraising ist die Beratung und Assistenz bei der Suche nach und Beschaffung von Spenden: „advising and assisting organizations in seeking and accepting gift support" (Gurin 1989, zit. in Kelly 1991: 82). Diese Sichtweise ist wenig praktikabel, da sie Fundraising ausschließlich als extern geleistete Dienstleistung definiert und von der Tatsache absieht, daß die Mehrzahl der Fundraiser als sogenannte „in-house-fundraiser" Angestellte von Nonprofit-Organisationen sind.

Das Lexikon des Sozial- und Gesundheitswesens (Bauer 1992) verzeichnet kein separates Stichwort Fundraising. Der Begriff wird unter dem Stichwort Spendenwesen genannt und als „Verführung" mit Mitteln des „modernen Marketing" aufgefaßt. Klaus Neuhoff sieht die Spende als eine Form des Konsumverzichts auf Seiten der Ressourcengeber. Sie wird „in Konkurrenz zu alternativen Einkommensverwendungen disponiert. Diese Erkenntnis hat Anlaß zu Fragen gegeben, inwieweit moderne Techniken und Instrumente der Analyse wirtschaftlichen Verhaltens, aber auch der ‚Verführung' zu einem bestimmten Ausgabenverhalten, auf den Spendenmarkt anzuwenden seien. In den USA hat sich dafür der Begriff ,fund raising' (als eine besondere Form des modernen Marketing) eingebürgert" (Neuhoff 1992: 1913). Gablers Wirtschaftslexikon (1993) führt immerhin das „fund raising" als eigenes Stichwort, allerdings nur in Form eines Verweises auf den Beitrag von Schwarz zum Nonprofit-Management (Schwarz 1993). Dort heißt es: „die über Fund-Raising-Methoden angestrebte Spendenfinanzierung ist bei vielen Sozial- und Hilfswerken die wichtigste Einnahmequelle. Die Konkurrenz auf den Spendenmärkten wird zunehmend härter, was die NPO zu immer professionelleren Methoden zwingt. So hat z.b. das direct mailing zu einer Flut von ‚Bettelbriefen' geführt, so daß die NPO sich mit allen Mitteln profilieren und den Spender mit immer neuen Appellen ansprechen müssen, um ihren Marktanteil auch nur halten zu können" (a.a.O.: 2419 f).

Um die Definitionsvarianten abschließend bewerten zu können, fehlen noch zwei Elemente: Erstens enthalten viele Beschreibungen oder Definitionen des Fundraising den Begriff der Spende, der folglich zumindest kursorisch differenziert werden muß. Insbesondere beim Transfer vom englischen in den deutschen Sprachgebrauch entstehen bezüglich des Spendenbegriffs möglicherweise Irritationen. Zweitens enthalten Definitionen immer auch Aussagen über die Funktion des Gegenstands. Daher sind die darin enthaltenen Funktionsbeschreibungen des Fundraising kurz zu erläutern.

1.3 Zum Begriff der Spende

In Deutschland wird der Begriff in einem steuerrechtlichen und einem alltagssprachlichen Sinn verwendet. Im Zusammenhang mit dem Fundraising besteht Konsens darüber, daß Spenden in einem engeren, steuerrechtlichen Sinn nur eine von zahlreichen Ressourcenarten sind: „Der im modernen Fund Raising verwandte Spendenbegriff geht über die bloße Geldspende weit hinaus: Spenden sind freiwillig in eine NPO eingebrachte Ressourcen (Geld, Waren, Dienste), denen keine äquivalente materielle bzw. monetäre Gegenleistung gegenübersteht. In diesem Sinne umfaßt der Spendenbegriff beispielsweise auch das ehrenamtliche Engagement [...]" (Urselmann 1994: 23).

In der englischsprachigen Literatur wird der Spendenbegriff in mehreren Varianten verwendet: Unter „contributions, also donations" werden in Form von Geld oder Zeit geleistete Beiträge verstanden. Dabei wird „charity" als „voluntary transfer of income or goods [...] from one individual to another or to an intermediary agency" aufgefaßt (Johnson 1973, zit. in Kelly 1991: 87 f.); Als „philanthropy" werden bezeichnet „three related activities: voluntary service, voluntary association, and voluntary giving for public purposes" (Payton 1988, zit. a.a.O.: 88). Zum besseren Verständnis dieser Differenzierungen ist auf die in den USA gebräuchliche Unterscheidung der Empfängerorganisationen in „Charity Organizations" und „Philanthropy Organizations" hinzuweisen. „Charity" bezieht sich auf die direkte Unterstützung in Notlagen und „philanthropy" auf Aktivitäten zum Schutz oder zur Prävention in bezug auf die menschlichen Bedürfnisse in einer Gemeinde (vgl. Kelly 1991: 87): „It seems best to use the term ‚philanthropy' to describe gifts in general, and to reserve the word ‚charity' for those gifts that are specifically aimed at the poor or the needy" (a.a.O.: 104).

Unter einem anderen Blickwinkel dreht sich die Diskussion um den Spendenbegriff um die Frage, ob eine Spende einen lediglich einseitigen Transfer von Ressourcen darstellt oder vielmehr die Berücksichtigung eines zweiseitigen Austausches erfordert. Während Kenneth E. Boulding eine Spende als „philanthropic giving" im Sinn eines freiwilligen, aber lediglich einseitigen Transfers von Austauschgütern definiert: „voluntary, one-way transfer of exchangeables" (Boulding 1973, zit. in Kelly 1991: 37), plädieren Kelly und andere für eine Definition, die den Blick auf den Austausch zwischen Spender und Empfänger lenkt. Im Gegensatz zur auch in Deutschland verbreiteten Meinung, daß das Spenden ein freiwilliger und einseitiger Transfer sei, demonstriert Kelly an Beispielen aus der us-amerikanischen Fundraisingpraxis die Abhängigkeit des Gebens von den Wünschen und Erwartungen der Geber. Diese verfolgen in der Regel mehr oder weniger deutlich formulierte Interessen mit ihrer Spende. Damit gerät die Notwendigkeit einer Gestaltung von zweiseitigen Austauschbeziehungen in den Blick (vgl. Kelly 1991: 37 ff.).

Systematisch läßt sich die Spende von einer Schenkung abgrenzen. Gespendet wird im Rahmen einer Dreiecksbeziehung zwischen dem Spender, der NPO und einem Empfänger als Person bzw. einem Projekt, einer Kampagne oder einem ähnlichen, nicht personifizierbaren Zweck. Die Gestaltung der Beziehung findet in der Regel zwischen dem Spender und der NPO als „Tauschpromoter" statt: „Ohne die Integration einer spendenakquirierenden Organisation liegt kein Spendentausch, sondern der Fall einer Schenkung als dyadische Tauschbeziehung zwischen Schenkendem und Beschenktem vor" (Notheis 1995: 362). Im Unterschied zum Spenden bedarf es bei einer Schenkung keiner vermittelnden Instanz; sie vollzieht sich zwischen zwei Parteien, die in einer direkten Austauschbeziehung stehen.

1.4 Zur Funktion des Fundraising

Häufig werden unter funktionalen Gesichtspunkten dem Fundraising alle Aufgabenbereiche innerhalb einer Organisation zugeordnet, die den Zweck haben, Mittel zu akquirieren. Unter dem Oberbegriff Fundraising werden damit das Management der Public Relations, der Organisationsentwicklung und aller anderen Funktionsbereiche einer Organisation gefaßt, die der Verwirklichung ihrer Ziele dienen.

Fundraiser, die diese Sichtweise propagieren, ersetzen den Begriff Fundraising deshalb häufig durch „Institutional Advancement" oder „Institutional Development". Dieser Trend ist nach Kelly nicht nur in zahlreichen Nonprofit-Krankenhäusern und -Bildungseinrichtungen der USA zu beobachten, sondern auch in anderen Arbeitsfeldern von NPO: „In addition, fund raisers for arts, culture, and humanities organizations, such as museums, and for human service organizations, such as the *United Way*, frequently adopt development to describe their functions" (Kelly 1991: 80). Dies spiegelt sich auch in der Namensgebung von zwei Berufsorganisationen in den USA wider: *National Association for Hospital Development (NAHD)* und *Council for Advancement and Support of Education (CASE)* (vgl. ebd.).

Funktional betrachtet muß also die Frage gestellt werden: Ist das Fundraising eine Unterfunktion der Public Relations bzw. des Marketing einer NPO oder sind Public Relations und Marketing Subfunktionen einer sehr weit gefaßten Fundraising-Funktion im Sinn von „Organisationsentwicklung"? Ein Grund für Irritationen, die sich aus diesen unterschiedlichen Sichtweisen ergeben, liegt darin, daß Fundraising häufig mit Spendenbeschaffung aus privaten Quellen identifiziert wird. Damit wird suggeriert, daß es sich um eine eigenständige und klar abgrenzbare Unterfunktion der Finanzierungspolitik einer NPO handelt: „This emphasis on private financial support in accepted definitions creates confusion about the fundraising function (e.g., is it an organizational function supported by the activities of subfunctions, such as public relations, or is it one element of a broader function?" (Kelly 1991: 81). Die Implikationen und möglichen Zielkonflikte aus diesen unterschiedlichen Sichtweisen sind, plakativ formuliert: Wird die Organisationsentwicklung an den Möglichkeiten und Grenzen der Fundraising-Aktivitäten ausgerichtet oder werden diese als Mittel zum Zweck der Organisationsentwicklung praktiziert?

In bezug auf die Funktion des Fundraising lassen sich im wesentlichen zwei Sichtweisen identifizieren: Fundraising wird *einerseits* als Unterfunktion anderer Organisationsaufgaben, beispielsweise als Spezialisierung der Public Relations betrachtet. Dem entspricht die Argumentation von Kelly, Fundraising als Arbeit an den „donor relations" auf den Aufbau und die Pflege der Beziehungen zu Spendern zu konzentrieren (vgl. Kelly 1991).

Andererseits wird Fundraising als Organisationsentwicklungsaufgabe und somit als zentrale Funktion einer NPO aufgefaßt, der verschiedene Aufgaben und Funktionsbereiche untergeordnet sind: Public Relations, Werbung, Marketing und andere Arbeitsbereiche werden nicht mehr als separate Aufgaben organisiert, sondern einer Abteilung mit der Funktion des „institutional advancement bzw. development" zugeordnet.

Im Rahmen dieser Arbeit favorisiere ich eine Sichtweise außerhalb einer solchen Dichotomie. Ich sehe das Fundraising anderen Managementbereichen weder als untergeordnet an noch halte ich es für sinnvoll, dem Fundraising eine „Megafunktion" zuzuschreiben, der sich andere Aufgaben unterzuordnen haben. Fundraising wird vielmehr innerhalb eines „relationship building and management approach to marketing" (Grönroos 1994: 14) verortet. Im Kontext eines so verstandenen Relationship-Marketing-Management hat Fundraising die Funktion, Beziehungen zu aktiven und potentiellen Ressourcengebern aufzubauen, aufrechtzuerhalten und aktiv zu gestalten. Dabei stehen als Bezugsgruppen nach jeweils speziellen Kriterien ausgewählte Einzelpersonen bzw. Gruppen von Personen sowie Stiftungen und Unternehmen im Mittelpunkt. Da es sich in jedem Fall um ein interaktives Verhältnis handelt, werden sich beide Seiten immer gegenseitig beeinflussen. Der Beeinflussung auf Seiten der NPO sind jedoch Grenzen gesetzt, indem das Fundraising ausschließlich im Kontext des Marketing der Organisation stattfindet und sich dieses in erster Linie an den von der Organisation selbst definierten und fortgeschriebenen Zielen und Leitbildern orientiert. Wenn diese Selbstverpflichtung innerhalb der NPO dokumentiert und eingehalten wird, halte ich die Gefahr für gering, daß die Ziele den Vorstellungen der Geldgeber geopfert oder „verkauft" werden. Außerdem erkennt eine so verstandene Funktion des Fundraising die Wechselwirkungen zwischen den beteiligten Partnern nicht nur an, sondern sieht sie als produktiven und gestaltbaren Faktor, der im Idealfall beiden Seiten nutzt.

Diese Wechselwirkung und gegenseitige Beeinflussung existiert jedoch nicht nur zwischen den Spendern und der NPO, sondern auch innerhalb einzelner Funktionsbereiche der NPO selbst. Die PR-Arbeit beeinflußt das Fundraising – und umgekehrt. Die Marketingkonzeption hat als zentrales Gestaltungsinstrument selbstverständlich Einfluß auf alle Bereiche einer NPO – wird jedoch im Idealfall auch selbst von allen Bereichen beeinflußt. Ziel ist ein Synergieeffekt zugunsten der Ziele und Leitbilder der NPO. Diese Dynamik läßt sich weder mit personellen noch funktionalen Hierarchien zentral steuern; sie läßt sich allenfalls beobachten, mit möglichst vielen Beteiligten diskutieren und im günstigsten Fall für alle Beteiligten nutzen.

1.5 Zusammenfassung

In der Literatur zum Fundraising wird deutlich, daß die meisten Autoren auf Definitionen im Sinn einer genauen Abgrenzung und Bestimmung des Begriffs Fundraising verzichten. Er findet in der Regel Verwendung im Zusammenhang mit Geldspenden, die von Einzelpersonen, Unternehmen und Stiftungen für die Zwecke von Nonprofit-Organisationen erbracht werden. Dies deutet einerseits auf die Selbstverständlichkeit des Fundraising (im Sinn von Spendensammeln) im englischen bzw. amerikanischen Sprachgebrauch hin, andererseits auf die vorherrschende Praxisorientierung dieser Literatur. Wissenschaftliche Exaktheit ist nicht das Ziel, sondern es werden vielmehr anwendungsbezogene Tips, Aufforderungen und Checklisten zur erfolgreichen Handhabung einer als selbstverständlich erscheinenden Aufgabe geliefert.

Im Unterschied zu den USA besteht in Deutschland die Tendenz, alle Finanzierungsquellen, also auch den Staat sowie alle Ressourcenarten, also auch immaterielle, geldwerte Ressourcen wie ehrenamtliche Mitarbeit, einzubeziehen. Die Konzentration des us-amerikanischen Fundraising auf die Geldbeschaffung von Privatpersonen, Unternehmen und Stiftungen liegt darin begründet, daß es weitaus weniger Möglichkeiten als beispielsweise in Deutschland gibt, Geld aus öffentlichen Quellen zu akquirieren. In Deutschland ist es außerdem üblich, Zuwendungen oder Zuschüsse von Stiftungen nicht als Spenden anzusehen, sondern als eigenständige Finanzierungsquelle bzw. Finanzierungsart. In den USA und Großbritannien wird das „Spenden von Zeit" in Form von freiwilliger, kostenloser Mitarbeit als „Voluntarism" in der Regel sowohl vom Begriff als auch von der praktischen Umsetzung her als eigenständiger Bereich wahrgenommen. Ähnliches gilt jedoch auch für die Ressource „ehrenamtliche Mitarbeit" oder „freiwilliges Engagement" in deutschen NPO; kaum jemand benutzt dafür den Begriff der Spende.

In der Praxis wird Fundraising häufig in einem engen Sinn mit Geldbeschaffung übersetzt bzw. mit allen Aktivitäten von NPO gleichgesetzt, die darauf abzielen, freiwillige Transfers (Geld oder geldwerte Transfers) von Privatpersonen, Unternehmen und Stiftungen zu initiieren und aufrechtzuerhalten. Damit ist die ursprüngliche Bedeutung und Verwendung des Begriffs in den USA bzw. Großbritannien prinzipiell auf Deutschland übertragen worden. Bei dieser Übertragung hat jedoch eine Ausweitung und Vertiefung des Begriffs stattgefunden: Eine *Ausweitung* in bezug auf die Ressourcenarten und Ressourcenquellen, indem sowohl Spenden als auch Sponsoring-Vereinbarungen, öffentliche Zuschüsse, Erlöse aus dem Verkauf von Dienstleistungen etc. unter der Überschrift Fundraising genannt werden und einige Autoren und Praktiker auch öffentliche Mittel mit in das Fundraising einschließen; eine *Vertiefung* in bezug auf die Funktion des Fundraising im Kontext von Managementerfordernissen, insbesondere in bezug auf Marketing, Kommunikationspolitik, Public Relations oder Organisationsentwicklung. Diese Entwicklung spiegelt sich beispielsweise in der Sichtweise wider, Fundraising als Spezialisierung der Öffentlichkeitsarbeit zu betrachten. Einige us-amerikanische Autoren bzw. Praktiker lösen den Begriff Fundraising ganz auf zugunsten der Bezeichung „Institutional Advancement"[3].

Diese beiden Tendenzen erinnern an die Diskussionen und Probleme die in der Marketingwissenschaft entstanden sind, als der Begriff des Marketing ausgeweitet und vertieft wurde. Im Teil V dieser Arbeit wird auf das „Broadening" (Kotler/Levy 1969) und „Deepening" (Kotler/Zaltman 1971) des Marketing eingegangen. Je nach Sichtweise und Interesse ist es schwierig abzuschätzen, ob es sich dabei um eine wenig produktive Verwischung von

---

3   Kelly verweist darauf, daß dieser Begriff besonders von Schulen und Universitäten als Oberbegriff für verschiedene Organisationsfunktionen benutzt wird: „Fund raising, public relations, alumni relations, government relations, publications, student recruitment and admissions" (Kelly 1991: 8).

sinnvollen Grenzen oder um eine konstruktive Weiterentwicklung des Begriffs handelt. Dies gilt analog auch für die vergleichbare Ausweitung und Vertiefung bei der Verwendung des Begriffs Fundraising. Die vorgestellten Sichtweisen und die ihnen entsprechenden Definitionen des Fundraising können nun mit Hilfe von drei Definitionsvarianten gebündelt werden. Dabei greife ich noch einmal die von mir gewählten drei Kategorien Beschaffungsorientierung, Transaktionsorientierung und Interaktionsorientierung auf.

Eine Definition des Fundraising mit dem Fokus der *Beschaffungsorientierung* könnte wie folgt formuliert werden: Fundraising ist der Oberbegriff für alle Aktivitäten im Zusammenhang mit der Beschaffung von Ressourcen für Nonprofit-Organisationen. Sie entspricht einem in der deutschsprachigen Diskussion verbreiteten und weit gefaßten Verständnis des Fundraising. Es werden darunter alle Ressourcenquellen und -arten verstanden: öffentliche Finanzierungsformen ebenso wie Mittel von Einzelpersonen, Unternehmen und Stiftungen; als Ressourcenarten nicht nur Geld, sondern auch Sachmittel, kostenlos zur Verfügung gestellte Dienstleistungen, immaterielle Förderung und Unterstützung der Organisationsziele sowie ehrenamtliche Mitarbeit. Die zugrundeliegende Sichtweise betrachtet Fundraising primär als Spendensammeln; im Spiegel des Selbstverständnisses der Verantwortlichen erscheint es häufig auch als moderne Variante des „Bettelns". Im Vordergrund steht die Beschaffung von Geld mit Hilfe von einseitigen, asymmetrischen Transfers vom Geber zum Empfänger. Der Schwerpunkt dieser Definition liegt also auf der Beschaffung von Ressourcen und klammert somit den Aspekt des Austausches, des Nehmens und Gebens beider Partner, weitgehend aus. Es ist deshalb sinnvoller, den Schwerpunkt auf den Aspekt der freiwilligen Austauschbeziehungen zu legen, der von den transaktionsorientierten Sichtweisen berücksichtigt wird.

Unter dem Blickwinkel der *Transaktionsorientierung* erscheint Fundraising als Austausch materieller und immaterieller Ressourcen (Geld, Zeit, Güter und Dienstleistungen) zwischen Einzelpersonen, Unternehmen, Stiftungen und anderen Ressourcengebern auf der einen und NPO auf der anderen Seite. Fundraising umfaßt nach diesem Verständnis nicht nur das Nehmen von Mitteln, sondern enthält mit dem Aspekt des Austausches das Nehmen und Geben auf beiden Seiten. Die Definition enthält damit auch eine Aussage zur Funktion des Fundraising. Der Akt des Transfers von Ressourcen vom Geber zum Empfänger ist also nur ein Aspekt in diesem Austauschprozeß. Aspekte des *Fundgiving*, d.h. der Motivationen und Situationen des Gebens, sind in dieser Definition ebenso enthalten wie die Transfers von NPO zu ihren Ressourcengebern (z.B. in Form von Dank, gesellschaftlicher Anerkennung, Beteiligung etc.). Mit dieser Definition läßt sich Fundraising als komplexe Managementaufgabe definieren und ist somit mehr als Spendensammeln oder einseitiges Nehmen von Geld und anderen Ressourcen.

Fundraising in einem engeren Sinn bezieht sich also auf die unmittelbare Akquisition von Ressourcen; Fundraising im weiteren Sinn stellt sich darüber hinaus als eine Managementaufgabe mit Auswirkungen auf andere Arbeitsbereiche: Marketing, Öffentlichkeitsarbeit, Werbung, Personalmanagement etc. dar. Die zugrundeliegende Sichtweise betrachtet Fundraising als Ressourcenbeschaffung und ist auf alle potentiellen Finanzierungsquellen, also auch den Staat und auf alle potentiellen Finanzierungsarten ausgeweitet. Die Beschaffung von Ressourcen umfaßt nicht nur monetäre Transfers, sondern auch ehrenamtliche Arbeit, Lobbyarbeit, strategische Allianzen und andere, nicht unmittelbar finanzielle Mittel.

Noch plausibler läßt sich das Management von Austauschbeziehungen als *Interaktionsorientierung* im Kontext des Marketing beschreiben. Die Marketingwissenschaft bietet einen sinnvollen konzeptionellen Rahmen sowohl für das Fundraising als auch für den komplementären Aspekt des Fundgiving sowie alle damit verbundenen Aufgaben. Der Fundraising-Begriff sollte deshalb mit allen Aspekten in eine Marketingperspektive eingebunden werden. Damit läßt sich die Fundraising-Diskussion auf einer theoretischen und praktischen Ebene anknüpfen an Diskussionen über das Marketing von NPO und speziell zum Ansatz des Relationship-Marketing innerhalb der Marketingwissenschaft. Vor diesem Hintergrund bietet sich eine, von Christian Grönroos' Relationship-Marketing Definition abgeleitete, interaktions- oder beziehungsorientierte Definition des Fundraising an (vgl. Grönroos 1994): *Fundraising ist der erfolgreiche Aufbau, die Aufrechterhaltung und Verbesserung von Beziehungen zu allen relevanten Bezugsgruppen und Personen unter Berücksichtigung der Ziele aller beteiligten Parteien.* Dies wird erreicht durch gegenseitigen Austausch sowie die Erfüllung von Versprechen und Vertrauen. Die zugrundeliegende Sichtweise betrachtet Fundraising im wesentlichen als Interaktionsprozeß oder Beziehungsgestaltung. Mit dem beziehungsorientierten Fundraising geraten zunächst die Beziehungen zwischen Spendern bzw. Ressourcengebern und

NPO mit all ihren Aspekten in den Blick. Dabei stellt sich die Aufgabe, die Ziele der NPO mit den Informationen über die Ziele bzw. Motive und Motivationen der Geber zu vermitteln. In diesem Sinn wird Fundraising zur Interaktion zwischen Partnern und zur Gestaltungsaufgabe für vielfältige Formen und Inhalte von Beziehungen: „People give to people" (Burnett 1992).

Fundraising im Kontext des Marketing zu betrachten heißt jedoch auch, in Anlehnung an Konzepte des Relationship Marketing nicht nur die persönlichen oder personalisierten Interaktionen zwischen einzelnen Menschen zu berücksichtigen, sondern ebenso die Umweltbeziehungen der NPO. Systemisch betrachtet, fokussiert diese Variation des Marketing die Beziehungen und Wechselwirkungen zwischen Organisationen und internen und externen Umwelten. Relationship Marketing umfaßt also mehr als Relationship Fundraising: Unter dem Oberbegriff des Relationship Marketing betreibt eine NPO nicht nur die Gestaltung der Beziehungen zu Spendern im Rahmen des Spendenmarketing, sondern beispielsweise auch die Gestaltung der Interaktionen mit den Mitarbeitern im Rahmen des Personalmarketing oder die Arbeit an den Public Relations. Vor diesem Hintergrund lassen sich vier strategische Beziehungsfelder von NPO benennen: *Beziehungen zu den externen Ressourcengebern* (Staat, Kunden, Fundgiver); *Beziehungen zu internen Ressourcengebern* (Personal, einzelne Abteilungen und Gliederungen der NPO); *„Laterale" Beziehungen* zu Wettbewerbern, Unternehmen, Lieferanten und staatlichen Institutionen in ihrer Funktion als Gestalter von Rahmenbedingungen sowie *Beziehungen zu den direkten und indirekten Nutzern* der Organisationsleistungen (vgl. Morgan/Hunt 1994: 21; Fischer 1995). Mit einer interaktionsorientierten Sichtweise und Definition ist Fundraising konzeptionell in beziehungsorientierte Marketing- bzw. Managementmodelle integrierbar; deshalb liegt dieser Arbeit eine interaktions- oder beziehungsorientierte Definition des Fundraising zugrunde.

2 Zur Methodik des Fundraising

In diesem Kapitel werden drei methodische Ansätze für das Fundraising vorgestellt [1]. Das Modell von Purtschert/Schwarz (1994) liefert als einziges eine theoretische Systematisierung und verortet das Fundraising konzeptionell im Kontext des Marketing und Management von NPO. Schöffmann (o.J. [1994]) adaptiert mit seinem Fundraising-Kreislauf den „Fund Raising Cycle" von Rosso u. a. (1991), der neben einem Vorschlag für ein methodisches Vorgehen auch Hinweise auf die zugrundeliegende Philosophie des Fundraising enthält. Brocks (1994 a) stellt eine detaillierte handlungsorientierte Planungshilfe für die Ressourcenbeschaffung vor.

2.1 Das Fundraising-Management-Modell

Das Fundraising-Management-Modell von Purtschert/Schwarz (1994) ist Teil eines im Kontext der *Forschungsstelle für Verbands- und Genossenschaftsmanagement (FST)* an der Universität Freiburg/Schweiz konzipierten Management-Modells für NPO (vgl. Purtschert 1989, 1992; Schwarz/ Purtschert/Giroud 1995). Die Autoren gehen davon aus, daß Fundraising auf der Basis eines Tauschmodells funktioniert; Fundraising ist also immer ein Geben und Nehmen auf beiden Seiten. NPO als Akteure des Fundraising sind im Rahmen ihres „Input-Output-Systems" abhängig von zahlreichen Umfeldern (Märkten, Zielgruppen, Austauschpartnern) und deren Beiträgen. Dies gilt sowohl für die Input- oder Beschaffungsseite als auch für die Output- oder Abgabeseite ihrer Leistungen.

Fundraising wird als Element des Marketing-Systems von NPO verortet. Die Basis dafür stellt eine „Marketing-Philosophie im Sinne einer konsequenten Ausrichtung der Tätigkeiten und Leistungen an den ‚Märkten' (Leistungsadressaten, Zielgruppen, Tauschpartner)" dar (Purtschert/ Schwarz 1994: 136). Marketing gilt den Autoren als die Gestaltung und Realisierung von Leistungen und Kommunikation im „Outputbereich (als Leistungs-Marketing), Inputbereich (als Beschaffungs-Marketing), Innen-

---

1 Ich beschränke mich dabei auf deutschsprachige Publikationen; daneben gibt es zahlreiche englischsprachige Arbeitshilfen, beispielsweise Flanagan 1991, 1992; Burlingame/Hulse 1991; Dove 1988; Edles 1993.

bereich (als Internes Marketing gegenüber Mitgliedern, Mitarbeitern)" und somit als „systematisch-methodisches Management der Austauschbeziehungen einer NPO mit ihren Umwelten sowie zwischen den Partnern im Innenbereich" (ebd.). „Fundraising-Ziele, -Pläne und -Aktionen haben sich nach dem Zweck der NPO und deren zukünftiger Erfolgssicherung auszurichten" (a.a.O.: 135).

Der Arbeit an der Corporate Identity (C.I.) einer NPO wird ein hoher Stellenwert eingeräumt. C.I. dient als „Kernelement" und „Klammer" des Marketing: Sie ist einerseits Voraussetzung, andererseits Produkt des Marketing und wird durch die Gesamtheit der Austauschbeziehungen gebildet. Die Organisations-Identität wirkt als Image-Filter und ist somit ein zentraler Erfolgsfaktor für das Fundraising.

Die Marketing-Planungssequenz nach dem *FST*-Management-Modell integriert das Fundraising in das Marketing und umfaßt folgende Schritte (vgl. a.a.O.: 139 ff.):

- Informationsanalyse: Dabei stehen speziell Informationen über Spender und den Spendenmarkt im Vordergrund.
- Fundraising-Ziele: Die Ziele werden in quantitative und strategische differenziert. Quantitativ sind beispielsweise Steigerungsraten beim Spendenaufkommen als Zielmarken festzulegen. Strategische Ziele können sein: Marktdurchdringung, d.h. bei gleichen Zielgruppen werden die Methoden intensiviert, um mehr Spendenanteile zu erreichen; Markterweiterung, d.h. bei gleichen Methoden werden neue Zielgruppen angesprochen sowie Diversifikation, d.h. neue Zielgruppppen werden mit Hilfe neuer Methoden gewonnen.
- Segmentierung: Dabei steht eine Aufteilung in möglichst klar definierte Zielgruppen im Vordergrund.
- Austauschsystem: Beim Fundraising handelt es sich nicht um einen typischen marktlichen Austauschprozeß von Ware gegen Geld; vielmehr werden für die Spende überwiegend immaterielle Gegenwert angeboten.
- Positionierung: Dabei sollen sich die Fundraising-Aktivitäten von denen anderer NPO möglichst unterscheiden. Fundraising soll als klares und „einmaliges" Angebot vom Spender wahrgenommen werden. Die Aktivitäten müssen mit dem Image und der Corporate Identity der Organisation möglichst gut übereinstimmen.
- Bestimmung des Fundraising-Mix: Dieser wird analog zum Marketing-Mix [2] als Kombination verschiedener Instrumente festgelegt. Dabei ist

das *Produkt* „die zentrale Botschaft" bzw. das Anliegen der NPO und prägt die entsprechenden Kommunikationsinhalte. Der *Preis* ist die Spende bzw. Gegenleistung für die Produktlieferung bzw. Leistungsabgabe. Diese kann auch immateriell sein, z. B. in Gestalt von Verhaltensänderungen der Adressaten als Gegenleistung für Beeinflussungsbemühungen der NPO. Im Zusammenhang mit der *Promotion* werden Kommunikationsmittel und -träger ausgewählt, Public Relations aufgebaut und intensiviert, persönliche Beziehungen geknüpft etc. Die Entscheidungen im Zusammenhang mit dem *Place* als viertem der klassischen „4 P's" des Marketing-Mix beziehen sich auf die Gestaltung der Distribution und des Kontaktpotentials, auf das Beziehungsnetz, Anlaufstellen etc. Ergänzend verweisen die Autoren auf zwei weitere Aufgabenfelder: Die „politische Aktion" als Lobbyarbeit, die beispielsweise auf die Gewinnung von Politikern als Unterstützer gerichtet ist und die Gestaltung von „Anreiz-Beitrags-Kalkülen" die erforderlich sind, weil einfache Preis-Leistungs-Verhältnisse fehlen.

- Fundraising-Organisation: Dabei geht es um Antworten auf die Frage: Wer macht was in welcher Abfolge? Welche Aufgaben werden zentral bzw. dezentral, welche von Professionellen und welche von Freiwilligen erledigt? „Eine effiziente Lösung dieses Verteilungs- und Koordinationsproblems läßt sich durch ein Management-/Führungsmodell herbeiführen, welches eine klare *Anweisung* für die Kompetenzverteilung enthält: Das Modell ,Führung durch Zielsetzung und nach dem Ausnahmeprinzip' (management by objectives and by exceptions)" (a.a.O.: 145). Dabei steuert eine übergeordnete Instanz mit partizipativ vereinbarten Zielen, Plänen, Aufträgen, Grundsatz- und Rahmenentscheiden sowie Konzepten die nachgeordnete Instanz, welcher Kompetenzen und Handlungsspielräume zur weitgehend selbständigen Erfüllung der vorher festgelegten Soll-Vorgaben eingeräumt werden.
- Finanzplan und Budget: In diesem Zusammenhang wird auf die Notwendigkeit einer „Vollkostenrechnung" verwiesen, bei der nicht nur die

---

2 Marketing-Mix ist ein Begriff aus der Marketingwissenschaft und bezeichnet die notwendige Abstimmung von Marketingaktivitäten in den vier Feldern: Produktpolitik („product"), Preis- oder Finanzierungspolitik („price"), Distributionspolitik („place") und Kommunikationspolitik („promotion"). Hintergründe und Grenzen dieser Sichtweise werden im Teil V dieser Arbeit ausführlich erörtert.

Drittkosten, sondern ebenso der betriebsinterne Arbeitsaufwand in Rechnung gestellt werden.

- Kontrolle, Evaluation: Darunter werden die Ergebnis- und Zielerreichungskontrolle, die Prozeßkontrolle während der Abwicklung von Fundraising-Aktivitäten, die Kostenkontrolle und die Evaluation von Wirkungen des Fundraising gefaßt.

Innerhalb dieses Planungsrahmens werden die Instrumente der sogenannten „Fundraising-Instrumentenbatterie" (a.a.O.: 143) genutzt. Im Zentrum steht dabei die zentrale *Botschaft* als Fundraising-Produkt bzw. -Angebot. Diese ist in der Regel immateriell, läßt sich aber auch mit anderen Leistungen kombinieren, beispielsweise einer Sachleistung, einer Veranstaltung oder im Rahmen des Sponsoring in Form von Werbeleistungen. Zu den weiteren Instrumenten zählen die auszuwählenden *Kommunikationsmittel* und -träger (d.h. Inserate, Briefe/Mailings, Gespräche, persönliche Kontakte und die Mittel der Presse- und Öffentlichkeitsarbeit) sowie die konkreten *Varianten des Fundgiving* in Form von Einmal- oder Dauerspenden, Mitgliedsbeiträgen, Vermächtnissen etc. Zu den „unterstützend-flankierenden Maßnahmen" zählen einerseits spezielle *Anreize* in Form von Angeboten zur Mitarbeit, Mitgliedschaft oder Patenschaft, andererseits *„politische Aktionen"* mit denen Subventionen, Unterstützungen und Kooperationen aus dem politischen Umfeld der NPO gemeint sind.

Eine abschließende Bewertung des methodischen Ansatzes von Purtschert/Schwarz (1994) für die Planung des Fundraising kommt zu folgenden Einschätzungen: Die systematische Einbindung des Fundraising in das Marketing und Management von NPO ist sinnvoll. Gleichzeitig wird zu Recht auf den hohen Stellenwert der Image-, PR- und Corporate-Identity-Arbeit und die notwendige Einbindung des Fundraising in diese Aufgabenfelder verwiesen. Auch die implizite Kennzeichung des Fundraising als Dienstleistung halte ich für richtig. Die Autoren weisen im Zusammenhang mit der Bedeutung des Marketing für das Fundraising zu Recht darauf hin, daß diese Außenorientierung in vielen NPO noch keine Selbstverständlichkeit ist: „Sie setzt eine systematische Entwicklung der Dienstleistungsgesinnung voraus, eine Öffnung und eine Überwindung einer allzu starken Innenzentrierung" (a.a.O.: 136).

Problematisch erscheint mir jedoch die Adaption des Marketing-Management-Modells[3] und die wenig plausible Ausweitung des Marketing-Mix um weitere separate Aufgabenfelder. Darüber hinaus wird Fundraising im Rahmen einer Austauschökonomie betrachtet und gleichzeitig darauf reduziert. Das „Anreiz-Beitrags-Prinzip" stellt sich letztlich als eine Reduktion auf das Prinzip Leistung-Gegenleistung dar: „Wenn ich von jemandem etwas will, muß ich ihm etwas geben" (a.a.O.: 134). Fundgiving als prosoziales Verhalten, wie ich es im Teil II, Kapitel 3 dieser Arbeit vorstellen werde, wird somit auf die Ökonomomie des Gebens reduziert. Fundraising und Fundgiving lassen sich zwar als Tauschhandlungen beschreiben, unterliegen jedoch auf seiten der Fundgiver nicht zwingend immer auch dem Wirtschaftlichkeitsprinzip, d. h. der Erreichung höchstmöglicher Effektivität im Sinn von Wirkung, Nutzen und Zielerreichung bei höchstmöglicher Effizienz oder Produktivität im Sinn der Kostenminimierung. Als kognitives Prinzip basiert diese Sichtweise auf der Unterstellung, daß Fundgiving-Entscheidungen nur auf dieser Basis getroffen werden. Als Ideal für das Management von Organisationen mag das Wirtschaftlichkeitsprinzip sinnvoll sein; ob auch Individuen im Kontext des Fundgiving danach handeln, bleibt zweifelhaft. Fundgiving wird immer auch auf der Basis von emotionalen Entscheidungen betrieben, die jedoch kaum so bewußt getroffen werden, wie das ökonomische Prinzip es erfordert.

2.2 Der „Fund Raising Cycle"

Das Modell eines Fundraising-Kreislaufs wurde von Rosso u. a. (1991) entwickelt. Bevor ich auf die Methodik im engeren Sinn eingehe, skizziere ich kurz Rossos „Philosophy of Fund Raising" (Rosso 1991: 3 ff.) als Hintergrund für dieses Modell. Gleichzeitig werden dabei Prinzipien eines beziehungsorientierten Fundraising deutlich:

- Das Fundraising hat aus seiner Sicht eine dienende Funktion für die Philanthropie und basiert auf der amerikanischen Idee des Gebens – „the spirit of giving" – seit Puritaner im 17. Jahrhundert diese Haltung mit in die „Neue Welt" gebracht haben. Philanthropie als „Menschenfreundlichkeit" ist freiwillige Aktivität für das Gemeinwohl durch freiwilliges Tun, freiwilliges Zusammenschließen und freiwilliges Spenden. Fundraising sollte daher nie als bloßes Mittel der Geldbeschaffung gesehen werden; es muß einem größeren Zweck dienen. Nach Rosso muß

---

3 Vgl. Teil V dieser Arbeit.

jede Organisation die das Privileg benutzt, Gelder einzuwerben, (unge-
fragt) Anworten auf folgende Fragen parat haben: Warum existiert die
Organisation? Was zeichnet sie aus? Warum geht die NPO davon aus,
daß sie eine Unterstützung verdient? Für was braucht sie Unterstützung
und wie beabsichtigt sie, ihre Vorhaben umzusetzen? In welcher Weise
bleibt die Organisation bzw. bleiben die Organisationsmitglieder selber
dafür verantwortlich? In diesem Prozeß der Selbstklärung müssen nicht
nur die formale Struktur der Organisation sowie deren Ziele formuliert
werden; ebenso wichtig ist es, die Philosophie der Organisation zu formulieren und zu kommunizieren: Die Mission der Organisationsmitglieder ist der Magnet, der Förderer, Freiwillige und Mitarbeiter an-
zieht – „the mission is the magnet".

• Spenden basiert auf einem freiwilligen Austausch von materiellen Gütern und sozialer Anerkennung, öffentlichem Dank, sowie der Zufriedenheit des Spenders, bei der Unterstützung einer wichtigen Sache mit-
zuwirken. Spenden wird somit als ein Privileg und nicht als Ärgernis
oder Last angesehen. Dahinter steht der Glaube daran, daß Menschen
eine kreative Energie, ein Selbstwertgefühl, eine Fähigkeit besitzen, von
ihren eigenen Wichtigkeiten abstrahieren können und selber in ihrem
Leben von Quellen außerhalb ihrer selbst profitieren. Nach Rossos Ansicht ist das Geben in diesem Sinn ein Ausdruck der Dankbarkeit für die
Gnade, die man selber im eigenen Leben erfahren durfte. Folglich sollen
Fundraiser potentiellen Gebern gegenüber deutlich machen, daß es eine
Freude sein kann, zu Geben. Dabei geht es nicht nur darum, jemanden
zu einer Spende zu bewegen, sondern die Spender sollen als Unterstützer
für die eigene Sache bzw. die Ziele der Organisation gewonnen werden.
Damit wird der Spender zu einem wichtigen Bestandteil der Organisation. Ethisch verantwortliches Fundraising ermöglicht das Spenden
und aktiviert die Spender. Im besten Fall verbindet das Fundraising die
Bedürfnisse der Nonprofit-Organisation mit den Wünschen und Bedürfnissen des Spenders.

Dieser Blick auf die von Rosso u.a. skizzierte amerikanische Philosophie des
Gebens und Nehmens von Spenden und anderen Formen der Unterstützung – das Pathos mancher Formulierungen eingeschlossen – verweist auf
Elemente eines beziehungsorientierten Fundraising, welches im Rahmen
dieser Arbeit propagiert wird. Fundraising in den USA basiert auf einer langen Tradition privater Unterstützung für Ziele, die der Staat dort nicht oder

nicht in dem Umfang wie im deutschen Wohlfahrtsstaat finanziert. Freiwilliges Geben von Ressourcen steht in den USA nicht zuletzt auch deshalb im Kontext einer „Kultur des Gebens", während in Deutschland zwar auch Traditionen des Gebens existieren, Fundraising aus Sicht der NPO jedoch eher ökonomisch als Finanzierungsinstrument und weniger als sozialpsychologisches oder gesellschaftliches Phänomen betrachtet wird.

Vor dem Hintergrund dieser Sichtweisen entwickelt Rosso den „Fund Raising-Cycle" (a.a.O.: 10). Schöffmann (o.J. [1994]) hat mit seiner Adaption dieses Kreislaufes dazu beigetragen, das sich darin widerspiegelnde Verständnis von Fundraising als einer auf Marketingprinzipien basierenden komplexen Managementaufgabe innerhalb der deutschen Fundraising-Diskussion zu fördern. Dieses Planungsmodell basiert auf Marketing-Prinzipien, ohne sie jedoch auszuführen. Sie kommen aber mittelbar in der großen Bedeutung zum Ausdruck, die in diesem Ansatz dem Selbstverständnis, der Situationsanalyse, den Organisationszielen und der Marktanalyse beigemessen wird. Die gewissenhafte Durchführung dieser Arbeitsschritte macht zweierlei deutlich: das große Maß an organisationsinternen Vorarbeiten („Planning Checkpoints") die erforderlich sind, bevor die ersten Fundraisingaktionen stattfinden sollten sowie der hohe Stellenwert, den die Einbindung von Freiwilligen („Volunteers") in die Fundraising-Arbeit hat.

Schöffmann (o.J. [1994]) nennt auf dieser Basis folgende Arbeitsschritte, aus denen der Fundraising-Kreislauf besteht: Selbstverständnis- und Situationsanalyse, Bestimmung der Organisationsziele, Programmentwicklung, Festlegung des Finanzbedarfs zur Realisierung des Programms, Marktanalyse, Einbeziehung der Organisationsmitglieder, Überprüfung von Programmvorhaben und Finanzbedarf, Analyse der Finanzierungsmärkte (Finanzierungsquellen- und arten), Entwicklung einer entsprechenden Fundraising-Strategie und Maßnahmeplanung sowie einer darauf aufbauenden Kommunikationsstrategie und -planung, Mobilisierung der Mitglieder, Spenden werben und Spenden erneuern.

2.3 Eine Fundraising-Planungssequenz

Brocks (1994 a) liefert mit seiner Planungssequenz „strategische Komponenten" für erfolgreiches Fundraising, die er in sechs Phasen differenziert. Im Zentrum der ersten Phase steht auch bei ihm eine *Bestandsaufnahme* im Sinn einer Analyse des Ist-Zustands einer Organisation: Ziele müssen festgelegt und die Organisationsidentität muß formuliert werden. Neben der Analyse aktuell genutzter Finanzierungs- und sonstiger Ressourcenquellen und -arten ist dabei die Festlegung von quantitativen und qualitativen Zielen erforderlich. Als Leitfragen können dabei gelten: Was soll erreicht werden: mehr Geld, mehr ehrenamtliche Mitarbeit, mehr Präsenz in den Medien? Oder soll primär die Qualität der Arbeit gesteigert, Nachwuchs- und Personalsicherung betrieben bzw. die Motivation der Mitarbeiter gefördert werden? Für die Arbeit am Leitbild bzw. der Identität einer Organisation wird die Formulierung einer Argumentationsbasis vorgeschlagen, die Antworten auf die Fragen enthält: Wer sind wir? Was wollen wir, wie, bis wann, mit welchen Mitteln erreichen? Diese Aussagen werden komprimiert in Leitsätze, ein Motto und ein Logo.

Die zweite Phase nennt Brocks *Markterforschung*. Dabei geht es zunächst um die Differenzierung von *Zielgruppen* für die geplanten Fundraising-Aktivitäten [4] und anschließend um eine kritische *Zielgruppenbewertung*. Dabei stehen Fragen nach dem Grad der Identifikation mit bzw. der Distanz zur Organisation, nach dem voraussichtlichen Ertragspotential, dem für die Kontaktaufnahme erforderlichen Aufwand und den Entwicklungsmöglichkeiten im Vordergrund. Im nächsten Schritt ist eine *Konkurrenzanalyse* erforderlich, die mit Hilfe der folgenden Leitfragen vorgenommen werden kann: Wer bietet ähnliche Leistungen an? Mit welchen Organisationen konkurrieren die eigenen angebotenen Leistungen? Was unterscheidet die Organisation von anderen?

In der dritten Phase wird das *Fundraising-Produkt* entwickelt. Nach Brocks Verständnis handelt es sich dabei um angebotene, nachgefragte und ausgetauschte Leistungen mit spezifischen Merkmalen und Eigenschaften, die auf die Interessen der unterschiedlichen relevanten Zielgruppen abgestimmt sein müssen (vgl. a.a.O.: 45 ff.). Vor diesem Hintergrund sind in der vierten Phase die *Kommunikationsmedien* und -kanäle auszuwählen und zu gestalten. In der fünften Phase muß die interne Planung und *Organisation*

---

4   Brocks verweist dabei auf folgende Segmentierungskriterien: bisherige Förderer, Bevölkerungsgruppen mit beruflicher oder sonstiger Nähe zur Organisation, Unternehmen, Stiftungen, Vereine, Verbände, Richter (für die Akquirierung von Bußgeldern), öffentliche Ressourcenquellen von der Europäischen Gemeinschaft bis zu kommunalen Gremien sowie Multiplikatoren bei den eigenen Mitgliedern, Sympathisanten, Politikern und Parteien, Journalisten und anderen Medienvertretern (Brocks 1994 a: 30 f.).

konkreter Arbeitsabläufe sichergestellt werden. Brocks plädiert dabei für eine Integration des Fundraising in die Managementaufgaben und verweist auf die Reibungsverluste, die bei einer Separierung der Mittelbeschaffung ohne Koordination mit beispielsweise Leitungs- und PR-Aufgaben entstehen. Nach Test- und Probeläufen, beispielsweise mit verschiedenen Varianten von Mailings, schließt sich die sechste Phase mit der *Umsetzung* von Fundraising-Aktionen und deren anschließender *Evaluation* an.

2.4 Zusammenfassung

Die kursorisch vorgestellten methodischen Ansätze für die Gestaltung des Fundraising basieren mehr oder weniger ausdrücklich auf dem Verständnis des Marketing-Management (vgl. Kotler/Bliemel 1995)[5]. Sie gehen davon aus, daß NPO Produkte im Sinn von Leistungen anzubieten haben und das deren materielle und immaterielle Komponenten profilierbar sind und auf einem Fundraising-Markt nachgefragt werden. Während das Modell von Purtschert/Schwarz (1994) einen zwar praxisorientierten, aber gleichzeitig auch theoretischen Anspruch erhebt, liefern Rosso u.a. (1991) bzw. Schöffmann (o.J. [1994]) und Brocks (1994 a) handlungsorientierte Hinweise für eine Systematisierung der Praxis des Fundraising. Deutlich wird bei allen Planungsmodellen der notwendige organisationsinterne Aufwand, der in der Fundraising-Praxis wohl häufig vernachlässigt wird.

Die Quintessenz der drei Vorschläge für die Methodik der Ressourcenbeschaffung ist, daß das Fundraising in erster Linie aus systematischer und vor allem kontinuierlicher Arbeit besteht: Informationen beschaffen, auswerten und nutzbar machen. Das mehr oder weniger spektakuläre öffentlichkeitswirksame Ereignis oder die Akquisition einer Großspende, die häufig am Beginn von Überlegungen zum Fundraising stehen, sind die Zielpunkte von aufwendigen Arbeitsprozessen. Fundraising stellt sich somit als eine Aktivität mit zahlreichen Implikationen dar; die Mittelbeschaffung ist das Ergebnis eines vielschichtigen Prozesses und weniger das Produkt kurzfristiger, instrumentell zu betreibender und isolierter Aktionen. Insbeson-

---

5   Das Konzept des Marketing-Management wird ausführlich im Teil V dieser Arbeit vorgestellt und bewertet. Die Adaption des Marketing für die Zwecke des Fundraising ist übrigens keineswegs neu; eine entsprechende Arbeit haben beispielsweise Mindak/Bybee 1971 vorgelegt.

dere die Bedeutung der organisations*internen* Arbeit, die sich mit der Notwendigkeit verbindet, zunächst eine selbstkritische und fragende Haltung einzunehmen sowie die Zielsetzungen und favorisierten Werte und Vorgehensweisen zu explizieren, läßt das Fundraising auch als Instrument der Organisationsentwicklung erscheinen. So gesehen lassen sich gleichermaßen externe und interne Fundraising-Aktivitäten differenzieren.

3 Quellen und Arten von Ressourcen

Nachdem in den vorangegangenen Kapiteln Fundraisingdefinitionen und spezifische Ansätze im Mittelpunkt standen, gilt das Erkenntnisinteresse im folgenden exemplarischen Ressourcenquellen und -arten. Eine Ressourcenanalyse von Nonprofit-Organisationen läßt sich in einem sehr weit gefaßten Sinn als Reflexion aller Stärken, Kapazitäten und Vermögen vornehmen; Ressourcen in diesem Sinn sind also alle Potentiale einer Organisation. Dabei finden die materiellen Mittel ebenso Berücksichtigung wie der Grad der Motivation und Identifikation von Mitarbeitern, Mitgliedern, freiwillig Engagierten und Förderern. Auch das durch die konkrete Arbeit und deren Präsentation in der Öffentlichkeit aufgebaute Image ist in diesem Sinn eine Ressource mit vielfältigen Nutzungsmöglichkeiten. Diesem weit gefaßten Verständnis des Ressourcenbegriffs entspricht das interaktionsorientierte Verständnis des Fundraising als erfolgreicher Aufbau, Aufrechterhaltung und Verbesserung von Beziehungen zu *allen* relevanten Bezugsgruppen und -personen (vgl. Kapitel 1 in diesem Teil der Arbeit).

Diese Sichtweise führt jedoch bei der im Mittelpunkt dieses Kapitels stehenden Beschreibung von konkreten Ressourcenquellen und -arten zu einem Problem: Nach welchen Kriterien soll eine Darstellung der Fülle von Quellen und Arten von Ressourcen vorgenommen werden? Auf der Folie der in dieser Arbeit propagierten Beziehungsgestaltung zu allen materiell und immateriell relevanten Bezugsgruppen sind nicht nur *alle* Aktivitäten einer NPO direkt oder indirekt relevant für die Mittelbeschaffung, sondern es kommen auch alle Quellen und Arten von Ressourcen in Frage. Eine solche Darstellung würde jedoch den Rahmen dieser Arbeit sprengen; deshalb beschränke ich mich auf die Ressourcenquellen und -arten, die direkt finanzielle Auswirkungen in Gestalt von Einnahmen haben. Ein Teil der immateriellen Ressourcen, beispielsweise die Kategorie des Vertrauens als Erfolgsfaktor für gelingendes Fundraising, ist zudem Gegenstand der Erörterungen im Teil V dieser Arbeit, der sich mit dem Fundraising im Kontext des Marketing beschäftigt.

Aber auch eine Differenzierung in *materielle* und *immaterielle* Ressourcen, und eine Beschränkung auf die materiellen Mittel wirft noch Abgrenzungsprobleme auf: Erstens würde die gesamte und tendenziell unüberschaubare Palette Öffentlicher Gelder, von den Mitteln der Europäischen

Gemeinschaft bis hin zu Finanzierungsformen auf der kommunalen Ebene, ebenso berücksichtigt werden müssen wie beispielsweise Einnahmen aus dem Verkauf von Produkten und Dienstleistungen, Erträge aus Sponsoring-vereinbarungen, Bußgelder, Spenden, Mitgliedsbeiträge, Stiftungsförderung und vieles mehr. Zweitens würde dabei der Aspekt vernachlässigt, daß auch zunächst immaterielle und nicht genau bezifferbare Ressourcen wie das Geben von Zeit, der Transfer von Wissen oder die Übernahme einer Schirm-herrschaft, immer mehr oder weniger materielle, d.h. „geldwerte" Auswir-kungen haben.

Eine formale Differenzierung in *Öffentliche*, d.h. staatliche Mittel und *private* Ressourcenquellen, d.h. Einzelpersonen, Unternehmen, Stiftungen, stößt ebenfalls an Grenzen: Es gibt zahlreiche quasi-öffentliche bzw. quasi-private Ressourcengeber, beispielsweise Unternehmen im vollständigen oder teilweisen Besitz von Kommunen, Ländern oder des Bundes, die als Spender an NPO auftreten. Einige Stiftungen, die sich in Deutschland so-wohl öffentlich-rechtlich als auch privatrechtlich konstituieren lassen, ope-rieren außerdem formal als Stiftung bürgerlichen Rechts, also als private Träger, erhalten jedoch ihr Kapital oder ihr jährliches Finanzvolumen vom Staat, also aus Öffentlichen Quellen.

Als drittes Systematisierungskriterium könnte eine Unterscheidung der Ressourcenqellen in *Einzelpersonen* und *Organisationen* vorgenommen werden. Dabei würde jedoch vernachlässigt, daß auch in Organisationen, beispielsweise Unternehmen und Stiftungen, letztlich Einzelpersonen über die Vergabe von Mitteln entscheiden. Sie treffen diese Entscheidungen zwar im Rahmen von Vorgaben und Organisationszielen, verfügen jedoch in Einzelfällen immer auch über Ermessensspielräume; dabei werden sie eigene Erfahrungen und Präferenzen kaum ausblenden können oder wollen.

Nicht zuletzt könnten *freiwillig* gegebene Ressourcen von denen ab-grenzt werden, die auf einer *Verpflichtung* zum Geben basieren. Von allen im Rahmen des Fundraising eingenommenen Mitteln ließen sich diejenigen differenzieren, die NPO im Rahmen des Fundgiving erhalten. Fundgiving wird im Teil II dieser Arbeit definiert als freiwilliges Geben von materiellen und immateriellen Ressourcen, die Privatpersonen, Stiftungen und Unter-nehmen den NPO zur Verfügung stellen – Geld, geldwerte Sach- oder Dienstleistungen sowie ehrenamtliches Engagement. Diesen freiwillig gege-benen Ressourcen stehen Mittel gegenüber, die beispielsweise von staatli-chen Institutionen im Rahmen ihrer gesetzlich normierten Leistungsverpflichtungen bereitgestellt, auf der Basis von Leistungsvereinbarungen mit einer vertraglichen Verpflichtung akquiriert oder in Gestalt von Bußgeldern zwangsweise gegeben werden.

Eine Systematisierung anhand der genannten und problematisierten Kriterien wird hier nicht weiter ausgeführt. Im Vordergrund steht in diesem Kapitel vielmehr die Erörterung des quantitativen Umfangs des deutschen Fundraisingmarktes. Dabei beschränke ich mich grundsätzlich auf private Ressourcenquellen und -arten und deren Empirie. Trotz eines Milliardenumsatzes liegen relativ wenig gesicherte Informationen darüber vor. Eine zusammenfassende Darstellung von privaten Ressourcenquellen und -arten, die nicht nur Aufschlüsse über die aktuelle Bedeutung, sondern auch über Entwicklungen und Potentiale des Fundgiving sowie die in Deutschland bedeutsamen Varianten des Gebens für gemeinnützige Zwecke geben könnte, existiert bisher nicht und soll deshalb zumindest kursorisch versucht werden; die dabei deutlich werdenden Informationsdefizite setzen diesem Versuch jedoch enge Grenzen.

An eine quantitative Analyse der „klassischen" Ressourcen Spenden und Stiftungsgelder schließt sich die Erörterung weiterer Einnahmearten an, die sich in der Rechnungslegung von NPO widerspiegeln. Die Einnahmen und Ausgaben von NPO in Deutschland werden nicht systematisch erfaßt. Bei den meisten Ressourcenarten liegen deshalb in bezug auf die Quantität nur Schätzungen bzw. Sekundäranalysen vor. Auf diese Weise entsteht in der Literatur und in den Medien ein sehr heterogenes Bild vom deutschen Fundraising-Markt. In der Diskussion ist dabei einerseits eine Konzentration auf die Spende als Ressourcenart bzw. auf den Spendenmarkt – unter Vernachlässigung anderer Ressourcenarten – zu beobachten. In bezug auf dieses Segment werden Zahlen von 4 Mrd. DM bis 12 Mrd. DM genannt [1]. Anderer-

---

1   Die Bundesregierung geht von ca. 4 Mrd. DM für den humanitär-karitativen Bereich aus (vgl. Deutscher Bundestag 1994: 4. Darin wird auf Schätzungen des *Deutschen Zentralinstituts für soziale Fragen, DZI*, verwiesen); die Hochrechnung auf der Basis des Deutschen Spendenbarometers der Firma *Logo-S* geht von ca. 12 Mrd. DM aus (vgl. N. N. 1994 a: 6 ff.). Diese Zahlen markieren zur Zeit die untere bzw. obere Grenze bei den Schätzungen des Spendenvolumens. Bruhn/Tilmes beispielsweise schätzen den Umfang des Spendenmarktes in Deutschland auf „ein Volumen von 9 – 12 Mrd. DM pro Jahr (1992)" (Bruhn/Tilmes 1994: 93). Schätzungen zum Volumen aller Fundraising-Aktivitäten liegen nicht vor.

seits stehen als Quelle von Ressourcen für NPO häufig Unternehmen im Mittelpunkt des Interesses. Dabei geht es auch um ihre Rolle als Spender, insbesondere aber um die Ressourcenart Sponsoring. Für dieses Segment werden Zahlen von ca. 2,6 Mrd. DM genannt, die sich mit ca. 1,7 Mrd. DM zum größten Teil auf den Bereich Sport verteilen (vgl. N. N. 1995 a: 2).

Einige der Hintergründe für die nicht vorhandenen bzw. in bezug auf das Spendenvolumen weit auseinanderklaffenden Zahlen werden in diesem Kapitel beleuchtet. Trotz der Unschärfen in bezug auf die Quantität der Ressourcenarten und -quellen halte ich die ausführliche Erörterung des verfügbaren Zahlenmaterials für wichtig: Sie verweist einerseits auf die weitgehende Unkenntnis in bezug auf genaue Zahlen, die Aufschluß über die quantitativen Konturen des Fundgiving geben könnten. Andererseits kommen dabei auch Varianten der Mittelbeschaffung mit ihren je unterschiedlichen Möglichkeiten, Kontroversen und Grenzen in den Blick, die vom Umfang her beachtlich sind – beispielsweise die Abgaben von staatlichen Lotterien für gemeinnützige Zwecke –, aber dennoch in der öffentlichen Wahrnehmung eher ein Schattendasein führen.

Der vieldiskutierten Ressourcenart Sponsoring ist ein separates Kapitel gewidmet. Erstens ist das Sponsoring relativ gut erforscht bzw. dokumentiert[2]. Zweitens läßt sich daran die Bedeutung des Marketing und der Public Relations besonders gut demonstrieren, und drittens stehen insbesondere bei dieser Ressourcenart die Erwartungen von NPO noch immer im umgekehrten Verhältnis zu Kenntnissen in bezug auf die notwendigen konzeptionellen und anderen Rahmenbedingungen, die es dabei zu beachten gilt.

Nach einigen Zahlen zum Fundraising im internationalen Vergleich wird ein Überblick über Aspekte des Spendenmarktes in Deutschland gegeben. An diese „klassische" Variante des Fundgiving schließen sich Hinweise auf die Förderung durch Stiftungen, Lotterien und Glücksspiele und weitere exemplarische Ressourcenarten an[3]. Abschließend werden Ansätze zur Kontrolle und Selbstkontrolle des Fundraising-Marktes erörtert.

---

2   Vgl. beispielsweise Bruhn 1990, 1991; Bruhn/Dahlhoff 1989, 1990; Bruhn/Mussler 1991; Drees 1989; Loock 1990; Zollinger 1995.

3   Im Anhang zu dieser Arbeit sind exemplarisch einige Fundraisingaktivitäten bzw. -instrumente sowie Hinweise auf Lobbyorganisationen und Informationsquellen aufgeführt. Ergänzend zu diesem Kapitel soll damit ein kleiner Ausschnitt aus der Praxis des Fundraising und Fundgiving illustriert werden.

3.1 Der Fundraising-Markt im internationalen Vergleich

Einige Informationen zum Fundraising im internationalen Vergleich lassen sich aus der 1990 parallel in 12 Ländern durchgeführten Studie unter Federführung der *Johns-Hopkins-University* gewinnen[4]. Das „Johns Hopkins Comparative Nonprofit Sector Project" wurde in den USA, Großbritannien, Deutschland (alte Bundesländer), Frankreich, Italien, Japan, Ungarn, Brasilien, Ägypten, Ghana, Thailand und Indien durchgeführt. Für die erstgenannten sieben Länder liegen erste Ergebnisse vor (vgl. Salamon/ Anheier 1994; Neuhoff 1995 a, 1995 b).

Die Zahlen beziehen sich auf Nonprofit-Organisationen, die nach der im Rahmen des Projekts benutzten Definition „formal, privat, nicht-gewerblich, selbstbestimmt und freiwillig" organisiert sind (Salamon/Anheier 1994: 14 f.). Staatliche, kommerzielle („For-Profit") und rein informelle Organisationen, sowie parteipolitische und ausschließlich religiöse Vereinigungen wurden nicht erfaßt. Diese Ausgrenzung bezieht sich jedoch beispielsweise in Deutschland nicht auf Organisationen wie die *Caritas* oder das *Diakonische Werk*. Lediglich religiöse Organisationen im engeren Sinn (Religionsgemeinschaften, Kirchen, Synagogen, Moscheen) die ausschließlich der direkten Religionsausübung dienen, wurden nicht erfaßt (vgl. a.a.O.: 15 f.). Nach dieser Untersuchung beträgt der Anteil aus Spenden und Stiftungsmitteln knapp vier Prozent an den gesamten Einnahmen von NPO – bezogen auf die alten Bundesländer und das Jahr 1990 (Neuhoff 1995 a: 8; vgl. auch Neuhoff 1995 b: 235):

Finanzierungsarten (in Prozent) 1990

	D (alt)	USA
Öffentliche Mittel	68	30
Spenden/Stiftungen	4	19
Eigeneinnahmen	28	51

Im Durchschnitt aller sieben Länder machen private Mittel von Einzelpersonen, Unternehmen und Stiftungen nur ca. 10 Prozent der Einnahmen von

---

4   Zur Methodik der Untersuchung vgl. Teil III dieser Arbeit.

NPO aus. Der Anteil der Öffentlichen Mittel („public sector") beträgt im Durchschnitt 43 Prozent; privat gezahlte Gebühren, Beiträge etc. („private fees") haben einen Anteil von 47 Prozent an den Einnahmen (Salamon/ Anheier 1994: 59). In den einzelnen Ländern differieren diese Anteile zum Teil erheblich (Reihenfolge nach Höhe des „private giving") (vgl. a.a.O.: 61):

Finanzierungsquellen 1990

Land	Private Gebühren (Eigeneinnahmen)	Öffentliche Mittel	Private Giving
Ungarn	57%	23%	20%
USA	51%	30%	19%
UK	48%	40%	12%
F	34%	59%	7%
Italien	53%	43%	4%
D (alt)	28%	68%	4%
Japan	60%	38%	1%

Die prozentualen Anteile sind jedoch nur vor dem Hintergrund verschiedener Faktoren interpretierbar. So läßt sich beispielsweise eine Verbindung zwischen der Steuerquote, d.h. dem Anteil des Einkommens der für Steuern aufgewendet werden muß, und der Höhe des Private Giving unterstellen: Eine hohe Steuerquote wird in der Bevölkerung die Bereitschaft zu und vor allem die Höhe von zusätzlichen freiwilligen Zahlungen an NPO tendenziell reduzieren. Die Steuerquote als „national income that goes for taxes" ist in den einzelnen Ländern sehr unterschiedlich. Während zum Zeitpunkt der Untersuchung in den USA ca. 29 Prozent des nationalen Einkommens als Steuern erhoben wurden, lag diese Rate in Großbritannien bei ca. 35 Prozent, in Deutschland bei ca. 40 Prozent und in Frankreich bei ca. 42 Prozent (vgl. a.a.O.: 64). In Deutschland ist in dieser Quote beispielsweise auch die Kirchensteuer enthalten, deren Aufkommen man mit dem Spendenvolumen religiöser Organisationen in den USA vergleichen müßte[5].

---

5 Bei einem solchen Vergleich müßten dann in bezug auf Deutschland mindestens auch noch die beträchtlichen Spenden an die kirchlichen Hilfswerke (*ADVENIAT, MISEREOR, Brot für die Welt* u.a.) sowie Spenden für die Arbeit der kirchlichen Wohlfahrtsverbände (*Caritas* und *Diakonisches Werk*) mit eingerechnet werden. Ich verzichte jedoch in diesem Zusammenhang auf absolute Zahlen.

Ebenfalls sind die wohlfahrtsstaatlichen Rahmenbedingungen, d.h. das Ausmaß der staatlich verantworteten und finanzierten Ausgaben für die Aufgaben von NPO, sehr unterschiedlich. Die in den genannten Ländern unterschiedlichen Traditionen und „Kulturen" des freiwilligen Gebens resultieren nicht zuletzt auch aus diesen Rahmenbedingungen. Diese Aspekte werden beispielsweise deutlich, wenn der Anteil Öffentlicher Mittel betrachtet wird, der zur Finanzierung ausgewählter Arbeitsfelder beiträgt (a.a.O.: 69):

Öffentliche Mittel (in %) und Arbeitsfelder (1990)

Land	Education	Health	Social Services	Culture
F	73	84	60	41
D (alt)	70	84	83	17
Italien	49	72	60	22
UK	64	23	26	11
USA	21	36	51	17
Japan	11	96	65	13
Ungarn	7	19	12	31

Auch aus anderen Blickwinkeln heraus betrachtet, differieren die Kultur und Praxis des Gebens in den untersuchten Ländern zum Teil erheblich. So haben beispielsweise die Fundgiver 1990 in Frankreich 0,13 Prozent, in Deutschland (alte Bundesländer) 0,18 Prozent und in den USA 0,57 Prozent ihres durchschnittlichen Einkommens für das „Private Giving" von Einzelpersonen, Unternehmen und Stiftungen an NPO ausgegeben (vgl. a.a.O.: 65) [6]. Auch der Anteil des Fundgiving an den Einnahmen von NPO weist erhebliche Unterschiede auf (a.a.O.: 66):

---

6   Bei den 0,57 Prozent für die USA sind Spenden an religiöse Organisationen nicht berücksichtigt. Sie machen jedoch gut 50 Prozent aller Spenden an NPO aus: Von den insgesamt 122,57 Mrd. Dollar, die 1990 in den USA von Einzelpersonen, Stiftungen und Unternehmen gespendet wurden, gingen 65,76 Mrd. Dollar an religiöse Organisationen (vgl. American Association of Fund-Raising Councel 1990).

Anteil des „Private Giving" an den Einnahmen von NPO (1990)

Quelle	Prozent der gesamten Einnahmen von NPO				
	F	D	H	UK	USA
Einzelpersonen	3,8	2,1	5,3	6,5	14,4
Stiftungen	0,4	0,6	0,8	2,4	2,1
Unternehmen	2,9	0,7	9,6	2,8	2,0
Andere	-	0,5	4,0	0,3	-
Insgesamt	7,1	3,9	19,7	12,0	18,5

Insgesamt wird aus diesen Zahlen zunächst einmal die Bedeutung Öffentlicher Mittel für die Arbeit von NPO ersichtlich. Diese Tatsache widerspricht der These, daß der Nonprofit-Sektor wächst, weil sich der Staat aus vielen Aufgaben und Tätigkeitsfeldern zurückzieht (vgl. Salamon/Anheier 1994: 70). Bezogen auf Deutschland muß das jedoch kein Widerspruch sein. Indem der Staat sein eigenes Engagement in manchen Arbeitsfeldern reduziert, „delegiert" er gleichzeitig Aufgaben an NPO (vgl. Teil III dieser Arbeit) und übernimmt dabei häufig auch eine zumindest anteilige Finanzierung. Damit läßt sich sowohl das Wachstum des Nonprofit-Sektors als auch der große bzw. steigende Anteil von Öffentlichen Mitteln an der Finanzierung von NPO erklären. Gleichzeitig ist diese Entwicklung ein Beleg für die sehr enge Verflechtung zwischen Staat und Nonprofit-Sektor.

Die vergleichende Betrachtung zeigt auch, daß auf den *gesamten* Nonprofit-Bereich bezogen, der Anteil des „Private Giving" an der Finanzierung deutscher NPO, abgesehen von einigen Arbeitsbereichen und Organisationen, *quantitativ* betrachtet relativ gering ist [7]. Die *qualitative* Bedeutung dieser Ressourcen ist dennoch in allen Arbeitsfeldern von NPO nicht zu unterschätzen. Häufig sind diese Mittel verfügbar für selbstgewählte Ziele und Aktivitäten. Fundgiving hat somit auch eine wichtige Implementierungsfunktion für neue Projekte; diese Mittel bzw. die damit finanzierten Aktivitäten sind zudem als „Start- und Saatgeld" (Neuhoff) häufig Voraussetzung für die Akquisition von Geldern aus anderen, beispielsweise Öffentlichen Finanzierungsquellen.

---

7 Lediglich in dem Arbeitsbereich „Internationale Entwicklungsarbeit" („international assistance") ist die Finanzierungsquelle „private giving" dominant (vgl. Salamon/ Anheier 1994: 68).

3.2 Der Fundraising-Markt in Deutschland

In Deutschland existiert leider keine Organisation, die das gesamte Volumen des Fundraising dokumentiert. Auch die vorliegenden Zahlen zu einzelnen Ressourcenarten, beispielsweise zum Spendenvolumen, zum Umfang von Sponsoringvereinbarungen oder zur Vergabe von Stiftungsgeldern, werden nicht systematisch und vollständig erfaßt. Eine Übersicht über den Fundraising-Markt bleibt somit zwangsläufig unvollständig. In den USA dagegen wird jährlich von der *American Association of Fund Raising Councel (AAFRC)* die Publikation „Giving USA" herausgegeben, in der detailliert aufgeführt ist, wieviel Geld aus welchen Ressourcenquellen für welche Zwecke bereitgestellt wurde. Eine vergleichbare Publikation existiert in Deutschland leider nicht. Die Forderung nach mehr Transparenz im deutschen Spendenmarkt wird mit verschiedenen Motiven und Argumenten zwar immer wieder gestellt (vgl. z.B. Müllerleile 1994: 5; Neuhoff 1995 b: 238); Konsequenzen daraus zeichnen sich jedoch erst vereinzelt ab. Zu nennen sind in diesem Zusammenhang beispielsweise die Selbstverpflichtung der Mitgliedsorganisationen des *Trägervereins des Deutschen Spendenrates* bzw. die Kriterien, die zur Vergabe des vom *Deutschen Zentralinstitut für soziale Fragen (DZI)* vergebenen Spenden-Siegels erfüllt sein müssen.

Im folgenden stelle ich einige Ressourcenarten und die verfügbaren Daten über ihren quantitativen Umfang vor. Der Ertrag dieser Darstellung liegt nicht nur darin, daß die Spenden und Stiftungsförderung in den Blick genommen werden, sondern über diese bekannten Finanzierungsarten hinaus auch auf Ressourcen für NPO verwiesen wird, die nicht so sehr im Zentrum der öffentlichen Aufmerksamkeit stehen und manchmal auch von den NPO selbst nicht wahrgenommen werden.

3.2.1 Spenden

Während im Teil II dieser Arbeit individuelle Beweggründe für das freiwillige Geben und somit auch für das Spenden ausführlich erörtert werden, stehen an dieser Stelle primär quantitative Aspekte dieser Ressource im Vordergrund [8].

---

8 Auf die kulturhistorischen bzw. soziologischen Aspekte des Spendens, die beispielsweise Voß (1992) ausführlich untersucht hat, sowie auf die Studie von Notheis (1995), die sich speziell mit Spenden von Unternehmen beschäftigt, sei an dieser Stelle dennoch schon verwiesen.

Im steuerrechtlichen Sinn sind Spenden nach § 10 b Einkommensteuergesetz (EStG) „freiwillig oder aufgrund einer freiwillig eingegangenen Rechtspflicht gewährte Zuwendungen zur Förderung steuerbegünstigter Zwecke, die weder eine Gegenleistung für eine bestimmte Leistung des Empfängers sind noch in einem tatsächlichen wirtschaftlichen Zusammenhang mit dessen Leistungen stehen. Der Spender erhält für die Zuwendung keine Gegenleistung; die Spende ist ‚fremdnützig‘" (Deutscher Bundestag 1995: 2). Spenden an gemeinnützige Organisationen sind in der Regel innerhalb bestimmter Höchstgrenzen von der Einkommensteuer bzw. Lohnsteuer absetzbar. Spenden von Unternehmen werden nach dem Körperschaftssteuergesetz (KStG) analog behandelt. Die rechtlichen Grundlagen im Zusammenhang mit dem Geben bzw. dem Einnehmen von Spenden sind im Detail gut zusammengefaßt in Sauer/Luger (o.J. [1993]) und Schneidewind/Schiml (o.J. [1993]).

Bei den Schätzungen zum Spendenvolumen werden Zahlen und deren Hintergründe erörtert, die aus sehr unterschiedlichen Quellen stammen. Es handelt sich dabei um: Schätzungen des *Deutschen Zentralinstituts für soziale Fragen (DZI)*, das Spenden Barometer der Firma *Logo-S*, Steuerstatistiken des *Statistischen Bundesamtes*, Hochrechnungen auf der Basis von Bevölkerungsumfragen am Beispiel einer Untersuchung des Marktforschungsinstituts *Enigma*, Berechnungen von Eberhard Goll (1991) im Zusammenhang mit seiner Arbeit zur Ökonomie von Wohlfahrtsverbänden sowie Zahlen, die von Nonprofit-Organisationen selbst im Rahmen ihrer Jahresberichte genannt werden.

Eine vielzitierte Quelle für das Spendenvolumen in Deutschland ist das *DZI* in Berlin. Dort wird seit 1990 unverändert die Schätzung eines bei ca. 4 Mrd. DM stagnierenden Spendenaufkommens für humanitär-karitative Zwecke genannt. In den Medien wird diese Zahl häufig fälschlich als Gesamtvolumen des Spendenmarktes in Deutschland zitiert. Das *DZI* hat jedoch, analog zu seiner in der Stiftungssatzung des Instituts festgelegten Aufgabenstellung, nur einen Überblick über den Spendenmarkt für soziale, humanitäre und wohltätige Zwecke. Der gesamte Bereich der Förderung von künstlerischen, kulturellen und ökologischen Projekten bleibt dabei ausgeklammert[9]. Die Gesamteinnahmen (ohne öffentliche und kirchliche Zuwen-

9 „Das *DZI* ist grundsätzlich zuständig für deutsche bzw. in der Bundesrepublik Deutschland ansässige Organisationen, die im humanitär-karitativen Bereich

dungen) aller 92 Organisationen mit Spenden-Siegel [10] (Stand: November 1995) werden mit 1,39 Mrd. DM angegeben. Diese Zahl umfaßt jedoch, je nach Organisation, nicht nur Spenden, sondern auch beispielsweise Mitgliedsbeiträge, Bußgelder und andere Einnahmearten (vgl. DZI 1995 c).

Im Jahr 1993 wurde auf Initiative der Fundraising-Beratungsfirma *Logo–S* eine Hochrechnung zum Spendenvolumen auf der Basis eines „Deutschen Spenden Barometers" erstellt. Das Spendenaufkommen der erfaßten 21 Spendenorganisationen lag zwischen ca. 30.000 DM und 7,3 Mill. DM. Insgesamt nahmen diese NPO im Jahr 1993 die Summe von 82,1 Mill. DM ein. Darin enthalten war jedoch eine für deutsche Verhältnisse ungewöhnliche Großspende von 50 Mill. DM, die vom Gesamtvolumen abgezogen wurde. Da die 21 Organisationen einem Anteil von ca. einem Promille der geschätzten Zahl von ca. 20.000 spendensammelnden Organisationen in Deutschland[11] entsprechen, würde eine Hochrechnung ein Spendenvolumen von ca. 32 Mrd. DM ergeben. Die Initiatoren des Spenden Barometers gehen jedoch nicht von einer solchen proportionalen Hochrechnung aus, sondern schätzen das Spendenvolumen auf ca. 10 – 12 Mrd. DM (vgl. N. N. 1994 a: 6 ff.).

Eine unvollständige und zeitlich nur sehr verzögert zur Verfügung stehende Datenquelle sind die Einkommensteuerstatistiken bzw. Körperschaftsteuerstatistiken des *Statistischen Bundesamtes*. Dabei können jedoch nur die steuerlich geltend gemachten Spenden berücksichtigt werden. Außerdem findet eine Erhebung dieser Daten nur alle drei Jahre statt; die letzte verfügbare Erhebung bezieht sich auf das Jahr 1989. Selbst diese Daten stehen offenbar erst Jahre später zur Verfügung, denn in der Antwort der *Bundesregierung* auf eine große Anfrage zum humanitären Spendenwesen in Deutschland konnte am 07.07.94 noch nicht auf die Zahlen aus 1989 verwiesen werden: „Für 1989 liegen noch keine gesicherten, veröffentlichten Daten über das Spendenaufkommen vor" (Deutscher Bundestag 1994: 7).

---

arbeiten.In sein Arbeitsgebiet gehören nicht Natur-, Tier- und Umweltschutz, politische, kulturelle, religiöse und sonstige weltanschauliche Organisationen" (*DZI* 1995 b).

10 Die Bedeutung und die Regularien zur Vergabe des Spenden-Siegels werden im Abschnitt 3.3.1 dieses Kapitels dargestellt.

11 Zur Zahl der spendensammelnden Organisationen vgl. Agricola/Wehr (1993).

Nach Angaben der *Bundesregierung* sind im Jahr 1983 im Rahmen der Einkommensteuer (ESt) 1,749 Mrd. DM und im Rahmen der Körperschaftsteuer (KSt) 382 Mill. DM als Spenden steuerlich geltend gemacht worden. Die Zahlen für 1986: 2,089 Mrd. DM (ESt) und 486 Mill. DM (KSt) (ebd.). Inzwischen läßt sich auch für das Jahr 1989 eine Aussage machen: Nach Auskunft des *Statistischen Landesamtes Bremen* wurden für 1989 steuerlich relevante Spenden und Beiträge an gemeinnützige Organisationen von 4,9 Mill. Steuerpflichtigen in Höhe von ca. 2,7 Mrd. DM (ESt und KSt) geltend gemacht. Die durchschnittliche Spendenhöhe dieser steuerlich geltend gemachten Spenden lag bei ca. 550 DM [12].

In diesem Zusammenhang kann noch auf Zahlen aus der Kategorie „Einnahmen und Ausgaben ausgewählter privater Haushalte" in den Jahrbüchern des *Statistischen Bundesamtes* hingewiesen werden. Dabei werden als Ausgaben für den privaten Verbrauch auch „Beiträge, Geldspenden und sonstige Übertragungen" aufgeführt. Die Daten werden getrennt für drei Haushaltstypen erhoben (vgl. Statistisches Bundesamt 1995: 546 ff.):

**Ausgaben für „Beiträge, Geldspenden und sonstige Übertragungen"
in 1994**

Haushaltstyp	alte BL	neue BL (und Berlin-Ost)
1	1.632 DM	1.572 DM
2	1.980 DM	1.584 DM
3	2.952 DM	2.088 DM

Auf eine Hochrechnung des Spenden- und Beitragvolumens auf der Basis dieser Zahlen verzichte ich jedoch. Erstens ist darin die Kategorie „sonstige Übertragungen" enthalten, zweitens müßte die Systematik dieser Erhebungen ausführlich erläutert werden (vgl. Kaiser 1992); das würde jedoch den Rahmen dieses Abschnitts sprengen. Drittens würde eine Hochrechnung sich zu Recht der Kritik aussetzen, auf der Basis von Primärdaten Ergebnisse herausfiltern zu wollen, die nicht direkt dem Erkenntnisinteresse dieser steuerstatistischen Erhebungen entsprechen.

Auf eine weitere problematische Variante der Hochrechnung des Spendenvolumens sei ebenfalls noch hingewiesen. Von einzelnen NPO in Auf-

---

12 Zum Vergleich die Zahlen für das Bundesland Bremen (1989): Nach Auskunft des *Statistischen Landesamtes Bremen* haben 30.948 Steuerpflichtige 19,545 Mill. DM an Spenden und Beiträgen steuerlich geltend gemacht (durchschnittliche Spendenhöhe: 631,54 DM).

trag gegebene empirische Untersuchungen enthalten manchmal auch die Frage nach dem Spendenvolumen. Exemplarisch werde ich Ergebnisse einer Studie erörtern, die das *Enigma Institut für Markt- und Sozialforschung* im Auftrag des *Diakonischen Werkes der Evangelischen Kirche in Deutschland e. V.* im Jahr 1992 durchgeführt hat (Enigma o.J. [1993]). Dabei wurden in Telefoninterviews 1.506 deutschsprechende Personen ab 14 Jahren in den alten Bundesländern befragt:

Spendenarten in den letzten 12 Monaten

Kleider-Spenden	78%
Geldspenden in der Kirche	56%
Geldspenden bei Haussammlungen/mit Listen	43%
Geldspenden per Überweisung oder Zahlkarte	37%
Geldspenden bei Straßensammlungen	30%
Geldspenden als Dauerauftrag/Abbuchung	21%
Teilnahme an Wohltätigkeitsveranstaltungen	21%
Lebensmittel-Spenden	17%
Nichts davon	8%

(a.a.O.: 11, Tabelle 6)

Geldspenden – Ich spende

„häufig"	16%
„gelegentlich"	42%
„selten"	25%
„prinzipiell nicht"	17%

(a.a.O.: 12, Tabelle 7)

Summe der Geldspenden im letzten Jahr (1991)

unter		20 DM	4%
20 -		50 DM	8%
50 -		100 DM	14%
100 -		200 DM	19%
200 -		300 DM	9%
300 -		400 DM	7%
400 -		1.000 DM	9%
	1.000 DM und mehr		9%
spende prinzipiell nicht/keine Angaben			25%

(a.a.O.: 14, Tabelle 9)

Die Angabe „ich spende prinzipiell nicht" differiert bei den beiden zuletzt genannten Fragestellungen zwischen 17 und 25 Prozent. Es ist nicht zu vermuten, daß es sich bei der Differenz von 8 Prozent ausschließlich um Spender handelt, die über die Höhe ihrer Spenden keine Angaben machen wollen. Diese und andere Unschärfen bei quantitativen Befragungsmethoden deuten darauf hin, daß mit den so gewonnenen Daten allenfalls Trends und Tendenzen aufzuzeigen sind. Das muß nicht zwangsläufig dazu führen, auf solche Studien zu verzichten; die Befragungsergebnisse müssen jedoch in dem Kontext in dem sie entstanden sind interpretiert und in der Regel relativiert werden.

Wie die nachfolgende Berechnung zeigt, ergibt eine Hochrechnung auf der Basis von Umfragen ein unrealistisch hohes Spendenvolumen: Ausgehend von jeweils einem Mittelwert (10, 35, 75 DM usw. bis 1.500 DM) haben die Befragten im Rahmen der oben genannten Studie nach eigenen Angaben innerhalb des Jahres 1991 ca. 432.500,– DM gespendet. Die Bevölkerungszahl über 14 Jahren lag 1991 in den alten Bundesländern bei 55,0433 Millionen (vgl. Statistisches Bundesamt 1993: 66). Die 1.506 Befragten repräsentierten somit 0,0027 Prozent dieser Bevölkerungsgruppe. Eine auf diesen Annahmen basierende Hochrechnung würde also ein Spendenvolumen in 1991 von ca. 16 Mrd. DM ergeben. Eine ähnliche Berechnung hat Goll (1991) auf der Basis einer 1985 durchgeführten Umfrage des *Instituts für Demoskopie Allensbach* zur Stellung der Freien Wohlfahrtspflege angestellt [13]. Er kommt dabei zu der noch unwahrscheinlicheren Zahl von ca. 25 Mrd. DM für das Jahr 1985: „Die Frage nach einer Geld- oder Sachspende innerhalb der letzten 3 Monate bejahen 73 Prozent der Befragten; innerhalb des letzten halben Jahres wollten sogar 85 Prozent etwas gespendet haben. Angesichts des weiten Begriffsverständnisses von Spenden (Geldspenden wie Opfer beim Kirchgang, Teilnahme an Lotterien für wohltätige Zwecke, Kauf von Wohlfahrtsmarken, Geschenke an ‚Bettler' sind ebenso einbezogen wie Sachspenden) verwundert weniger diese hohe Zahl an Spendern als vielmehr die Angabe zur durchschnittlichen Spendenhöhe. Jeder Bundesbürger ab 16 Jahren wandte demnach für die letzte Spende

---

13 Goll bezieht sich dabei auf folgende Quelle: *Institut für Demoskopie Allensbach*: Die Stellung der Freien Wohlfahrtspflege. Kenntnisse, Erwartungen, Engagement der Bundesbürger. Ergebnisse repräsentativer Bevölkerungsumfragen 1962 – 1985, unveröffentlichtes Gutachten, Allensbach, 1985.

durchschnittlich 23,10 DM (Geldspende) bzw. 37,60 DM (Sachspende) auf. Die Berechnung des jährlichen Spendenvolumens auf Basis der ermittelten Spendenhäufigkeiten ergibt die astronomische Summe von über 25 Mrd. DM" (Goll 1991: 295).

Abgesehen davon, daß wohl niemand der Befragten exakt Buch führt über die zahlreichen Varianten des Spendens und somit schon die Daten an der Quelle, d.h. bei den Befragten selbst, auf Schätzungen basieren, zählen Fragen nach dem Spendenverhalten zu den Bereichen, bei denen die interviewten Personen geneigt sind, überhöhte Angaben zu machen. Bei der Spendenbereitschaft handelt es sich um ein Thema, das gesellschaftlich relativ hoch bewertet ist und bei dem zu vermuten ist, daß die Interviewten ihr Verhalten, ob bewußt oder unbewußt, in einem positiven Licht darstellen (vgl. ebd. sowie Friedrichs 1990: 206) [14].

Goll hat in seiner 1991 publizierten Untersuchung den Versuch einer systematischen Erfassung von Ressourcenquellen und -arten für den Bereich der Freien Wohlfahrtspflege unternommen. Dabei wurden die Höhe der Einnahmen aus Leistungsentgelten, öffentlichen Zuwendungen, Spenden und Mitgliedsbeiträgen und kirchlichen Zuwendungen sowie die Erträge aus dem Verkauf von Wohlfahrtsbriefmarken und die Mittel aus Wohlfahrtslotterien erfaßt. Andere Ressourcen wie Gelder von Stiftungen, Erlöse aus Schenkungen und Nachlässen im Sinn des Erbschaftsteuerrechts, aus Altkleider- und Altpapiersammlungen, Gala-Konzerten, Auktionen und dem Verkauf von Benefiz-Schallplatten ließen sich für den von ihm untersuchten Teilbereich von NPO nicht quantifizieren (vgl. Goll 1991: 297 f.).

Leider hat diese Arbeit meines Wissens keine Nachahmer gefunden. Auf einige Einschränkungen muß in bezug auf die dort genannten Zahlen und Einschätzungen jedoch hingewiesen werden: Goll bezieht sich bei seinem Zahlenmaterial auf das Jahr 1986 und konzentriert sich auf die Einnahmen der Spitzenverbände der Freien Wohlfahrtspflege, also nur auf einen Teilbereich von NPO. Während diese beiden Einschränkungen im Konzept der

---

14 Zum Beispiel weist Friedrichs (1990) auf diese Unschärfe in der empirischen Sozialforschung hin: „Je sozial höher bewertet etwas ist (z. B. Arbeitsplatz, Einkommen, Spenden, Zahl der gelesenen Bücher), desto eher sind die Angaben zu hoch" (Friedrichs 1990: 206). Auch Notheis bewertet Ergebnisse von Umfragen im Kontext des Sozial-Marketing vorsichtig: „Empirische Studien auf der Basis direkter Befragungen [haben] mit einer hohen Wahrscheinlichkeit unrichtiger – weil selbstbestätigender oder sozial erwünschter – Antworten zu kämpfen" (Notheis 1995: 64).

Arbeit angelegt und somit auch nicht zu kritisieren sind, ist mir seine Einschätzung, daß die Einnahmen aus Schenkungen und Nachlässen „kaum eine Rolle spielen" und den 5 Mill. DM, die er dafür ansetzt, nur „der Charakter eines Merkpostens" zukommt, nicht nachvollziehbar. Goll kommt vor diesem Hintergrund in bezug auf die Einnahmen aus Spenden zu folgenden Zahlen: (Goll 1991: 297. Die Zahlen ergeben sich aus Berechnungen bzw. Schätzungen des Autors für 1986 auf der Basis verschiedener Quellen: Sachspenden sind geschätzt; Spenden von Unternehmen sind berechnet auf der Basis der Körperschaftsteuerstatistik des Jahres 1980 + Steigerungsrate) [15].

Spendenaufkommen in 1986

Quellen	Insgesamt in Mill. DM	für soziale Zwecke in Mill. DM	in Prozent
Geldspenden privater Haushalte	3.160	2.410	76,3
Spenden von Unternehmen	400	180	45,0
Sachspenden privater Haushalte	500	250	50,0
Summe bzw. gewichteter Durchschnitt	4.060	2.840	70,0

Die schon erwähnte Körperschaftsteuerstatistik für 1986 weist jedoch, im Unterschied zu der Hochrechnung von Goll, die Summe von 486 Mill. DM für steuerlich geltend gemachte Spenden von Unternehmen auf (Deutscher Bundestag 1994: 7). Diese Differenz ist nicht dem Autor anzulasten, zeigt jedoch einmal mehr die Problematik bei der Schätzung des Gesamtvolumens bzw. von Teilbereichen der Spenden.

Eine andere Informationsquelle speziell zum Spendenmarkt, aber prinzipiell auch in bezug auf andere Ressourcenarten, sind die Angaben, die von spendensammelnden Organisationen in ihren Jahresberichten selbst gemacht werden. Für 1994 gibt beispielsweise die *Bundesarbeitsgemeinschaft*

---

15 Auf die Darstellung des ebenfalls inzwischen leider veralteten Zahlenmaterials von Paqué 1986; Borgmann-Quade 1982; Mann/Bokatt 1985 und Müller-Werthmann 1985 verzichte ich.

Sozialmarketing (BSM) e.V. auf der Basis der bis Mitte des Jahres veröffentlichten Jahresberichte von Organisationen, bei denen *BSM*-Mitglieder tätig sind, folgende Zahlen an (vgl. Müllerleile 1995 a: 13):

Spenden, Beiträge, Erbschaften 1994 (ohne Bußgelder) (Mill. DM)

	1994	Vergleich zu 1993 in%
Bischöfliches Hilfswerk Misereor	136,9	- 0,2
Internationales Katholisches Missionswerk missio	132,0	- 5,8
Brot für die Welt (Aktion 93/94)	125,4	- 8,1
Christoffel-Blindenmission	79,2	+ 1,0
Kindernothilfe	76,2	+ 9,3
Greenpeace	67,2	+ 6,7
Deutsche Welthungerhilfe	37,7	- 6,7
Kirche in Not/Ostpriesterhilfe	30,7	+ 1,9
World Vision Deutschland (Geschäftsjahr 10.93 – 10.94)	19,6	+ 6,7
terre des hommes	19,3	- 0,4
Umweltstiftung WWF Deutschland	18,9	+ 15,9
BUND	16,7	
Naturschutzbund Deutschland (NABU)	15,4	
Bundesvereinigung Lebenshilfe für geistig Behinderte	9,1	- 2,4
Deutsches Medikamenten-Hilfswerk „action medeor"	5,7	
Ärzte ohne Grenzen	3,8	
Hephata – Hessisches Diakoniezentrum	2,9	+ 23,2
Deutsche Umwelthilfe	2,6	+ 15,7
Stiftung Europäisches Naturerbe	2,4	+ 1,4
Oro Verde Stiftung (einschl. Sponsoring)	1,8	+ 19,9
Aktion Fischotterschutz	1,4	+ 38,0
Gesamt	804,95	

Für 1993 ergibt die Addition der Spendeneinnahmen der folgenden Organisationen die Summe von insgesamt 1,23 Mrd. DM (vgl. N. N. 1994 b: 36; Zahlen in Mill. DM)[16]:

Hermann-Gmeiner-Fonds Deutschland (SOS-Kinderdörfer)	167,4
Missio (Hilfe für die katholische Kirche in Afrika, Asien, Ozeanien)	152,1
Adveniat (Hilfe für die katholische Kirche in Lateinamerika)	149,8
Brot für die Welt (Hunger- und Katastrophenhilfe des Diakonischen Werkes der Evangelischen Kirche)	136,4
Misereor (nicht konfessionell gebundene Entwicklungsprojekte in Übersee)	132,0
Deutsches Rotes Kreuz	120,0
Christoffel Blindenmission	79,5
Deutscher Caritasverband	78,0
Kindernothilfe e.V.	73,2
Deutsche Krebshilfe	72,0
Deutsches Komitee für UNICEF	69,2

Zusammenfassend muß festgestellt werden, daß sich die Zahlen zum Spendenvolumen in Deutschland von der Datenbasis her nicht nur auf unterschiedlichem, sondern alle auch auf schwankendem Boden bewegen. Zu vermuten ist, daß es sich insgesamt um mehr als die vom *DZI* vermuteten 4 Mrd. DM und um wesentlich weniger als die hochgerechnete Zahl von ca.

---

16 Zum Vergleich: Politische Parteien als Sonderform von NPO erhielten 1993 insgesamt 113,8 Mill. DM als Spenden: CDU (44,0), SPD (26,5), CSU (20,6), FDP (14,8), Bündnis 90/Die Grünen (7,9) (N. N. 1995 b: 36). Der besondere Charakter von Parteispenden wird u.a. bei der Behandlung ihrer steuerlichen Abzugsfähigkeit deutlich. Das Parteienfinanzierungsgesetz von 1994 enthält folgende Einschränkungen: Privatpersonen können nur noch maximal 6.000 DM (gemeinsam veranlagte Ehegatten 12.000 DM) pro Jahr steuerlich geltend machen (§§ 34 g und 10 b EStG). Parteispenden juristischer Personen, z.B. von Unternehmen, werden seit dem 01.01.94 nicht mehr steuerlich begünstigt.

16 Mrd. DM aus meiner eigenen Hochrechnung der Angaben von Befragten im Rahmen der *Enigma*-Studie handelt.

Zur Zahl spendensammelnder Organisationen

Eine exakte Zahl der spendensammelnden Organisationen in Deutschland liegt nicht vor. Die Bundesregierung geht von 240.000 – 280.000 gemeinnützigen Organisationen in Deutschland aus (vgl. Deutscher Bundestag 1994: 5). Sigurd Agricola und Peter Wehr (1993) haben in ihrer Studie zum Vereinswesen in Deutschland, auf die sich auch die Bundesregierung bei ihrer Schätzung bezieht, das Material von zwei Adreßverlagen ausgewertet und nennen die Zahl von mindestens 240.000 Vereinen. Anzumerken ist, daß Vereine die größte Gruppe der gemeinnützigen Körperschaften [17] bilden, aber weder alle in die Vereinsregister der Amtsgerichte eingetragenen Vereine gemeinnützig sind, noch alle gemeinnützigen Organisationen in der Rechtsform des Vereins geführt werden [18]. Angesichts der tendenziell unsicheren Datenbasis dieser Schätzung ist diese Differenzierung jedoch unerheblich.

Gemeinnützige Organisationen sind in der Regel zum Empfang steuerbegünstigter Spenden berechtigt; die Zahl der gemeinnützigen Organisationen kann folglich prinzipiell mit der Zahl spendensammelnder Organisatio-

---

17 Der Terminus Gemeinnützigkeit muß steuerrechtlich korrekt anders formuliert werden. Bei den steuerlich geförderten Zwecken von Organisationen (gemeinnützig im weiteren Sinn) handelt es sich um mildtätige, kirchliche, religiöse, wissenschaftliche und als besonders förderungswürdig anerkannte gemeinnützige Zwecke (gemeinnützig im engeren Sinn), die im § 10 b Abs. 1 Satz 1 des EStG aufgeführt sind. Die Formulierung ‚Gemeinnützigkeit' wird im allgemeinen Sprachgebrauch im oben genannten weiteren Sinn als ein Oberbegriff für steuerbegünstigte Zwecke benutzt. Weitere Rechtsvorschriften dazu finden sich in den §§ 52 bis 54 der Abgabenordnung (AO), dem § 48 der Einkommensteuer-Durchführungsverordnung (EStDV) und der Anlage 7 zu Abschnitt 111 der Einkommensteuer-Richtlinien (EStR). Im Rahmen dieser Arbeit wird der Begriff Gemeinnützigkeit im weiteren Sinn benutzt.

18 Gemeinnützige Zwecke lassen sich im Rahmen unterschiedlicher Rechtsformen verfolgen: rechtsfähige und nicht-rechtsfähige Vereine, Stiftungen, Kapitalgesellschaften (beispielsweise als Gesellschaft mit beschränkter Haftung oder als Aktiengesellschaft), Genossenschaft oder auch als juristische Personen des öffentlichen Rechts (beispielsweise Kirchen, Ordensgemeinschaften, Universitäten) (vgl. auch Sauer/ Luger o.J. [1993]).

nen gleichgesetzt werden. Was dort insgesamt, häufig in einem kleinen und lokalen Rahmen, in kleinen Sport- und Gesangvereinen, in Kirchengemeinden etc. an Geld- und Sachspenden ebenso wie an gespendeter Zeit oder Arbeitsleistung zusammenkommt, entzieht sich allerdings weitgehend empirischen Bemühungen. Die Bezeichnung spendensammelnde Organisation soll hier jedoch nur in einem engeren Sinn verwendet werden. In der Regel bezieht sie sich auf NPO, die im Rahmen ihres Marketing und ihrer Öffentlichkeitsarbeit aktiv Fundraising betreiben und dabei Spenden akquirieren.

In diesem Sinn existieren nach Schätzungen des *Deutschen Zentralinstituts für soziale Fragen (DZI)* etwa 20.000 Organisationen, die aktiv um Spenden für ihre Zwecke werben [19]. Von diesen 20.000 treten aber nur ca. 10 Prozent im größeren Umfang, also z.B. durch überregionale Spendenaufrufe, in der Öffentlichkeit in Erscheinung. Von diesen überregional tätigen Organisationen sind dann noch einmal 250 – 300 herauszuheben, die sich bundesweit profiliert haben (vgl. Voß 1992: 3, der sich auf Zahlen des *DZI* und nicht weiter belegte eigene Recherchen bezieht).

Die Anzahl der sogenannten „Schwarzen Schafe" unter den spendensammelnden Organisationen, also spenden- und spendermißbrauchenden Organisationen, auf dem deutschen Spendenmarkt, wird übrigens von Fundraisern selbst auf erstaunlich hohe 7,5 Prozent geschätzt (vgl. die Befragungsergebnisse unter den Teilnehmern des 2. Deutschen Fundraising Kongresses im April 1995 [n = 60] in Logo-S o. J. [1995]).

Prognosen und Aussagen zum Spendenmarkt

Abschließend sollen noch einige Prognosen zur Entwicklung des Spendenvolumens vorgestellt werden. In den Medien wird in der Regel das Bild eines stagnierenden oder sogar sinkenden Spendenaufkommens gezeichnet. Das *DZI*, auf das sich bisher die meisten Medienvertreter berufen haben, stützt diese Sichtweise: „Die Bedingungen auf dem Spenden-Markt haben sich kontinuierlich verschlechtert: Die Ergiebigkeit des Spenden-Marktes stößt an seine Grenzen" (DZI 1991: 1). Mit demselben Tenor, aber einer Einschränkung: „Aufgrund steuerlicher Belastungen und Arbeitslosigkeit stagniere das Spendenaufkommen für den vom *DZI* beobachteten Bereich (soziale und Entwicklungsprojekte) bei 4 bis 4,1 Mrd. DM" (Steffen 1995: 26).

---

19 Der Vollständigkeit halber muß jedoch darauf hingewiesen werden, daß die Datenbasis für diese Schätzung unklar ist.

Dagegen steht die Einschätzung von Fundraisern, die sich aus einer schriftlichen Kurzumfrage ergibt, die unter den Teilnehmerinnen und Teilnehmern des 2. Deutschen Fundraising Kongresses im April 1995 durchgeführt wurde (n = 60). Die Zahlen sind selbstverständlich nicht repräsentativ, spiegeln jedoch eine völlig andere Einschätzung wider. Auf die Frage: „Wie schätzen Sie die bevorstehende Entwicklung des Spendenaufkommens für ihre Organisation in den nächsten 5 Jahren ein? antworteten mit: „steigt" (80,7%), „stagniert" (15,8%), „sinkt" (1,7%), „ungewiß" (1,7%) (N. N. 1995 c: 25). Auch Christoph Müllerleile schätzt die Entwicklung auf dem Spendenmarkt anders ein als das *DZI*: „Von einem allgemeinen Spendenrückgang oder auch nur von Stagnation zu reden, ist nicht angebracht" (Müllerleile 1995 a: 12). Abgesehen von den direkten Vergleichen zwischen den Einnahmen von 1994 und 1993 in bezug auf einzelne Organisationen gibt es jedoch keine solide Datenquelle, die die genannten Trendaussagen bestätigen oder disqualifizieren könnte.

Es ist zu vermuten, daß bei den Einzelpersonen, die mit Abstand den größten Anteil des Spendenvolumens aufbringen, die Verringerung des zur Verfügung stehenden Einkommens im Zusammenhang mit der Einführung des Solidaritätszuschlages und der gesetzlichen Pflegeversicherung Auswirkungen auf das freiwillige Geben von Geld haben wird. Über die Art und den Umfang der Konsequenzen, den diese Reduktion der verfügbaren Einkommen auf das Spendenverhalten von Privatpersonen ausübt, kann jedoch derzeit nur spekuliert werden.

Diesen Befürchtungen stehen wiederum die Ergebnisse des „*EMNID* Spendenmonitors 1995" entgegen, der von einer leichten Steigerung des Spendenvolumens in 1995 ausgeht. Im Befragungszeitraum August 1995 wurden 3.200 Personen in den alten Bundesländern und 800 in den neuen Bundesländern interviewt. 41 Prozent der Befragten gaben an, in den vergangenen 12 Monaten für gemeinnützige Organisationen gespendet zu haben; das private Spendenaufkommen hat nach Auskunft der Befragten leicht zugenommen: 75 Prozent gaben an, in etwa gleich viel, 8 Prozent eher weniger und 17 Prozent eher mehr gespendet zu haben als im Vorjahr (vgl. N. N. 1995 d: 10).

Zusammenfassung

Im wesentlichen handelt es sich bei den Zahlen und anderen Aussagen zum Spendenmarkt in Deutschland um Schätzungen und Hochrechnungen. Dies hat unterschiedliche Gründe. Wie gezeigt, lassen sich weder aus den eigenen Angaben der NPO, noch aus den Erhebungen der Bundesstatistik oder aus anderen Quellen verläßliche Daten über das Spendenvolumen gewinnen.

Die Jahresberichte von spendensammelnden Organisationen dokumentieren die Einnahmen nicht nach einheitlichen Kriterien. Darüber hinaus existiert keine vollständige Erfassung der NPO (und läßt sich wohl angesichts der großen Zahl von spendensammelnden Organisationen auch in absehbarer Zeit nicht realisieren). Sie sind deshalb nur eine Informationsquelle in bezug auf konkrete bzw. vergleichbare Organisationen.

Die wenigen Organisationen, die sich mit dem Spendenmarkt in Deutschland beschäftigen, nutzen unterschiedliches Datenmaterial bzw. haben verschiedene Ansprüche. Das *DZI* konzentriert sich ausschließlich auf Organisationen mit humanitär-karitativen Zielsetzungen und weist darauf hin, daß zwar eine Datenbank mit Informationen zu den derzeit 92 Organisationen mit Spenden-Siegel existiert, jedoch eine einfache Addition der Angaben dieser Organisationen zu ihren Spendeneinnahmen wegen der nicht direkt vergleichbaren Rechnungslegung wenig aufschlußreich sei. Daran scheitert auch der 1991 angekündigte „Deutsche Spendenbericht", der in zweijährigem Rhythmus erscheinen sollte. Darüber hinaus sind die Organisationen, die ein Spenden-Siegel des *DZI* bekommen, keine repräsentative Auswahl spendensammelnder Organisationen.

Das *Bundesamt für Statistik* sieht sich weder in der Lage, kontinuierlich die Zahl der gemeinnützigen Organisationen, noch die Höhe der bei der Einkommensteuer bzw. Körperschaftssteuer geltend gemachten Spenden zu erheben. Die *Bundesarbeitsgemeinschaft Sozialmarketing e.V. (BSM)* hatte übrigens beim *Bundesinnenministerium* angeregt, die Leistungen des Nonprofit-Sektors in die Bundesstatistik aufzunehmen. In der Antwort der Behörde wird darauf hingewiesen, daß die statistische Dokumentation der Leistungen im „Dritten Sektor" nicht möglich sei. Eine Ausweitung des Programms der Bundesstatistik ist wegen des Zwangs zu Sparmaßnahmen auch nicht beabsichtigt (vgl. N. N. 1995 e: 13).

Auch mit dem Instrument quantitativer Bevölkerungsumfragen lassen sich nur wenig zuverlässige Daten in bezug auf das Spendenvolumen gewinnen. Es entsteht dabei immer das Problem, daß Menschen dazu neigen, in Befragungssituationen in bezug auf gesellschaftlich hoch bewertete Themen, positivere Angaben zu machen. Daher erscheinen mir Hochrechnungen auf dieser Basis als wenig verläßlich.

Neben diesen genannten Problemen würde jedoch weder eine vollständige Sammlung und Auswertung von Jahresberichten spendensammelnder Organisationen, noch eine aktuelle Erfassung der steuerlich geltend gemachten Spenden einen vollständigen Überblick über das Spendenvolumen liefern können. Einerseits muß von einer Fülle von nicht dokumentierbaren Geldspenden (Kollekten in Kirchengemeinden, Gaben an Bettler, Unterstützungszahlungen im Familienkreis sowie Spender die ausdrücklich anonym bleiben wollen) ausgegangen werden; andererseits werden zahlreiche Varianten von sogenannten gekoppelten Spenden genutzt, bei denen der Kauf eines Produkts im Vordergrund steht (Briefmarken mit Zuschlägen für gemeinnützige Zwecke, Benefizprodukte, aber auch die gesetzlich vorgeschriebene Abgabe für gemeinnützige Zwecke von den Wetteinsätzen staatlicher Lotterien und Glücksspiele).

Auch die Sachspenden lassen sich kaum quantifizieren; bei Kleidern, Schuhen, Brillen, Büchern, Spielzeug etc. wird der Wert dieser Spenden allenfalls dokumentiert, wenn sie von Nonprofit-Organisationen weiterverkauft werden; Einnahmen aus Basaren, Flohmärkten oder dem Verkauf an Verwertungsfirmen tauchen auf Seiten der NPO jedoch nicht mehr als Einnahmen aus Spenden, sondern als Verkauf von Produkten oder Einnahmen aus Veranstaltungen auf.

Es wird deutlich, daß vor diesem Hintergrund der Versuch einer vollständigen Erfassung, korrekten Abgrenzung und Diskussion verschiedener Einnahmearten nicht nur den Rahmen dieser Arbeit sprengen würde; ein solcher Versuch scheint auch in Deutschland innerhalb der nächsten Jahre nicht realisierbar zu sein. Einerseits ist eine zentrale Erfassung durch staatliche Behörden nicht geplant (vgl. Deutscher Bundestag 1994: 3). Andererseits präsentieren zwar immer mehr spendensammelnde Organisationen Jahresberichte, die Einnahmen und Ausgaben transparent machen und auch als Mittel der Öffentlichkeitsarbeit und nicht nur als notwendiges Rechenwerk für das Finanzamt betrachtet werden. Dennoch drängt sich der Eindruck auf, daß das Interesse vieler NPO an einer systematischen und kontinuierlichen Dokumentation ihrer Finanzen noch immer nicht besonders ausgeprägt ist.

3.2.2 Stiftungsförderung

Auch Angaben zur Anzahl von Stiftungen [20], zu ihrem Stiftungsvermögen und dem jährlichen Fördervolumen liegen als exakte Zahlen nicht vor. Klaus Neuhoff vom *Institut Stiftung und Gemeinwohl* der *Universität Witten/ Herdecke* nannte für 1990 die Zahl von ca. 11.000 Stiftungen in Deutschland, die rund 700 Mill. DM für die Verwirklichung ihrer unterschiedlichen Zwecke ausgegeben haben. Die entsprechenden Einnahmen erwirtschaften sie aus der Anlage eines Vermögens von geschätzten 20 Mrd. DM. Da allerdings der Großteil des Stiftungsvermögens in der Form von Gebäuden oder ertraglosem sonstigen Vermögen (z.b. Kunstwerken) vorgehalten wird, gehen Schätzungen von einem gesamten Stiftungsvermögen von deutlich über 50 Mrd. DM aus (vgl. Neuhoff 1993). Neuhoff schätzt, daß jährlich ca. 200 bis 250 neue Stiftungen mit einer durchschnittlichen Vermögensausstattung von knapp 2 Mill. DM pro Stiftung entstehen, von denen jedoch die wenigsten die Ziele anderer Nonprofit-Organisationen fördern (vgl. a.a.O: 116). Nach seiner Ansicht bewegt sich das Fördervolumen deutscher Stiftungen 1995 bei einer geschätzten Summe von 1 Mrd. DM, die zu ca. 90 Prozent von den 70 größten Stiftungen aufgebracht werden. Mit diesen Zahlen sind jedoch Abgrenzungs- bzw. Definitionsprobleme verbunden.

Stiftungen werden in der Regel aus privaten Vermögen finanziert. Ein Stifter legt im sogenannten „Stiftungsgeschäft" als dem konstitutionellen Akt, der die Stiftungsabsicht konkretisiert, fest, zu welchem Zweck eine Stiftung errichtet wird [21]. Auf diese Weise können Einzelpersonen, Familien oder Unternehmen Vermögen, in aller Regel für gemeinnützige Zwecke, zur Verfügung stellen. In diesem Sinn gehört die Stiftungsförderung zum „Private Giving".

In Deutschland tritt jedoch zuweilen auch der Staat als Stifter auf. Die *Volkswagen-Stiftung* beispielsweise finanziert zwar Fördermittel ausschließlich aus den Erträgen des Stiftungskapitals ohne öffentliche Zuschüsse; in 1994 wurden beispielsweise 164,6 Mill. DM bewilligt (Volkswagen-

---

20 „Das Wort Stiftung ist rechtlich nicht geschützt und taucht daher auch in Namen von Organisationen mit anderer Rechtsform auf" beispielsweise bei eingetragenen Vereinen oder Gesellschaften mit beschränkter Haftung (Maecenata Management GmbH 1994: 11).

21 Zu den formalen Kriterien vgl. Stiftungszentrum im Stifterverband für die Deutsche Wissenschaft 1995.

Stiftung 1995: 169). Dieses Kapital kommt jedoch zu 100 Prozent aus öffentlichen Quellen [22]. Ein weiteres Beispiel für eine Institution, die zwar als Stiftung firmiert, ihr Kapital jedoch nicht aus privaten, sondern ausschließlich aus öffentlichen Quellen bezog, ist die 1989 durch Beschluß des *Deutschen Bundestages* gegründete *Deutsche Bundesstiftung Umwelt* [23]. Ihr Stiftungskapital von ca. 2,5 Mrd. DM stammt aus dem Verkaufserlös der bundeseigenen *Salzgitter AG* (vgl. Deutsche Bundesstiftung Umwelt o.J. [1995]: 16). 1994 bewilligte die Stiftung eine Fördersumme von 213 Mill. DM (a.a.O.: 21). Im Fall der *Studienstiftung des deutschen Volkes e. V.* hat sich der Staat zwar nicht als Stifter betätigt, sie finanziert jedoch die jährlichen Ausgaben von ca. 52 Mill. DM (Maecenata Management GmbH 1994: 207) fast ausschließlich aus öffentlichen Mitteln.

Addiert man die Fördermittel dieser drei Stiftungen, dann kommen allein diese ca. 430 Mill. DM des Fördervolumens von Stiftungen aus öffentlichen bzw. ursprünglich öffentlichen Mitteln. Das kann den antragstellenden bzw. geförderten Einzelpersonen oder Organisationen gleichgültig sein; für eine systematische und international vergleichbare Erfassung der Stiftungsförderung ist jedoch die Abgrenzung von privaten und öffentlichen Quellen bezüglich der Herkunft der Fördermittel von Stiftungen nicht unerheblich. Es handelt sich bei den exemplarisch genannten Stiftungen faktisch um eine staatliche Finanzierung von Aufgaben oder Interessen, die im formalen Rahmen einer Stiftung erfolgt. Im Rahmen der für diese Arbeit benutzten Definition des Fundgiving, die sich auf Ressourcen aus privaten Quellen bezieht, handelt es sich bei diesen und ähnlichen Stiftungen um „Grenzfälle"; dieser Status erscheint mir jedoch eher aus definitorischen Gründen problematisch

---

22 Die nach 1945 strittigen Eigentumsverhältnisse am *Volkswagenwerk* wurden 1959 durch einen Staatsvertrag zwischen dem Land Niedersachsen und der Bundesrepublik Deutschland geklärt. Die auf dieser Basis entstandene Aktiengesellschaft gehört zu jeweils 20 Prozent dem Bund (der seine Anteile jedoch 1989 privatisiert hat) und dem Land Niedersachsen. 60 Prozent des Aktienkapitals wurden durch Ausgabe von Aktien privatisiert. Der Erlös von 1 Mrd. DM sowie die Gewinnansprüche auf die anderen 40 Prozent wurden als Vermögen der 1961 gegründeten *Volkswagen-Stiftung* (bis 1988: *Stiftung Volkswagenwerk*) übertragen (vgl. Volkswagen-Stiftung 1989: 13 ff.).

23 Das Fördervolumen der Stiftung geht jedoch nur zu einem geringen Teil an NPO; entsprechend dem Stiftungszweck, „Vorhaben zum Schutz der Umwelt zu fördern und dabei die mittelständische Wirtschaft besonders zu berücksichtigen" kamen 1994 über die Hälfte aller Anträge von Unternehmen und Forschungsinstituten (vgl. Deutsche Bundesstiftung Umwelt o.J. [1995]: 8 f.)

und nicht in bezug auf die konkrete Förderung durch solche Stiftungen bzw. die Fundraising-Praxis von NPO. Jede Stiftung verfolgt im Rahmen ihrer Zweckbestimmung eigene Ziele, d.h. die möglicherweise sehr eng gesetzten Ziele des Stifters. Beispielsweise ist die Förderung an eine bestimmte Institution oder eine Region gebunden oder dient ausschließlich einem sehr speziellen Zweck. Zu unterscheiden sind weiterhin operativ tätige Stiftungen (z.B. die *Bertelsmann Stiftung*), die ausschließlich selbst Projekte entwickeln und durchführen. Dies kann in Kooperation mit anderen NPO geschehen; für Projekte, die von außen an operativ tätige Stiftungen herangetragen werden, bestehen jedoch in der Regel keine Antragsmöglichkeiten.

Die Zahl der Förderstiftungen im engeren Sinn, die im Rahmen ihrer Aufgabenstellung Projekte Dritter unterstützen, ist also im Verhältnis zur Gesamtzahl der Stiftungen in Deutschland relativ gering. Eine systematische Auswertung von Informationsquellen zum deutschen Stiftungswesen wird dennoch in aller Regel für gemeinnützige Organisationen lohnenswert sein (vgl. Bundesverband Deutscher Stiftungen e.V. 1991; Maecenata Management GmbH 1994; Politische Ökologie 1994). Als weitere Informationsquelle kann das von der Firma *Maecenata Management GmbH* unterhaltene *Dokumentationszentrum Deutsche Stiftungen (DDS)* gelten. Dort sind in einer Datenbank über 7.000 deutsche Stiftungen erfaßt. Die Informationen sind entweder von den Stiftungen selbst zur Verfügung gestellt oder stammen aus öffentlich zugänglichen Quellen. Das Material wird regelmäßig, zuletzt im Mai 1995, durch Befragungen der Stiftungen auf den neuesten Stand gebracht. Über das *Europäische Stiftungszentrum (EFC)* ist das Dokumentationszentrum mit ähnlichen Einrichtungen in Europa verbunden.

3.2.3 Lotterien und Glücksspiele

Die Spieleinsätze für alle Lotterien, die von den Gesellschaften im *Deutschen Lotto- und Totoblock* [24] im Jahr 1994 angeboten wurden (Lotto, Spiel 77, Super 6, GlücksSpirale und Rubbellotterien), betrugen 12,739 Mrd. DM (Bremer Toto und Lotto GmbH o. J. [1995]: 46 f.). Davon wurden ca. 21 Prozent für gemeinnützige Zwecke verteilt. Die gesetzlichen Regelungen

---

24 *Der Deutsche Lotto- und Totoblock* besteht aus den 16 Einzelgesellschaften, die selbständig in jedem Bundesland tätig sind. Eine gemeinsame Geschäftsstelle oder Organisation, die beispielsweise die Zahlen aller Einzelgesellschaften aufbereitet, existiert nicht.

und Verteilerschlüssel für diese Summe sind in den Bundesländern unterschiedlich, nach Auskunft der *Bremer Toto und Lotto GmbH* ist jedoch eine Hochrechnung auf der Basis eines Verteilungsschlüssels von durchschnittlich 21 Prozent möglich. Insgesamt sind 1994 demnach bundesweit ca. 2,675 Mrd. DM der Einnahmen aus Lotterien und Glücksspielen des *Lotto- und Totoblocks* gemeinnützigen Zwecken zugeflossen.

Exemplarisch dokumentiere ich die Verteilung des Spieleinsatzes im Bundesland Bremen. Hier betrug 1994 die Summe der Wetteinsätze 111,3 Mill. DM (0,9 Prozent des bundesweiten Aufkommens). Dieser Spieleinsatz wurde von der *Bremer Toto und Lotto GmbH* wie folgt verwendet (in Mill. DM) (vgl. a.a.O.: 44 f.):

54,026	Gewinnausschüttungen (48,5%)
18,555	Lotteriesteuer (16,7%)
25,202	**gesetzliche Abgaben für gemeinnützige Zwecke (21,9%)**
13,547	Provisionen für die Annahmestellen und Verwaltungsaufwendungen (12,9%)

Wie schon angemerkt, ist die in diesem Zusammenhang interessante gesetzliche Abgabe für gemeinnützige Zwecke nicht bundeseinheitlich festgelegt, da die gesetzlichen Regelungen im Zusammenhang mit Lotterien und anderen Glücksspielen Ländersache sind. In Bremen sind auf Grund des Gesetzes über Totalisatoren und Lotterien mindestens 21 Prozent der Wetteinsätze abzuführen (§ 10 Abs. 2). Die Quote liegt damit im Bundesdurchschnitt. Die ca. 25 Mill. DM für gemeinnützige Zwecke verteilten sich 1994 wie folgt (in Mill. DM) (ebd.):

Landessportbund Bremen e.V.	1,503 DM
Bremer Fußballverband e.V.	0,713 DM
Senatorische Behörde für Sport	4,112 DM
Senatorische Behörde für Soziales und Kultur	14,248 DM
Schwerpunktprogramme	2,804 DM
Bremer Volkshilfe e.V.	1,333 DM
überregionale Empfänger (zu gleichen Teilen BAGFW, DSB, Deutsche Stiftung Denkmalschutz)	0,489 DM
Gesamt	25,202 DM

Erwähnenswert sind darüber hinaus noch die Spielbankenabgabe, deren Erträge zwar den Bundesländern zufließen, dort jedoch zum Teil für gemeinnützige Zwecke von NPO verwendet werden. Diese Abgabe wird von den Betreibern der Spielbanken erhoben und beträgt 80 Prozent der Bruttospielerträge. Gesetzliche Grundlagen dafür sind das Gesetz über die Zulassung öffentlicher Spielbanken und darauf basierende Rechtsverordnungen (vgl. Schneidewind/Schiml 1993: 235).

Die „GlücksSpirale" hat beispielsweise seit 1976 annähernd 7.000 Einrichtungen und Dienste der Wohlfahrtsverbände mit mehr als 348 Mill. DM gefördert. Der Reinerlös im Jahr 1992 für die Spitzenverbände der Freien Wohlfahrtspflege betrug 29,8 Mill. DM (vgl. BAGFW 1993 a: 7). Für andere gemeinnützige Zwecke gingen beispielsweise an den *Deutschen Sportbund (DSB)* seit 1976 insgesamt 360 Mill. DM und an die seit 1991 bestehende *Deutsche Stiftung Denkmalschutz* insgesamt 94 Mill. DM (vgl. BAGFW 1993 b: 8).

Der Plan, zusätzlich zu den bestehenden Lotterien für gemeinnützige Zwecke eine *Bundeslotterie für Umwelt und Entwicklung* zu etablieren, muß vorerst als gescheitert angesehen werden. Eine Arbeitsgemeinschaft von zehn großen Organisationen [25] plante die Gründung einer *Stiftung Umwelt und Entwicklung*, der ein Drittel der Lotterieeinnahmen zufallen sollte. Diese Mittel wären zu 70 Prozent den beteiligten Organisationen und zu 30 Prozent kleineren Vereinen und Gruppen zugeflossen (vgl. N. N. 1995 f: 10; N. N. 1994 c: 20; kritisch zu diesen Plänen: Hesse 1994: 26 f.). Da für eine bundesweite Lotterie die Genehmigung aller 16 Bundesländer vorliegen muß, gestaltete sich die Umsetzung dieser Pläne sehr schwierig und zeitaufwendig. Nachdem im September 1995 das Land Berlin als erstes Bundesland eine ablehnende Entscheidung über den Antrag der Arbeitsgemeinschaft getroffen hat und auch das Bundesinnenministerium sich ablehnend verhält, werden der Lotterie nur noch geringe Chancen eingeräumt (vgl. N. N. 1995 g: 3).

---

25 Es handelt sich dabei um: *Greenpeace, Deutsches Komitee für UNICEF, Deutscher Naturschutzring, Deutsche Welthungerhilfe, Bund für Umwelt und Naturschutz, Terre des hommes, Kindernothilfe, Misereor, Umweltstiftung WWF-Deutschland, Naturschutzbund Deutschland.*

3.2.4 Weitere Ressourcenarten

Briefmarken mit Zuschlägen für gemeinnützige Zwecke

Seit 1949 flossen aus dem Verkauf von mehr als 3,1 Milliarden Wohlfahrts-
und Weihnachtsbriefmarken über 715 Millionen DM in die Finanzierung
der Arbeit der Spitzenverbände der Freien Wohlfahrtspflege [26]. Deren Dach-
verband, die *Bundesarbeitsgemeinschaft der Freien Wohlfahrtsverbände e.V.*
(BAGFW), nennt als Einnahme für das Jahr 1992 die Zahl von 35 Mill. DM
(vgl. BAGFW 1993 c: 10). Neben den Briefmarken deren Zuschläge den
Mitgliedsverbänden der *BAGFW* zufließen, gibt die *Deutsche Post AG* weitere Marken heraus, deren Zuschläge beispielweise der *Stiftung Deutsche
Sporthilfe* oder der *Stiftung Deutsche Jugendmarke e.V.* zugute kommen [27].

Mitgliedsbeiträge

Mitgliedsbeiträge an gemeinnützige Organisationen werden nicht systematisch erfaßt. Die Bedeutung dieser Einnahmeart ist je nach Organisation
unterschiedlich. In manchen NPO haben Beiträge nur eine marginale, in anderen Organisationen dagegen eine herausragende Bedeutung. Um das un-
gefähre Volumen zu illustrieren, kann auf die Zahlen von Goll (1991)
zurückgegriffen werden. Er addiert für 1986 ca. 450 Mill. DM allein bei den
Spitzenverbänden der Freien Wohlfahrtspflege [28] (vgl. a.a.O.: 300 ff.) und
verweist exemplarisch auf „verborgene" Quantitäten des Fundgiving: „Allein von Eltern der über 40.000 Waldorfschüler und den 10.000
Kindern in Waldorfkindergärten stammen davon rund 90 Mill. DM"
(a.a.O.: 302). Darüber hinaus läßt sich noch auf die im Rahmen der Steuer-
statistik des *Statistischen Bundesamtes* erhobene Zahl von „Mitgliedsbeiträgen ausgewählter Haushaltstypen an Organisationen ohne Erwerbszweck"
verweisen: In 1986 wurden nach Angaben der befragten Haushalte insgesamt ca. 860 Mill. DM für Beiträge an NPO gezahlt (vgl. Goll 1991: 303).

---

26 *Arbeiterwohlfahrt, Deutscher Caritas Verband, Deutsches Rotes Kreuz, Diakonisches
    Werk, Paritätischer Wohlfahrtsverband* und *Zentralwohlfahrtsstelle der Juden.*

27 Der Verein *Stiftung Deutsche Jugendmarke e.V.* wurde 1965 gegründet und hat die
    Aufgabe, die bei dem Verkauf der Sonderpostwertzeichen mit Zuschlägen „Für die
    Jugend" erzielten Erlöse für Maßnahmen zum Wohle der deutschen Jugend zu
    verwenden (vgl. Stiftung Deutsche Jugendmarke e.V. o. J. [1990]).

28 s. FN 26

Bußgelder

Bußgelder sind richterlich veranlaßte Zahlungen von Geldbeträgen zu Gunsten einer gemeinnützigen Organisation [29]. Es handelt sich dabei also nicht um freiwillig gegebenes Geld, also Spenden, sondern um eine zwangsweise Zuwendung. Entscheidungen im Zusammenhang mit der Zahlung von Bußgeldern werden von den Richtern frei und unabhängig getroffen; es besteht also kein Anspruch auf die Berücksichtigung einzelner NPO [30]. Eugen Martin Graunke schätzt das Volumen der Bußgelder, die an gemeinnützige Organisationen gezahlt werden, auf ca. 100 Mill. DM jährlich (Graunke 1993: 130) und dokumentiert eine auf Richter bezogene Mailing-Aktion der Organisation *Brot für die Welt* als Beispiel für die aktive Akquisition von Bußgeldern im Rahmen von Marketing- bzw. Fundraising-Aktivitäten. Diese Ressourcenart hat für NPO in bestimmten Arbeitsfeldern eine große Bedeutung. Die *Deutsche Umwelthilfe (DUH)* beispielsweise hat im Jahr 1993 aus Bußgeldzuweisungen über 1 Mill. DM eingenommen. Das entspricht einem Anteil von 22 Prozent an allen Erträgen dieser Organisation (DUH o. J. [1994]: 32).

Einer Berechnung zufolge, die das *DZI* auf meine Anfrage hin freundlicherweise angestellt hat, haben allein die Organisationen mit Spenden-Siegel im Jahr 1993 insgesamt ca. 9,3 Mill. DM an Bußgeldern eingenommen: „Von den derzeit 92 Organisationen, denen das Spenden-Siegel zuerkannt wurde, haben 40 in ihrem jeweiligen Rechenwerk Bußgeldeinnahmen ausgewiesen. Im Jahre 1993 summierten sich die Bußgeldeinnahmen dieser 40 Hilfswerke auf insgesamt rund 9,3 Mill. DM. Die Bußgeldeinnahmen haben damit an den Gesamteinnahmen aller 92 Spenden-Siegel-Organisationen (ohne öffentliche und kirchliche Zuwendungen: 1,39 Mrd. DM) im Jahre 1993 einen Anteil von 0,66 Prozent" (DZI 1995 c).

Erbschaften und Vermächtnisse

„In den nächsten 10 Jahren werden allein in Deutschland Gesamtvermögenswerte in der Größenordnung von 1,8 Billionen DM aus Erbschaften auf die nächste Generation übertragen" (Bender 1995: 17). „In den neun-

---

29 Die Rechtsgrundlagen dafür sind entweder § 153 a Abs. 1 Nr. 2 Abs. 2 der Strafprozeßordnung (StPO) oder der § 56 b Nr. 2 des Strafgesetzbuches (StGB).

30 Zu formalen Fragen im Zusammenhang mit Bußgeldern als Einnahmeart vgl. Sauer/Luger o.J. (1993): 71 und Biege 1988: 39.

ziger Jahren wird die Erbengeneration nach Schätzungen von Experten ein Vermögen von mindestens 1,3 Billionen Mark übernehmen" (Heuser 1994: 17.). So lauten Meldungen in den Medien über eine Ressourcenart, die in den letzten Jahren verstärkt in die Fundraising-Diskussion gekommen ist. Die Übertragung von Geld, Immobilien oder anderen Vermögenswerten, die im Todesfall an gemeinnützige Organisationen übertragen werden, ist jedoch keine neue Ressourcenart. Neu ist vielmehr die intensivere Beschäftigung mit Formen der Ansprache von potentiellen Spendern, die im Falle ihres Todes eine Erbschaft oder ein Vermächtnis einer NPO übertragen (vgl. Stiftungszentrum im Stifterverband für die Deutsche Wissenschaft 1995; Umweltstiftung WWF-Deutschland 1995). Unter dem Stichwort „Erbschaftsmarketing" befassen sich vor allem große NPO verstärkt mit diesem Thema.

Erbschaften oder Vermächtnisse lassen sich jedoch nur vor dem Hintergrund eines Höchstmaßes an Identifikation des Spenders mit den Zielen und der Arbeit einer NPO sowie auf der Basis einer intensiven und häufig langfristigen Beziehungsgestaltung akquirieren. Menschen, die einer NPO einen Teil ihres lebenslang erworbenen Vermögens zukommen lassen, wollen sicher sein, daß ihr Vermächtnis oder Erbe langfristig wirkt; ihre Risikobereitschaft ist folglich sehr gering, und somit sind die qualitativen Voraussetzungen auf der Beziehungsebene sehr anspruchsvoll [31]. Dies ist auch die Quintessenz der Arbeit von Claudia Severin-Woldt (1995), in der eine Direktmarketing-Strategie für die Akquisition von Erbschaften und Vermächtnissen entwickelt wird (Severin-Woldt 1995).

In bezug auf das Erbschaftsmarketing besteht ein relativ hoher Informationsbedarf auf beiden Seiten; sowohl bei potentiellen Spendern (die juristisch korrekte Formulierung lautet Erblasser) als auch bei NPO. Zuwendungen durch Erbeinsetzung können zur Folge haben, daß die NPO mit verschiedensten Ansprüchen konfrontiert werden kann, die den Nachlaß belasten. Ein Erbe ist beispielsweise verpflichtet, die Kosten für eine standesgemäße Beerdigung zu zahlen (§ 1968 BGB). Die Ansprüche von Erben,

---

31   „Menschen haben Angst vor dem Tod und scheuen sich, die letzten Dinge zu regeln. Der Fundraiser muß also mit äußerster Sorgfalt und Ehrfurcht vor dem Menschen vorgehen" (aus einer Einladung der *Schweizerischen Gesellschaft der Fundraising-Fachleute* zur Tagung „Die Suche nach Legaten" am 30.11.95). Diese Prämisse deutet an, wie voraussetzungsvoll die Fundraising-Arbeit im Zusammenhang mit Erbschaften und Vermächtnissen ist.

die ein Recht auf einen Pflichtteil haben, machen regelmäßig die Hälfte des gesamten Nachlasses aus. Günstiger ist deshalb im Regelfall, wenn der Erblasser der gemeinnützigen Organisation ein Vermächtnis einräumt (§ 2147 BGB): „Ein Vermächtnis begründet zugunsten des Bedachten immer einen Anspruch auf Geldzahlung oder Übertragung eines Gegenstandes aus der Erbschaft" (Bender 1995: 17).

Um unter anderem auf den Bedarf an sachlichen Informationen zu reagieren, aber auch um Fragen der Ethik bei der konkreten Ansprache von Menschen, die im Falle ihres Todes bereit sind, ihr Vermögen oder Teile davon gemeinnützigen Organisationen zukommen zu lassen, geht es dem *Arbeitskreis Erbschaften/Vermächtnisse*, einer Initiative aus gemeinnützigen Organisationen. Dieser Arbeitskreis hat sich mit elf spendensammelnden Mitgliedsorganisationen im Juni 1995 konstituiert. Die *BSM* berichtet jedoch, daß die Mitarbeit und Mitfinanzierung dieses Arbeitskreises durch andere NPO nur sehr zögerlich sei – bei gleichzeitig großem Interesse an den Arbeitsergebnissen (N. N. 1995 h: 28).

Kirchensteuern

Bei der Kirchensteuer handelt es sich um Zahlungen die nur insofern freiwillig sind, als die Mitgliedschaft in einer der beiden Religionsgemeinschaften für die der Staat die Kirchensteuer einzieht, auf Freiwilligkeit beruht. Das Kirchensteueraufkommen findet dennoch an dieser Stelle Erwähnung, weil ein Teil dieses Geldes über die Sozialarbeit der beiden konfessionellen Spitzenverbände der Freien Wohlfahrtspflege (*Diakonisches Werk der Evangelischen Kirche in Deutschland* und *Deutscher Caritas Verband*) indirekt Zwecken zugeführt wird, für die auch Geld gespendet wird. Es ist zu vermuten, daß die Kirchensteuer-Zahlungen von ca. 16 Mrd. DM jährlich das Volumen des Fundgiving in Deutschland erheblich reduzieren. Es ist allerdings müßig, darüber zu spekulieren, ob bei nicht vorhandenem Kirchensteuerabzug eine vergleichbare Summe für kirchliche oder andere Zwecke auch gespendet würde.

Kirchensteueraufkommen	1993	1994
Katholische Kirche	8,390 Mrd. DM	8,230 Mrd. DM
Evangelische Kirche	8,385 Mrd. DM	8,234 Mrd. DM
Gesamt	16,775 Mrd. DM	16,464 Mrd. DM

(vgl. Statistisches Bundesamt 1995: 98 f.) [32]

Vor dem Hintergrund des Kirchensteueraufkommens in 1986 von 5,810 Mrd. DM (vgl. Goll 1991: 305), errechnet Goll einen prozentualen Anteil am Kirchensteueraufkommen der Katholischen Kirche im Jahr 1986 für „caritative Zwecke" in Höhe von 16,7 Prozent (a.a.O.: 307). Es handelt sich dabei um den Anteil des Kirchensteueraufkommens, der im wesentlichen dem *Caritas-Verband* zugeführt wird. Analog dazu ermittelt er für die Evangelische Kirche den Anteil des Kirchensteueraufkommens, der für die Aufgaben der *Diakonie*, d.h. der Sozialen Arbeit der Evangelischen Kirche, aufgewendet wird. Dieser lag 1986 bei knapp 13,1 Prozent (a.a.O.: 305). Legt man die von Goll errechneten Quoten auch für 1994 zugrunde, läge der Transfer für die Arbeit der *Diakonie* bei ca. 107 Mill. DM und der Transfer für die Arbeit des *Caritas-Verbandes* bei ca. 137 Mill. DM. Auf die mit solchen Hochrechnungen verbundene Problematik habe ich an anderer Stelle schon hingewiesen.

Kollekten

Ebenfalls im Zusammenhang mit der Arbeit von Religionsgemeinschaften stehen die Einnahmen aus Kollekten im Rahmen von Messen oder anderen kirchlichen Feiern oder Anlässen. Es handelt sich hierbei um Spenden, die jedoch ebenfalls kaum systematisch zu erfassen sind. Sie werden teilweise an die kirchlichen Hilfsorganisationen (*Brot für die Welt, Adveniat, Misereor, missio* und andere) weitergeleitet und tauchen dort als Einnahmen auf. Zu einem nicht unerheblichen Teil werden sie jedoch auch zum Bau bzw. Unterhalt von gemeindeeigenen Gebäuden oder für Gemeindeaktivitäten verwendet.

---

32 Die Angaben für die Katholische Kirche beziehen sich auf Kirchensteuern und Kirchgeld abzüglich Verwaltungskosten; die Angaben für die Evangelische Kirche ebenfalls auf Kirchensteuern und Kirchgeld. In beiden Konfessionen wird in glaubensverschiedenen Ehen anstelle der Kirchensteuer ein sogenanntes Kirchgeld erhoben.

3.3 Kontrolle und Selbstkontrolle des Fundraising-Marktes

Nicht zuletzt durch die zahlreicher und professioneller werdenden Fundraising-Aktivitäten von NPO ist das Thema Kontrolle und Selbstkontrolle von gemeinnützigen Organisationen in den letzten Jahren verstärkt Gegenstand von Erörterungen in den Medien, aber auch in anderen Zusammenhängen geworden. Zu erwähnen sind die große Anfrage der *SPD*-Bundestagsfraktion und weiterer Abgeordneter an die Bundesregierung zum „Humanitären Spendenwesen in der Bundesrepublik Deutschland" (Deutscher Bundestag 1994), die Einführung eines Spenden-Siegels durch das *Deutsche Zentralinstitut für soziale Fragen (DZI)* im Jahre 1992, sowie die Gründung des *Trägervereins des Deutschen Spendenrates e. V.* 1993. Im folgenden werden die unterschiedlichen Arbeitsansätze der beiden Organisationen erörtert; dabei wird deutlich, daß sich das *DZI* eher als Kontrollinstanz präsentiert, während sich der *Spendenrat* als Organisation zur Förderung der Selbstkontrolle profiliert.

Das Spenden-Siegel wird vom *Deutschen Zentralinstitut für soziale Fragen (DZI)*, einer Stiftung bürgerlichen Rechts, vergeben [33]. Als „unabhängiges wissenschaftliches Dokumentationszentrum" (DZI 1995 a) ist das *DZI* „grundsätzlich zuständig für deutsche bzw. in der Bundesrepublik Deutschland ansässige Organisationen, die im humanitär-karitativen Bereich arbeiten. In sein Arbeitsgebiet gehören nicht Natur-, Tier- und Umweltschutz, politische, kulturelle, religiöse und sonstige weltanschauliche Organisationen" (DZI 1995 b). Das Siegel ist ein auf Antrag vergebenes „Prüfsiegel" (ebd.) für „überregional, also nicht ausschließlich im örtlich begrenzten Umfeld" tätige spendensammelnde Organisationen mit „humanitärer und karitativer Zielsetzung" (DZI 1991) [34]. Ein wesentliches Ziel für die Einführung des Siegels ist die „eigenverantwortliche Regelung des Spenden-Marktes (durch Selbstverpflichtung)". Darüber hinaus prüft das *DZI* „nach

---

33 Träger der Stiftung sind der *Senat von Berlin,* das *Bundesministerium für Familie und Senioren,* die *Industrie- und Handelskammer zu Berlin,* die *Bundesarbeitsgemeinschaft der Freien Wohlfahrtspflege e. V.* und der *Deutsche Städtetag.*

34 In der Schweiz gibt es seit 1934 ein ähnliches Instrument in Form einer von der *Zentralauskunftsstelle für Wohlfahrtsunternehmen (ZEWO)* verliehenen „Schutzmarke für gemeinnützige Organisationen" (vgl. DZI 1991).

den Grundsätzen der Neutralität und Gleichbehandlung" die von den Organisationen vorgelegten Unterlagen und vergibt bei Erfüllung der Voraussetzungen „für einen Zeitraum von jeweils zwölf Monaten" das Spenden-Siegel (vgl. ebd.) [35]. Das „Spenden-Siegel Bulletin" vom September 1995 listet 84 Organisationen auf (vgl. DZI 1995 a); nach Auskunft des *DZI* vom 21.11.95 wurde inzwischen 92 Organisationen das Spenden-Siegel zuerkannt (DZI 1995 c).

Die „Leitlinien zur Selbstverpflichtung spendensammelnder Organisationen" umfassen 12 Punkte, von denen einige hier hervorgehoben werden sollen: Die Wort- und Bildwerbung muß wahr, eindeutig und sachlich sein; die Werbung darf nicht überwiegend gefühlsbetont gestaltet sein. Ehrenamtlich Tätige erhalten keine Vergütung, abgesehen von Aufwandsentschädigungen. Für die Vermittlung von Spenden, Erbschaften oder sonstigen Zuwendungen werden keine Provisionen, Prämien oder Erfolgsbeteiligungen in anderer Form gewährt (vgl. DZI 1991). Darüber hinaus sind unter anderem eine nachprüfbare, sparsame und satzungsgemäße Verwendung der Mittel, eine eindeutige und nachvollziehbare Rechnungslegung sowie eine Prüfung der Jahresrechnung und entsprechende Vorlage beim *DZI* obligatorisch. Zur Klärung von Streitfragen bei der Vergabe des Siegels gibt es einen Berufungsausschuß, dem fünf Mitglieder angehören, die nicht hauptamtlich in einer Hilfsorganisation tätig sind (vgl. a.a.O.: 8).

Für die Prüfung der Einhaltung der Leitlinien zur Vergabe des Spenden-Siegels erhält das *DZI* von den Organisationen eine Gebühr: „Diese setzt sich zusammen aus einem Grundbetrag in Höhe von 500 DM und einem Zusatzbetrag in Höhe von 0,25 Promille der Einnahmen des Bezugsjahres der Organisation. Die Höchstgebühr beträgt 5.000 DM. Organisationen mit Jahreseinnahmen von weniger als 500.000 DM entrichten lediglich die Mindestgebühr in Höhe des Grundbetrages. Organisationen mit weniger als 100.000 DM Spendenaufkommen jährlich kann auf Antrag die Prüfgebühr ganz oder teilweise erlassen werden" (DZI 1991: 7).

---

35 Das Spenden-Siegel Emblem enthält folgenden Text: „Spenden-Siegel – Zeichen des Vertrauens. Deutsches Zentralinstitut für soziale Fragen/DZI. Empfohlen bis: Angabe des Quartals und der Jahreszahl". Das Logo mit diesem Text darf von den Hilfsorganisationen während der Gültigkeitsdauer werbewirksam eingesetzt werden.

Ein „Deutscher Spendenbericht" wurde vom *DZI* 1991 angekündigt und sollte in zweijährigem Rhythmus Informationen über das Spendenaufkommen der Organisationen mit Spenden-Siegel dokumentieren. Diese Absicht konnte nach Aussage des *DZI* bisher jedoch nicht realisiert werden, weil unter anderem das Problem der Vergleichbarkeit bei den eigenen Angaben der spendensammelnden Organisationen ungelöst ist.

Der *Trägerverein des Deutschen Spendenrates e. V.* ist dagegen ein 1993 gegründeter Zusammenschluß spendensammelnder, gemeinnütziger Körperschaften, die ihren Sitz in Deutschland haben. Die Zahl der 34 Gründungsmitglieder hat sich auf 52 Organisationen erhöht (Stand: 20.11.1995). Der *Trägerverein des Deutschen Spendenrates e. V.* hat als ein Selbstkontrollgremium für das Spendenwesen in Deutschland fünf Persönlichkeiten des öffentlichen Lebens in den *Deutschen Spendenrat* berufen. Der Spendenrat hat die Aufgabe, „für Klarheit und Transparenz gegenüber den Spendern und der interessierten Öffentlichkeit zu sorgen, Mißstände im deutschen Spendenwesen festzustellen und auf deren Beseitigung hinzuwirken, Beschwerden über einzelne Organisationen zu prüfen und in begründeten Fällen öffentlich Mißbilligungen und Rügen auszusprechen, Richtlinien für das Spendenwesen zu geben, sowie Entwicklungen entgegenzutreten, die das Spendenwesen gefährden könnten" (Trägerverein des Deutschen Spendenrates e.V. 1995 a: 11).

Nachfolgend einige Auszüge aus der Selbstverpflichtung, die von Mitgliedsorganisationen des Trägervereins unterschrieben werden muß: „Über die Bestimmungen der Datenschutzgesetze hinaus, verpflichten wir uns, den Verkauf, die Vermietung oder den Tausch von Mitglieder- und Spenderadressen zu unterlassen" (Trägerverein des Deutschen Spendenrates e.V. 1994: Punkt 12). „Spätestens 12 Monate nach dem Abschlußstichtag des Geschäftsjahres stellen wir einen für die Öffentlichkeit bestimmten Bericht fertig, der zumindest folgende Bestandteile enthält: [...] Erläuterung der wesentlichen Aufwands- und Ertragsarten, u.a. der Personalkosten und der Aufwandsentschädigungen; Erläuterung von Bereichen, in denen Provisionen oder Erfolgsbeteiligungen gezahlt werden [...]" (a.a.O., Punkt 14). Der Verein hat zu diesem Zweck als Anregung für die Mitgliedsorganisationen, Richtlinien für die Erstellung von Rechenschaftsberichten erarbeitet.

Zur Finanzierung seiner Tätigkeit erhebt der Verein Beiträge: 0,25 Prozent der Spenden, mindestens aber 250 DM und höchstens 12.500 DM. Als Spendenaufkommen werden die Einnahmen aus Geldspenden (einschließlich Erbschaften) angesehen. Nicht dazugerechnet werden Mitgliedsbeiträge, Sachspenden, öffentliche Zuwendungen und Bußgelder (vgl. Trägerverein des Deutschen Spendenrates e.V. 1995 a: 18).

3.3.1 *DZI* und *Spendenrat* – Konkurrenz oder Transparenz?

Das *DZI* hat mit seinem 1991 eingeführten und seit 1992 vergebenen Spenden-Siegel den Anspruch, eine quasi-öffentliche Prüfung der Spendenwürdigkeit und Seriosität von spendensammelnden Organisationen vorzunehmen. Organisationen, die das Spenden-Siegel haben wollen, müssen einen „Antrag" stellen, „Gebühren" zahlen und werden „geprüft". Vokabular und Verfahren suggerieren das Vorhandensein einer staatlichen Behörde, obwohl das *DZI* als Stiftung des bürgerlichen Rechts, mit der *Bundesarbeitsgemeinschaft der Freien Wohlfahrtspflege (BAGFW)* im Stiftungsrat, in diesem Arbeitsfeld Schwierigkeiten haben wird, den Ruf einer neutralen und unabhängigen Instanz aufrechtzuerhalten. Es ist zu vermuten, und die Berichterstattung in den Medien über den deutschen Spendenmarkt bestätigt diesen Eindruck, daß in der Öffentlichkeit das *DZI* als Spenden-Prüfbehörde oder „Spenden-TÜV" wahrgenommen wird (vgl. beispielsweise Schießl 1992: 3; N. N. 1994 d: 63 ff.).

Das führt unter anderem zu dem falschen Eindruck, daß von den überregionalen spendensammelnden Organisationen in Deutschland nur die derzeit 92 Organisationen mit dem Spenden-Siegel seriös sind. Demzufolge wären beispielsweise nicht nur *Greenpeace*, *Robin Wood* und der *Hermann-Gmeiner-Fonds* zur Unterstützung der SOS-Kinderdörfer „unseriös", sondern auch die Spitzenverbände der Freien Wohlfahrtspflege, denn die sucht man im Spenden-Bulletin (DZI 1995 a) ebenfalls vergeblich. Das mag daran liegen, daß die Spenden-Siegel-Richtlinien für die Wohlfahrtsverbände obligatorisch sind, da sie über ihre Bundesarbeitsgemeinschaft Sitz und Stimme im Stiftungsrat des *DZI* haben. Problematischer daran ist jedoch, daß die *BAGFW* somit indirekt eine Kontrollfunktion für den Spendenmarkt ausübt und gleichzeitig selbst auf diesem Markt agiert.

Nach dem Selbstverständnis der Wohlfahrtsverbände existiert dieser Konflikt jedoch nicht. Sie sehen sich nicht als typische spendensammelnde Organisationen [36]. Dies ist auch die Sichtweise des *DZI* (DZI 1995 d). In der

---

36 Obgleich sich die Spitzenverbände der Freien Wohlfahrtspflege in der Tat primär aus Leistungsentgelten und anderen Quellen finanzieren, erzielt beispielsweise das *DRK*

Tat finanzieren sich die Wohlfahrtsverbände zum überwiegenden Teil aus öffentlichen Zuwendungen bzw. Leistungsentgelten. Unabhängig davon werden sie jedoch in der Öffentlichkeit durchaus als Spendenorganisationen wahrgenommen [37]. Der zentrale Kritikpunkt muß jedoch lauten: Gemeinnützige Organisationen, die in den Bereichen Sport, Kunst, Kultur, Ökologie und Umweltschutz aktiv sind, können, aufgrund der satzungsgemäßen Einschränkung der *DZI*-Arbeit auf den „humanitär-karitativen" Bereich, das Spenden-Siegel gar nicht erhalten.

Unter anderem haben diese Rahmenbedingungen der Arbeit des *DZI* zur Gründung des *Trägervereins des Deutschen Spendenrates* geführt. Er setzt als mitgliedschaftlich organisierter Verein ausschließlich auf die freiwillige Selbstkontrolle seiner Mitglieder. Anspruch und Arbeitsweise beider Organisationen sind also unterschiedlich. Der *Spendenrat* läßt sich eher als Lobbyorganisation von spendensammelnden Organisationen kennzeichnen, während das *DZI* zwar auch die Selbstkontrolle der Organisationen propagiert, gleichzeitig jedoch den Anspruch aufrechterhält, eine uneigennützige Prüfbehörde zu sein. Anzumerken bleibt, daß die Rolle der Spitzenverbände der Freien Wohlfahrtspflege in der Trägerschaft der Stiftung, die die Arbeit des *DZI* trägt, problematisch erscheint. Zudem müßte der Arbeitsbereich des Instituts auf alle gemeinnützigen Organisationen ausgeweitet werden. Die letztgenannte Konsequenz wird sich jedoch, unter anderem aus finanziellen Gründen, kaum realisieren lassen.

Die Öffentlichkeitsarbeit des *Deutschen Spendenrates* ist jedoch auch nicht frei von problematischen Formulierungen, wenn beispielsweise in seiner Selbstdarstellung der Eindruck entstehen soll, daß er anstelle von staatli-

---

einen ca. zehnprozentigen Anteil seiner Einnahmen aus Fundraisingaktivitäten im engeren Sinn. Im Jahr 1994 waren dies beispielsweise ca. 720 Mill. DM, die sich wie folgt differenzieren lassen (in Mill. DM): Mitgliedsbeiträge 300; Spenden 230; Erträge aus Lotterien, Geldbußen, Benefizaktionen 100; sonstige Erträge (Erbschaften, regionales Direktmarketing) 20; Haus- und Straßensammlungen 20 sowie überregionales Direktmarketing 50 (N. N. 1995 l: 1).

37 Einer von der *BAGFW* in Auftrag gegebenen Studie (infas 1993) zufolge, sind *entgegen den realen Einnahmestrukturen* „die beiden wichtigsten Finanzierungsquellen für die freie Wohlfahrtspflege [...] im Urteil der Bevölkerung Geld- und Sachspenden sowie staatliche Unterstützungen" (a.a.O.: 6). Dabei rangieren in der Wahrnehmung der Öffentlichkeit Geld- und Sachspenden mit 73 Prozent sogar noch vor den staatlichen Mitteln von insgesamt 67 Prozent (ebd.).

chen Regelungen für die Selbstkontrolle des Spendenmarktes sorgt: „Die Bundesregierung hat in ihrer Antwort auf eine große Anfrage [zum Spendenwesen in Deutschland; Anm. D. L.] im Bundestag im Juli 1994 deutlich gemacht, daß weitere staatliche Regelungen nicht notwendig sind, solange die Selbstkontrolle durch den Deutschen Spendenrat funktioniert. Es liegt also an den Organisationen selbst, staatliche Eingriffe in das Spendenwesen und die Selbständigkeit der Organisationen dauerhaft zu verhindern, indem sie Mitglied werden" (Trägerverein des Deutschen Spendenrates e.V. 1995 a: 6). Die erwähnte Antwort der Bundesregierung auf die Anfrage zum humanitären Spendenwesen in Deutschland relativiert diese Selbstdarstellung jedoch ein wenig. Der Arbeit des *Spendenrates* wird darin nicht ein ausschließlicher oder herausragender Stellenwert als scheinbar einziger Institution zur Selbstkontrolle zuerkannt, so wie die oben genannte Formulierung nahelegt, sondern sie wird erwähnt im Zusammenhang mit den aus Sicht der Bundesregierung zahlreichen und ausreichend vorhandenen Kontrollmechanismen für spendensammelnde Organisationen: „Die einschlägigen Gesetze [...], die regelmäßigen Kontrollen der gemeinnützigen Hilfsorganisationen durch die Finanzämter [...], der Transparenz schaffende Deutsche Spendenrat in Bonn sowie nicht zuletzt die Beobachtung der Organisationen durch das Zentralinstitut für soziale Fragen in Berlin und wachsame Spender und Medien sind ausreichend" (Deutscher Bundestag 1994: 3).

Zusammenfassend ist festzustellen, daß das Konkurrenzverhältnis beider Organisationen in der Öffentlichkeit wohl eher für Verwirrungen sorgt. Den Spendern ist mit zwei konkurrierenden „Seriositäts-Siegeln" wahrscheinlich wenig gedient; die wenigsten werden sich mit den Hintergründen auseinandersetzen wollen oder können. Somit wird das übergeordnete Ziel beider Organisationen, mehr Information und Transparenz auf dem Spendenmarkt herzustellen und zu gewährleisten, vorerst wohl nicht erreicht. Die Ansprüche, die sich beide Organisationen je unterschiedlich stellen, sind sehr hoch und die daraus resultierenden Erwartungen wohl kaum zu erfüllen. Das *DZI* wird seinen Anspruch nicht erfüllen können, sich als unabhängige Prüfbehörde zu etablieren, und der *Spendenrat* ist mit den Grenzen aller Organisationen konfrontiert, die auf Selbstorganisation und Selbstkontrolle setzen: Selbstverpflichtungen werden solange erfüllt, bis Eigeninteressen ihnen Grenzen setzen.

Angesichts der skizzierten Heterogenität von Ressourcenquellen und -arten, aber auch angesichts der Tatsache, daß es bei gemeinnützigen und spendensammelnden Organisationen immer auch um durchaus legitime Eigeninteressen in bezug auf Autonomie und Bestandssicherung geht und dabei die Dynamik der Konkurrenz auf dem Spendenmarkt nicht zu vernachlässigen ist, spiegelt sich in der Auseinandersetzung um das Spenden-Siegel des *DZI* und die Arbeit des *Deutschen Spendenrates* nicht zuletzt der Spendenmarkt selbst wider: Wie andere Märkte auch, ist er eher von Konkurrenz- als von Kooperationsstrategien geprägt. Daher kommen auch viele Initiativen für eine punktuell gemeinsame Präsentation von spendensammelnden Organisationen von interessierten Beratungsfirmen oder der *BSM* als Berufsverband der Fundraiser und nicht von NPO selbst [38].

Langfristig werden jedoch alle seriösen Organisationen nicht umhin kommen, zunächst für eine transparente und nachvollziehbare Präsentation ihrer Arbeit zu sorgen – inclusive einer für die Öffentlichkeit transparenten Offenlegung aller Einnahmen und Ausgaben – und im Anschluß daran auch kooperative Strategien zu forcieren. Dabei sind aus meiner Sicht Strategien der Selbstorganisation und Selbstverpflichtung zu favorisieren, da sie sowohl organisationsintern als auch in den Augen der Öffentlichkeit für eine selbstbewußte und offensive Selbstdarstellung eher geeignet sind [39].

3.3.2 Transparente Darstellung von Einnahmen und Ausgaben

Mit der Formulierung von einheitlichen Kriterien für eine transparente Darstellung von Einnahmen und Ausgaben der NPO würde einerseits dem Informationsbedürfnis von Spendern Rechnung getragen und andererseits

---

38 Darauf verweist auch Christoph Müllerleile mit seiner kritischen Einschätzung in bezug auf die Effektivität des *Spendenrates*: „Daß die Anwender und Nutznießer des Fundraising, also die spendensammelnden Organisationen, zu gemeinsamer Innovation bei der Mittelbeschaffung kaum fähig sind, zeigt nicht zuletzt der vor sich hin dümpelnde Spendenrat. Nicht besser ergeht es dem Arbeitskreis Erbschaften/ Vermächtnisse. Sie drohen an Eigenbrötlerei und Konkurrenzdenken zu scheitern" (Müllerleile 1995 b: 6).

39 Das Spenden-Siegel bzw. die Mitgliedschaft im *Deutschen Spendenrat* wird von Fundraisern selbst offenbar zwiespältig eingeschätzt. Auf die Frage: Wie wichtig sind Prüfzeichen für Ihre Organisation und Ihre Spender? antworteten 60 Teilnehmer am 2. Deutschen Fundraising Kongreß im April 1995 wie folgt: „sehr wichtig (1,7%), wichtig (42,1%), unwichtig (54,4%) und schädlich (1,7%)" (N. N. 1995 c: 25).

eine Datenbasis geschaffen, die eine Fülle von Fakten zum deutschen Spendenmarkt liefern könnte. Die Erarbeitung solcher Kriterien ist jedoch schwierig. Dies zeigen Kontroversen im Zusammenhang mit der Erarbeitung von Richtlinien, die ein Arbeitskreis des *Deutschen Spendenrates* erstellt hat: Von den Mitgliedsorganisationen wurden diese nur als Empfehlung und Hinweis und nicht als verbindliche Vorgabe akzeptiert.

Ein kritischer Punkt ist beispielsweise die Zuordnung bzw. Abgrenzung von Kosten, die in der Diskussion um die sogenannten Verwaltungs- oder Gemeinkosten immer wieder zu Kontroversen führen. Sie werden von jeder Organisation vor dem Hintergrund ihrer konkreten Aufgabenstellung unterschiedlich dokumentiert. Das *DZI* beispielsweise nennt in seinen „Ausführungsbestimmungen" zur Vergabe des Spenden-Siegels als „Richtschnur für die Beurteilung der Angemessenheit des Verwaltungsaufwandes" folgende Zahlen: „Der Verwaltungsaufwand ist niedrig bei bis zu 9,99 Prozent, angemessen zwischen 10 Prozent und 14,99 Prozent, vertretbar zwischen 15 Prozent und 24,99 Prozent, hoch zwischen 25 Prozent und 34,99 Prozent, unvertretbar hoch ab mindestens 35 Prozent" (DZI 1991: 6) [40].

Neben den bisher gültigen Bestimmungen in den Leitlinien zur Vergabe des Spenden-Siegels (a.a.O.: Ziffern 1, 7 und 10) wird einerseits auf die Stellungnahme des *Instituts der Wirtschaftsprüfer in Deutschland e.V.* zur Prüfung spendensammelnder Organisationen hingewiesen; andererseits war für Ende 1995 eine Überarbeitung der Leitlinien und Ausführungsbestimmungen vorgesehen. Grundsätzlich sollten darin Verwaltungsaufgaben weiterhin definiert werden als „Ausgaben, die den in der Satzung genannten steuerbegünstigten Zwecken nicht unmittelbar inhaltlich zuzuordnen sind. Ausgaben für die Mitglieder- und Spendenwerbung sind keine unmittelbaren Zweckausgaben" (DZI 1995 d). Diese Definition wird dann differenziert: Beispielsweise fallen Kosten, die durch die Miete für Räume, in denen Beratungsarbeit geleistet wird, nicht unter die allgemeinen Verwal-

---

40 Diese Zahlen decken sich in etwa mit einer Umfrage, die während des 2. Deutschen Fundraising Kongresses im April 1995 durchgeführt wurde (N. N. 1995 c: 25). Auf die Frage: „Welchen Gemeinkostenanteil an der Spendenmark halten Sie für betriebswirtschaftlich vertretbar, wenn Spendengelder höchsteffizient eingesetzt und die Existenz der Organisation langfristig gesichert sein soll?" antworteten mit: 1–7 Prozent (5,2%), 8–15 Prozent (28,1%), 16–25 Prozent (43,9%), unklar (22,8%); (n = 60).

tungsausgaben. Werbekosten, d.h. Ausgaben für Mailings, Sammlungen und Selbstdarstellung, werden abgegrenzt von Ausgaben, die im Rahmen einer satzungsgemäßen Öffentlichkeitsarbeit (im Sinn von Aufklärungsarbeit/ Bewußtseinsschaffung) entstehen. Herstellungs- und Vertriebskosten für „gemischte" Publikationen sollen anteilig den unmittelbar satzungsgemäßen Ausgaben und den Werbeausgaben zugeordnet werden. Auch das Verbot von Provisions- oder Prämienzahlungen für die Vermittlung von Spenden und anderen Zuwendungen soll in der überarbeiteten Version der Leitlinien dahingehend präzisiert werden, daß in engen Grenzen Ausnahmen davon möglich sind (vgl. ebd.).

Parallel zur Arbeit des *DZI* an einer Präzisierung der Vorgaben für eine differenzierte und vergleichbare Dokumentation von Einnahmen und Ausgaben, hat sich auch der *Trägerverein des Deutschen Spendenrates e.V.* die Aufgabe gestellt, Richtlinien für die Erstellung von Rechenschaftsberichten zu erarbeiten. Diese liegen in Form eines Entwurfes vor (Stand 28.06.95). Der Trägerverein weist jedoch darauf hin, daß es sich dabei um Empfehlungen und Hinweise an die Mitgliedsvereine handelt und nicht um verbindliche Richtlinien, an die sich zukünftig alle Mitglieder halten. Dieser umfangreiche Entwurf kann hier nicht im Detail vorgestellt werden; auf die Ausführungen in bezug auf die häufig Kontroversen auslösenden Verwaltungskosten und Werbekosten gehe ich jedoch kurz ein.

Als Beispiele für Verwaltungskosten, d.h. Kosten die nicht einem Projekt zuzuordnen sind, werden genannt: „Prüfungskosten, Kosten des Vorstandes, Funktionskosten der Geschäftsführung, Vereinskosten, allgemeine Versicherungskosten, allgemeine Buchhaltungs- und Controllingkosten, Kosten für die Rechtsberatung sowie andere Beratungskosten, allgemeine Gebäudekosten und Aufwendungen für die EDV" (vgl. Trägerverein des Deutschen Spendenrates 1995 b: 10). „Aus Gründen der Klarheit sind Werbekosten nicht en bloc, sondern separat als Kosten der Öffentlichkeitsarbeit und als Kosten der Mitglieder- und Spenderbeziehung auszuweisen. Letztere können optional noch jeweils in Mitglieder-, Spender-, Bußgeldzahleretc. Kommunikation und Mitglieder-, Spender-, Bußgeldzahler- etc. Werbung unterteilt werden" (ebd.). Entsprechend der Selbstverpflichtung der Mitgliedsorganisationen soll die Jahresrechnung u.a. auch Personalkosten, Aufwandsentschädigungen und die Summe gezahlter Provisionen oder Erfolgsbeteiligungen enthalten, beispielsweise für externe Spenden- oder Mitgliederwerber.

Im Detail scheinen sich die Positionen des *DZI* und des *Spendenrates* im Zusammenhang mit der Rechnungslegung von spendensammelnden Organisationen anzunähern. Während jedoch das *DZI* auf der Basis seiner „Prüf- und Kontrollfunktion" verbindliche Leitlinien verabschieden kann, an die sich die Antragsteller halten müssen, ist der *Spendenrat* auf die freiwillige Umsetzung seiner Richtlinien angewiesen [41].

3.4 Zusammenfassung

Der Versuch einer quantitativen Zusammenstellung verschiedener relevanter Ressourcenquellen und -arten bleibt aus den mehrfach genannten Gründen unbefriedigend. Die zur Verfügung stehenden Daten lassen sich nur schwer miteinander vergleichen bzw. voneinander abgrenzen. Die Dokumentation eines Gesamtvolumens bezüglich des freiwilligen Gebens oder der Einnahmearten von NPO wäre jedoch lohnenswert, weil nicht zuletzt auch mit Hilfe solcher Zahlen die Bedeutung von NPO sowie das Ausmaß des Fundgiving in dieser Gesellschaft verdeutlicht werden könnten. Dieses Kapitel ist implizit jedoch auch ein Spiegel für die Dynamik, mit der sich der Fundraising-Markt in Deutschland in den vergangenen Jahren entwickelt hat. Dabei lassen sich folgende Entwicklungslinien aufzeigen:

Professionalisierung und Spezialisierung: Die Beschaffung von Mitteln wird von immer mehr Organisationen immer professioneller gestaltet. Dies geschieht mit Hilfe von Fachwissen aus dem Marketing und der Public Relations, welches von immer mehr Dienstleistern auf einem größer werdenden Markt angeboten wird. Neben dem Angebot von Dienstleistungen im Bereich der Beratung, Konzeptionierung und Implementierung von Wissen, was für die Zwecke der Gestaltung des Fundraising modifiziert wurde, hat auch das Angebot von Fortbildungsveranstaltungen zugenommen. Der Professionalisierungs- und Spezialisierungsgrad sowohl der externen Fundraising-Berater als auch der organisationsintern beschäftigten Fundraiser steigt stetig.

---

41 Die öffentliche Rechnungslegung und Berichterstattung von spendensammelnden Organisationen wirft über die genannten Problembereiche Verwaltungskosten und Werbekosten noch zahlreiche weitere Fragen auf. Diese sind beispielsweise Gegenstand eines zur Zeit laufenden Forschungsprojekts von Finanzwissenschaftlern an der Universität Trier.

Technisierung: Der Einsatz von technischen Hilfsmitteln hat rapide zugenommen. Diese Entwicklung macht Mailings an 100.000 und mehr Adressaten möglich, die mit Hilfe von ausgefeilten Segmentierungen ausgewählt sind. Die Technisierung bezieht sich jedoch nicht nur auf die Hardware und Software der Computertechnologie, sondern auch auf den Transfer von Techniken, die im kommerziellen Direkt-Marketing beim Verkauf von Produkten seit Jahren angewendet werden. Auf dieser Basis steht heute auch NPO, die es sich leisten können bzw. wollen, ein bemerkenswertes Know-How zur Verfügung. Dienstleister im Bereich des Adreß-Marketing sind beispielsweise in der Lage, Kaufkraftprofile zielgruppenspezifisch oder auf regionaler und lokaler Ebene zu erstellen und daraus Schlüsse auf die Adressen potentieller Spender zu ziehen. Der Trend zur Technisierung des Fundraising bezieht sich nicht nur auf Technik im engen Sinn, sondern ebenso auf die methodische Nutzbarmachung des Marketing für die Zwecke des Fundraising von NPO. Dies zeigt sich beispielsweise beim Telefonmarketing oder Erbschaftsmarketing.

Kommerzialisierung: Fundraising ist nach wie vor ein Mittel für die gemeinnützigen Zwecke von NPO. Im Zuge der zuvor genannten Entwicklungen ist jedoch auch ein Markt für Dienstleistungen und Produkte im Zusammenhang mit dem Fundraising entstanden. Die Pflege guter Beziehungen zu den Spendern und anderen Unterstützern bedarf zunehmend der Beratung, technischen Unterstützung und entsprechender Schulung – dies kostet nicht nur Geld, damit wird auch Geld verdient.

Konkurrenzorientierung: Der Fundraising-Markt, insbesondere die Akquisition von Spenden, ist von einem stärker werdenden Konkurrenzdruck geprägt. Das führt beispielsweise zu Empfehlungen von Werbefachleuten, daß NPO sich mit ihrem speziellen Profil als „Marke" im öffentlichen Bewußtsein präsentieren müssen, um auf Dauer Erfolg zu haben und um Spenden werben zu können. Es scheint, als könnte man die Frage von Wiebe (1951): „Why you can't sell brotherhood like soap?" mit einem provokativen: „You can" beantworten (Wiebe 1951, zit. in Krzeminski/ Neck 1994: 12 f.). Die Konkurrenzorientierung hat zwei Seiten: Zum einen ist eine damit einhergehende stärkere und selbstbewußtere Profilierung für NPO nicht nur unausweichlich, sondern auch durchaus positiv für den Erfolg der eigenen Arbeit. Indem jedoch einseitig auf Konkurrenz und damit verbundener Abgrenzung gesetzt wird, werden Chancen der Kooperation wenig oder gar nicht genutzt.

Fundraising profiliert sich vor dem Hintergrund dieser Entwicklungslinien als ein janusköpfiges Instrument: Die genannten Tendenzen können einerseits der Umsetzung gemeinnütziger Ziele förderlich sein; auf der anderen Seite unterliegt eben diese Gemeinnützigkeit der Gefahr, gleichsam „kolonialisiert" zu werden. Schon jetzt stellt sich nicht mehr die Frage, was alles beim Fundraising machbar ist, sondern was im Fundraising ausdrücklich nicht gemacht werden sollte.

4 Sponsoring

Sponsoring als eine spezielle Ressourcenart im Rahmen der Fundraising-Aktivitäten von NPO wird viel diskutiert und relativ wenig praktiziert. Es handelt sich dabei um eine konzeptionell und organisatorisch sehr voraussetzungsvolle Variante mit Unternehmen als Quelle dieser Ressourcenart. Aus dem Blickwinkel der Sponsoren sind Sponsoringvereinbarungen ein Instrument im Rahmen der Unternehmenskommunikation bzw. des Marketing. Dies gilt im Grunde auch für die gesponserten NPO, obwohl eine Sponsoringvereinbarung aus deren Blickwinkel primär als Finanzierungsinstrument aufgefaßt wird. Ich halte jedoch den zunächst immateriellen Kommunikationseffekt, der latent oder manifest Bestandteil eines Sponsorships ist, für mindestens ebenso wichtig wie den direkten Geldtransfer. Sponsoring-Kooperationen zwischen Unternehmen und NPO entfalten ihr Potential erst dann, wenn auf beiden Seiten ein beziehungsorientiertes Marketing praktiziert wird. Dieses Marketingverständnis wird auf Seiten der NPO auch die Gestaltung des Fundraising prägen: Mit Hilfe eines Relationship Marketing wird dem Relationship Fundraising ein sowohl theoretischer wie auch praktischer Bezugsrahmen eröffnet. Dieser Zusammenhang von Marketing und Fundraising gilt für alle Ressourcenarten und -quellen, wird jedoch beim Sponsoring besonders deutlich. Dennoch erscheint ein marketingorientiertes konzeptionelles Vorgehen vielen Akteuren noch immer verzichtbar, obwohl es im Zusammenhang mit dem Kommunikations- und Finanzierungsinstrument Sponsoring als zwingend erforderlich gelten kann. Nicht zuletzt aus diesen Gründen werden im folgenden Kapitel quantitative und qualitative Aspekte dieser Ressourcenart ausführlich dargestellt und erörtert.

4.1 Zum Begriff des Sponsoring

Der englische Begriff „Sponsor" wird mit Förderer, Bürge, Schirmherr, Geldgeber, Spender, Befürworter, aber auch mit Pate oder Patin sein (to stand sponsor for a child) übersetzt. Darin sind zwei Bedeutungsinhalte angelegt: In einem umfassenden Sinn ist ein Sponsor „a person who makes himself responsible for another", in einem engeren Sinn „a person or firm that pays for a radio or TV programme, or for a musical, artistic or sporting event, usually in order to use them for advertising" (Oxford University Press 1989). Sponsern bedeutet also sowohl „fördern, bürgen, spenden, befürworten" (vgl. Klett Verlag 1991) als auch investieren in Leistungen und Gegenleistungen [1]. In beiden Fällen kann sich das Sponsoring sowohl auf kommerzielle als auch auf gemeinnützige Partner beziehen.

Im deutschen Alltagssprachgebrauch wird der Begriff des Sponsors bzw. des sponserns mit sehr unterschiedlichen Bedeutungen benutzt. Dies führt häufig zu Mißverständnissen. Sponsoring wird im Rahmen dieser Arbeit als Instrument zur Mittelbeschaffung von Nonprofit-Organisationen erörtert und auf einer formalen Ebene von Spenden und anderen Ressourcenarten differenziert. Michael Püttmann definiert Sponsoring als „die Zuwendung von Finanz-, Sach- und/oder Dienstleistungen von einem Unternehmen (Sponsor) an eine Einzelperson, eine Gruppe von Personen, eine Organisation bzw. Institution aus dem gesellschaftlichen Umfeld des Unternehmens (Gesponserte/r) gegen die Gewährung von Rechten zur kommunikativen Nutzung von Person bzw. Institution und/oder Aktivitäten des Gesponserten auf der Basis einer vertraglichen Vereinbarung" (Püttmann 1991: 262; Hermanns/Püttmann 1990: 80).

Die drei wesentlichen Elemente des Sponsoring sind also *erstens* die Leistung und Gegenleistung beider Parteien, *zweitens* die Einbindung der gesponserten Nonprofit-Organisation in die Marketingaktivitäten eines Unternehmens sowie *drittens* die vertragliche Verpflichtung beider Partner. Sponsoring stellt eine Investition dar, die sich auszahlen muß; in bezug auf NPO handelt es sich um eine Förderung mit Forderungen. Die Sponsoren wollen Werbung, Absatzförderung, Öffentlichkeitsarbeit, Imagepflege betreiben; die Gesponserten wollen Geld und/oder andere Leistungen und nutzen darüber hinaus ein Sponsorship für ihre eigene Kommunikationspolitik.

Die umgangssprachliche Verwendung des Begriffs weicht jedoch von diesem Verständnis des Sponsoring ab. In den Medien, aber auch in zahlreichen Fachdiskussionen, werden häufig höchst unterschiedliche Formen der Unterstützung von Nonprofit-Organisationen mit dem Begriff des Sponsoring gekennzeichnet. Im Detail erweist sich das als problematisch, weil un-

---

1 Das Wort steht übrigens in Verbindung mit dem lateinischen Begriff Sponsa (Braut). Im Deutschen war früher auch das Verb sponsieren gebräuchlich, d.h. um ein Mädchen werben bzw. jemandem den Hof machen (vgl. Bibliographisches Institut 1974).

terschiedliche Sachverhalte auch unterschiedliche Strategien erfordern. Nonprofit-Organisationen demonstrieren nicht unbedingt Kompetenz, wenn sie beispielsweise ein Unternehmen faktisch um eine Spende bitten, dies im Anschreiben aber Sponsoring nennen. Gleiches gilt jedoch auch für die Autoren von Publikationen zum Thema Sponsoring. So verwendet beispielsweise Astrid Hubert (1994) in einem Artikel über das Sponsoring das Muster eines entsprechenden Vertrages zwischen Unternehmen und NPO, bei dem im Zusammenhang mit den Zahlungsbedingungen die Formulierung verwendet wird: „Die Spende [!] wird in folgenden Raten überwiesen" (Hubert 1994: 25) [2].

Solche Unklarheiten spiegeln sich auch in der Sponsoring-Definition von Manfred Bruhn wider, der in seinem zusammen mit Rudolf Mehlinger verfaßten zweibändigen Werk zur rechtlichen Gestaltung des Sponsoring die vertragliche Festlegung in seiner Definition offen läßt. Es ist aber zu vermuten, daß die Autoren sie nicht für verzichtbar, sondern eher für selbstverständlich halten: „Sponsoring bedeutet die Bereitstellung von Geld, Sachmitteln oder Dienstleistungen durch Unternehmen zur Förderung von Personen, Gruppen und/oder Organisationen im sportlichen, kulturellen und/oder sozialen Bereich, um damit gleichzeitig Ziele der eigenen Unternehmenskommunikation zu erreichen" (Bruhn/Mehlinger 1992: 5) [3].

Während also einerseits auf das formale Kriterium einer vertraglichen Vereinbarung als wesentliches Definitionsmerkmal gesetzt wird, betont beispielsweise Bruhn eher die unterschiedlichen Motive, die zu einer Förderung oder einem Engagement führen. Die Abgrenzung zwischen einem angeblich altruistischen Mäzenatentum, einem gemeinnützig orientierten Spendenwesen oder einem eigennützig motivierten Sponsoring (vgl. a.a.O.: 4) ist jedoch im Einzelfall nur schwer nachzuvollziehen. Im Teil II

---

2 Auch Joachim H. Bürger benutzt im Zusammenhang mit dem Sozial-Sponsoring synonym den Begriff der Spende, indem er als Beispiel auf Fahrzeuge verweist, die dem *ADAC* gespendet wurden (Bürger 1994: 1).

3 Das *Bundesministerium der Finanzen* interpretiert den Sponsoring-Begriff ähnlich: „Unter ‚Sponsoring' ist die Bereitstellung von Geld oder geldwerten Vorteilen durch Unternehmen zur Förderung von Personen, Gruppen oder Organisationen in sportlichen, kulturellen, sozialen, ökologischen oder ähnlich bedeutsamen gesellschaftspolitischen Bereichen zu verstehen, mit der gleichzeitig eigene unternehmensbezogene Marketing- oder Kommunikationsziele erstrebt werden" (Deutscher Bundestag 1995: 1).

dieser Arbeit wird gezeigt, daß die oben genannten Motive nicht isoliert identifizierbar sind, sondern als Beweggründe immer aus einem Bündel von eigennützigen und gemeinnützigen Antrieben bestehen. Dies zeigen auch Arbeiten, die sich speziell mit dem inzwischen aus dem Alltagssprachgebrauch mehr oder weniger verschwundenen Begriff des Mäzens oder des Mäzenatentums beschäftigen (vgl. Daweke 1986, Behnke 1988, Hüchtermann/Spiegel 1986).

Festgehalten werden können zwei Verwendungsformen des Sponsoring-Begriffs: Einerseits wird Sponsoring als Synonym bzw. Oberbegriff für Förderung, Engagement, Mäzenatentum sowie alle Formen von Spenden und Stiftungen von Unternehmen benutzt. In diesem weit gefaßten und entsprechend unscharfen Sinn entspricht die Verwendung des Begriffs dem in dieser Arbeit verwendeten Begriff des Fundgiving; Sponsoring erscheint somit als Fundgiving von Unternehmen. Andererseits wird Sponsoring in einem engen Sinn als Begriff für eine Ressourcenart reserviert, die von Unternehmen und NPO auf der Basis individuell ausgestalteter schriftlicher Vereinbarungen genutzt wird und, im Unterschied zur Spende, schriftlich fixierte Leistungen und Gegenleistungen umfaßt [4]. In diesem Sinn und damit analog zur Definition von Arnold Hermanns und Michael Püttmann, wird der Begriff Sponsoring in diesem Kapitel verwendet (vgl. Püttmann 1991: 262; Hermanns/Püttmann 1990: 80).

4.2 Sponsoringvolumen in Deutschland

Ähnlich wie beim Fundgiving insgesamt existieren auch zum Sponsoring keine exakten Zahlen. Die meisten Schätzungen zum gesamten Sponsoringvolumen prognostizieren leichte Steigerungsraten; bezogen auf einzelne Branchen von Unternehmen bzw. auf einzelne Sponsoringarten ergibt sich jedoch ein sehr heterogenes Bild. Nach einer Sichtung „aktueller Studien" zur Nutzung des Instruments Sponsoring kommt beispielsweise das *Institut der deutschen Wirtschaft* zu dem Schluß, daß „im Jahr 1994 für die Förderung von Sport, Kunst und Kultur, Öko-Projekten und sozialen Organisationen rund 2,6 Mrd. DM eingesetzt" wurden (N. N. 1995 a: 2):

---

4   Davon unberührt ist die Möglichkeit, auch Spendenverträge abzuschließen, mit denen sich die Spender zur Zahlung bestimmter Beträge über einen bestimmten Zeitraum verpflichten. Solche Spendenverträge haben jedoch im steuerrechtlichen Sinn keine Gegenleistungen der NPO zum Inhalt.

Förderschwerpunkte in Prozent des Gesamtvolumens

	(1988)	1994	
Sport	(80)	64	= 1,70 Mrd. DM
Kunst	(15)	22	= 0,57 Mrd. DM
Öko/Soziales	(05)	14	= 0,36 Mrd. DM

Das Gesamtvolumen entspricht damit in etwa der Schätzung von Manfred Bruhn und Julia Pristaff, die im Jahr 1993 ein Sponsoringvolumen von ca. 2,5 Mrd. DM für 1995 prognostizierten (Bruhn/Pristaff 1993: 15).

Zur Entwicklung des Sponsoringmarktes seien an dieser Stelle die Befragungsergebnisse bzw. Schätzungen von Bruhn/Pristaff zitiert, da sich wohl die meisten Autoren ohne eigene empirische Daten darauf beziehen (ebd., vgl. auch Bruhn 1990: 5) [5]:

Jahr	Sport	Kultur	Sozio-/Umwelt	Gesamt
1985	250 – 350	20 – 80	10 – 50	ca. 400
1986	350 – 450	30 – 100	20 – 60	ca. 500
1987	550 – 650	50 – 150	30 – 60	ca. 750
1988	750 – 850	150 – 200	30 – 70	ca. 1000
1989	850 – 1000	200 – 400	40 – 80	ca. 1200
1992	1000 – 1250	200 – 400	50 – 100	ca. 1500
1995*	1500 – 2000	500 – 750	150 – 200	ca. 2500

* Prognose

Für eine Schätzung des Sponsoringpotentials bezieht sich Bruhn auf die Aufwendungen für Werbung der deutschen Unternehmen in Höhe von ca. 50 Mrd. DM [6]. Daran hat das Sponsoring einen Anteil von ca. drei bis

---

5 Demgegenüber schätzt Bernd Labetzsch schon 1991 das Gesamtvolumen des Sponsoring auf rund 2 Mrd. DM, von denen ca. 0,1 Mrd. DM „sozialen Zwecken" zugute gekommen sind (Labetzsch 1991: 12). Heinz Lutter nennt für 1993 die Summe von rund 2 Mrd. DM jährlich, die sich seiner Meinung nach mit 1 Mrd. DM auf das Sportsponsoring, mit bis zu 0,4 Mrd. DM auf Kultursponsoring und 0,07 bis 0,1 Mrd. DM auf Sozio- und Umweltsponsoring verteilt hat (vgl. Lutter 1993: 41).

6 Die Gesamtausgaben für Werbung wurden vom *Zentralverband der deutschen Werbewirtschaft (ZAW)* für 1993 auf 48,8 Mrd. DM geschätzt, davon entfielen auf die Werbung in den klassischen Medien Zeitungen, Zeitschriften, Hörfunk und Fernsehen ca. 32,3 Mrd. DM (N. N. 1993 a).

vier Prozent. Er wird sich nach Bruhn voraussichtlich auf maximal sechs bis acht Prozent steigern lassen. Auf der Basis dieser Zahlen läßt sich mit Bruhns Prognose ein Sponsoringpotential von derzeit maximal 4 Mrd. DM errechnen (vgl. Bruhn/Mehlinger 1992: 2).

Das verfügbare Datenmaterial wirft jedoch einige Fragen auf: *Erstens* erscheint die Kategorisierung in Sponsoringarten wenig trennscharf. Während Bruhn 1990 noch die Segmente „Sport, Kultur und Sozio/Umwelt" benutzt, wird in der Befragung von 1993 in „Sport-, Kultur-, Sozio-, Umwelt-, und Programmsponsoring" differenziert (Bruhn/Pristaff 1993). Eine andere Studie fragt die Kategorien „Sport-, Sozial-, Öko- und Kultursponsoring" ab (PubliKom o. J. [1992]). Das Sponsoring-Barometer wählt in seiner Basiserhebung die Begriffe „Sport-, Kunst-, Sozio- und Ökosponsoring" (Hermanns/Püttmann 1990). An anderer Stelle nehmen die Autoren noch eine Differenzierung dieser Sponsoringarten in die Dimensionen Wissenschaft und Praxis vor (vgl. Püttmann 1991: 263). Aktuell wird das Wissenschaftssponsoring schon als eigenständige Sponsoringart diskutiert (vgl. Hermanns/Suckrow 1995) [7]. Im Gegensatz zu diesen Differenzierungen werden jedoch in einer anderen Untersuchung nur die Bereiche Sport, Umwelt und Kunst abgefragt (Koch, A. 1993). Insgesamt erscheint das „Sozial- oder Soziosponsoring" häufig als eine Restkategorie und umfaßt in der Untersuchung von Bruhn/Pristaff beispielsweise das „Gesundheits-, Sozial- und Rettungswesen, Katastrophenhilfe, Ausbildung, Weiterbildung und Forschung" (Bruhn/Pristaff 1993: 65); andere Autoren ordnen beispielsweise auch den Umweltschutz und die Denkmalpflege dieser Sponsoringart zu (vgl. Bunk 1992: 48).

Neben diesen Abgrenzungsschwierigkeiten, die sich nicht zuletzt aus der Vielfalt möglicher Kooperationen im Zusammenhang mit dem Sponsoring ergeben, ist *zweitens* darauf hinzuweisen, daß das meiste Geld beim Sponsoring nicht gemeinnützigen Organisationen zufließt. Im Bereich des Spitzensports beispielsweise findet der Transfer ausschließlich zwischen Unternehmen als Partnern statt. Dabei fließt die Sponsoringsumme von einem Unternehmen an einen kommerziell tätigen Spitzensportler, Verein oder eine Vermarktungsgesellschaft. Auch der neu entstandene Bereich des Programmsponsorings, bei dem im Vor- oder Nachspann eines Fernseh-

---

7   Vgl. beispielsweise zum Kunstsponsoring Loock 1990, zum Kultursponsoring
    Roth 1989 sowie zum Sozialsponsoring Lang/Haunert 1993, 1995 und Schiewe 1994.

oder Hörfunkbeitrags ein Unternehmen für sich Werbung macht, läßt sich allenfalls im öffentlich-rechtlichen Rundfunk auf NPO beziehen. Der für gemeinnützige Zwecke aufgewendete Teil der gesamten Sponsoringausgaben in bezug auf alle Sponsoringarten wird bei maximal 1 Mrd. DM liegen. Darüber hinaus ist noch darauf zu verweisen, daß Sponsoringausgaben auch die internen Vorbereitungs-, Begleit- und Kontrollkosten des Sponsors umfassen. Diese können bis zu 100 Prozent des Sponsoringbetrages, also des nach außen fließenden Geldes, betragen und werden bei Antworten auf die Frage nach dem Sponsoringbudget von Unternehmen mitgerechnet. Die Summe des Sponsoringvolumens ist also nicht identisch mit dem, was bei den Gesponserten als Einnahme zu verbuchen ist.

Drittens ist zu vermuten, daß die Summe von mindestens ca. 500 Mill. DM, die von Unternehmen im Rahmen ihrer Veranlagung zur Körperschaftsteuer als Spenden steuermindernd geltend gemacht wird [8], in den Befragungsergebnissen zum Sponsoringvolumen enthalten ist. Der Grund dafür ist die Verwendung eines weit gefaßten Sponsoring-Begriffs. Der Befragung, die von Bruhn/Pristaff durchgeführt wurde, lag beispielsweise die oben zitierte Definition von Bruhn zugrunde. Der Fragebogen enthält folglich ein sehr weit gefaßtes Verständnis des Sponsoring: „Sponsoring bedeutet die Planung, Durchführung und Kontrolle sämtlicher Aktivitäten, die mit der Bereitstellung von Geld, Sachmitteln oder Dienstleistungen durch Unternehmen verbunden sind. Sponsoring fördert Personen und/oder Organisationen sowohl im sportlichen, kulturellen und/oder sozialen Bereich als auch im Bereich Umwelt und Medien, um damit gleichzeitig die Ziele der Unternehmenskommunikation zu erreichen" (Bruhn/Pristaff 1993: 59). Damit wird Sponsoring als Synonym für das Engagement von Unternehmen in den genannten Bereichen verwendet. Folglich werden in der Summe, die auf der Basis dieser Fragestellung hochgerechnet wird, auch alle Unternehmensspenden subsummiert sein.

Die genannten Zahlen und die Unschärfen in bezug auf die Gewinnung dieser Daten relativieren die vielfach anzutreffende Sponsoringeuphorie bei NPO ganz erheblich. Sponsoring erscheint für gemeinnützige Zwecke noch immer eher als innovative Option, denn als konkret umgesetztes und verbreitetes Instrument zur Ressourcenbeschaffung. Einzelne gelungene Spon-

---

8   Vgl. die Körperschaftsteuerstatistik 1986, in der Unternehmensspenden in Höhe von 486 Mill. DM ausgewiesen werden (Deutscher Bundestag 1994: 7).

sorships sind in bezug auf die quantitative Bedeutung die Ausnahme. Deshalb wäre es ein Fehler, sich einseitig auf die Akquisition von Sponsoringvereinbarungen zu konzentrieren und dabei das Spendenmarketing und andere Fundraising-Aktivitäten zu vernachlässigen.

4.3 Zur Verbreitung des Sponsoring

Zwar liegen zahlreiche Untersuchungen zum Verbreitungsgrad des Sponsoring und zur Verteilung auf unterschiedliche Bereiche vor; eine vergleichende und einheitliche Bewertung ist jedoch kaum möglich. Die im folgenden dokumentierten Zahlen dienen daher eher der Illustration und verweisen darauf, daß alle Aussagen zum Sponsoring zahlreichen Vorbehalten unterliegen müssen: Wer wurde mit welchen Interessen und auf der Basis welcher Sponsoringdefinition mit welcher Methode zu welchem Zeitpunkt befragt? Selbst zwei vergleichbare wissenschaftliche Untersuchungen der beiden deutschen Sponsoringexperten Hermanns und Bruhn liefern sehr unterschiedliche Ergebnisse, die kaum den unterschiedlichen Befragungszeitpunkten geschuldet sein können. Hermanns/Püttmann (1990) kommen beispielsweise für 1990 zu einer Zahl von 46 Prozent der befragten Unternehmen, die Sponsoring betrieben bzw. dies planten; Bruhn/Pristaff (1993) nennen jedoch für 1988 und 1993 konstant einen Anteil von ca. 68 Prozent der befragten Unternehmen, die Sponsoring als Kommunikationsinstrument nutzten.

Das *Institut für Produktionswirtschaft und Marketing* an der *Universität der Bundeswehr* in München hat 1990 in Kooperation mit einer Unternehmensberatung ein „Sponsoring-Barometer" erstellt. Diese Studie war für Unternehmen ab 250 Mitarbeiter in den alten Bundesländern repräsentativ. Im Rahmen dieser Erhebung gaben insgesamt ca. 46 Prozent der Befragten an, Sponsoring bereits in der Kommunikationspolitik einzusetzen, bzw. den Einsatz für die Zukunft zu planen. Datenbasis war eine schriftliche Befragung mit einer Gesamtrücklaufquote von 13,1 Prozent (vgl. Hermanns/Püttmann 1990: 82). Von den 985 Unternehmen die auswertbare Antworten geliefert haben, betrieben 380 (38,6%) Sponsoring, 68 (7%) wollten dies künftig tun. Weit mehr als die Hälfte der Unternehmen setzte Sponsoring jedoch nicht als Kommunikations- bzw. Marketinginstrument ein. Die 380 Unternehmen, die Sponsoring betrieben, waren zu 76,3 Prozent im Sport, zu 43,2 Prozent im Kunstsponsoring, zu 28,7 Prozent im Sozio-sponsoring und zu 13,7 Prozent im Ökosponsoring aktiv; 15,8 Prozent betrieben Sponsoring in anderen Bereichen und 3,7 Prozent machten keine Angaben (Mehrfachnennungen waren möglich) (ebd.).

Eine aktuellere Untersuchung zum Sponsoring durch deutsche Unternehmen wurde 1993 vom *Institut für Marketing der European Business School* und dem *Deutschen Kommunikationsverband (BDW)* durchgeführt. Befragt wurden 800 Unternehmen; auswertbare Antworten lieferten 211 (26,3%). Davon betrieben 145 (68,7%) Unternehmen Sponsoring, während 66 (31,1%) dieses Instrument nicht nutzten (Bruhn/Pristaff 1993: 3). Die genannten Schwerpunktbereiche des Sponsoring verteilten sich auf: Sportsponsoring 68 Prozent (n = 98), Kultursponsoring 21 Prozent (n = 30), Umweltsponsoring 8 Prozent (n = 12), Soziosponsoring 6 Prozent (n = 8) und Programmsponsoring 3 Prozent (n = 4). Die Zahl der Sponsoren hatte sich im Vergleich zu einer ähnlichen Umfrage im Jahr 1988 jedoch nicht erhöht. Damals nutzten 67,5 Prozent der befragten Unternehmen (n = 137) das Instrument Sponsoring (a.a.O.: 4).

Sowohl von der Zahl der Engagements als auch vom Volumen der Sponsoringsummen steht das Sportsponsoring nach wie vor mit großem Abstand an erster Stelle. Der Studie von Bruhn/Pristaff (1993) zufolge präferieren die Unternehmen das Veranstaltungssponsoring gegenüber dem Sponsoring von Einzelpersonen, Verbänden und Mannschaften. Beim Kultursponsoring werden primär ebenfalls einzelne Ausstellungen und Veranstaltungen gefördert. Sponsoring im Umwelt- oder Ökologiebereich hat in den letzten fünf Jahren erheblich an Bedeutung gewonnen. Ein weniger deutlicher Bedeutungszuwachs ist für das Sponsoring sozialer Zwecke zu verzeichnen. Beide Sponsoringbereiche werden nach Angaben der befragten Unternehmen jedoch in der Zukunft an Bedeutung gewinnen. Beim Umweltsponsoring werden dabei in erster Linie Projekte von Verbänden gefördert. Das Programm- und Mediensponsoring von Fernseh- und Hörfunksendungen wurde 1993 in Deutschland noch als unbedeutend eingeschätzt. Insgesamt hat der Anteil der Sponsoringbudgets am gesamten Kommunikationsetat bei den befragten Unternehmen in den letzten Jahren zugenommen (von 5% im Jahr 1988 auf 11% im Jahr 1992). Die Befragten gaben jedoch an, daß dieser Anteil in Zukunft konstant bleiben werde (vgl. a.a.O.: 50 ff.).

Zur Verbreitung des Kommunikationsinstrumentes Sponsoring liegen zahlreiche weitere Umfrageergebnisse vor. Vier davon werden exemplarisch kurz vorgestellt, um zu zeigen, daß die Nutzung dieses Instrumentes je nach befragter Zielgruppe sehr unterschiedlich verteilt ist [9].

- Basis einer erstmalig bei Handelsunternehmen durchgeführten Sponsoring-Umfrage bildete die Befragung von 240 umsatzstarken Groß-, Einzel- und Versandhändler (Koch, A. 1993: 40). Auswertbare Antworten lieferten 77 Unternehmen (32,1 Prozent). 34 von ihnen (44%) betrieben Sponsoring in den Bereichen Sport (76%), Umwelt (56%) und Kunst (52%) (a.a.O.: 41). Es bleibt unklar, ob Sponsoringaktivitäten im sozialen Bereich im Rahmen dieser Studie entweder nicht abgefragt oder von den befragten Handelsunternehmen nicht praktiziert wurden.

- Eine Umfrage „unter den 100 größten Industrieunternehmen und den 30 größten Finanzdienstleistungsunternehmen" die 1992 durchgeführt wurde, liefert andere Zahlen: Von den 59 Unternehmen, die geantwortet haben (45,3%), betrieben 85 Prozent Sponsoring. Die Anteile der Sponsoringarten am Etat verteilten sich auf: Kultur (46%), Sport (35%), Soziales (6%), andere Sponsoringarten (6%) und Ökosponsoring (5%) (PubliKom o. J. [1992]).

- In einer anderen Untersuchung wird der Verbreitung des Sozial- und Kultursponsoring eine große Zukunft vorausgesagt. Bei insgesamt sinkendem Interesse am Sponsoring verschiebt sich das Engagement der verbleibenden Sponsoren einerseits auf das Programmsponsoring und andererseits auf die Förderung kultureller und im weitesten Sinn sozialer Zwecke. Eine Umfrage unter „100 der größten werbetreibenden Unternehmen", die von der Fachzeitung *Horizont* 1995 durchgeführt wurde, geht davon aus, daß derzeit 58 Prozent der befragten Unternehmen Sponsoring betreiben; zukünftig wollen jedoch nur noch 40 Prozent dieses Instrument nutzen. Dabei wird das Sportsponsoring reduziert und gerät zunehmend in die Kritik, „weil die Relation zwischen Kosten und Nutzen fragwürdig ist" (Hecht 1995: 21). Gleichzeitig soll die Nutzung des Kultursponsoring von 30 auf 36 Prozent und die Nutzung des nicht

---

9 Hartmut Zastrow (1994) nennt die Zahl von „250 Studien zu sämtlichen Bereichen des Sponsorings in Deutschland und dem europäischen Ausland". Allerdings beschäftigen sie sich in ihrer Mehrzahl mit dem Sponsoring aus Sicht der Sponsoren; empirische Untersuchungen zum Sponsoring aus der Perspektive von NPO liegen mit wenigen Ausnahmen nicht vor (vgl. beispielsweise zum Sponsoring karitativer Einrichtungen in Österreich: Schuh/Lackner 1993, Lackner 1992; zum Sponsoring von Kunstmuseen in öffentlicher Trägerschaft: Brockhoff/Krawinkel 1992).

näher definierten „Soziosponsoring" von 16 auf 31 Prozent steigen. 31 Prozent der befragten Unternehmen, die weiterhin das Sponsoring nutzen wollen, investieren in „TV-Sponsoring" (vgl. ebd.).

- Dem widersprechen die Ergebnisse einer Umfrage der Zeitschrift *Absatzwirtschaft*, die Produzenten von Markenartikeln nach ihren geplanten Marketing- und Werbestrategien befragt hat. Das Sponsoring hat bei den 120 Unternehmen die geantwortet haben (Rücklauf 19,6%), einen vergleichsweise geringen Stellenwert. Von den 45 Unternehmen (38%) die über einen Sponsoringetat (zwischen 60.000 DM und 5,8 Mill. DM) verfügten, wollten nur 7 Prozent Kultursponsoring betreiben, 2 Prozent Sportsponsoring, 5 Prozent Ökosponsoring und 0 Prozent Sozio-Sponsoring. Die Studie läßt allerdings offen, in welchen Bereichen die anderen Unternehmen ihre Sponsoringetats eingesetzt haben (Stippel 1994: 46).

Auch diese Zahlen und die sich daraus ergebenden Schlußfolgerungen zum Sponsoring offenbaren zahlreiche Widersprüchlichkeiten. Sie sind zum einen der branchenspezifischen Auswahl von befragten Unternehmen geschuldet; zum anderen einem unterschiedlichen und häufig nicht dokumentierten bzw. zugänglichen Untersuchungsdesign. Außerdem wird in der Regel die Sponsoringpraxis großer Unternehmen widergespiegelt. Erfolge oder Mißerfolge auf der lokalen oder regionalen Ebene bzw. die Erfahrungen, die kleinere Unternehmen bei der Nutzung dieses Kommunikationsinstrumentes machen, werden nicht systematisch erfaßt. Insgesamt ergibt sich somit ein sehr heterogenes Bild in bezug auf dieses Fundraisinginstrument [10].

4.4 Sponsoring als Marketinginstrument

Im Gegensatz zu den eher widersprüchlich erscheinenden Aussagen zur Sponsoringpraxis, scheint sich Sponsoring auf der Ebene der Marketingstrategie und -philosophie grundsätzlich etabliert zu haben: In der Marketingliteratur wird Sponsoring im Rahmen der Kommunikationspolitik inzwischen als anerkanntes Instrument für diesen Teilbereich des sogenannten

---

10 Diesen Gesamteindruck reflektiert auch die Dokumentation des 3. Schweizerischen Sponsoring-Symposiums, deren Aussagen in vielen Punkten auch auf die deutsche Situation übertragbar erscheinen (Zollinger + Partner AG 1994).

Marketing-Mix dargestellt [11]. Es hat jedoch den Anschein, als ob das Sponsoring auf dieser theoretischen Ebene eine stärkere Akzeptanz erfährt als auf der konkreten Handlungsebene von Unternehmen. In den meisten Publikationen zu diesem Thema wird deutlich, daß die Autoren sich in erster Linie auf die Rolle und Interessenlage der Sponsoren und deren „Return on Investment" (Androschin/Dönz/Hämmerle 1992: 91) beziehen. Traditionelle Wege der Absatzförderung, Werbung und Öffentlichkeitsarbeit von Unternehmen stoßen zunehmend an Grenzen und sind auf Innovationen angewiesen. Die Sensibilität wichtiger Zielgruppen wächst, Teile der Öffentlichkeit sind gegenüber den bisher praktizierten Werbe- und PR-Kampagnen von Unternehmen kritischer geworden. Veröffentlichungen zum Sponsoring aus der Perspektive von Nonprofit-Organisationen sind dagegen nicht so zahlreich [12].

Etwa zwei Drittel der Unternehmen die Sponsoring betreiben, machen dies auf der Basis eines schriftlich fixierten Konzepts (vgl. Bruhn/ Pristaff 1993: 23). Exemplarisch werden konzeptionelle Rahmenbedingungen von drei Unternehmen vorgestellt. *IBM Deutschland* geht von folgenden Kriterien aus, die bei einem Sponsorship erfüllt sein müssen: Übereinstimmung mit den thematischen Schwerpunkten, bei denen sich die Firma engagieren will; Das Projekt soll einen gesellschaftlichen Nutzen für die Allgemeinheit haben und nicht nur einer kleinen Minderheit zugute kommen; Es erfolgt ausschließlich eine Förderung von Projekten und keine Finanzierung laufender Budgets; Das Projekt soll neuen Ideen zum Durchbruch verhelfen und nach einer Starthilfe selbständig existieren können; von ihm soll ein langfristiger und ein Nachahmungseffekt ausgehen; Es darf keine Abhängigkeit des Sponsoringpartners von *IBM* entstehen; Es werden keine politischen Parteien sowie keine weltanschaulichen und religiösen Themen gefördert; Es darf keinen Zusammenhang mit einer Vertriebssituation von *IBM* und dem Sponsoringpartner geben (vgl. Lutter 1993: 49; Ilg 1991; Ernst-Motz/Zdral 1991: 46 f.).

---

11 Vgl. beispielsweise Hermanns 1987; Nieschlag/Dichtl/Hörschgen 1994: 21; Zollinger 1992, 1995; Beger/Gärtner/Mathes 1989.

12 Vgl. jedoch Lang/Haunert 1993, 1995; Leif/Galle 1993; Schiewe 1994; VEEMB e.V. 1993 sowie exemplarisch die Aufsätze von Brockhoff/Krawinkel 1992; Erbelding 1991; Lutter 1993.

Auch die *Daimler-Benz AG* formuliert beispielsweise für Sponsoring-projekte im Bereich Umweltschutz ihre Anforderungen ähnlich: Die Projekte sollen ein klares, ganzheitliches Gesamtkonzept besitzen, langfristige Erfolgschancen bei der Erreichung wichtiger ökologischer Ziele bieten, professionell gemanagt werden, von aktueller Bedeutung, klar identifizierbar und breit akzeptiert sein, über regionale, nationale und internationale Bezüge verfügen, Einsatzmöglichkeiten des Konzern-know-hows ermöglichen, in der breiten Öffentlichkeit und gegenüber den Meinungsbildnern verständlich darstellbar sein sowie schnelle und meßbare Reaktionen der Öffentlichkeit erlauben (vgl. Lutter 1993: 44). Aus Sicht des Unternehmens stehen dabei die Glaubwürdigkeit und gute Kommunizierbarkeit eines Sponsoring-Engagements im Zentrum.

Bei den Prinzipien für die Sportförderung der Firma *Agfa* werden insbesondere die im Bereich des Sportsponsoring dominanten werblichen Interessen deutlich: „Es werden nur Veranstaltungen, keine Einzelsportler unterstützt. Die ausgewählten Ereignisse müssen internationale Top-Ereignisse sein. Angestrebt wird eine werbliche Dominanz – zumindest aber muß die Agfa-Werbung mindestens gleichgewichtig neben der anderer Unternehmen sein. Breite TV-Berichterstattung über diese Ereignisse muß gewährleistet sein" (Hermanns/Püttmann 1992: 195).

Die sich in den genannten Vorgaben widerspiegelnden Sichtweisen von Sponsoren lassen sich auch mit den beiden folgenden Aussagen von Marketingverantwortlichen in Unternehmen illustrieren: „Advertising (Anzeigenwerbung) baut das ‚globale' Markenimage auf. Gleichzeitig erfordert der Markt eine zunehmend individuelle Zielgruppenansprache. Das ist mit den ‚konventionellen Medien' nur in begrenztem Maße möglich. Deshalb ergänzen wir unsere Media-Werbung (die eher eine Massenkommunikation ist) mit Sponsoring-Aktivitäten, die ganz gezielt und individuell auf die angepeilte Zielgruppe wirken" (Burkart, Marketingmanager der *Levi Strauss Germany GmbH*, zit. in Mauerer 1992: 33). Ähnlich auch die Einschätzung des Marketingdirektors der *Philip Morris Deutschland GmbH*: „Sponsoring nimmt in den Marketing-Aktivitäten unserer Zigarettenmarken [...] einen steigenden Stellenwert ein, denn Sponsoring ermöglicht die Ansprache von immer individuelleren Zielgruppensegmenten. Zudem können wir mit Sponsoring schneller auf aktuelle Zeitströmungen reagieren" (Richter, zit. ebd.).

Die Auseinandersetzung mit den Marketingstrategien, Interessen und Sichtweisen von Unternehmen ist auch für Nonprofit-Organisationen zwingend; Sponsoringvorhaben sollten möglichst viele dieser Interessen berücksichtigen, um erfolgreich sein zu können. Der Werbeberater Jost Wirz (1988) hat Fragen aufgelistet, die sich Sponsoren im Zusammenhang mit einem geplanten Sponsorship stellen (sollten). Sie machen gleichzeitig deutlich, mit welchen Überlegungen sich am Sponsoring interessierte NPO auseinandersetzen müssen. Für die Verantwortlichen in NPO steht zunächst ein Perspektivenwechsel an: Sie müssen sich in die Rahmenbedingungen, Interessen und nicht zuletzt auch in die Sprache von Marketingmanagern hineindenken. Einiges davon macht der folgende Fragenkatalog deutlich, der somit für Unternehmen und NPO gleichmaßen relevant ist (Wirz 1988: 394):

- Kann mein Sponsoring-Projekt meine Zielgruppe aller Voraussicht nach wirtschaftlicher erreichen als andere Kommunikationsmaßnahmen?
- Kann mein Sponsoring-Projekt eine beabsichtigte Image-Korrektur und Einstellungs-Veränderung bei meiner Zielgruppe wirtschaftlich bewirken?
- Stehen meine Sponsoring-Ziele im Einklang mit den anderen Kommunikations- und Marketingzielen?
- Ist das Projekt auf die Corporate Identity meines Unternehmens abgestimmt?
- Was sind meine persönlichen Motive für ein Sponsoring-Projekt? Wünsche ich mich in der Donatoren-Rolle zu sehen? Hat meine Motivation einen ethischen oder moralischen Hintergrund?
- Entspricht eine Sponsoring-Aktivität meines Unternehmens der Erwartungshaltung in der breiten Öffentlichkeit bzw. in den relevanten Zielgruppen meiner Firma?
- Welcher Leistungsträger entspricht als Gesponserter meinen Idealvorstellungen?
- Erfüllt der ausgewählte Gesponserte alle sachlichen, persönlichen und ideellen Kriterien für eine glaubwürdige und effiziente Partnerschaft?
- Empfinde ich mein Verhältnis als Sponsor zum Gesponserten als natürlich, organisch und für die Öffentlichkeit nachvollziehbar?
- Sind auf der Seite des Gesponserten Risiken feststellbar, zu vermuten oder zu befürchten? Wie groß sind diese Risiken?

- Suche ich ein exclusives Sponsoring oder ist auch ein Engagement zusammen mit anderen Sponsoren vorstellbar?
- Welche Kosten und welcher Zeitrahmen sind geplant? Welches Budget steht dafür zur Verfügung?
- Ist für flankierende Marketing-Maßnahmen, für eine gewissenhafte Ablaufkontrolle und eine Erfolgsanalyse gesorgt?

Diese Überlegungen machen einmal mehr den Stellenwert des Sponsoring als Kommunikationsinstrument im Kontakt mit relevanten Zielgruppen deutlich. Im Vordergrund steht dabei die möglichst effektive und effiziente Einbindung in den Kontext des Marketing, speziell mit bezug auf die Arbeit an der Unternehmensidentität und am Image[13]. Sponsorships müssen öffentlichkeitswirksam präsentierbar sein; ein professionell agierender Partner und ein hohes Maß an beiderseitiger Wertschätzung sind für die Umsetzung dieser Interessen unverzichtbar.

Auf Seiten der Sponsoren wird in der Regel mit Hilfe von Mediaanalysen und anderen Verfahren versucht, Absatzerfolge und gewünschte Imageveränderungen im Zusammenhang mit dem Sponsorship nachzuweisen. Auch auf Seiten der gesponserten Organisationen sind Erfolgskontrollen sinnvoll. Beispielsweise können sich Ungleichgewichtigkeiten beim Mitteleinsatz, d.h. mehr Kosten als Nutzen, ergeben. Zu beachten sind auch mögliche Imageverluste bei bestimmten eigenen Zielgruppen; schließlich kann sich ein Sponsorship mittelfristig durchaus auch negativ für die Nonprofit-Organisation auswirken. Kontinuierlich durchgeführte Wirksamkeits- und Imageanalysen sind jedoch bei NPO noch die Ausnahme. Das liegt nicht zuletzt an den Kosten, die für diese Investitionen entstehen. Einige Unternehmen kalkulieren bis zu 100 Prozent der Sponsoringbeträge für die Konzeptionalisierung, Begleitung, Wirksamkeitsanalysen, Kosten für eigene Mitarbeiter, Sachleistungen und eventuell entstehende Agenturhonorare. Eine 1994 durchgeführte Studie bei 151 Unternehmen in der Schweiz relativiert jedoch diese weitverbreitete Einschätzung: „Kleinere Sponsoren verwenden 22% für die Umsetzung, mittlere 29% und die größeren 41%" des

---

13 Neben der unspezifischen „Dokumentation gesellschaftlicher Verantwortung" sind Imageprofilierung, Erhöhung des Bekanntheitsgrades und Kontaktaufnahmen mit neuen Kundenzielgruppen die am häufigsten genannten Gründe für Sponsoringaktivitäten.

Sponsoringetats für die Durchführung des Sponsoring (Spichiger-Carlsson 1994: 10). Auch auf der Seite der Nonprofit-Organisationen ist der Aufwand für die Konzepterstellung, Kontaktarbeit und professionelle Begleitung eines Sponsoringprojekts nicht zu unterschätzen. Leider liegen keine Zahlen zu den Umsetzungskosten für Sponsoringaktivitäten der NPO vor.

Für die Einbindung des Sponsoring in die Marketing- und Kommunikationsinteressen des Sponsors sowie die Identifikation von möglichen Konfliktlinien ist eine profilierte Selbstdarstellung der NPO notwendig. Da sich bei einem gelungenen Sponsorship beide Seiten als gleichberechtigte Partner gegenübertreten sollen, müssen auch die Gesponserten ihre Marketing- und Kommunikationsziele klar definieren. Noch einen Schritt weiter sind einige Umweltschutzverbände gegangen, die ihrerseits Sponsoringprinzipien formuliert haben. In einem Entwurf für eine „Berliner Erklärung zum Umweltsponsoring" werden an Unternehmen, die sich für ein Sponsoring im Umweltschutzbereich interessieren, unter anderem folgende Bedingungen gestellt: „Festschreibung des Natur- und Umweltschutzes als Unternehmensziel in den Unternehmensgrundsätzen; klare Verantwortlichkeiten in der Unternehmensführung für den Umweltschutz im Unternehmen; ausreichende und ausgewiesene finanzielle Ressourcen für Umweltschutzaufgaben; kompetente Gremien zur ökologischen Ausrichtung des Unternehmens" (B.A.U.M. o. J. [1993]).

Vor dem Hintergrund klarer Ziele und Prinzipien lassen sich professionelle Angebote formulieren, wie sie beispielsweise von Alexandra Mecklenburg (1992) in ihrer Arbeit zum Vergleich von Kultursponsoring in Großbritannien und Deutschland dokumentiert werden. So verschickt das *Royal National Theatre of Great Britain* regelmäßig ausführliche Angebote an potentielle Sponsoren, die genaue Informationen zu Projekten, Preisen und Gegenleistungen enthalten. Neben standardisierten Fördermöglichkeiten, beispielsweise im Rahmen von Corporate Memberships, werden spezielle Arrangements offeriert: „We are, of course, happy to discuss other benefits unique to a particular sponsorship and sponsor as necessary" (Mecklenburg 1992: 86 ff.). Darin spiegelt sich ein selbstbewußtes Marketingverständnis auf Seiten der NPO wider. Diese Praxis ist jedoch in Deutschland noch relativ wenig verbreitet.

Deutlich wird aus diesen Ausführungen, daß Nonprofit-Organisationen die sich für Sponsorships interessieren, mit einer Fülle von notwendigen

Vorleistungen und Voraussetzungen konfrontiert sind: Sie müssen aus Sicht des Unternehmens nicht nur ein attraktives Image aufweisen können und eine qualitativ unanfechtbare Arbeit leisten, sondern auch auf der Ebene des Managements ein gleichgewichtiger und professionell agierender Partner sein. Innerhalb einer gut funktionierenden Öffentlichkeitsarbeit mit klarer Zielbestimmung und Profilierung der eigenen Organisation, läßt sich prinzipiell ein Sponsoringkonzept etablieren. Fehlt diese Basis, beispielsweise in Gestalt von Imageanalysen, der Dokumentation der eigenen Öffentlichkeitsarbeit sowie Antworten auf die Frage, ob die Mitglieder, Nutzer und Mitarbeiter hinter solchen Aktivitäten stehen, ist sie zunächst einmal herzustellen (vgl. Luthe 1994; Pfannendörfer 1995). Ohne diese Vorarbeiten ist eine erfolgreiche Akquisition von Sponsoringgeldern kaum vorstellbar. Die Beschäftigung mit dem Sponsoring erscheint allerdings auch dann sinnvoll, wenn diese Voraussetzungen noch nicht erfüllt sind: Dann ist Sponsoring jedoch weniger ein kurzfristig nutzbares Finanzierungs- und Kommunikationsinstrument, sondern ein Innovationsanlaß im Bereich Marketing und Öffentlichkeitsarbeit von NPO.

4.5 Steuerliche Aspekte

Neben den bisher genannten prinzipiellen und strategischen Aspekten sind insbesondere steuerrechtliche Fragen im Zusammenhang mit dem Sponsoring relevant. Dies gilt selbstverständlich für alle Fundraising-Aktivitäten. So unterliegen beispielsweise Einnahmen im Rahmen von sogenannten Flohmärkten oder Basaren grundsätzlich der Besteuerung. Für das zuständige Finanzamt ist dabei unerheblich, ob die verkauften Produkte ehrenamtlich beschafft oder hergestellt wurden und der Erlös gemeinnützigen Zwecken zukommt; steuerrechtlich handelt es sich um Einnahmen aus einem wirtschaftlichen Geschäftsbetrieb [14]. Während jedoch bei den meisten Einnahmearten im Zusammenhang mit dem Fundraising Klarheit über die steuerliche Bewertung besteht, ist das beim Sponsoring nicht der Fall. Deshalb

---

14 Vor diesem Hintergrund überrascht nicht, daß beispielsweise das zuständige
    Finanzamt dem Landesverband Bremen des *Deutschen Roten Kreuzes* einen
    Steuerbescheid über 180.000 DM ins Haus schickte, der sich rückwirkend auf die
    Einnahmen aus Weihnachtsbasaren in den Jahren 1985 bis 1992 bezog
    (vgl. N. N. 1993 b). Einen Überblick über die Besteuerung von zahlreichen gängigen
    Einnahmearten liefern Sauer/Luger (o. J. [1993]).

wird an dieser Stelle speziell auf die steuerrechtlichen Rahmenbedingungen des Sponsoring eingegangen; am Rande wird dabei auch auf andere Einnahmearten im Zusammenhang mit dem Fundraising verwiesen.

Aus Sicht des Sponsors ist wichtig, daß die Sponsoringsumme vom zuständigen Finanzamt als Betriebsausgabe akzeptiert wird. Betriebsausgaben sind Aufwendungen, die direkt durch den Betrieb veranlaßt sind, beispielsweise Kosten für Werbung. Sie vermindern das Betriebsvermögen und damit auch den möglichen und zu versteuernden Gewinn (§ 4 Abs. 1 Einkommensteuergesetz [EStG]). Aufwendungen in diesem Sinn sind Ausgaben, die in Geld oder Geldeswert bestehen. Betriebsbedingte Ausgaben eines Sponsors sind immer dann gegeben, „wenn seine Leistung im Austausch mit der Gegenleistung des Gesponserten erbracht wird und dessen Leistung dem Sponsor in betrieblicher Hinsicht nützt" (Bruhn/Mehlinger 1992: 96). Anders formuliert: Wenn die Ausgaben nicht als Betriebsausgaben akzeptiert werden, handelt es sich nicht um ein Sponsoring im oben definierten Sinn, sondern um Spenden oder eine andere Form der Unterstützung von NPO.

In bezug auf das Sponsoring hebt das *Bundesministerium der Finanzen* den Aspekt der Eigennützigkeit von Betriebsausgaben hervor: Betriebsausgaben sind „alle Aufwendungen, die durch den Betrieb veranlaßt sind (§ 4 Abs. 4 EStG). Sie hängen objektiv mit dem Betrieb zusammen und dienen subjektiv der Förderung des Betriebs [...]. Die Aufwendungen müssen für den Betrieb einen Vorteil bringen, werden also in Erwartung einer Gegenleistung erbracht. Beim Sponsoring besteht die Gegenleistung des Empfängers in Werbemaßnahmen für den Sponsor. Betriebsausgaben sind also ‚eigennützig'" (Deutscher Bundestag 1995: 2).

Damit werden Betriebsausgaben von Spenden abgegrenzt [15]. Eine Spende ist im steuerrechtlichen Sinne eine Sonderausgabe (§ 10 b EStG bzw. § 9 Nr. 3 KStG) und muß drei Voraussetzungen erfüllen: Beim Steuerpflichtigen müssen Ausgaben in Geld oder geldwerte Leistungen abfließen; den Ausgaben dürfen keine Gegenleistungen gegenüberstehen; sie müssen freiwillig getätigt werden und nur bestimmten begünstigten Institutionen zu-

---

15 Allerdings reicht nach einem Urteil des *Bundesfinanzhofes* vom 09.08.1989 der bloße Hinweis auf den Namen der unterstützenden Firma nicht zur Qualifikation als Betriebsausgabe aus, „denn Aufwendungen für einen (kulturellen oder sonstigen) gemeinnützigen Zweck sind nicht schon dann (sonstige) Betriebsausgaben, wenn mit ihnen auf die Person des Spenders aufmerksam gemacht werden soll" (Sauer/Luger o. J. [1993]: 196).

fließen. Die steuerliche Abzugsfähigkeit von Spenden als Sonderausgaben ist, im Unterschied zu den Betriebsausgaben, in ihrer Höhe begrenzt: 5 Prozent des Gesamtbetrages der Einkünfte oder 0,2 Prozent der Summe der gesamten Umsätze und der im Kalenderjahr aufgewendeten Löhne und Gehälter [16]. Für wissenschaftliche, mildtätige und als besonders förderungswürdig anerkannte kulturelle Zwecke kann das Doppelte der genannten Prozentsätze geltend gemacht werden. Für welche Zwecke dies gilt, ergibt sich aus den §§ 51 ff. der Abgabenordnung (AO) und der Anlage 7 zu den Einkommensteuerrichtlinien. Für große Spendenbeträge von mindestens 50.000 DM, die nicht in voller Höhe innerhalb eines Jahres geltend gemacht werden können, gilt die Sonderregelung, daß sie über die zwei vorangegangenen und fünf folgenden Veranlagungszeiträumen verteilt werden können (Sauer/Luger o. J. [1993]: 158 f.) [17].

Spenden sind folglich „nach § 10 b EStG freiwillig oder aufgrund einer freiwillig eingegangenen Rechtspflicht gewährte Zuwendungen zur Förderung steuerbegünstigter Zwecke, die weder eine Gegenleistung für eine bestimmte Leistung des Empfängers sind noch in einem tatsächlichen wirtschaftlichen Zusammenhang mit dessen Leistungen stehen. Der Spender erhält für die Zuwendung keine Gegenleistung; die Spende ist ‚fremdnützig'" (Deutscher Bundestag 1995: 2).

Im konkreten Fall kommt es für die zuständigen Finanzämter bei der Abgrenzung von Spenden und Betriebsausgaben maßgeblich auf die Motivation des Zuwendenden an. Diese muß sich aus äußerlich erkennbaren Merkmalen ableiten lassen. „Bei den neuen Formen des Kultur- oder Soziosponsorings ist die Abgrenzung zwischen Betriebsausgaben und Spenden beim Sponsor und in gleicher Weise die Abgrenzung zwischen Einnahmen im steuerfreien Bereich [d. h. in Form von Einnahmen aus Spenden, Beiträgen oder Vermögensverwaltung, D. L.] oder im wirtschaftlichen Geschäftsbetrieb der begünstigten Körperschaft besonders schwierig, wenn Art und Umfang der Werbemaßnahmen als Gegenleistung der gesponserten gemeinnützigen Körperschaft oder Einrichtung nicht nach außen erkennbar werden" (ebd.).

---

16 Mit der letztgenannten Variante können auch bei geringen Einkünften bzw. bei Verlusten Spenden steuermindernd geltend gemacht werden.

17 Mit dieser Regelung wird im Rahmen des Steuerrechts ein Betrag ab 50.000 DM als Großspende definiert.

Daraus ergeben sich zwei Konfliktlinien: Zum einen sind für die Durchführung der Besteuerung im Einzelfall die Finanzbehörden der Länder zuständig. In der Praxis führt dies zu unterschiedlichen Auslegungen ähnlicher Sachverhalte und zu einer latenten Unsicherheit bei Unternehmen und NPO. Dennoch werden die gesetzlichen Grundlagen zur Behandlung von Sponsoringaufwendungen vom *Bundesministerium der Finanzen* für ausreichend gehalten. Um zu einer bundeseinheitlichen Handhabung zu gelangen, soll lediglich eine Verwaltungsanweisung erarbeitet werden, die zwischen den obersten Finanzbehörden des Bundes und der Länder abgestimmt wird (vgl. a.a.O.: 3).

Zum anderen können nach Ansicht des *Bundesministeriums der Finanzen* die Aufwendungen eines Sponsors steuerrechtlich betrachtet sowohl Betriebsausgaben als auch Spenden sein (vgl. a.a.O.: 2). Selbstverständlich existiert diese Unterscheidung nicht für gewerbliche Sponsoringpartner, sondern nur für NPO. Diese Differenzierung trägt nicht nur erneut zur Begriffsverwirrung bei, sondern der Unterschied zwischen diesen beiden Ausgabearten zieht auf Seiten der NPO erhebliche Konsequenzen nach sich. Während die Spende steuerfrei vereinnahmt werden kann, unterliegen Einnahmen aus dem Verkauf von Werbe- oder anderen Nutzungsrechten dem wirtschaftlichen Geschäftsbetrieb und damit, ab einer Größenordnung von 60.000 DM (abzüglich der damit verbundenen Aufwendungen), der Körperschaftsteuer. Der Spitzensteuersatz in der Körperschaftsteuer beträgt grundsätzlich 45 Prozent des zu versteuernden Einkommens (für einige Körperschaften reduziert er sich auf 42 Prozent) [18]. Von jeder Sponsoringmark kommt dann also nur noch gut die Hälfte den gemeinnützigen Zwecken zugute [19]. Problematisch daran ist die Tatsache, daß eine Anerkennung

---

18 Steuerrechtlich wird zwischen Einnahmen, Einkünften und Einkommen differenziert: Einnahmen sind alle Güter oder Gelder, die dem Steuerpflichtigen zufließen; Einkünfte sind alle Einnahmen abzüglich damit verbundener Werbungskosten bzw. Betriebsausgaben; als Einkommen gilt die Summe der Einkünfte abzüglich Sonderausgaben und außergewöhnlicher Belastungen. Erst das so errechnete Einkommen ist die Besteuerungsgrundlage für die ESt oder KSt.

19 Bei der Summe von 60.000 DM handelt es sich um eine Freigrenze, d.h. einen Betrag, bis zu dem die Besteuerung nicht erfolgt. Wenn diese Freigrenze überschritten ist, unterliegt jedoch der gesamte Betrag der Besteuerung. Freigrenzen sind im Steuerrecht von Freibeträgen zu unterscheiden. Ein Freibetrag reduziert die Besteuerungsgrundlage.

als Betriebskosten auf Seiten des Sponsors um so wahrscheinlicher ist, wie die Werbung der NPO für das sponsernde Unternehmen nachhaltig und aktiv betrieben wird. Damit steigt jedoch zugleich die Wahrscheinlichkeit einer Besteuerung dieser Einnahmen auf Seiten der NPO.

Steuerrechtlich betrachtet weist das Sponsoring als Einnahmeart von NPO insofern eine Besonderheit auf, als es sich dabei in der Regel um eingetragene Vereinen handelt, die im steuerrechtlichen Sinn gemeinnützig sind. Deren Einnahmen lassen sich grundsätzlich vier verschiedenen Bereichen zuordnen: Im *ideellen Bereich* werden beispielsweise Beiträge, Spenden, Bußgelder, Erlöse aus Erbschaften und Vermächtnissen steuerfrei vereinnahmt. Im Bereich der *Vermögensverwaltung* wird keine Körperschaftsteuer oder Gewerbesteuer erhoben; lediglich der Umsatz wird mit derzeit 7 Prozent besteuert, sofern keine Umsatzsteuerbefreiung vorliegt. Als Vermögensverwaltung gilt sowohl die Nutzung des materiellen als auch des immateriellen Vermögens, also beispielsweise auch des Vereinsnamens.

Von diesen beiden Einnahmebereichen läßt sich der sogenannte unternehmerische Bereich gemeinnütziger Organisationen abgrenzen. Dieser wird differenziert in *Zweckbetriebe* und *wirtschaftliche Geschäftsbetriebe*. Der wirtschaftliche Geschäftsbetrieb ist gemäß § 14 Abgabenordung (AO) eine selbständige und nachhaltig betriebene Tätigkeit, durch die Einnahmen oder andere wirtschaftliche Vorteile erzielt werden und die über den Rahmen einer passiven Vermögensverwaltung hinausgehen. Es handelt sich um eine Teilnahme auf Märkten in Konkurrenz zu gewerblichen, d.h. nicht steuerbegünstigten Anbietern. Die hier erzielten zu versteuernden Einkommen unterliegen der KSt und der Gewerbesteuer (GSt) [20]. Eine Sonderform der unternehmerischen Betätigung gemeinnütziger Organisationen ist der sogenannte Zweckbetrieb. Ein solcher liegt gemäß § 64 Abs. 1 AO vor, wenn er dazu dient, die steuerbegünstigten satzungsmäßigen Zwecke einer NPO zu verwirklichen und dies ohne die Etablierung eines Zweckbetriebes nicht möglich wäre. Dies gilt beispielsweise für den Betrieb von Sportanlagen, Krankenhäusern, Altenheimen etc. Jeder dieser vier Bereiche wird steuer-

---

20 Die Höhe der Gewerbesteuer ist lokal unterschiedlich; sie wird nach einem komplizierten Berechnungsschlüssel von den Städten und Gemeinden erhoben und läßt sich mit ca. 20 Prozent veranschlagen (vgl. Sauer/Luger o. J. [1993]: 4). Die Tätigkeit eines Vereins gilt als Gewerbebetrieb, sobald ein wirtschaftlicher Geschäftsbetrieb unterhalten wird. Insofern zieht eine Veranlagung zur KSt in der Regel auch die Veranlagung zur GSt nach sich. Zweckbetriebe unterliegen nicht der GSt.

rechtlich unterschiedlich behandelt. Liegen Einkünfte vor, wird zuerst geprüft, ob sie aus dem ideellen Bereich, der Vermögensverwaltung oder aus einem Zweckbetrieb stammen. Ist dies nicht der Fall, liegen grundsätzlich voll steuerpflichtige Einkünfte aus wirtschaftlichem Geschäftsbetrieb vor [21].

Wenn Einnahmen aus Sponsoringverträgen mit Bruhn/Mehlinger definiert werden als Einnahmen aus der Nutzung von vermögenswerten Rechtspositionen im Rahmen des allgemeinen Wirtschaftslebens (vgl. Bruhn/Mehlinger 1992: 113), dann sind sie grundsätzlich zu versteuern. Ungeachtet der gegenteiligen Position von Sauer/Luger (o. J. [1993]) [22] und Breuninger/Rückert (1993), die für eine Sonderbehandlung des Sozialsponsoring im Unterschied zum kommerziellen Sponsoring beispielsweise im Spitzensport plädieren, sind gesponserte NPO laut geltendem Körperschaftsteuerrecht mit allen Einnahmen aus Sponsoringverträgen grundsätzlich, unter Berücksichtigung der geltenden Freigrenzen und Freibeträge, steuerpflichtig.

Der Paradoxie, daß auf diese Weise auch beim Sozialsponsoring der Staat im Einzelfall Einnahmen aus der Körperschaftsteuer erzielt, die den gemeinnützigen Zwecken der Gesponserten dadurch entzogen werden, ist nur durch eine sorgfältige Gestaltung der Sponsoringvereinbarung zu begegnen (vgl. Bruhn/Mehlinger 1994: 132 ff.). *Duldet* der Gesponserte beispielsweise lediglich die Nutzung und Verwertung seines Namens durch den Sponsor, handelt es sich um steuerbegünstigte Einnahmen aus der Vermögensverwaltung. Wirbt hingegen der Gesponserte *aktiv* für den Sponsor, handelt es sich um Einnahmen im Bereich des wirtschaftlichen Geschäftsbetriebes. Dabei gilt: Je aktiver und nachhaltiger die gemeinnützige Körperschaft im Rahmen eines Sponsoringvertrages auftritt, desto wahrscheinlicher wird die Steuerschädlichkeit dieser Einnahmen. Gestattet man jedoch einem Unternehmen „in Vermögenspositionen einzugreifen, ohne daß dazu eine wesentliche eigene Tätigkeit hinzutritt, dann kann grundsätzlich kein wirtschaftlicher Geschäftsbetrieb vorliegen, weil dieser nach der gegebenen Definition (§ 14 AO) eine selbständige und nachhaltige Tätigkeit voraussetzt. So ist z. B. anerkannt, daß ein Sportverein, der seine Werberechte aus der Stadionwerbung

---

21 Zur vertrags- und steuerrechtlichen Gestaltung von Sponsoringvereinbarungen sei auf Bruhn/Mehlinger 1992 und 1994 verwiesen.

22 Sauer/Luger irren mit ihrer Behauptung, daß „die im Rahmen des Sozio-Sponsoring zu leistenden Zahlungen des Sponsors [...] bei der Körperschaft grundsätzlich nicht zu steuerpflichtigen Einnahmen [führen]" (Sauer/Luger o. J. [1993]: 192, 197).

an eine Agentur überträgt, unter bestimmten einschränkenden Voraussetzungen (Zeitdauer der Übertragung) keinen eingerichteten wirtschaftlichen Geschäftsbetrieb unterhält" (Bruhn/Mehlinger 1992: 159). Auf der Basis einer vergleichbaren Argumentation hat der Berliner Finanzsenator am 30.05.1995 einen Rechtsstreit zwischen der Berliner Finanzverwaltung und der *Berliner AIDS-Hilfe* entschieden. Dabei ging es um die Frage, ob die NPO Zuwendungen des Sponsors in Höhe von insgesamt 1,3 Mill. DM versteuern muß. Nach der Entscheidung handelt es sich jedoch um nicht zu versteuernde Einnahmen aus der Vermögensverwaltung des Vereins. Das Vermögen stellt in diesem Fall der Name *„Berliner AIDS-Hilfe"* dar, dessen Nutzung dem Sponsor gegen Zahlung von inzwischen 450.000 DM jährlich überlassen wurde. Damit handelt es sich steuerrechtlich nicht mehr um Sponsoring (vgl. Maaß 1995).

Anzumerken ist jedoch, daß diese Entscheidung stark politisch motiviert war und den juristischen Ermessensspielraum weit ausgedehnt hat. Das wird auch an der Begründung deutlich, die der Berliner Finanzsenator Elmar Pieroth formuliert hat: „Ich will mit einem steuerlichen Versuch in diesem Einzelfall einen bundesweiten Durchbruch für breiteres Sozio-Sponsoring ermöglichen. Der Staat soll den Rahmen schaffen, der es privaten Initiativen ermöglicht, Mittel für soziale Aufgaben zu mobilisieren, die der Staat selbst nicht bereitstellen kann" (Pieroth, zit. in N. N. o. J. [1995]; vgl. auch N. N. 1995 p: 27).

Selbst wenn sich diese begrüßenswerte Sichtweise bezüglich der Besteuerung auf Seiten der NPO auch in anderen Finanzverwaltungen durchsetzen sollte, zeichnen sich noch weitere Konfliktlinien ab. Einerseits steht die Interpretation der Finanzverwaltungen, Einnahmen aus der Verpachtung von Rechten am Organisationsnamen bzw. -logo, der Vermögensverwaltung zuzuordnen, grundsätzlich zur Disposition. Während es bisher für NPO möglich war, die werbliche Nutzung des eigenen Namens passiv zu dulden und daraus resultierende Einnahmen steuerbegünstigt im Rahmen der Vermögensverwaltung zu verbuchen, ist die Arbeitsgruppe Sponsoring, die eine bundeseinheitliche Empfehlung für die Finanzbehörden erarbeiten soll, der Ansicht, daß diese Einnahmen einen wirtschaftlichen Geschäftsbetrieb begründen (vgl. N. N. 1995 q: 3).

Andererseits ist auf ein Problem hinzuweisen, das im Zusammenhang mit der passiven Rolle sowohl der gesponserten Organisation als auch des Sponsors entstehen kann. Die Anerkennung der Sponsoringaufwendungen als Betriebskosten auf Seiten des Sponsors setzt einen deutlichen und öffentlich wahrnehmbaren Werbeauftritt voraus. Ein lediglich dezenter, teilweise sogar fehlender Hinweis auf die Aktivität des Sponsors rechtfertigt nicht automatisch die Anerkennung als Betriebskosten (vgl. Baum 1995: 19). Darüber hinaus kann die zuständige Finanzverwaltung im Einzelfall die Anerkennung als Betriebskosten aus einem anderen Grund verweigern: Die Aufwendungen können der Steuerbehörde unüblich oder unangemessen erscheinen und somit als Indizien für eine steuerlich nicht geltend zu machende verdeckte Gewinnausschüttung (bei Kapitalgesellschaften) bzw. als Kosten der privaten Lebensführung (bei Personengesellschaften) gewertet werden. Dies kann z. B. bei Zuwendungen eines Unternehmers an einen Sportverein, in dem er selber Mitglied ist und dessen Leistungen er nutzt, der Fall sein.

4.6 Wettbewerbsrechtliche Konflikte und die Rolle der Medien

Im folgenden wird noch auf zwei Aspekte eingegangen, die sowohl im Zusammenhang mit dem Sponsoring als auch bei anderen Fundgiving-Aktivitäten von Unternehmen relevant sind. Da es dabei im Kern um Werbung bzw. Kommunikationseffekte geht, sind zum einen wettbewerbsrechtliche Rahmenbedingungen und zum anderen die Position der Medien wichtig.

Zunächst sollen kurz einige Probleme bei der Auslegung des Gesetzes gegen den unlauteren Wettbewerb (UWG) beleuchtet werden. Die aktive Werbung eines Kreditkartenunternehmens mit dem Hinweis, daß Teile des Umsatzes mit sogenannten Affinity-Cards, NPO zu Gute kommen, gilt beispielsweise als sogenannter unlauterer Wettbewerb. Dagegen kann unter Verzicht auf die aktive Werbung der Kreditkartenfirma bzw. der ausgebenden Bank eine NPO durchaus steuerunschädlich auf das Vorhandensein einer solchen Karte hinweisen. Ebenfalls als unzulässige Werbung wurde die Spendenaktion eines Fast-Food-Konzerns zu Gunsten einer NPO eingestuft, bei der versprochen wurde, daß der Erlös aus dem Verkauf eines bestimmten Produkts in voller Höhe als Spende weitergegeben werde. Der *Bundesgerichtshof* sah darin die Grenze der noch zulässigen „Werbung mit Gefühlen" als überschritten an.

Ähnlich wird auch im Urteil des *Landgerichts Stuttgart* vom 23.02.1995 gegen die *Binder Optik AG* argumentiert. Darin wurde der Firma aus wettbewerbsrechtlichen Gründen untersagt, in Anzeigen mit folgendem Zusatz auf die Förderung einer NPO hinzuweisen: *„Binder Optik* unterstützt die *Aktionsgemeinschaft Artenschutz e.V."*. Zur Begründung wird angeführt, daß die Imageverbesserung durch Hinweise auf gute Taten unlauter sei, weil die Firma die „Ausnutzung des Mitgefühls oder der Hilfsbereitschaft des Verbrauchers an die Stelle des Leistungswettbewerbs" gesetzt habe. Die Werbung beeinflusse das Käuferverhalten auf eine unsachliche, nicht durch die angebotene Leistung bedingte Weise. Zwischen den Zielen der NPO und den angebotenen Produkten bestehe kein sachlicher Zusammenhang (vgl. N. N. 1995 n: 6; Brockes 1995: 7).

Zur Zeit noch relativ wenig diskutiert ist das Verhalten der Medien in bezug auf Sponsoringaktivitäten. Ihre Mitwirkung ist unverzichtbar, zumindest bezüglich der nach außen hin auf Werbung, Absatzförderung und Steigerung des Bekanntheitsgrades gerichteten Sponsoringziele von Unternehmen. Anders ausgedrückt: Wenn Presse, Rundfunk und Fernsehen die Sponsoren nicht erwähnen würden, ließen sich die meisten ihrer Ziele nicht realisieren. Sponsoring findet also immer innerhalb einer Dreiecksbeziehung zwischen gesponserten NPO, Unternehmen und den Medien statt. Der Sponsor kommt allerdings mit der Berichterstattung in den Genuß von Publizität im redaktionellen Teil, den er mit Anzeigen teuer einkaufen müßte. Ob die Befürchtung der Medien, daß Sponsoren gleichzeitig ihren Anzeigenwerbeetat kürzen, zutrifft, muß jedoch bezweifelt werden. Im Rahmen der Kommunikationspolitik würde es sich für Unternehmen vielmehr anbieten, eine Berichterstattung über ein Sponsorship mit Anzeigen zu begleiten bzw. zu unterstützen.

Die Medien werden jedoch nicht nur mit der Frage konfrontiert, wie sie im Einzelfall mit der Nennung von Sponsorennamen umgehen, sondern sie treten selbst in vielen Bereichen als aktive Förderer für gemeinnützige Anliegen in Erscheinung. Dabei handelt es sich um die Publikation von Aufrufen, Dokumentationen und sogenannten Freianzeigen, d.h. kostenlos zur Verfügung gestelltem Anzeigenraum [23]. Wolfgang Lackner verweist auf den Umgang der *Österreichischen Rundfunk- und Fernsehanstalt (ORF)* mit den stetig steigenden Anfragen nach Gratis-Sendezeiten (Lackner

---

23 In diesem Zusammenhang sei auf das Problem mit der steuerlichen Behandlung von Sachspenden verwiesen. Wenn dafür von NPO Spendenquittungen, beispielsweise bei Freianzeigen in Höhe des üblichen Anzeigenpreises, ausgestellt werden, kann dies auf beiden Seiten zu erheblichen Problemen führen.

1992:93ff). In einem „Regulativ Soziale PR-Aktionen" vom 01.01.1992 wird festgelegt, daß ohne Entgelt nur noch über Aktionen berichtet wird, „die auch mittelbar nicht mit irgendwelchen kommerziellen Interessen zu verbinden sind, sondern der direkten Hilfe, der direkten Notlinderung gewidmet werden – zum Beispiel: *Rotes Kreuz* in Sachen Blutspenden [oder die] Katastrophenhilfe diverser Organisationen" (a.a.O.: 94). Die *ORF* behält sich vor, selbst zu entscheiden, ob es sich um solche weiterhin kostenlosen „Aktionen der direkten Notlinderung" oder um „Soziale PR-Aktionen" handelt, für die eine gestaffelte Preisliste festgelegt wurde.

Nach dieser Schilderung steuerrechtlicher und wettbewerbsrechtlicher Unsicherheiten verwundert es nicht, daß insbesondere im sozialen und kulturellen Bereich sowohl Unternehmen als auch NPO das Instrument des Sponsoring nur sehr zögerlich nutzen. Der Hintergrund für diese Problematik liegt meines Erachtens in der Herkunft des Sponsoring aus dem kommerziellen Bereich. In dem Maße, wie das Instrument auf den gemeinnützigen bzw. Nonprofit-Bereich übertragen wird, entstehen vielfältige Konflikte, von denen einige erörtert wurden. Wenn ein Unternehmen beispielsweise Trikotwerbung betreibt und dafür an einen Bundesliga-Fußballverein oder einen Tennis-Profi, also ein anderes kommerziell orientiertes Unternehmen, Geld bezahlt, handelt es sich um eine finanzielle Transaktion, die selbstverständlich weiterhin der Besteuerung unterliegen sollte. Wenn jedoch Ressourcen aus Unternehmen an gemeinnützige Organisationen fließen, muß sich der rechtliche Bezugsrahmen ändern [24]. Es geht dann zwar noch immer um Werbung bzw. angestrebte Kommunikationseffekte; die dafür aufgewendeten Mittel kommen aber gemeinnützigen und nicht mehr ausschließlich kommerziellen Interessen zu Gute. Diese Transfers müßte der Staat schon in eigenem Interesse fördern, anstatt sie zu behindern; daß die Finanzverwaltungen damit überfordert sind, ist offensichtlich. Aus diesem Grund steht eine politische und nicht eine steuerrechtliche Grundsatzentscheidung an.

4.7 Ein Fallbeispiel

An der Sponsoringvereinbarung zwischen der Firma *PSI – Gesellschaft für Prozeßsteuerungs- und Informationssysteme mbH* und der *Berliner AIDS-*

---

24 Ähnlich auch die Argumentation von Breuninger/Rückert 1993.

Hilfe e.V. (BAH) lassen sich Möglichkeiten, aber auch Schwierigkeiten einer Sponsoringvereinbarung verdeutlichen (vgl. Diemel 1993; Olbertz 1992)).

Die Firma *PSI* wurde 1969 gegründet und hat mit 600 Mitarbeitern im Jahr 1991 einen Umsatz von 93 Mill. DM mit Beratung, Planung und technischer Software gemacht. *PSI* hat ein außergewöhnliches Selbstbestimmungs- und Kapitalbeteiligungsmodell; 320 Mitarbeiter sind gleichzeitig Gesellschafter und halten das gesamte Stammkapital von 9,2 Mill. DM (Stand: Januar 1992). Schon vor der Kooperation mit der *BAH* wurden von der Firma regelmäßig verschiedene soziale Projekte mit Spenden unterstützt. Inzwischen werden seit vier Jahren etwa 10 Prozent des Marketingetats für das Sponsorship mit der *Berliner AIDS-Hilfe* ausgegeben (vgl. N. N. 1995 o: 29).

Kennzeichnend für die Mitte 1991 aufgenommenen Verhandlungen zwischen beiden Partnern waren zunächst einige Bedenken, die sich bei dem Sponsor auf mögliche negative Auswirkungen auf das Firmenimage und bei der *BAH* auf die Einflußnahme des Sponsors konzentrierten. Beiden Parteien war klar, daß es sich sowohl steuerrechtlich als auch vom Umfang der Förderung her – zunächst jährlich 300.000 DM, seit 1993 jährlich 450.000 DM – um ein außergewöhnliches Sponsoringprojekt in Deutschland handelt (vgl. Berliner AIDS-Hilfe e.V. 1994: 5 f.).

Die Berliner *Senatsverwaltung für Finanzen* prüfte den Sponsoring-Vertrag sechs Monate lang und kam am 25.06.1992 zu dem Schluß, daß zwar der Sponsor die Aufwendungen als Betriebsausgaben von seiner Steuerschuld absetzen kann, daß jedoch auf Seiten der gesponserten Organisation die Mittel in voller Höhe dem wirtschaftlichen Geschäftsbetrieb des gemeinnützigen Vereins zuzuordnen sind und damit der Körperschaftsteuer in Höhe 46 Prozent unterliegen. Die *BAH* sollte also von den 300.000 DM Steuern in Höhe von 138.000 DM zahlen. Zudem argumentierte der *Senator für Gesundheit*, daß aufgrund der Sponsoringsumme eine Kürzung öffentlicher Fördermittel erfolgen würde. Nach einigen Verhandlungen konnte die *BAH* erreichen, daß „nur" 6 Prozent, also 18.000 DM der jährlichen Sponsoringsumme, von den an die *BAH* gezahlten öffentlichen Mitteln abgezogen werden.

Die Leistungen beider Parteien wurden in einem Vertrag mit einer untypischen, weil unbefristeten, Laufzeit fixiert. Wichtige Punkte sind: *PSI* ist Hauptsponsor der *BAH* und wählt die mit der Sponsoringsumme zu realisierenden Projekte aus, nimmt aber auf die Art und Weise der Durchführung keinen Einfluß. Der Sponsor ist berechtigt, alle aus dem Projekt resultierenden Aktivitäten und Ergebnisse in seine Kommunikationsarbeit einzubinden. Die *BAH* verpflichtet sich, den Sponsor von allen öffentlichkeitswirksamen Aktionen zu informieren und in geeigneter Form mit einzubeziehen. Die *BAH* ermöglicht *PSI*, Sponsorship-Hinweise auf allen geeigneten Trägerobjekten anzubringen. Die *BAH* stellt Mitarbeiter für die gemeinsame Präsentation auf Pressekonferenzen, Messen, Betriebsveranstaltungen etc. des Sponsors zur Verfügung (vgl. Diemel 1993: 86). Die *BAH* verweist in ihrem Tätigkeitsbericht 1993 auf die Aufgaben und Herausforderungen die ihr im Rahmen dieses Sponsoringvertrages zukommen: „In Anbetracht der Tatsache, daß das Sponsoringprojekt für die PSI ein Teil ihres Marketing-Konzeptes ist, sind Erfolge in der angemessenen Darstellung hierbei ebenso Teil unserer Arbeit wie die Durchführungen der Aktivitäten an sich" (Berliner AIDS-Hilfe e.V. 1994: 6) [25].

Für den Sponsor war das Sponsorship, trotz der zunächst ungeklärten steuerrechtlichen Situation, „ein voller Erfolg". Allein von der ersten öffentlichen Präsentation des Projekts im Februar 1992 bis zum September 1992 konnten 65 Medienbeiträge registriert werden, die sich ausschließlich mit diesem Sponsorship beschäftigten. Auch danach hielt die Berichterstattung an. „Zuschriften und Anrufe von interessierten Firmen, Verbänden und Einzelpersonen [..] zeigen ein positives Echo in der Öffentlichkeit. Auch die gemeinsame Präsentation auf unseren Messen ist gut angenommen worden [...]. Besonders wichtig sind die Erfahrungsberichte unserer Mitarbeiter, die während ihrer Akquisitions- und Kundengespräche immer häufiger zur aktuellen Situation unseres Projektes befragt und moralischer Unterstützung versichert wurden" (Diemel 1993: 88 ff.). Auch die gesponserte NPO schätzt neben der Publizität zu Beginn des Sponsorships, die Verbindung mit „unserer Geschäftspartnerin" positiv ein. Beispielsweise können unplanmäßig nicht benötigte Mittel ins folgende Geschäftsjahr übernommen

---

25 Im Rahmen des Sponsorships wurden beispielsweise folgende Projekte verwirklicht: Anschaffung eines behindertengerecht ausgestatteten Kleinbusses, Patientenreisen mit Betreuung durch Arzt und Pflegepersonal, Renovierung und Möblierung der Gemeinschaftsräume auf den AIDS-Stationen im *Auguste-Viktoria-Krankenhaus*, Ausbau und Möblierung der Cafeteria in den Räumen der *BAH*, Fortbildungsangebote für ehrenamtliche Mitarbeiter. Für die „Regie- und Personalkosten bei der Betreuung der Begegnungsangebote wurden 82.000 DM aufgewendet" (vgl. Berliner AIDS-Hilfe e. V. 1994: 6).

werden. Insgesamt kommen die Akteure der *BAH* zu dem Schluß, daß „ungewöhnliche Finanzierungsmöglichkeiten mehr Kreativität freisetzen" (Berliner AIDS-Hilfe e. V. 1994: 6).

Die Relevanz für die Öffentlichkeitsarbeit des Sponsors kann nicht unterschätzt werden. Für 300.000 DM bzw. 450.000 DM jährlich ist eine Medienpräsenz erreicht worden, die ein Vielfaches der investierten Summe wert ist. Dies gilt auch für den gesponserten Verein, dessen Name, Tätigkeitsfeld und Aktivitäten in jedem dieser Berichte mit genannt wurden. Da die Aufmerksamkeit der Medien durch den juristischen Streit um dieses Sponsoringprojekt vorhanden war, haben beide Seiten nicht zuletzt wegen der steuerrechtlichen Problematik profitiert.

Dieses Fallbeispiel dokumentiert ein hohes Maß an Risiko- und Interaktionsbereitschaft auf beiden Seiten. Nicht zufällig treffen sich bei diesem Sponsorship zwei Partner, die in ihrer Branche bzw. ihrem Arbeitsfeld als innovativ und kreativ gelten können. Neben den angestrebten und in diesem Fall realisierten Kommunikationseffekten wird jedoch auch der Kommunikationsaufwand deutlich, der für eine solche Kooperation erforderlich ist. Neben der finanziellen Transaktion halte ich die immateriellen Transfers für mindestens ebenso bedeutsam: Mitarbeiter und Kunden eines Unternehmens konfrontieren sich mit dem Problem AIDS und eine NPO stellt sich der herausfordernden Verpflichtung, aber auch der Chance, ihre Arbeit im Umfeld des Sponsors, beispielsweise auf der Computermesse *CEBIT* in Hannover, zu präsentieren. In diesen Grenzüberschreitungen liegt meines Erachtens ein wesentliches Potential des Sponsoring.

4.8 Zusammenfassung

Auf der materiellen Ebene hat das Sponsoring von NPO in Deutschland einen vergleichsweise geringen Stellenwert; der größte Teil des Sponsoringvolumens wird für den Kauf von Werbeleistungen aufgewendet und verbleibt damit im gesellschaftlichen Bereich der kommerziell organisierten Märkte. Ich teile jedoch die Einschätzung, daß ein tendenziell steigender Anteil der Werbemilliarden in den nächsten Jahren zumindest potentiell für Transfers in den Nonprofitbereich dieser Gesellschaft verfügbar gemacht werden kann. Zum einen sind die Auftraggeber und Gestalter von Werbung prinzipiell immer auf der Suche nach neuen Kommunikationsvarianten;

zum anderen zeigen die klassischen Werbeinstrumente zunehmende Abnutzungserscheinungen.

Auf einer qualitativen Ebene macht dieses Kapitel deutlich, daß es sich bei dem Fundraising-Instrument Sponsoring in besonderer Weise um die Gestaltung von Relationships handelt. Dies gilt auf der Ebene des beziehungsorientierten Marketing ebenso wie in bezug auf ein „Relationship Fundraising" (Burnett). Sponsorships zeigen wegen der kommerziellen Interessen der Sponsoren lediglich besonders deutlich, daß beim Fundraising immer zwei Partner „in einem Boot" sitzen. Dabei ist ein kooperatives und aufeinander bezogenes Handeln sinnvoll. Um im Bild zu bleiben: Klare Vereinbarungen über das Fahrtziel, den Weg dorthin sowie der Austausch aller relevanten Interessen und Informationen beugen der Gefahr des Kenterns bzw. Scheiterns vor.

Die insbesondere in Deutschland geführte Diskussion um das Sponsoring in Abgrenzung zum Mäzenatentum und zum Spenden erscheint vor diesem Hintergrund hinfällig. Selbstverständlich müssen die unterschiedlichen steuerlichen Bewertungen und die jeweils unterschiedlichen Managementerfordernisse auf Seiten von Geber- und Nehmerorganisationen beachtet werden. Bei allen Beziehungen bzw. Relationships, gleichgültig ob es sich um Unternehmen, Stiftungen oder Einzelpersonen bzw. um Spenden oder andere Engagements handelt, geht es jedoch immer um ein Geben und Nehmen und zwar auf beiden Seiten. Dies sind allerdings grundsätzliche strategische Überlegungen. Vor dem Hintergrund der bestehenden rechtlichen Normierungen gilt es gleichwohl, auf der konkreten operationalen Ebene sehr genau zwischen Stiftungsgeldern, Spenden, Sponsoring etc. zu differenzieren.

An dieser Stelle wird eine weitere Quintessenz dieses Kapitels deutlich: Der Gesetzgeber ist gefordert, das Fundgivingpotential, insbesondere beim Sponsoring, verfügbar zu machen, anstatt es mit steuerrechtlichen und wettbewerbsrechtlichen Unklarheiten und Hemmnissen zu begrenzen. Eine klare Trennung zwischen dem Sponsoring kommerziell tätiger Personen bzw. Organisationen und dem Sponsoring im gemeinnützigen Bereich ist erforderlich. Die juristischen Rahmenbedingungen müssen auf plausible Weise vereinfacht und vereinheitlicht und die Möglichkeit einer Besteuerung von Sponsoringeinnahmen gemeinnütziger Organisationen muß abgeschafft werden. Darüber hinaus wären zusätzliche Anreize des Staates wünschenswert.

Wie im Teil II dieser Arbeit noch zu zeigen sein wird, ist eine strikte Trennung von „Eigennützigkeit" und „Fremdnützigkeit" bzw. von Leistungen mit und ohne Gegenleistungen wie sie beispielsweise im Zusammenhang mit der Diskussion um Spenden und Sponsoring gefordert wird, eine Fiktion. Auch andere Begriffe und Dichotomien, wie die „Selbstlosigkeit" als Voraussetzung zum Erwerb des Status einer gemeinnützigen Organisation, sowie die angeblich voneinander abgrenzbaren altruistischen Motivationen von Mäzenen und Spendern im Unterschied zu den eigennützigen Sponsoren, erweisen sich bei genauer Betrachtung als nicht aufrechtzuerhaltende Differenzierungen. Fundraising als beziehungsorientierte Ressourcenbeschaffung ist immer ein interessengeleitetes Geben und Nehmen; beim Sponsoring wird dies lediglich besonders deutlich. Gleichzeitig wird dadurch die Beziehungsarbeit besonders aufwendig; die Vermittlung von kommerziellen Marketinginteressen mit gemeinnützigen Finanzierungsinteressen erfordert in der Regel auf beiden Seiten Innovationsbereitschaft und Perspektivenwechsel. Als gemeinsamer Nenner bietet sich ein im Teil V dieser Arbeit zu erörterndes beziehungsorientiertes Marketingverständnis an.

5 Fundraising aus der Sicht der Fundgiver

In diesem Abschnitt werden zunächst ausgewählte Befunde aus drei empirischen Studien vorgestellt, die ein Licht auf einzelne Aspekte des Fundraising und Fundgiving werfen. Es handelt sich dabei erstens um eine von der *Bundesarbeitsgemeinschaft der Freien Wohlfahrtspflege e.V.* beim *Institut für angewandte Sozialforschung (infas)* in Auftrag gegebene Studie, für die im Befragungszeitraum Oktober/November 1992 insgesamt 1.498 Menschen in den alten und neuen Bundesländern befragt wurden (vgl. infas 1993). Zweitens beziehe ich mich auf eine vom *Diakonischen Werk der Evangelischen Kirche in Deutschland e.V.* beim *Enigma Institut für Markt- und Sozialforschung* in Auftrag gegebene Studie, für die von September bis November 1992 insgesamt 1.506 Personen ab 14 Jahren in den alten Bundesländern per Telefoninterviews befragt wurden (vgl. Enigma o. J. [1993]). Drittens handelt es sich um eine von *World Vision International e.V.* bei der *Gesellschaft für Rationelle Psychologie* in Auftrag gegebene Untersuchung, für die im Befragungszeitraum November/Dezember 1992 insgesamt 3.153 Personen ab 16 Jahren befragt wurden (vgl. World Vision o. J. [1993]) [1].

Auf dieser Basis werden einige exemplarische Aussagen der Befragten zu positiven bzw. kritisch-negativen Einstellungen sowie zu ihren Motivationen in bezug auf das Fundraising dokumentiert; in einem zweiten Schritt folgen einige detailliert abgefragte Aussagen zu einzelnen Themen. Ziel dieses Kapitels ist ein kurzer Perspektivenwechsel, um mit exemplarischen Aussagen Fundgiver zu Wort kommen zu lassen und ihre Aussagen anschließend interpretierend bewerten zu können.

Einige problematische Aspekte von im Rahmen der genannten Untersuchungen benutzten standardisierten Interviews sind schon im Zusammenhang mit den Aussagen zum Spendenvolumen genannt worden (vgl. Kapitel 3.2.1 in diesem Teil der Arbeit). Ob beispielsweise die große Zahl von Menschen, die das Spenden prinzipiell, also auf einer normativen Ebene, hoch bewerten, auch tatsächlich freiwillig etwas geben, bleibt offen. Auch die Ambivalenzen und scheinbaren Widersprüche, die beim Vergleich der positiven Einstellungen mit den negativ-kritischen Äußerungen auftreten, kön-

---

1   Offen bleibt in dem ausgewerteten Tabellenband von *World Vision e.V.*, ob die Befragung in den alten und neuen oder nur in den alten Bundesländern durchgeführt wurde.

nen hier nicht abschließend erörtert werden. Insgesamt kann die Haltung der Spender gegenüber dem Fundraising als *skeptische Sympathie* bezeichnet werden. Im Umkehrschluß ergeben sich aus den Umfrageergebnissen eine Fülle von Entwicklungsaufgaben für NPO, die zum Ziel haben müßten, die offensichtlich vorhandene Skepsis abzubauen und das dahinter teilweise verborgene Potential an Sympathie und Engagement stärker als bisher zu nutzen.

5.1 Ausgewählte Aussagen aus Bevölkerungsumfragen

Eine insgesamt *positive Einstellung* zum Fundraising läßt sich zunächst mit der hohen Zahl von Menschen belegen, die angaben, innerhalb der letzten zwölf Monate vor der Befragung, Geld gespendet zu haben. Im Rahmen der *infas*-Studie gaben etwa 60 Prozent der Befragten an, „im vergangenen Jahr mindestens einmal eine oder mehrere Wohlfahrtsorganisationen durch eine Geldspende unterstützt" zu haben (infas 1993: 9). Von den Befragten, die nicht für die Wohlfahrtspflege, d.h. die Spitzenverbände der Freien Wohlfahrtspflege und deren Mitgliedsorganisationen, gespendet haben, gaben 21 Prozent direkt Geld an Betroffene bzw. 8 Prozent spendeten nicht für die Wohlfahrtspflege, weil sie an andere NPO Geld gegeben haben (a.a.O.: 10).

Die *Enigma*-Studie dokumentiert ebenfalls eine Spendenbereitschaft bei ca. 80 Prozent der Bevölkerung (Enigma o. J.: 14) [2]. Die Aussage: „Spendenorganisationen finde ich im großen und ganzen sympathisch und vertrauenswürdig" teilten 70 Prozent (World Vision o. J. [1993]: Tabelle 17). Indirekt wurde den Hilfsorganisationen die Kompetenz zugesprochen, „meistens schnell und unbürokratisch zu helfen, wo es nötig ist" (62%) und im allgemeinen auch „besser als der Einzelne zu wissen, wo und wie geholfen werden muß" (71%) (Enigma o. J.: 28). Ihre subjektive Befindlichkeit nach dem Spenden beschrieben 64 Prozent der Befragten mit der Aussage, „Ich fühle mich danach sehr wohl" bzw. ich bin „stolz auf mich, daß ich eine gute Tat vollbracht habe" (51%) (World Vision o. J. [1993]: Tabelle 16).

Daneben lassen sich jedoch auch zahlreiche Belege für eine *negativ-kritische Einstellung* gegenüber dem Spenden bzw. dem Fundraising nachweisen. Von den ca. 20 Prozent Nicht-Spendern gaben beispielsweise 24 Prozent an,

---

2 Auf die Frage nach der „Häufigkeit der Geldspenden im letzten Jahr" antworteten mit „1 mal" 5%, „2 – 3 mal" 24%, „4 – 5 mal" 22%, „6 – 9 mal" 11%, „10 mal oder häufiger" 18%, „ich spende prinzipiell nicht/k.A." 20% (Enigma o. J.: 14).

daß sie deshalb nicht spenden, „weil Spendengelder verschwinden"; 10 Prozent hielten den Verwaltungsaufwand für zu hoch (vgl. infas 1993: 10). Auch den folgenden Aussagen stimmte eine bemerkenswert hohe Zahl der Befragten zu: „Man wird heutzutage zu oft aufgefordert, etwas zu spenden" (58%); „Von den Spendengeldern kommt vieles überhaupt nicht bei den Empfängern an" (46%); „Wer so viel Steuern zahlt wie ich, muß eigentlich nicht noch etwas spenden" (14%)(Enigma o. J.: 28).

32 Prozent der Spender gaben auf die Frage nach ihrer „subjektiven Befindlichkeit nach dem Spenden" an: Wenn ich spende bzw. gespendet habe, „habe ich immer ein schlechtes Gewissen bzw. fühle mich danach nicht sehr wohl"; 16 Prozent ärgerten sich häufig, daß sie sich wieder haben überreden lassen und schwach geworden sind (World Vision o. J. [1993]: Tabelle 16). Damit waren beinahe die Hälfte der im Rahmen dieser Studie befragten Spender nach dem freiwilligen Geben unzufrieden.

Skepsis und Vorbehalte spiegeln sich auch in den folgenden kritischen Aussagen wider. Auf die Frage nach ihrer „Meinung und Einstellung zu Spendenorganisationen" antworteten die befragten Personen mit den folgenden Einschätzungen: Spendenorganisationen „nutzen sehr häufig die Gutmütigkeit und Gutgläubigkeit der Menschen aus" (76%); „werden häufig nicht professionell geführt, wie es für so eine Institution eigentlich notwendig wäre" (55%); „setzen die Spenden nicht immer sinnvoll ein und haben häufig keine überzeugenden Programme" (74%). Die „Mitarbeiter sind für ihre Aufgaben häufig nicht ausreichend qualifiziert" (43%) und die „Verantwortlichen denken mehr an ihre persönlichen Vorteile als an den eigentlichen Sinn der Organisation" (35%) (World Vision o. J. [1993]: Tabelle 17). Diese Meinungsäußerungen deuten darauf hin, daß zahlreiche Spender offensichtlich trotz dieser Vorbehalte oder Vorurteile bereit sind, Geld zu geben, dies aber eher resignativ und weniger mit der Überzeugung tun, daß ihr Beitrag etwas ausrichten könnte.

Auch die erhobenen Aussagen zu *Motivationen* für das Spenden von Zeit und/oder Geld sind nur wenig von der Überzeugung geprägt, daß NPO für eine effektive und effiziente Verwendung von Spendengeldern bürgen. Im Vordergrund steht bei 74 Prozent die pragmatische Überlegung, daß „der Staat nicht für alles sorgen kann" und deshalb „Hilfsorganisationen auch in Deutschland notwendig" sind (Enigma o. J.: 28). Auf die Frage, warum sie sich sozial engagieren und gemeinnützig tätig sind, werden einerseits eher individuell orientierte, andererseits eher normative Beweggründe angeführt. Zur ersten Kategorie zählen die Antworten „weil es mich persönlich befriedigt und glücklich macht" (78%), „weil ich den Wunsch habe, anderen zu helfen" (69%) sowie „weil es mir Spaß und Freude macht, anderen zu helfen" (23%). Eher normenorientiert klingen die folgenden Beweggründe: „weil es selbstverständlich ist, in Not geratenen Menschen zu helfen" (69%), weil ich „aus christlicher Nächstenliebe und kirchlichem Gebot" heraus handle (34%), „weil ich gut sein will und mich sozial verantwortlich verhalten möchte" (30%), „weil ich beliebt sein möchte und dadurch Anerkennung finde" (9%), „weil ich Schuldgefühle habe und mich moralisch verpflichtet fühle" (4%) (World Vision o. J. [1993]: Tabelle 10).

Weiterhin werden einige relevante Aussagen zu einzelnen Themenkomplexen dokumentiert. Im Rahmen der *infas*-Studie wurde versucht, das *Potential ehrenamtlichen Engagements* auszuloten: 6 Prozent der Befragten gaben an, hin und wieder ehrenamtlich in einem Wohlfahrtsverband aktiv zu sein (infas 1993: 12). Ein Viertel der bislang Nicht-Aktiven ist jedoch prinzipiell zu ehrenamtlicher Mitarbeit bereit. Als Grund für die aktuelle Inaktivität wurde von 50 Prozent der Befragten ein „mangelndes Zeitbudget" genannt. „Die andere Hälfte der Befragten stellt an eine Mitarbeit Bedingungen, die vorrangig mit der gegenwärtigen Struktur der Wohlfahrtsverbände verknüpft sind. Dazu zählen beispielsweise die Forderung nach einer fachlichen Unterstützung, die von 44 Prozent genannt wird oder die Voraussetzung organisatorischer Veränderungen bei den Verbänden, die 16 Prozent anführen" (a.a.O.: 13). Die Auftraggeber dieser Studie schätzen auf dieser Basis, daß das Potential neuer ehrenamtlicher Mitarbeiter ein knappes Fünftel der Bundesbürger umfaßt, die unter Umständen für eine aktive Tätigkeit gewonnen werden können (vgl. ebd.).

Zur Frage der *Spenderbindung* läßt sich darauf verweisen, daß die Befragten zu 49 Prozent „immer gleiche Empfänger" und zu 23 Prozent „wechselnde Empfänger" bevorzugen; 10 Prozent antworteten mit „teils/teils" (Enigma o. J.: 17). Eine *Spenden-Quittung* ist „wichtig" für 19 Prozent, „nicht so wichtig" für 23 Prozent und „unwichtig" für 41 Prozent der Spender (a.a.O.: 18). Für 31 Prozent der Befragten geben Aufrufe im Fernsehen bzw. in Zeitschriften den Anstoß zum Spenden; 69 Prozent lassen sich davon nicht zum Spenden bewegen (a.a.O.: 19). 37 Prozent präferieren als sogenannte „*Akut-Spender*" die Unterstützung in akuten Notfällen; 22 Prozent geben als „*Konzept-Spender*" eher Geld für längerfristige Projekte; 23 Prozent haben keine eindeutige Präferenz (a.a.O.: 23). Parallel dazu geben 53 Prozent der Befragten an, „meist spontan, aus dem Augenblick heraus" zu spenden (a.a.O.: 28).

Spender halten die folgenden *Anforderungen an Hilfsorganisationen* für „unverzichtbar" bzw. „wichtig": „Man muß sich über den Erfolg der Hilfsaktion informieren können" (76%); „Man muß genau wissen, welchen Menschen bzw. Projekten die Geldspende zugute kommt" (72%); „Es muß sich um eine anerkannte/bekannte Spendenorganisation handeln" (66%); „Man muß die Höhe der Kosten für Verwaltung und Werbung kennen" (53%); „Als Spender sollte einem ein Jahresbericht über die Hilfsorganisation und ihre Ausgaben vorgelegt werden" (45%); Nur für 18 Prozent der Befragten war „nichts davon relevant" (a.a.O.: 25).

Im folgenden noch einige Ergebnisse aus einer von Willy Schneider (1993) durchgeführten Studie zur *Wahrnehmung und Nutzung von Spendenbriefen*[3]. Die Menge der in Spendenbriefen enthaltenen Informationen wurde in den alten Bundesländern häufig als zu umfangreich angesehen. Die Befragten bemängelten außerdem, „daß man in Spendenbriefen auf Sachinformationen weitgehend verzichte und, ganz im Gegenteil, emotionale Aspekte des Spendenzwecks in den Vordergrund stelle" (a.a.O.: 33). „Nur 35,3 Prozent der Spendenbriefe verweisen auf die Nutzenstiftung für den Hilfsbedürftigen, und lediglich jedes zweite der untersuchten Mailings (50,0%) enthält Informationen über Erfolge der gemeinnützigen Organisation" (ebd.). Nur 14,7 Prozent der untersuchten Spendenbriefe begegneten offensiv der Klage vieler Adressaten über mangelhafte Effizienz gemeinnütziger Organisationen. Als deren Ursache wurde häufig ein angeblich zu hoher Werbe- und Verwaltungsaufwand genannt. Insgesamt waren nur 15 Prozent der Befragten mit der Verwendung von Spendengeldern „sehr zufrieden" bzw. „zufrieden" und würden die Organisation weiterempfehlen (a.a.O.: 33). In den neuen Bundesländern machten übrigens nur 7,1 Prozent der Befragten ihre Spende steuerlich geltend und nur 16,3 Prozent glaubten, einem Laien die mit der Vergabe von Spenden verbundenen steuerlichen Vorteile erklären zu können (a.a.O.: 34).

Abschließend sei noch auf eine Trendaussage aus dem *Deutschen Kundenbarometer 1994* verwiesen, die für Einschätzungen in bezug

---

3 Befragt wurden 430 Personen in den alten Bundesländern und 113 in den neuen Bundesländern. Zudem wurden 34 Varianten von Spendenbriefen analysiert (Schneider, W. 1993: 33).

auf das Fundraising in der öffentlichen Meinung indirekt relevant erscheint [4]: Neunzig Prozent der Befragten in den alten Bundesländern (84% in den neuen Bundesländern) stimmten der folgenden Aussage „voll und ganz" bzw. „weitgehend" zu: „Unsere Gesellschaft kann nur überleben, wenn wir alle das Gemeinwohl höher bewerten als das Gewinnstreben" (Deutsche Marketing Vereinigung 1994: 84) [5].

5.2 Bewertung und Interpretation

Fundraising wurde im Kapitel 1 dieses Teils der Arbeit definiert als erfolgreicher Aufbau, Aufrechterhaltung und Verbesserung von Beziehungen zu allen relevanten Bezugsgruppen und Personen unter Berücksichtigung der Ziele der beteiligten Parteien. Das Management freiwilliger Austauschbeziehungen zwischen Einzelpersonen, Unternehmen und Stiftungen auf der einen Seite und NPO auf der anderen Seite gestaltet den Tausch materieller und immaterieller Ressourcen (Geld, Zeit, Güter und Dienstleistungen) gegen Partizipationsmöglichkeiten, Erfahrungen, Delegations- und Aktionsangebote. Der Profilierung dieser Leistungen und der Gestaltung von tragfähigen Beziehungen zwischen Spendern und NPO wird angesichts der skeptischen Distanz, die sich in den oben genannten Aussagen widerspiegelt, noch zu wenig Beachtung geschenkt. Vor dem Hintergrund der Einschätzungen von Fundgivern lassen sich vier Interaktions- oder Beziehungstypen differenzieren [6]:

Merkmal *oberflächlicher Beziehungen* ist, daß die Spende oder das Engagement beiläufig gegeben werden und für beide Seiten (noch) keinen großen

---

4   Im Rahmen des *Kundenbarometers* wurden elf Trends untersucht und dazu ca. 30.000 Personen in den alten und ca. 5.600 Personen in den neuen Bundesländern befragt (Deutsche Marketing Vereinigung 1994: 78 ff.).

5   In bezug auf praktiziertes Umweltbewußtsein haben die Befragten folgendes Selbstbild: Die Aussage „Ich engagiere mich *aktiv* für die Erhaltung der Umwelt" teilen „voll und ganz" 36 Prozent bzw. 17 Prozent, „weitgehend" 38 Prozent bzw. 50 Prozent, „eher nicht" 18 Prozent bzw. 28 Prozent und „überhaupt nicht" 8 Prozent bzw. 5 Prozent der Befragten (Deutsche Marketing Vereinigung 1994: 84).

6   Diese Beziehungstypologie geht auf Kategorien zurück, die Bierhoff im Zusammenhang mit der Psychologie des Hilfe-Erhaltens entwickelt hat (vgl. Bierhoff 1988: 226 ff.). Ich habe sie an dieser Stelle adaptiert, da sie sich auch zur Kennzeichnung der Beziehungen zwischen Fundgivern und NPO eignen.

Stellenwert haben. Dies gilt beispielsweise für Kontakte mit Interessenten und Erstspendern. In dieser Phase müßten NPO aktiv Informationen über latente und manifeste Erwartungen und Vorbehalte von Spendern sammeln und darauf eingehen.

Reaktive Beziehungen sind dadurch gekennzeichnet, daß Situationsfaktoren einen dominierenden Einfluß auf die Reaktionen der Interaktionspartner haben. Es erfolgt ein relativ spontanes Handeln ohne ausführliche Kosten/Nutzen-Abwägungen. Diese Form der Interaktion ist ebenfalls zunächst nicht auf eine dauerhafte Beziehung ausgerichtet und manifestiert sich beispielsweise bei Straßensammlungen oder Spendenaufrufen nach Katastrophen.

Bei *wechselseitigen oder symmetrischen Beziehungen* sind sich die Interaktionspartner der gegenseitigen Abhängigkeit weitgehend bewußt. Der Spender hat eine ausgeprägte Motivation, Hilfe zu leisten und kann nur dann seine Motivation verfolgen, wenn eine NPO in seinem Sinn aktiv und positiv präsent ist. Die Organisation als Partner kann ihre Ziele wiederum nur verfolgen, wenn Fundgiver die Aktivitäten und Angebote auch nachfragen und unterstützen. Diese Beziehungen basieren auf Gegenseitigkeit. Beide Seiten können nur gewinnen, sind allerdings auch aufeinander angewiesen. Diese anspruchsvollste Variante des Fundraising erfordert Kontinuität und gegenseitige Wertschätzung. Auf Seiten des Spenders ist ein großes Maß an Vertrauen erforderlich. Er kann schließlich nicht die internen Details der Nonprofit-Organisation kontrollieren, sondern nur deren Selbstdarstellung. Diese Tatsache verweist umgekehrt auf die „Bringschuld" des anderen Partners: Die Organisation muß alle relevanten Fakten transparent machen; jede Selbstdarstellung verpflichtet. Mit diesen relativ hohen Kosten wird jedoch mittel- und langfristig auch der höchste Nutzen auf beiden Seiten zu realisieren sein.

Asymmetrische Beziehungen zeichnen sich durch eine einseitige Festlegung des Verhaltens zwischen Spendern und Nonprofit-Organisationen aus. Mit Hilfe von Appellen an die Hilfsbereitschaft bzw. an Normen sozialer Verantwortung entsteht ein mehr oder weniger großer „Druck" beim Spender. Dieser äußert sich insbesondere in der internalisierten „Vorschrift", auch dann zu spenden, wenn kein gegenseitiger Austausch unterstellt werden kann. Asymmetrische Beziehungen sind wahrscheinlich noch immer die häufigste Form der Interaktion zwischen Spendern und Nonprofit-Organisationen. Sie sind oft kurzfristig erfolgreich, führen jedoch selten zu einer langfristigen Beziehung. Die Befragungsergebnisse spiegeln dies meiner Meinung nach wider: Bei einem offensichtlich großen Maß an skeptischen Vorbehalten gegenüber NPO wird *dennoch* gespendet. Dieses Verhalten muß eher als Konsequenz von „Druckstrategien" mit Mitleidsappellen bzw. der Ansprache eines sogenannten schlechten Gewissens interpretiert werden, denn als partnerschaftliches Agieren. Ein Indiz dafür ist auch die überwiegend emotionale Ansprache der potentiellen Spender, die von der Mehrzahl der befragten Adressaten von Spendenbriefen kritisiert wird (Schneider, W. 1993). Auf diese Weise initiierte Spenden werden jedoch kaum zu einer dauerhaften Bindung des Spenders an eine Nonprofit-Organisationen führen.

Fundgiver und NPO geben jeder Interaktion eine jeweils eigene Bedeutung. Zum Beispiel kann eine Spende als Teil eines wechselseitigen Austausches definiert werden oder als eine einseitige Zuwendung ohne Erwartung einer Gegenleistung. Wenn Spender und Nonprofit-Organisationen unterschiedliche Bedeutungszuschreibungen verwenden, entsteht durch diese Asymmetrie ein Problem: Die Organisation geht beispielsweise von einer wechselseitigen Austauschbeziehung aus; der Spender nur von einer einseitigen und einmaligen Zuwendung. Auch die Umkehrung ist möglich: Die Nonprofit-Organisation agiert auf der Basis einer einseitigen und einmaligen Zuwendung, während der Spender Transfers erwartet, die er nicht erhält.

Eine Selbstdarstellung als Dienstleister, als Basis für symmetrische Interaktionen, wird von relativ wenigen NPO favorisiert (vgl. auch Schneider, W. 1993). Dies würde bedeuten: Auf der Basis klar formulierter Ziele und Leitbilder sowie sachlicher Informationen, machen Nonprofit-Organisationen selbstbewußte Angebote an ihre Spender, deren Motivationen und Engagement in Taten umzusetzen. Humanitärer Anspruch und professionelle, sachliche Selbstdarstellung stehen jedoch keineswegs im Widerspruch zueinander – auch nicht in den Augen der potentiellen und aktiven Spender, die im Rahmen der von *World Vision e. V.* in Auftrag gegebenen Studie befragt wurden: „Dem Spender muß der Erfolg seines Engagements vermittelt werden. Dies gelingt nicht mit Katastrophenbildern, denn der Bürger will sich nicht für Probleme engagieren, sondern für deren Lösung". Die Spender erwarten außerdem eine offene Informationspolitik von den Nonprofit-Organisationen und zwar nicht nur in Krisensituationen. „Entscheidender Anhaltspunkt für die Glaubwürdigkeit einer Organisation ist [außerdem] die Offenlegung der gesamten Einnahme- und Ausgabestruktur" (World Vision o. J. [1993]: Vorwort).

Fundraising hat im Spiegel der öffentlichen Meinung insgesamt keineswegs einen schlechten Ruf; vielmehr werden trotz teilweise massiver Vorbehalte Geld, Zeit und andere Ressourcen gegeben. Das deutet meiner Meinung nach auf einen – sehr unterschiedlich motivierten – Bedarf an den Angeboten von NPO hin. Während für die Leistungen der NPO im engeren Sinn ein relativ hohes Maß an Akzeptanz auf Seiten der Spender unterstellt werden kann, bleiben die Angebote im weiteren Sinn für die Ressourcengeber offensichtlich weitgehend konturlos. Die von Nonprofit-Organisationen erbrachten Leistungen beziehen sich – im Sinn meiner These, das Fundraising selbst als (Dienst-)Leistung zu betrachten – nicht nur auf die direkten Empfänger bzw. Nutzer, d.h. unterstützte Personen oder Projekte. Ressourcenbeschaffung ist nicht nur professionell gestaltetes „Mittel zum Zweck", sondern selbst eine eigenständige Leistung von Nonprofit-Organisationen, der jedoch noch zu wenig Beachtung geschenkt wird.

Den Spendern werden Orientierungsrahmen, Partizipationsmöglichkeiten, Werte, Sinn und Stellvertreterhandeln angeboten. Der Bedarf an diesen Angeboten wird traditionell von den Kirchen und der Politik mehr oder weniger befriedigt. Gerade in diesen Bereichen gibt es jedoch zunehmend „Einbrüche": Die Kirchen verlieren immer mehr Mitglieder, und eine diffuse „Politikverdrossenheit" mit damit verbundener Abwendung von den etablierten Parteien sind zu beobachten. Nonprofit-Organisationen sollten als „Sinnproduzenten" diese Orientierungslücken noch stärker als bisher nutzen. Es existiert nicht nur ein diffuser Bedarf an diesen Orientierungsangeboten, sondern auch eine mehr oder weniger konkrete Nachfrage [7]. Gerhard Schulze (1995) beschreibt beispielsweise die große Bedeutung von Milieus und Lebensstilen, in denen Erlebnisse, subjektive Befriedigung,

---

7 Das potentielle Spender eine Spendenaktion auch konkret einfordern können, zeigt ein Beispiel im Zusammenhang mit der „Hochwasserhilfe 1995". In der Nachrichtensendung „Heute" des ZDF vom 01.02.95 wurde von zahlreichen Anrufen in der Redaktion berichtet, bei der sich Menschen meldeten, die den Hochwasseropfern an Rhein und Mosel Geld spenden wollten, aber keine Ansprechorganisationen bzw. Spendenkonten kannten. Die Redaktion hat diese Nachfragen an Hilfsorganisationen weitergeleitet. Die Antwort von dort: In Deutschland hilft in solchen Fällen zunächst der Staat. Private Hilfe ist bei solchen Anlässen in Deutschland nicht etabliert. Mit einiger Verzögerung und wohl auch aufgrund dieser öffentlichen Nachfrage wurden dann dennoch Spendenkonten bekanntgegeben.

Orientierung, Sinn gesucht und gefunden werden. Wenn die soziale Schicht aus der man kommt, wenn das Bildungsniveau oder die Religionszugehörigkeit nicht mehr bestimmte Formen des Lebensstils determinieren, sondern nur noch Angebote unter vielen anderen sind, wächst der Bedarf, sich mit neuen sozialen Gruppen und Milieus zu identifizieren.

Die vielzitierte „Individualisierung der Gesellschaft" hat schließlich nicht dazu geführt, daß die Menschen als versprengte Einzelpersonen für sich hinleben; sie hat gleichzeitig auch zu neuen Gruppenbildungen geführt, nicht zuletzt in Gestalt von zahlreichen Nonprofit-Organisationen. Die Vielzahl von Selbsthilfegruppen, Interessenverbänden usw. ist ein Beleg dafür (vgl. beispielsweise Effinger 1990). Nicht nur vor diesem Hintergrund, sondern auch im Zusammenhang mit der Interpretation der Befragungsergebnisse, ist von einem „vagabundierenden" Potential an Engagement in dieser Gesellschaft auszugehen. Ich halte das latente Potential des Fundgiving für größer, als das, was sich in konkreten Fundraising-Ergebnissen auf Seiten der Nonprofit-Organisationen manifestiert.

6 Zusammenfassung

Von den in diesem Teil der Arbeit differenzierten Aspekten des Fundraising sollen die folgenden Entwicklungsaufgaben noch einmal hervorgehoben werden:

- Auf der Ebene der Forschung besteht zunächst ein Defizit bezüglich der Begriffsbestimmung und den damit verbundenen Funktionen des Fundraising. Für die Zwecke der vorliegenden Arbeit wurde der Vorschlag gemacht, Fundraising als Management aller externen und internen Ressourcenarten und -quellen zu definieren und dabei die Beziehungsgestaltung zu allen relevanten Bezugsgruppen und Personen in den Mittelpunkt zu stellen. Wie im Teil V dieser Arbeit noch zu zeigen sein wird, ist ein solchermaßen weit gefaßter Objektbereich des Fundraising nur mit der Einbindung in ein Marketingkonzept operationalisierbar. Dies wird auch von den vorgestellten Konzepten zur Methodik des Fundraising reflektiert.

- Die Darstellung von Ressourcenquellen und -arten ergab zahlreiche Unschärfen in bezug auf die Empirie des Fundraising in Deutschland. Gleichwohl kann von einem erheblichen Ausmaß und von zahlreichen konkreten Varianten des freiwilligen Gebens ausgegangen werden. Die in den USA jährlich aufgelegte Publikation „Giving USA" sollte auch in Deutschland eine Entsprechung finden. Der wünschenswerten Förderung von *Kulturen des Gebens* ließe sich nicht zuletzt durch eine vergleichbare Dokumentation im Sinn eines „Giving Germany" Vorschub leisten. Gleichzeitig wäre das ein Beitrag zu mehr Transparenz und Informationen über die Quantität und Qualität des Fundraising und Fundgiving.

- Auf der Ebene der einzelnen NPO erlangt als zentrale Entwicklungsaufgabe nicht nur die Dokumentation von Zielen, Werten, Arbeitsweisen und Erfolgen Bedeutung, sondern auch die für Außenstehende nachvollziehbare Offenlegung aller finanziellen Transfers: Gemeinnützigkeit lebt nicht nur von öffentlicher Aufmerksamkeit und entsprechendem Engagement, sondern setzt auch Öffentlichkeit bezüglich aller Finanzierungsaspekte voraus.

- Erfolgreiche und kontinuierliche Mittelbeschaffung bedarf zahlreicher organisationsinterner Vorarbeiten, bevor sich Mittel aus externen Quellen akquirieren lassen. Dieser Aspekt gilt für alle Ressourcen, wird jedoch insbesondere bei den Versuchen deutlich, Unternehmen zu Sponsoringpartnerschaften zu bewegen. Fundraising bezieht sich insgesamt auf organisationsinterne Ressourcenquellen und -arten ebenso wie auf die in der Diskussion häufig im Vordergrund stehenden externen Quellen.

- NPO sind auf der Seite der Fundgiver mit einer Haltung konfrontiert, die als skeptische Sympathie bezeichnet werden kann. Deren Meinungsäußerungen spiegeln nicht nur eine Fülle von Vorbehalten wider; diesen könnte mit einer Intensivierung der Public Relations bzw. der Öffentlichkeitsarbeit begegnet werden. Für bedeutsamer halte ich die aus Umfrageergebnissen ableitbaren Interessen an der Arbeit von NPO. Sie lassen sich meiner Meinung nach als Nachfragepotential in bezug auf die Partizipations-, Orientierungs- und Kommunikationsangebote von gemeinnützigen Organisationen interpretieren. Daraus ergibt sich die Aufgabe, die jedem Fundraising und Fundgiving innewohnenden Kommunikations- und Identifikationsaspekte stärker als bisher zu beleuchten. Es ist zu vermuten, daß bei vielen Fundraisingaktivitäten diese Nachfrage und Interessen sogar im Vordergrund stehen oder stehen könnten.

Teil II

Fundgiving – Die Basis des Fundraising

Bisher standen mit den Ausführungen zu Sichtweisen, Definitionen, Methoden sowie Ressourcenquellen und -arten Aspekte des Fund*raising* im Vordergrund der Betrachtung. An dieser Stelle wird die Perspektive gewechselt und die Aufmerksamkeit auf die Beweggründe für das Fund*giving* gerichtet. Fundgiving in einem weit gefaßten Sinn gilt als Komplementärbegriff zur Ressourcenbeschaffung. In diesem Teil der Arbeit wird er jedoch mit einer Einschränkung auf das *freiwillige* Geben materieller oder immaterieller Ressourcen durch Privatpersonen, Stiftungen und Unternehmen an Nonprofit-Organisationen verwendet. Dabei handelt es sich um soziale Austauschbeziehungen, bei denen in der Regel Geld, geldwerte Sach- oder Dienstleistungen sowie andere, beispielsweise ehrenamtliche Formen des Engagements gegen weitgehend immaterielle Gegenwerte getauscht werden. Diese Varianten des Gebens von Geld oder Zeit finden auf der Basis mehr oder weniger intensiver und persönlicher Beziehungen zwischen beiden Parteien und unter Berücksichtigung der Ziele von Fundgivern und NPO statt. Der Begriff entspricht damit, ungeachtet der Einschränkung in bezug auf Ressourcenquellen und -arten, der im ersten Teil dieser Arbeit entwickelten interaktionsorientierten Fundraising-Definition [1].

Fundgiving und Fundraising sind somit zwei aufeinander bezogene Seiten eines Interaktions- und Austauschprozesses. Das Bündel von Bedingungen und Einflüssen, die das Geben oder Nicht-Geben je individuell und in

---

1 Fundraising ist der erfolgreiche Aufbau, die Aufrechterhaltung und Verbesserung von Beziehungen zu allen relevanten Bezugsgruppen und Personen unter Berücksichtigung der Ziele der beteiligten Parteien. Dies wird erreicht durch gegenseitigen Austausch sowie die Erfüllung von Versprechen und Vertrauen (vgl. Kapitel 1.5 im ersten Teil dieser Arbeit).

konkreten Situationen prägen, steht auf der einen Seite dieses Prozesses; die Fundraising-Konzepte und Methoden der Nonprofit-Organisationen befinden sich auf der anderen Seite. Diese Differenzierung in Geben und Nehmen erscheint wie eine künstliche Trennung von Zusammengehörigem; sie ist jedoch sinnvoll, da meinem Eindruck nach beim Fundraising sehr die Beschaffungsaktivitäten beleuchtet werden, dabei aber die Basis und die Quellen des Fundraising häufig außerhalb des Blickfeldes liegen. Sie ins Zentrum zu rücken, ist Aufgabe dieses Teils der Arbeit.

Freiwilliges Geben ist ein komplexes, teilweise undurchsichtiges Verhalten von Menschen. Dabei sind zahlreiche „weiche" Faktoren relevant, die in immer neuen Bündeln je individuell wirksam werden. Diese Komplexität führt manchmal zu der zugespitzten Sichtweise: Es existieren so viele Motivationen und entsprechende Erklärungen für das Geben, wie es Spender, Stifter und andere freiwillig engagierte Menschen gibt. Für eine systematische Erkundung der Bedingungen für das Fundgiving sowie der relevanten Einflußfaktoren ist diese Aussage verständlicherweise wenig hilfreich.

Spendensammelnde Organisationen sind „nur unzureichend über die Motivstruktur potentieller Spender informiert" (Schneider/Tomasch 1992). Wenn dieses Manko behoben werden soll, führt das zur Beschäftigung mit subjektiven und externen Einflußfaktoren auf das freiwillige Geben von Geld und Zeit und zu einer Auseinandersetzung nicht nur mit sozialpsychologischen Forschungen zum helfenden, altruistischen oder prosozialen Verhalten. Auch die Ergebnisse wirtschaftswissenschaftlicher Arbeiten im Kontext des Marketing für Nonprofit-Organisationen (z.B. Heister 1994, Cooper 1994, Schneider/Tomasch 1992) sowie soziologische Studien (z.B. Luhmann 1973, Glinka/Jakob/Olk 1993; Jakob 1993; Voß 1993; Schulze 1995) geben Aufschlüsse über Details und Bedingungen von Einflußfaktoren auf das Fundgiving. Diese soziologischen, ökonomischen und sozialpsychologischen Zugänge zum Fundgiving stelle ich im zweiten und dritten Kapitel dieses Teils der Arbeit vor. Dabei nimmt die Studie von Samuel P. Oliner und Pearl M. Oliner (1988) zur Entstehung altruistischer Persönlichkeitsmerkmale einen breiten Raum ein. Mit Hilfe ihrer sozialpsychologisch orientierten Sichtweise läßt sich das Phänomen des Fundgiving im wesentlichen als prosoziales Verhalten interpretieren. Damit wird ein Bezugsrahmen eröffnet, innerhalb dessen die Grenzen der im engeren Sinn ökonomisch orientierten Erklärungsansätze mit ihrer Konzentration auf Kosten- und Nutzenabwägungen deutlich werden.

Eröffnet wird dieser Teil mit einigen Illustrationen und Reflexionen zum Phänomen des Fundgiving aus philosophischer und historischer Sicht sowie einer Beschreibung und Interpretation des Stiftens und Spendens, um danach auf theoretische Erklärungsansätze einzugehen. Im ersten Kapitel steht also eher die Beleuchtung des Phänomens im Vordergrund; erst im Anschluß daran werden theoretische Aspekte des Gebens erörtert.

1 Zum Phänomen des Gebens – Fundgiving als Tauschverhältnis

In Publikationen zum Fundraising nimmt die Frage, warum Menschen sich engagieren, relativ wenig Raum ein. Eine Disposition zum Fundgiving wird einfach vorausgesetzt oder als „donor profile" anekdotisch illustriert (vgl. Burnett 1993; Schneiter 1985: 139 ff.). Im Unterschied zu den Beweggründen der zahllosen Einzelpersonen, die mit ihren Spenden den größten Anteil des freiwillig gegebenen Geldes zur Verfügung stellen, sind die Argumentationen von Stiftern, Stiftungen oder Unternehmen besser dokumentiert. Deren Beweggründe für freiwilliges Geben lassen sich deshalb ausführlicher betrachten und interpretieren.

Freiwilliges Geben von Geld oder Zeit läßt sich zunächst mit einem großen Maß an Plausibilität als Tauschverhältnis darstellen (Blau 1964, 1968). Dabei gibt es kein „uneigennütziges" oder „selbstloses" Verhalten. Der Geber bekommt immer auch etwas; der „Nehmer", im Kontext dieser Arbeit also Nonprofit-Organisationen, gibt immer auch etwas. Die im folgenden genannten Beispiele für die Ambivalenz bzw. Symbiose von Eigennützigkeit und Gemeinnützigkeit dienen nicht einer Denunziation des Gebens oder der Geber. Sie sollen vielmehr die Diskussion um das freiwillige Geben etwas entschleiern, zu Gunsten einer realistischen Betrachtung von Mäzenatentum, sozialem Engagement und scheinbar selbstloser Philanthropie.

1.1 Philosophische Überlegungen zum Fundgiving

Zunächst sollen kursorisch einige philosophische Überlegungen Aspekte des Gebens beleuchten. Es handelt sich dabei in erster Linie um Erörterungen zu der Frage, ob das Fundgiving möglicherweise jenseits eines ökonomisch motivierten Tauschprinzips anzusiedeln ist. Zudem werden kritische Einwände gegenüber einer eindimensionalen, auf ökonomische Transfers fixierten, Betrachtungsweise erhoben.

Auf der Frage: „Ist es möglich zu geben?" basieren die Überlegungen des französischen Philosophen Jacques Derrida zur Ökonomie des Gebens (Derrida 1993). Ist „die Gabe" nicht lediglich „ein Phantom unserer Vernunft oder Ökonomie" (Ansén 1993: 14)? Ob es sie gibt – jenseits eines bloß ökonomisch motivierten Tauschverhältnisses – ist nicht sicher. Handelt es sich beim Geben von Zeit oder Geld folglich immer um einen Tausch, also um einen Vorgang der Zirkulation und der Äquivalenz? Wenn das Tauschprinzip das Geben dominiert, so gibt es nach Derrida weder Selbstlosigkeit noch Uneigennützigkeit, sondern ausschließlich einen ökonomisch begründeten Transfer von materiellen bzw. immateriellen Werten. Sobald ein Äquivalent für das freiwillige Geben existiert, sei es in Form von Dank oder gesellschaftlicher Anerkennung oder in anderer Form, gibt es keinen Geber und keinen Nehmer einer Gabe mehr, sondern Handelspartner. Reiner Ansén bringt diese Sichtweise auf den Punkt: „Sobald aber die Gabe in einem Äquivalent gleich welcher Art – materiell oder symbolisch (als Dank beispielsweise) – zum Geber zurückkehrt, ist sie keine Gabe gewesen, sondern nur ein Gegenstand des Tausches. Immer zahlt sie sich aus" (ebd.). Schon die bloße Absicht zu geben, kann das narzißtische Gefühl von Güte und Großzügigkeit produzieren und damit einen Gegenwert, der im Einzelfall ungleich höher sein mag, als die aus der Absicht resultierende Spende oder andere Form der Gabe. In dieser philosophischen Logik, müßte die Gabe im selben Moment, in dem sie gegeben wird, „verschwunden und vergessen sein, um nicht im realen oder symbolischen Zirkel von Schuld und Ausgleich Teil einer Kalkulation – und damit als Gabe zerstört – zu werden" (ebd.). Dabei werden, meiner Meinung nach zu Recht, materielle und immaterielle bzw. symbolische Äquivalente als vergleichbar angesehen.

Derrida fordert dazu auf, sich das Geben jenseits eines Äquivalenzprinzips vorzustellen, welches immer eine ausgeglichene Bilanz von Geben und Nehmen unterstellt. Er wendet sich damit gegen ein Konzept von Subjektivität, die bloß gibt, um im Austausch dazu den Mehrwert einzustreichen. Vor diesem Hintergrund bekommen die Überlegungen von Derrida nicht nur im Zusammenhang mit der Diskussion um das Vorhandensein eines „reinen" oder „selbstlosen" Altruismus ihre Bedeutung; ich halte sie auch aus einem anderen Grund für relevant im Kontext von Überlegungen zum Fundraising und Fundgiving. Treffen sich bei diesen Interaktionen tatsächlich lediglich Handelspartner, die ein jeweils günstiges Angebot für den anderen machen müssen, um ein erfolgreiches Geschäft zu tätigen, oder gibt es hinreichende Gründe für die Annahme, daß freiwilliges Geben auch jenseits des Prinzips von Leistung und Gegenleistung stattfinden kann? Führen die in der Fundraising-Diskussion und -Praxis immer häufiger zu hörenden Aufforderungen, immaterielle Gegenleistungen für freiwilliges Geben von

Geld und Zeit liefern zu müssen und transparent zu machen, zu einer positiven oder negativen Entwicklung?

Auf einer ähnlichen Ebene reflektiert auch Theodor W. Adorno das freiwillige Geben in seinem Aphorismus „Umtausch nicht gestattet" (Adorno 1970 [1951]: 46 ff.): Das Geschenk als Gabe verletzt das kapitalistische Tauschprinzip und stößt damit zunehmend nicht nur auf Unverständnis, sondern auch auf die Unmöglichkeit eines Handelns außerhalb des Kreislaufes von Geben und Nehmen: „Dafür übt man charity, verwaltete Wohltätigkeit, die sichtbare Wundstellen der Gesellschaft planmäßig zuklebt". Das Schenken wird in diesem Zusammenhang zur „Spende" und ist als solche mit „Demütigung durch Einteilen, gerechtes Abwägen, kurz durch die Behandlung des Beschenkten als Objekt notwendig verbunden" (ebd.).

Doch nicht nur das aus Adornos Perspektive auf diese Weise betriebene Fundgiving, auch „das private Schenken ist auf eine soziale Funktion heruntergekommen, die man mit widerwilliger Vernunft, unter sorgfältiger Innehaltung des ausgesetzten Budgets, skeptischer Abschätzung des anderen und mit möglichst geringer Anstrengung ausführt. Wirkliches Schenken hatte sein Glück in der Imagination des Glücks des Beschenkten. Es heißt wählen, Zeit aufwenden, aus seinem Weg gehen, den anderen als Subjekt denken: das Gegenteil von Vergeßlichkeit. Eben dazu ist kaum einer mehr fähig. Günstigenfalls schenken sie, was sie sich selber wünschten, nur ein paar Nuancen schlechter" (ebd.).

Eine scheinbar gegenteilige Haltung hat Walter Benjamin als eine seiner Handlungsmaximen propagiert: „Gaben müssen den Beschenkten so tief betreffen, daß er erschrickt" (Benjamin, zit. in Fuld 1979: 28). Werner Fuld bezieht sich in seiner Benjamin-Biographie auf dessen Vorliebe, oft jenseits seiner finanziellen Möglichkeiten, Erstausgaben von Büchern zu verschenken: „Mit der Freudschen Bestimmung vom Verhalten des Kleinkindes, das sein Spielzeug nicht deswegen wegwirft, weil es sich von ihm befreien, sondern weil es dieses zurück erhalten will, läßt sich von Benjamins Schenklust sagen, daß er wertvolle Bücher aus seiner Bibliothek weggab, um sie irgendwann lustvoll in einem Antiquariat wieder zu finden. Er gab den Dingen ihre Freiheit, zu ihm zurückzukehren, wie lange er auch warten müßte" (a.a.O.: 28 f.).

Benjamins Art des Schenkens „mit der geduldigen Hoffnung auf Rückgewinn" (a.a.O.: 29) bzw. mit der Lust am „Erschrecken" des Beschenkten, könnte jedoch im Licht von Derridas Überlegungen auch als eine Variante des Äquivalenzprinzips interpretiert werden. In diesem Fall wäre der Gegenwert für die Hergabe eines wertvollen Geschenks, die Lust an der Reaktion des Empfängers der Gabe sowie die Freude bei der möglichen indirekten Wiederkehr des Geschenks.

1.2 Mäzene und Stifter – Stiftungen und Unternehmen

Die Existenz von Tauschverhältnissen im Rahmen des Fundgiving läßt sich schon beim Namensgeber für das vielfach zitierte Mäzenatentum nachweisen. Es entpuppt sich unter diesem Blickwinkel betrachtet weniger als großherziges und selbstloses Gönnen und Schenken, sondern enthält immer auch Aspekte eines ökonomisch und politisch kalkulierten Tauschverhältnisses. Der Namensgeber der Mäzene, der römische Kunstfreund und Staatsmann Gaius Cilnius Maecenas (um 70 – 8 v. Chr.), ist dafür das erste Beispiel. Er „war ein enger Freund, Vertrauter und Berater des Augustus; in der ersten Hälfte von dessen Regierungszeit besaß er eine kaum zu überschätzende Bedeutung als Staatsmann" (Daweke 1986: 10). An der Person des Maecenas wird die Ambivalenz des scheinbar selbstlosen Gebens deutlich. Einerseits war er selber dilettierender Dichter und schmückte sich gern mit dem Kontakt zu und der Unterstützung von Künstlern wie Vergil oder Horaz. Andererseits hatte sein Interesse an den bedeutendsten zeitgenössischen Dichtern „vor allem damit zu tun, daß er im Staat des Augustus die Stellung des obersten Polizeichefs innehatte. Und diesem oblag die Aufsicht über das Schrifttum. Neben der persönlichen Neigung nimmt die Altertumswissenschaft daher einen Auftrag des Augustus, dessen neue Herrschaftsweise der Affirmation und Bejahung bedurfte, als Motiv für Maecenas' Mäzenatentum an" (a.a.O.: 11; vgl. auch Behnke 1988: 17 f.).

Auch im Zeitalter der Renaissance wird am Beispiel der Medici in Florenz deutlich, daß diese Mäzene, besonders Cosimo de Medici und sein Nachfolger Lorenzo, eine Ökonomie des Gebens und keine „Selbstlosigkeit" verfolgten. Nicht nur die Medici, auch die Päpste und andere Herrscher(familien) waren zunächst einmal Auftraggeber für die zahllosen Kunstwerke, die sie in ihren Besitz nahmen. In genau ausgehandelten Verträgen wurden Art und Umfang der Leistung, Lieferzeit und Entlohnung festgelegt. Irving Stone macht in seiner Michelangelo-Biographie deutlich, daß dies häufig auch gegen die Interessen der Künstler geschah (vgl. Stone 1993).

Ein anderer Aspekt dieser Ökonomie des Mäzenatentums wird ebenfalls bei Cosimo de Medici deutlich: Reichtum wurde als eine Verpflichtung zur Rechenschaft angesehen. Im Zeitalter der Renaissance war das die Rechenschaftspflicht der Kirche gegenüber: „Je reicher Cosimo wurde, desto mehr mußte er zum ‚Schuldner Gottes' werden. [...]. So gibt es genaue finanzielle Aufzeichnungen über die Ausgaben der Medici, die die ‚Begleichung der Schulden an den höchsten Gläubiger zum Gegenstand hatten' und der Öffentlichkeit mit großer Sorgfalt zur Kenntnis gebracht wurden" (Behnke 1988: 25).

Stifter gelten, nicht nur in den USA, als Prototypen moderner Varianten des Mäzenatentums. Ihre Namen sind oft schillernd und in ihren Aktivitäten läßt sich die unauflösbare Verbindung von unternehmerischen und persönlichen Interessen nachweisen. Es gibt kritische Stimmen, die sich auf diesen Aspekt konzentrieren und damit das Bild der wohltätigen, um die Gemeinschaft besorgten, Spender großer Summen, gleichgültig ob als Einzelpersonen, Stifter oder Unternehmer, differenzieren.

Ökonomisches Kalkül und die symbiotische Verbindung von Eigennutz und Gemeinnutz lassen sich an Hand einiger großer amerikanischer Stifter und Stiftungen nachweisen [1]. Ein Beispiel dafür ist die 1903 gegründete *Carnegie Foundation*. Andrew Carnegie selbst erklärte zwar 1889 in seinem „Gospel of Wealth", daß Menschen, die es zu großem Reichtum gebracht haben, einen großen Teil davon den weniger glücklichen und kompetenten Menschen zur Verfügung stellen sollten: „The millionaire, Carnegie concluded, should be ashamed to die rich" (Curti 1990 [1973]: 345; vgl. auch Carnegie 1990 [1889]). Sein Engagement als Stifter basierte jedoch wohl kaum auf Scham in bezug auf seinen Reichtum. In einem Aufsatz, der sich mit den us-amerikanischen Stiftungen als Ideologieproduzenten beschäftigt, stellen die Autoren fest, daß es beispielsweise dem *Carnegie Institute* primär darum ging, Methoden der Wissensproduktion und -vermittlung für Arbeiter zu erforschen und anzuwenden. Basis dafür war die pragmatische Haltung der Carnegie-Familie, eine möglichst reibungslose Aufrechterhaltung der frühkapitalistischen Rahmenbedingungen und damit auch die Produktion von

---

1   Vgl. zur Rolle von Stiftungen in den USA auch Ylvisaker 1987.

Reichtum für die Carnegies zu gewährleisten und zu rechtfertigen (vgl. Slaughter/Silva 1990 [1980]: 378). Ähnliches läßt sich für die 1913 gegründete *Rockefeller Foundation* nachweisen. Sie hatte ausdrücklich das Ziel, Ressourcen bereitzustellen für den Kampf gegen militante Arbeiter, die eine Herausforderung und Gefahr bildeten für die amerikanische Industrialisierung insgesamt und besonders für die Unternehmungen der Rockefellers selbst (vgl. a.a.O.: 381). Die dritte von den Autoren untersuchte Stiftung, die 1907 gegründete *Russel Sage Foundation*, investierte ebenfalls in erster Linie in die Ideologieproduktion und das primär zu Gunsten der eigenen Interessen (vgl. a.a.O.: 375).

Auch am Beispiel der 1936 gegründeten *Ford Foundation* läßt sich zeigen, daß reine Wohltätigkeit nicht das primäre Motiv der Gründer Henry und Edsel Ford gewesen ist. Nachdem die Roosevelt-Administration die Steuergesetzgebung geändert hatte und die Fords keine Aktien an Nicht-Familienmitglieder ausgeben wollten, entstand ein Problem, das sich am besten durch die Gründung einer Stiftung lösen ließ. Nach dem Tod der Gründer hält die *Ford Foundation* seit 1947 neunzig Prozent des Kapitals der *Ford Motor Company* im geschätzten Wert von ca. zwei Mrd. Dollar (vgl. Kelly 1991: 245).

Exemplarisch werden die Wohltätigkeit der Rockefeller-Familie als „philanthropische Abwehrmaßnahmen" und „diplomatische Taktik" bezeichnet, um die Aufmerksamkeit der Öffentlichkeit von den vielfach kritisierten unternehmerischen Aktivitäten abzulenken (vgl. Lundberg 1975: 353). Die meisten ihrer Schenkungen wurden in Form von Stiftungen gemacht. Diese erhielten in der Regel Aktien der *Standard Oil Company*, dem Herz des Rockefeller Imperiums. Ferdinand Lundberg bezeichnet die zahlreichen „philanthropischen Institutionen" der Rockefellers als „Geiseln" für den Fall einer staatlichen bzw. juristischen Verfolgung, von der das Rockefeller-Vermögen immer wieder bedroht war: „Wäre die Standard Oil zerschlagen oder zu schwer geschädigt worden, wären diese Institutionen in Mitleidenschaft gezogen worden – die University of Chicago, das Rockefeller Institute for Medical Research, das General Education Board, die Rockefeller Foundation [...]. Welcher Richter wollte die Verantwortung dafür auf sich nehmen? (a.a.O.: 361).

Lundbergs Analyse systematischer philanthropischer Investitionen läßt den Schluß zu, daß die Gründung von Stiftungen im wesentlichen durch vier Effekte motiviert ist: „1. Mit ihrer Hilfe können Stifterfamilien die Kontrolle über ihre Unternehmen behalten; 2. Mit Hilfe der Stiftungen lassen sich die öffentliche Meinung und gesellschaftliche Trends beeinflussen; 3. Stiftungen garantieren ihren Gründern öffentliche Ehren; 4. Man schlägt mit Hilfe von Stiftungen der Steuer ein Schnippchen" (a.a.O.: 365).

Das Argument der Steuerersparnis soll vor dem Hintergrund der US-amerikanischen Situation kurz beleuchtet werden. Die Besteuerung von Einkommen wurde in den USA erst mit einer Verfassungsänderung 1913 eingeführt; Schenkungen und Stiftungen wurde jedoch Steuerfreiheit gewährt (vgl. a.a.O.: 364). Teresa J. Odendahl verweist darauf, daß in den vergangenen dreißig Jahren der Spitzensteuersatz in den USA von 92 Prozent auf 28 Prozent gesenkt wurde; zuletzt im Rahmen einer Steuerreform 1986, die zu einer Reduktion von bisher 50 Prozent auf 28 Prozent führte. „The current price of giving is 72 cents for every dollar donated to charity. In other words, when a wealthy person makes a $ 10,000 gift, it is really costing only $ 7,200, because of savings in taxes" (Odendahl 1989: 426 f.). Mit dieser, im Vergleich zur Bundesrepublik mit einem Spitzensteuersatz von derzeit 53 Prozent bei der Einkommensteuer und 45 Prozent bei der Körperschaftsteuer [2], relativ geringen Besteuerung auch extrem hoher Einkommen, ist die Sichtweise vieler amerikanischer Spender und Stifter erklärbar, die das Fundgiving als eine alternative und selbstbestimmte Form der Besteuerung ansehen.

Anstatt also in voller Höhe Einkommens-, Vermögens- und andere Steuern auf ihr Einkommen zu zahlen, können die, die es sich leisten können, im Unterschied zu den normalen Steuerzahlern, in selbstgewählte und indirekt dem eigenen Vermögens- und Machterhalt dienende philanthropische Unternehmen investieren. Den Interessen der Geber ist dabei in mehrfacher Hinsicht gedient: Das Vermögen bleibt häufig indirekt unter ihrer Kontrolle; die Öffentlichkeit applaudiert, anstatt sich auf die Art und Weise der Produktion des Reichtums zu konzentrieren und die Geber versichern sich darüber hinaus der Sympathien zahlreicher direkt oder indirekt Beteiligter.

Über die auf diese Weise profitable Einrichtung von Stiftungen hinaus, sind deren Aktivitäten selbst häufig ein Machtfaktor zur Unterstützung der

---

2   Einkommen aus gewerblicher Tätigkeit werden innerhalb der Einkommensteuer mit einem auf 47 Prozent reduzierten Spitzensteuersatz besteuert. Auch der Spitzensteuersatz innerhalb der Körperschaftsteuer reduziert sich für bestimmte Körperschaften auf 42 Prozent (Stand: Dezember 1995).

Interessen ihrer Stifter. Kelly kommt bei ihrer kritischen Bestandsaufnahme zur Rolle amerikanischer Stiftungen zur Einschätzung, daß sich ihr Einfluß ableitet aus der Kapitalkraft, der selektiven Vergabe ihrer Spenden, ihrer Fähigkeit, sich auf die Veränderung von Empfängerorganisationen zu konzentrieren (ihre Rolle als „change agents") sowie ihren daraus resultierenden Möglichkeiten der Einflußnahme (vgl. Kelly 1991: 238). Das Prinzip der Selektivität tangiert allerdings nicht nur die Empfänger von Spenden, sondern auch die Organisationen, die kein Geld erhalten. 1910 sprach sich beispielsweise der *John D. Rockefeller General Education Board* für die Schließung von 155 medical schools aus; nur 31 sollten bestehen bleiben. Die *Johns Hopkins Medical School* wurde als Modell für die 30 anderen ausgebaut. 20 Jahre und 78 Mill. Dollar später waren die amerikanischen medical schools zwar führend, ihre Zahl jedoch drastisch reduziert (vgl. a.a.O.: 239). Beim Fundgiving, und zwar nicht nur in diesen Größenordnungen, ist also nicht nur interessant, was gefördert wird, sondern immer auch, welche Projekte und Interessen *nicht* unterstützt werden [3].

Auch auf eine weitere Machtquelle von Stiftungen sei noch verwiesen: ihre strategische Position im Netzwerk von politischen Führern und Unternehmensführern. Die 36 „major foundations" (mit jeweils mehr als 250 Mill. Dollar Kapital) sind sehr eng mit dem Establishment der USA verstrickt [4]. Beispielsweise sind in den USA Colleges und Universitäten die Hauptempfänger von Stiftungsgeldern. Von diesen bekommen allerdings

---

3 Wie die meisten Spenden, so ist auch die Mehrzahl aller von Stiftungen zur Verfügung gestellten Ressourcen zweckgebunden. In der Regel bezieht sich die Zweckbindung auf innovative und experimentelle Projekte, deren laufende Kosten jedoch selten auf Dauer finanziert werden. Spenden für Verwaltungskosten, Gebäudeinstandhaltung u.a. werden kaum gemacht. Die Empfängerinstitution muß nicht nur eigenes Geld dazugeben, um Stiftungsgelder zu erhalten, sondern auch in der Regel die Folgekosten für Spenden tragen. Sie entpuppen sich auf diese Weise häufig als „trojanische Pferde" (Kelly 1991: 246).

4 1985 wurden im *Foundation Directory* 23.600 aktive Stiftungen in den USA aufgeführt. Deren Vermögenswerte beliefen sich insgesamt auf 64,5 Mrd. Dollar. (Zum Vergleich: Das *Forbes Magazin* bezifferte 1984 das Privatvermögen der 400 reichsten Amerikaner auf 125 Mrd. Dollar). Nur 4.402 bzw. 19 Prozent aller Stiftungen haben ein Vermögen von 1 Mill. Dollar bzw. jährliche Ausschüttungen von 100.000 Dollar oder mehr. Diese 19 Prozent haben jedoch zusammen 97 Prozent des gesamten Stiftungskapitals in den USA und geben 85 Prozent aller von Stiftungen ausgeschütteten Gelder (vgl. Kelly 1991: 237).

nur ganz wenige etablierte Institutionen den Löwenanteil. Diese Konzentration hängt unter anderem wohl auch damit zusammen, daß die Verantwortlichen in den großen Stiftungen in der Regel Absolventen von wenigen Elite-Universitäten sind, die wiederum zu den größten Empfängern der Stiftungsgelder gehören. Nach einer Studie aus den 70er Jahren hatten 36 Prozent der Stiftungsvorstandsmitglieder mit einem Collegeabschluß, an den drei Universitäten *Harvard, Yale* und *Princeton* studiert. Über die Hälfte der Vorstandsmitglieder der dreizehn größten Stiftungen hatten ebenfalls diese drei Universitäten besucht (vgl. a.a.O.: 248).

Die Rolle von Stiftungen relativiert sich zwar vor dem Hintergrund der Tatsache, daß Stiftungsgelder nur insgesamt 3,7 Prozent des gesamten Budgets aller „charitable organizations" ausmachen; Kritiker weisen dennoch auf die zahlreichen Verflechtungen zwischen Spendern, Stiftern, Stiftungen und den von ihnen profitierenden Nonprofit-Organisationen hin. Als eine der zentralen Funktionen von Stiftungen gilt ihnen die Aufrechterhaltung des gesellschaftlichen status quo. Im Rahmen eines informellen Netzwerks werden Stiftungen primär als indirekte Werkzeuge der herrschenden Klasse angesehen (vgl. a.a.O.: 245 ff.). Odendahl, als eine vehemente Kritikerin nicht nur dieser Variante des Fundgiving, bringt ihre Sichtweise auf den Punkt: Es existiert eine von Reichen kontrollierte philanthropische Subkultur, die im Interesse von Reichen agiert und Nonprofit-Organisationen finanziert. Amerikanische Philanthropie ist ein Vehikel, mit dessen Hilfe die „upper class" ihren Reichtum, ihre Lebensstile und elitären Institutionen perpetuiert und politischen Einfluß geltend macht (Odendahl 1990, zit. in Kelly 1991: 267 f.; vgl. auch Odendahl 1989).

Die Verfolgung von Eigeninteressen läßt sich auch bei Fundgiving-Aktivitäten und Beweggründen von Unternehmen beleuchten [5]. Der Nachweis fällt leichter, da immer mehr Unternehmen, im Unterschied zu vielen Stif-

---

5 Große gemeinnützige Organisationen in den USA erhalten selten mehr als 10 Prozent ihrer Einkünfte von Unternehmen. Nur 7,5 Prozent der 2,2 Mill. amerikanischen Unternehmen (= 154.000) geben im Jahr mehr als 500 Dollar. Nur 900 Unternehmen bringen insgesamt 50 Prozent aller Unternehmensspenden auf. 40 Prozent aller Unternehmensspenden gehen an Colleges und Universitäten; 1988 waren dies 1,85 Mrd. Dollar (vgl. Kelly 1991: 251 f.). Diese Zahlen relativieren auf der einen Seite die Bedeutung von Unternehmensspenden insgesamt; machen jedoch andererseits sowohl auf die Chancen für als auch auf die Möglichkeiten der Einflußnahme auf die von Unternehmen bevorzugten großen und prestigeträchtigen Universitäten aufmerksam.

tungen oder Privatpersonen, ihre philanthropischen Motivationen selber als aufgeklärtes Selbstinteresse („enlightened self-interest") proklamieren. Sie wollen ihre Position auf dem Markt durch philanthropisches Engagement stärken bzw. direkt eigene Interessen verfolgen [6]. Investitionen in den Bildungsbereich finden beispielsweise vor dem Hintergrund eines Bedarfs an gut ausgebildetem Personal sowie an notwendiger Grundlagenforschung für die Entwicklung von neuen Produkten statt. Darüber hinaus sind öffentliche Einrichtungen und Dienstleistungen zur Attraktivitätssteigerung in den Unternehmensstandorten sowie eine generelle Unterstützung für das Funktionieren von Wirtschaft und Gesellschaft motivierend. Diese Interessen bzw. Bedingungen, die an das Spenden geknüpft werden, lassen sich in zahlreichen Zielvorgaben und Richtlinien für die Vergabe von Spenden finden. Noch differenzierter und deutlicher sind die Vergaberichtlinien bei Sponsoring-Aktivitäten von Unternehmen (vgl. dazu Kapitel 4 im ersten Teil dieser Arbeit).

Philanthropisches Verhalten ist von politischem Handeln nur durch eine schmale Grenze getrennt, die häufig auch verwischt wird. Geld, auch wenn es generös und für wohltätige Zwecke gegeben wird, ist und bleibt immer auch Macht [7]. Dieses Machtpotential ist jedoch nicht immer einseitig verteilt. Kelly macht dies deutlich mit der Aussage eines Unternehmensvertreters: Es gibt naive Leute, die glauben, unsere Spenden seien Spenden. Sie sind es nicht. Es handelt sich um öffentliche Abgaben auf unsere Ängste – die Angst vor Politikern, die Angst vor anderen Unternehmen, die Angst vor öffentlichen Interessensgruppen (vgl. Kelly 1991: 260).

Sowohl in den USA als auch in Deutschland sind wenig Details über die konkrete Verteilung von Unternehmensspenden bekannt. Dennoch wird vermutet, daß sie, ebenso wie die in Stiftungen fließenden Gelder, zum größ-

---

6   Deutlich werden direkte ökonomische Interessen beispielsweise an einer Spende in Höhe von 16 Mill. Dollar, die eine Gruppe von amerikanischen Lebens- und Krankenversicherungen für Aktivitäten zur AIDS-Prävention aufgebracht hat. Die Kosten für AIDS beliefen sich für die Industrie allein 1986-87 auf geschätzte 780 Mill. Dollar. Es erscheint vor diesem Hintergrund nur folgerichtig, daß in präventive Maßnahmen investiert wird (vgl. Kelly 1991: 252).

7   So ist auch die von Blau (1964) formulierte Theorie des sozialen Tausches, auf die sich beispielsweise Kelly (1991) und Notheis (1995) bei ihrer theoretischen Fundierung des Fundraising bzw. des Fundgiving beziehen, eingebettet in die Reflexion von „Exchange and Power in Social Life" (Blau 1964).

ten Teil ebenfalls der Erhaltung des status quo dienen (vgl. a.a.O.: 263). Dieser Konservativismus scheint ein Merkmal fast aller Großspenden zu sein. Ausnahmen von dieser Regel existieren zwar, beispielsweise in Gestalt des *Reemtsma*-Erben Jan-Philip Reemtsma, der unter anderem mit dem *Hamburger Institut für Sozialforschung* ausdrücklich gesellschaftskritische Forschungsaktivitäten ermöglicht; die „major donors" verdanken jedoch ihren Reichtum in aller Regel eben den gesellschaftlichen Verhältnissen, die sie mit ihren Spenden wieder unterstützen wollen. Unternehmensvertreter formulieren diesen Zusammenhang beispielsweise so: Wenn wir sicherstellen, daß unsere Unternehmen gemanaget werden im Einklang mit Verpflichtungen der Gesellschaft, dann ist das der beste Weg, um das demokratische, kapitalistische System, das uns so viel bedeutet, zu schützen (vgl. ebd.). Diese Sichtweise wirft ebenso ein Licht auf die Funktion von NPO (vgl. Teil III dieser Arbeit) wie auf die vermittelnde Wirkungsweise des Fundgiving: Philanthropisches Engagement von Unternehmen ist ein effektives Mittel, um mit gesellschaftlichen Gruppen zu kommunizieren, die das Unternehmen mit Protesten oder Interventionen der Regierung traktieren könnten.

Rolf Hunziker (1980) macht diesen und andere Aspekte in seiner Untersuchung über die soziale Verantwortung deutscher Unternehmen deutlich. Er kommt zu dem Schluß, daß ein direktes, freiwilliges Engagement für die Ziele und Probleme verschiedener Interessengruppen aus unternehmerischer Sicht vor allem aus zwei Gründen attraktiv erscheint: „Es kann unmittelbar oder mittelbar – z.B. über eine Verbesserung des Images der Unternehmung beim Publikum – positive Auswirkungen auf den wirtschaftlichen Erfolg zeitigen, und es kann die Mobilisierung der öffentlichen Meinung gegen die Unternehmung (und die Wirtschaft insgesamt) sowie den Ausbau der staatlichen Eingriffe und Beschränkungen bremsen helfen und somit der Wahrung der Entscheidungsautonomie der Führung dienen" (Hunziker 1980: 135 f.). Die freiwillige Übernahme gesellschaftlicher Aufgaben ist selten nur eine Frage der moralisch-ethischen Einstellung des Managements, sondern ebenso sehr mit dessen Selbstinteresse an der Erhaltung der Rahmenbedingungen für Entscheidungen und Handlungen verbunden.

Auch Heinz H. Fischer (1989) kommt bei einer Untersuchung zur Kulturförderung durch Unternehmen in der Bundesrepublik zu einer ähnlichen Einschätzung. In einer Befragung von über eintausend Unternehmen in der Bundesrepublik wurden im Jahr 1987 zur Frage der zukünftigen Bedeutung gesellschaftlichen Engagements von Unternehmen folgende Antworten gegeben: Ein gesellschaftliches Engagement hielten 9,2 Prozent der befragten Unternehmen perspektivisch für „sehr viel wichtiger" und 55,2 Prozent für „wichtiger". Mit einer Übereinstimmung dieser Einstellung und dem konkreten Handeln, das heißt im Kontext dieser Befragung mit einer Zunahme von Aktivitäten beispielsweise im Bereich der Kulturförderung, rechnet Fischer realistischerweise jedoch nur, wenn „die Unternehmen erwarten können, daß die Unterstützung von allgemein als förderungswürdig erachteten Institutionen und Aktivitäten ihrem Ansehen bzw. dem Firmenimage zugute kommt [und] die Gesellschaft von dem Unternehmen ein entsprechendes Engagement in verstärktem Maße erwartet bzw. fordert und ein Nichtbeachten dieser Ansprüche seitens der Firmen auf längere Sicht den Verlust von Sympathie- und Akzeptanzpotentialen bedeutet" (Fischer 1989: 80 f.). Gesellschaftliches Engagement in Gestalt von Unterstützung kultureller, ökologischer, sozialer oder anderer Organisationen und Zwecke „wäre dann kein selbstloses Handeln, sondern vielmehr Beitrag zur Sicherung des Unternehmenserfolges" (ebd.).

Zusammenfassend betrachtet erscheinen nach dieser Schilderung von Fundgiving-Aktivitäten die Akteure – vom Römer Maecenas über die Rockefeller-Familie sowie anderer Stifter und Stiftungen bis hin zur Spendentätigkeit von Unternehmern und Unternehmen – weder ausschließlich als Wohltäter noch als „Bösewichte". Ihre Motivationen basieren weder auf purer Wohltätigkeit und Menschenfreundlichkeit noch auf einer ausschließlichen Verfolgung von Eigeninteressen. Sie erklären sich nur im Kontext einer Betrachtungsweise, die die zahlreichen Umweltbeziehungen berücksichtigt, aus denen vielfältige ökonomische, soziale und politische Beweggründe hervorgehen. Daraus entsteht ein heterogenes Geflecht von Motivationen, denen immer eine Ambivalenz von eigennützigem und gemeinnützigem Handeln zugrunde liegt. Der Effekt des Eigennutzes kann dabei durchaus auch sehr gemeinnützig sein [8].

Obwohl im konkreten Einzelfall die Rolle und Funktion der Spenden von Stiftern, Stiftungen und Unternehmen unterschiedlich und vor allem

---

8   Selbst ein so vehementer Kritiker wie Lundberg attestiert beispielsweise den philanthropischen Investitionen der Rockefellers, daß sie in den meisten Fällen anerkennenswert seien (Lundberg 1975: 422). Amerikanische Stiftungen haben mit dazu beigetragen, beispielsweise die Abhängigkeit des Erziehungssektors von religiöser Einflußnahme zu reduzieren oder die Einstellung von Schwarzen als Professoren zu forcieren (vgl. Kelly 1991: 247).

differenzierter analysiert werden kann, ließ sich in diesem Abschnitt neben der geschilderten Ambivalenz beim Phänomen des Gebens, auch die Existenz von jeweils speziellen Tauschverhältnissen nachweisen. Phänomene des Fundgiving lassen sich also weder mit „Verschwörungstheorien" und damit verbundenen einseitigen Denunziationen der Geber erklären noch mit ebenso unzutreffenden „Glorifizierungstheorien". Stifter und Stiftungen, Unternehmer und Unternehmen nehmen – nicht nur als Fundgiver – eine machtvolle und damit immer auch latent problematische Position im Zusammenhang mit dem Fundraising ein [9]. Der Einsatz von Ressourcen zielt auf die Stärkung der Autonomie des Gebers; kommt jedoch ohne die Respektierung der Selbständigkeit der Empfängerorganisationen nicht aus, wenn die Beziehungen auf Dauer erfolgreich sein sollen.

---

9   Die Nutzung einer machtvollen Position läßt sich auch bei NPO selbst nachweisen. Dies gilt beispielsweise für *United Way*, eine Kooperationsorganisation zur Spendenbeschaffung von 37.000 spendenakquirierenden NPO in den USA, mit einem jährlichen Umsatz von ca. 2 Mrd. DM (vgl. Notheis 1995: 143 f.). Diese in mehrfacher Hinsicht machtvolle Dachorganisation wird jedoch auch kritisiert (vgl. Ostrander 1989: 222 ff.). So hat sich, unter anderem auch als eine Alternative zum *United Way*, 1977 das *National Committee for Responsive Philanthropy (NCRP)* gebildet. Das Komittee entstand vor dem Hintergrund der Tatsache, daß die meisten Spenden in der Regel den etablierten Spendenorganisationen und -zwecken zufließen. Diese Kritik bezieht sich auch auf den *United Way*, in dem die Macht der etablierten NPO durch eine effektive Kooperation noch verstärkt wird. Die im *NCRP* zusammengeschlossenen Organisationen „focus their donations on the poor and other marginal groups" und haben als Ziel „change, not charity" zu Gunsten von „minorities, woman and other economically and politically powerless groups" (ebd.).

2 Zur Theorie des Gebens

Nachdem bisher eher konkrete Aspekte und Handlungen im Zusammenhang mit dem Fundgiving thematisiert wurden, stehen im folgenden theoretische Zugänge im Vordergrund, die den Anspruch erheben, die genannten Phänomene oder Teilbereiche davon zu erklären. Ebenso wie bislang keine Theorie des Fundraising vorliegt, existiert auch keine Theorie des Fundgiving. In diesem Zusammenhang erscheinen jedoch soziologische und ökonomische Untersuchungen relevant, die als Erklärungsansätze für das Fundgiving dienen können. Im dritten Kapitel dieses Teils der Arbeit folgt dann die Erörterung sozialpsychologischer Forschungen, die im Kontext von theoretischen Erklärungen des Fundgiving eine große Bedeutung gewinnen.

2.1 Soziologische Ansätze

Der Theorie des sozialen Tausches von Peter M. Blau (1964) kommt ein zentraler Stellenwert im Rahmen soziologischer Ansätze zu, die sich direkt oder indirekt mit Fragen des freiwilligen Gebens beschäftigen. Sie erhebt nicht nur den Anspruch, selbst einige theoretische Aspekte des Austausches und damit auch des freiwilligen Gebens erklären zu wollen, sondern dient beispielsweise auch den Arbeiten von Kelly (1991) oder Notheis (1995) als wichtiger Bezugspunkt. Blau geht davon aus, daß prinzipiell jede Interaktion zwischen Personen einen Austausch von Leistungen materieller oder immaterieller Art darstellt und darüber hinaus Interaktionen eine wesentliche Quelle der Bedürfnisbefriedigung darstellen. Dem sozialen Tausch kommen also im wesentlichen zwei Funktionen zu: die wechselseitige Gewährung von Objekten oder Leistungen und der Aufbau und die Pflege von sozialen Beziehungen [1].

Als charakteristisch für soziale Austauschbeziehungen – die von Blau strikt von ökonomischen Tauschbeziehungen getrennt werden – gelten drei Faktoren: die Eigennützigkeit, die soziale Einbindung und die Reziprozität.

---

[1] „The basic assumption of the theory of social exchange are that men enter into new social associations because they expect doing so to be rewarding and that they continue relations with old associates and expand their interaction with them because they actually find doing so to be rewarding" (Blau 1968: 452, vgl. auch Notheis 1995: 36 ff.).

Dabei steht die Wechselseitigkeit der Austauschbeziehung im Vordergrund und nicht eine gleichwertige, komplementäre Entsprechung des Austausches: „In brief, the concept of exchange refers to voluntary social actions that are contingent on rewarding reactions from others and that cease when these expected reactions are not forthcoming" (Blau 1968: 454).

Mit dem Hinweis auf die Freiwilligkeit und seinem Verständnis davon, schließt Blau jedoch einige für das Fundgiving wichtige Beweggründe aus. So gilt ihm die Befolgung internalisierter Normen als Zwang des Über-Ichs (vgl. a.a.O.: 453) und spontanes Geben aufgrund eines „uncontrollable impulse" ebenfalls als unfreiwilliges Handeln (a.a.O.: 454): „[...] it seems preferable to exclude conformity with internalized norms from what is meant by the term ‚exchange'"; gleiches gilt für „behavior motivated by irrational drives" (a.a.O.: 453 f.). Damit wird die Theorie des sozialen Tausches jedoch auf die Erklärung der rational und letztlich ökonomisch kalkulierenden Varianten des Gebens eingeschränkt; andere Beweggründe werden weitgehend ausgeschlossen. So stellt auch Notheis (1995) fest, daß Blau unmittelbar Bezug nimmt auf die Sichtweisen und Menschenbilder der klassischen Ökonomie und von der Annahme geleitet ist, daß Individuen soziale Austauschbeziehungen nur um der eigenen Vorteile willen eingehen (vgl. Notheis 1995: 35 ff.).

Wenn damit auch der Erklärungswert dieser Theorie für die Komplexität des Fundgiving an Bedeutung verliert [2], liefert Blau dennoch Hinweise auf mindestens drei wichtige Aspekte des Gebens: *Erstens* die Bedeutung von gesellschaftlichen Rahmenbedingungen in Form von Werten und Normen, die sich beispielsweise als sozialer Druck zum Geben manifestieren können. *Zweitens* der Hinweis auf die Bedeutung des Faktors Vertrauen für die Aufrechterhaltung von Austauschbeziehungen und *drittens* der von ihm erörterte Zusammenhang zwischen dem sozialen Tausch und dem Faktor Macht [3]. Insgesamt demonstriert die Theorie des sozialen Tausches jedoch auch die Grenzen von Versuchen, die Phänomene des Fundgiving mit einem einzigen theoretischen Ansatz erklären zu wollen.

---

2 Vgl. auch die Kritik an diesem Ansatz von Kelly 1991: 190. Es muß jedoch an dieser Stelle darauf hingewiesen werden, daß die Theorie von Blau auch nicht als eine Theorie des Fundgiving konzipiert ist, sondern das Fundgiving lediglich eine Variante des sozialen Tausches darstellt.

3 „A paradox of social exchange is that it serves not only to establish bonds of friendship between peers but also to create status differences between men" (Blau 1968: 455).

Auf den Aspekt der Macht und damit verbundenen gesellschaftlichen Statuszuweisungen im Zusammenhang mit dem Betteln und Spenden von Geld weist auch Andreas Voß (1992) hin. Dieser wichtige, in der Regel jedoch unbewußt bleibende, immaterielle Nutzen ist für Voß eine wesentliche Funktion dieser Form des Fundraising bzw. Fundgiving: Die Bettler als Einzelpersonen ebenso wie in einem übertragenen Sinn auch spendensammelnde Organisationen, leisten seiner Meinung nach einen Beitrag zur Festschreibung gesellschaftlicher Positionsbestimmungen. Die soziale Funktion des Bettelns und Spendens, sowohl in der direkten Form einer „Face-to-Face"-Interaktion als auch in der vermittelten Variante der Werbung um Spenden mit Hilfe von Spendenbriefen, besteht darin, „über die Zuweisung und Besetzung einer Randposition symbolisch über das ‚Innen' und ‚Außen' einer Gesellschaft Auskunft zu geben" (a.a.O.: 153). Die gesellschaftliche Randposition wird dabei von der Person oder dem Anliegen des Empfängers eingenommen. „Mit dem vermittelten Betteln und Spenden, von dem inzwischen massenhaft Gebrauch gemacht wird, hat sich unsere Gesellschaft eine Form der Bettel- und Spenderituale ausgebaut, welche die gefahrlose, vermittelte Überweisung der Spende ohne Face-to-Face-Kontakt mit den Armen ermöglicht. Auch das vermittelte Betteln und Spenden hat die symbolische Zuweisung gesellschaftlicher Positionen zum Resultat [...]" (ebd.). Getauscht wird also der materielle Wert der Spende gegen die kurzfristig sich manifestierende Versicherung des Spenders über die eigene Position innerhalb der Gesellschaft; als Spender ist man „drinnen" und als Bettler ist man „draußen".

Auf Tauschverhältnisse mit anderen Inhalten weisen Untersuchungen hin, die das Phänomen des ehrenamtlichen Engagements zum Inhalt haben. Neben dem Nutzen für die NPO und deren Nutzer zeigen die biographie-analytischen Studien sowohl von Gisela Jakob (1993) als auch von Jürgen Glinka/Gisela Jakob/Thomas Olk (1993) zum freiwilligen Geben von Zeit bzw. zum ehrenamtlichen Engagement, daß die Nutzenstiftung für die Ehrenamtlichen selbst ein wesentlicher motivierender Aspekt ist: Wünsche nach sinnvollem Tun, Kommunikation, „nützlich sein" sein wollen, sowie die Freude darüber, Hilfe leisten zu können, korrespondieren mit Varianten einer materiellen oder immateriellen „Entlohnung", die in Form von „Gegenleistungen" sofort oder später zur Verfügung stehen. Ehrenamtliches Engagement läßt sich somit immer auch als individuelle Investition begreifen in den Erwerb von Qualifikationen, Möglichkeiten der Einflußnahme, Pflege informeller Kontakte sowie der Bearbeitung eigener Lebensthemen. Jakob (1993) hat auf der Basis von narrativen Interviews mit elf Frauen und fünf Männern die nachfolgende Typologie erarbeitet (vgl. Jakob 1993: 39). Sie „zeigt die Vielfalt und Differenziertheit sozial-kultureller Varianten ehrenamtlichen Engagements" (vgl. a.a.O.: 261). Im Vordergrund stehen beim freiwilligen Geben von Zeit demnach jeweils unterschiedliche typische Beweggründe (vgl. a.a.O.: 245):

- Eine biographische Kontinuität mit sozialer Ehrenamtlichkeit als Dienst und Pflichterfüllung;
- ein Karriereverlauf mit Ehrenämtern;
- soziale Ehrenamtlichkeit als Instrument der Suche nach biographischer Orientierung;
- die Realisierung eigener biographischer Themen mit Hilfe von ehrenamtlichen Tätigkeiten;
- die Schaffung einer beruflichen Option bzw. der Quer-Einstieg in einen anvisierten Arbeitsmarkt (z.B. bei Studierenden bzw. Absolventen sozialer Berufe);
- die Ehrenamtlichkeit als biographisch lediglich randständige Aktivität.

Die Autorin verweist auf die Auffälligkeit, daß die Befragten zwar über ihre konkreten Tätigkeiten berichteten; Sie „kennzeichnen diese Aktivitäten jedoch nicht oder nur selten in den Begrifflichkeiten ehrenamtlicher Tätigkeiten oder eines ehrenamtlichen Engagements" (a.a.O.: 258). Die in den oben genannten Typisierungen zum Ausdruck kommenden Beweggründe liegen für die Befragten selbst in einem „Halbdunkel" verborgen. Jakob kommt deshalb zu dem Schluß, daß das soziale Engagement erst vor dem Hintergrund biographischer Ereignisse und Erfahrungen verstehbar wird. Dieser Hinweis gilt im Grunde auch für Erklärungsversuche im Zusammenhang mit dem freiwilligen Geben von Geld. Vergleichbare qualitative, biographieanalytische Untersuchungen von Geldspendern liegen meines Wissens jedoch nicht vor.

Die Studie von Glinka/Jakob/Olk (1993) kommt zu ähnlichen Ergebnissen in bezug auf das Spenden von Zeit. Befragt wurden 30 Ehrenamtliche aus verschiedenen verbandlichen Untergliederungen des *Deutschen Caritasverbandes*. Die von den Autoren identifizierten sechs Typen ehrenamtlichen Engagements enthalten folgende Leitbilder der Akteure (a.a.O.: 6 ff.):

- Tradierung eines familiären Handlungsschemas und Herstellung eines sozial anerkannten Status im sozialkatholischen Milieu;
- Resultat eines tradierten familiären Handlungsschemas mit fremdauferlegter biographischer Relevanz;
- glaubensorientiertes Auftragshandeln;
- selbstgeschaffenes Handlungstableau zur diskursiven Bearbeitung von Konflikten und aktuellen Problemlagen;
- individuelle Bearbeitungsstrategie für biographische Verletzungs- und Verlusterfahrungen;
- Engagement in Randbereichen der biographischen Relevanzsetzung: die Aktivitäten werden nicht oder nur eingeschränkt biographisch relevant und haben keine identitätsstiftende Wirkung.

Beide Untersuchungen signalisieren, daß lediglich bei der Gruppe derer, für die ehrenamtliches Engagement nur als biographisch randständiges Ereignis auftaucht, der Transfer von Geben und Nehmen, aus welchen Gründen auch immer, nicht in einem ausgewogenen Verhältnis zu stehen scheint. Bei allen anderen genannten Motivationen bzw. Typen läßt sich von einem Geben *und* Nehmen ausgehen. Die Verknüpfungen von Eigeninteressen mit dem Interesse am Nutzen für andere sind hier weniger spektakulär als bei den Spendern und Stiftern großer Geldsummen; das Prinzip des Austausches wird jedoch auch hier deutlich.

Abschließend noch ein Beispiel für die Produktivität qualitativer soziologischer Ansätze zur Erklärung des Fundgiving. Wie schon gezeigt, nutzen die Geber von Geld oder Zeit die Leistungen der Nonprofit-Organisationen auf ihre Weise. Über die geschilderten Transferleistungen hinaus, können auch die angebotenen Orientierungsrahmen und Werte ein attraktives Angebot für Fundgiver sein. NPO fungieren einerseits als Makler „zwischen identifizierbaren Gebern und nicht identifizierbaren, anonymen Empfängern" (Anheier 1995: 28), andererseits als Produzenten von Sinn, Orientierung und mehr oder weniger symbolischer „Teilhaberschaft" für die Fundgiver. Insbesondere zu den letztgenannten Aspekten der Funktion von NPO gibt implizit die empirische Studie des Soziologen Gerhard Schulze (1995) zur „Erlebnisgesellschaft" Aufschluß. Er hat die große Bedeutung von Milieus und Lebensstilen analysiert, in denen Erlebnisse, subjektive Befriedigung, Orientierung, Sinn gesucht und gefunden werden. Bei einer insgesamt sich verringernden Bindungskraft der Schichtzugehörigkeit, des Bildungsniveaus oder der Religionszugehörigkeit wächst der Bedarf, sich mit neuen sozialen Gruppen und Milieus zu identifizieren. Pointiert formuliert kann die Fördermitgliedschaft beispielsweise bei *Greenpeace* an die Stelle der Kirchen- oder Parteizugehörigkeit treten. Die Aufgabe von Mitgliedschaften und Zugehörigkeiten führt in der Regel zur Suche nach alternativen *Kulturen der Mitgliedschaft*, für die sich unter vielen anderen Möglichkeiten auch NPO anbieten.

Die genannten soziologischen Zugänge zum Fundgiving bzw. zu einzelnen Aspekten des freiwilligen Gebens können als Bausteine für eine theoretische Reflexion des Fundgiving dienen. Exemplarisch wurden dabei der Erklärungswert, aber auch die Grenzen der Theorie des sozialen Tausches (Blau 1964, 1968) mit ihrer Reduktion auf zweckrationale Verhaltensweisen deutlich. Weiterhin geriet die mehr oder weniger bewußte Zuweisung gesellschaftlicher (Rand-) Positionen im Rahmen des Fundgiving (Voß 1992) in den Blick sowie der Aspekt der Verwobenheit von Biographie und Engagement (Jakob 1993, Glinka/Jakob/Olk 1993). Nicht zuletzt wurden die Bedeutung von Milieus und *Kulturen der Mitgliedschaft* am Beispiel der Untersuchung von Schulze (1995) benannt.

2.2 Ökonomische Ansätze

Bei den Erklärungsansätzen für das Fundgiving, die von einem ökonomischen Verhaltensmodell ausgehen, steht die Überlegung im Vordergrund, daß in einer gegebenen Situation ein Fundgiving dann erfolgt, wenn der Fundgiver höhere Erträge bzw. Nutzen erwartet als beim Nicht-Geben. Der Fundgiver bzw. Spender gleicht seinen materiellen oder immateriellen Aufwand – seine Kosten – mit den expliziten oder impliziten Nutzenversprechen des Empfängers ab: „Der erwartete Nutzen muß für den Spender größer sein als der zu erbringende Aufwand" (Holscher 1976, zit. in Notheis 1995: 51). Erklärungsansätze, die sich an den individuellen Nutzen und Kosten des Spenders orientieren, beziehen sich somit nicht nur auf die Nutzen und Kosten des Spendens, sondern auch auf Nutzen und Kosten des Nicht-Spendens (vgl. Schneider 1988: 11 f.). Fundgiving als Resultat von Kosten-/Nutzen-Abwägungen seitens der Spender anzusehen, interpretiert also die zuvor beschriebene Praxis des Tausches als primär auf rationalen und ökonomischen Aspekten basierend. Nach der Vorstellung von vier

Ansätzen bzw. Modellen werden die Grenzen dieser am ökonomischen Verhaltensmodell orientierten Sichtweisen erörtert.

Kelly (1991) verweist in Anlehnung an einen Ansatz von Bolnick auf die folgenden Variablen, von denen innerhalb des Fundgiving-Entscheidungsprozesses die Wahrscheinlichkeit abhängt, ob ein Individuum spendet oder nicht: dem indirekten sozialen Druck, der durch Identifikation mit Referenzgruppen entsteht; dem direkten sozialen Druck, der auf eine Person ausgeübt wird; dem ökonomischen Nutzen, der durch das Fundgiving entsteht sowie den Kosten des Fundgiving. Personen wägen also nicht nur den ökonomischen Nutzen und die Kosten einer Spende ab, sondern auch andere Faktoren: die soziale Gratifikation bzw. die immateriellen Kosten einer nicht gemachten Spende, beispielsweise der Verlust von Respekt, Disharmonien in wichtigen Bezugsgruppen, Scham oder Schuldgefühle (vgl. Bolnick 1975, zit. in Kelly 1991: 162).

Fundgiving wird somit als eine komplexe soziale und ökonomische Entscheidung reflektiert, die sowohl auf pragmatischen als auch auf moralischen Imperativen beruht. Damit werden prinzipiell Sichtweisen in Frage gestellt, die davon ausgehen, daß der Mensch sich in ökonomischen Angelegenheiten pragmatisch-rational und in moralischen oder politischen Angelegenheiten emotional verhalte. Bolnick verweist zu Recht darauf, daß diese Dichotomie nicht existiert; Fundgiving basiert immer sowohl auf rationalen wie auf moralisch-emotionalen Entscheidungen. Der wesentliche Vorteil dieses Modells liegt in der Aufhebung der Dichotomie eines entweder eigennützigen, rational kalkulierenden oder „selbstlosen", ausschließlich emotional motivierten Gebens, indem auf die immer vorhandenen sozialen oder ökonomischen Kosten *und* den Nutzen des Gebens verwiesen wird. Fundgiving basiert folglich immer auch auf Formen des Eigeninteresses sowie des sozialen Drucks, der auf die Geber ausgeübt wird. Bolnicks Modell „is valuable for the simple fact that it does not disallow some *quid* for the *quo* given. [...] the social costs of giving and of not giving are reflected" (a.a.O.: 163).

Einerseits wird in ökonomisch orientierten Erklärungsansätzen von einem *Äquivalenzprinzip* ausgegangen indem argumentiert wird, daß die Spende quasi dem Kauf gleichwertiger „immaterieller psychischer Güter" entspricht. Die unsichtbaren Leistungen in Form von z.B. Sozialprestige, persönlicher Befriedigung etc. gelten als das Zahlungsäquivalent des Spendentransfers (vgl. Notheis 1995: 53). Andererseits wird das Fundgiving in den Kontext des *Reziprozitätsprinzips* gestellt, indem nicht zwingend von einer Gleichwertigkeit, sondern lediglich von einer Wechselseitigkeit des sozialen Tausches ausgegangen wird.

Die Dominanz des Kosten-Nutzen-Denkens spiegelt sich auch in Publikationen von Wirtschaftswissenschaftlern wider, die sich im Rahmen des Spendenmarketing mit Fragen des Fundgiving zwar beschäftigen, sich dabei jedoch weitgehend auf Forschungen zum Konsumentenverhalten beziehen (vgl. Heister 1994; Cooper 1994). Betont werden die Kosten-Nutzen-Überlegungen der Spender, und das Fundgiving erscheint als Verhalten im Rahmen eines Reiz-Reaktions-Schemas. Vor diesem Hintergrund haben Nonprofit-Organisationen zwar Einfluß auf die Gestaltung von Anreizen; die Faktoren und Bedingungen für die Reaktionen der Spender sind jedoch in der Regel nicht Gegenstand der Forschung.

Für diese Sichtweise ist das „Modell des teilweise determinierten Spenderverhaltens" von Werner Heister exemplarisch (Heister 1994: 64 ff.). Er geht von einem hohen Maß an Determiniertheit auf Seiten des Spenders aus: „Die Auswahl des Spendenzwecks und der spendensammelnden Nonprofit-Organisation, die begünstigt wird, ist durch das religiöse Bekenntnis, die Weltanschauung und die Lebenssituation des Zuwenders festgelegt. Darüber hinaus bestimmen diese Faktoren die Entscheidung über Höhe und Häufigkeit der Spende" (a.a.O.: 64). Nachdem Reize das Spendenverhalten auslösen, sind Spendenbereitschaft und Spendenzwecke durch das religiöse Bekenntnis und die Wahl der NPO bzw. der Nutznießer durch die Weltanschauung des Spenders determiniert. Die Lebenssituation des Spenders legt mit ihren sozio-demographischen Merkmalen teilweise die Häufigkeit und Höhe der Spende fest. Beeinflußt wird der Entscheidungsbestandteil „Häufigkeit" durch die Faktoren „Vorteile, ökonomisches Risiko, Information/Wissen, situative Faktoren"; die Entscheidung über die Höhe der Spende durch „Emotionen, Lernprozesse, kognitive Dissonanzen" (vgl. a.a.O.: 66).

Jede schematische Darstellung eines komplexen Prozesses birgt die Gefahr einer unzulässigen oder verfälschenden Reduktion. Problematisch an Heisters Modell erscheint mir jedoch weniger die Schematisierung, als seine Grundannahme: NPO können nur die Häufigkeit und Höhe einer Spende mit Hilfe von Marketing oder anderen Aktivitäten beeinflussen (vgl. a.a.O.: 65); auf die grundsätzliche Bereitschaft, die Spendenzwecke, die Entscheidung für eine konkrete NPO bzw. die Nutznießer einer Spende haben sie seiner Meinung nach keinen Einfluß. Das heißt, religiös orientierte Organisationen können nur bei entsprechend religiös orientierten Menschen erfolgreich Spenden akquirieren; konfessionell nicht gebundene Organisationen nur bei konfessionell nicht gebundenen Menschen usw. Damit werden jedoch durchaus vorhandene und für das Fundgiving bedeutsame Prägungen bzw. *Dispositionen* zur unverrückbar und unbeeinflußbar erscheinenden *Determiniertheit.* Aus meiner Sicht ist das eine Überbewertung, die vielleicht Heisters Versuch geschuldet ist, sich zu Recht von Modellen des Spenderverhaltens abzugrenzen, die sich „zu stark an die Modelle des Konsumentenverhaltens anlehnen" (a.a.O.: 58).

Heisters Überlegungen erinnern trotz des Versuchs einer Distanzierung von Modellen des Konsumentenverhaltens stark an eben diese Konzepte. Exemplarisch stelle ich deshalb das Modell des Käuferverhaltens von Philip Kotler und Friedrich Bliemel (1995) vor: Der Käufer wird durch „exogene Stimuli" animiert, die einerseits vom Unternehmen selbst im Rahmen des Marketing (als Management der Produkt-, Preis-, Distributions- und Kommunikationspolitik) gestaltet werden, andererseits aus dem allgemeinen konjukturellen, technologischen, politischen und kulturellen Umfeld resultieren.

Diese „Marketingstimuli" und „Umfeldstimuli" treffen nach Kotler/ Bliemel (1995) auf die „Black Box" des Käufers. Darin enthalten sind „Faktoren aus dem Hintergrund des Käufers" („kulturelle, soziale, persönliche und psychologische"), sowie der „Prozeß der Kaufentscheidung" mit den Phasen „Problemerkennung, Informationsgewinnung, Informationsbewertung, Entscheidung und Verhalten nach dem Kauf". Nachdem die „Stimuli" die „Black Box" des Käufers passiert haben und dort mit den tendenziell unbeeinflußbaren Faktoren aus dem „Hintergrund des Käufers" in Berührung gekommen sind, wird die konkrete Kaufentscheidung mit den Elementen „Produktwahl, Markenwahl, Kaufstättenwahl, Kaufzeitpunkt und Kaufmenge" wieder im Einflußbereich des anbietenden Unternehmens verortet (vgl. Kotler/Bliemel 1995: 279). Die Autoren richten weiterhin ihre Aufmerksamkeit im Rahmen eines „Detailmodells der Einflußfaktoren auf das Kaufverhalten" auf die einzelnen in der „Black Box" des Käufers verborgenen Faktoren: Zu den kulturellen Faktoren zählen sie die Zugehörigkeit zu einem „Kulturkreis" bzw. einer „Subkultur" und „sozialen Schicht"; zu den sozialen Faktoren zählen „Bezugsgruppen, Familie, Rollen und Status"; zu den persönlichen Faktoren „Alter und Lebensabschnitt, Beruf, wirtschaftliche Verhältnisse, Lebensstil, Persönlichkeit und Selbstbild" und zu den psychologischen Faktoren „Motivation, Wahrnehmung, Lernen, Ansichten und Einstellungen" (vgl. a.a.O.: 280). Damit werden zwar zahlreiche relevante Variablen genannt, ihre Bedeutung und jeweils besondere Dynamik jedoch nicht begründet. Die Erörterung von *Beweggründen* steht allerdings auch nicht im Vordergrund der Konsumentenforschung; sie ist primär auf Phänomene des *Verhaltens* von Konsumenten konzentriert. Volker Trommsdorff (1989) hält folgerichtig die Situationsfaktoren während der Kaufentscheidung für dominierend: „Allgemeingültige Antworten auf die Frage nach den Gründen des Konsumentenverhaltens erweisen sich häufig als unbrauchbar, weil situationsbedingte Konsummotive durchschlagen"(Trommsdorff 1989: 98). Das Erkenntnisinteresse der Konsumentenforschung ist auf die Gestaltung von Anreizen in der konkreten Kaufsituation gerichtet. Zahlreiche andere Einflußfaktoren bleiben somit in der „Black Box" verborgen. Als problematisch an einer Übertragung des Modells des Konsumentenverhaltens auf das Spenderverhalten erscheint die Tatsache, daß diese Reduktion und damit auch die „Black Box" mittransportiert werden. Dabei sind gerade die darin „verborgenen" Variablen interessant für die Beantwortung der Frage nach den Bedingungsfaktoren für das Fundgiving.

Willy Schneider und Christian Tomasch (1992) beschäftigen sich ebenso wie Heister (1994) mit der Leistungsfähigkeit des Marketing-Ansatzes im Spendensektor und differenzieren zunächst zwischen dem Spendenverhalten und dem zugrunde liegenden Motiv für dieses Verhalten. Ein *„ rationales Spendenverhalten "* liegt ihrer Meinung nach vor, wenn die „Entscheidung aufgrund eines komplexen, kognitiven Programms" mit dem Ziel eines optimalen Kosten-/ Nutzenverhältnisses getroffen wird (Schneider/Tomasch 1992: 8). Die NPO bietet bei so orientierten Spendern folglich ein Leistungsbündel an, „das konsequent an den Kosten-/ Nutzenerwartungen des potentiellen Spenders ausgerichtet ist" (ebd.). Ein *„ impulsives Spendenverhalten "* ist „unmittelbar reizgesteuert und damit von Emotionen und hohem Involvement beherrscht", ohne Kosten und Nutzen abzuwägen (ebd.). Als adäquat für die Spendenakquisition bei solchen Spendern erscheinen vorrangig emotionale Appelle seitens der spendensammelnden Organisation. *„ Habituelles Spendenverhalten* drückt sich in gewohnheitsmäßigem Handeln nach einem verfestigten Verhaltensmuster aus" (a.a.O.: 9). Damit sind sogenannte Stammspender gemeint, die mit einem hohen Grad an Zufriedenheit bei der einmal gewählten Option bleiben. Als Vorteil für den

Spender wie für die NPO gleichermaßen wird die Reduktion der nicht-monetären Kosten des Spendens im Sinn einer Risiko- und Aufwandminimierung angesehen.

Auf der Motivebene unterscheiden die Autoren zwischen egoistischen und altruistischen Spendern. Egoismus wird verstanden als „Orientierung des Handelns an den eigenen Interessen", Altruismus als „Einstellung und Handlungsgrundlage, die sich an den Interessen anderer (lat.: alter) orientiert" (a.a.O.: 10). Egoistische und altruistische Motive schließen sich nicht aus und müssen gemeinsam zur Erklärung des Spendenverhaltens herangezogen werden (vgl. a.a.O.: 14).

Im Zentrum ihrer Suche nach den Motiven der Spender und „der Frage nach dem ‚Warum' einer Handlung" steht jedoch ausschließlich die wiederum am Konsumentenverhalten orientierte Kosten-/ Nutzenanalyse des Spenders (vgl. a.a.O.: 9). Dabei wird zwischen subjektiven Nutzenkategorien und subjektiven Kostenkategorien differenziert. Für „egoistische Spender" dokumentiert sich der Nutzen beispielsweise im Erwerb materieller Leistungen, im persönlichen Nutzen aus den Leistungen der Spendenorganisation, im Erwerb von „Seelenheil", dem Vermeiden sozialer Sanktionen sowie im Erwerb von sozialem Prestige. Für „altruistische Spender" manifestiert sich der Nutzen in einer Nutzenstiftung für den Empfänger der Spende sowie einer Nutzenstiftung durch den Erfolg der NPO. Als subjektive Kostenkategorien gelten monetäre Kosten (Kaufkraft- bzw. Konsumverlust sowie die Verwaltungs- bzw. Werbekosten der NPO) und nicht-monetäre Kosten wie Zeit (für die Informationsaufnahme, den Entscheidungsprozeß und die eigentliche Transaktion) sowie die Risiken der Entscheidung (in bezug auf die Verwendung der Spende, die Akzeptanz oder Ablehnung der Spende bei wichtigen Bezugspersonen bzw. -gruppen).

Die von den Autoren verwendete Dichotomie von entweder „egoistischen" oder „altruistischen" Spendern halte ich für wenig hilfreich. Sie verweisen zwar selbst darauf, daß beide Orientierungen relevant sind, stellen jedoch nicht diese Ambivalenz in den Vordergrund, sondern eine Polarisierung. Dennoch ist ihre Arbeit eine der wenigen, die sich explizit mit dem Verhalten von Spendern beschäftigt und zahlreiche wichtige Faktoren benennt. Ihr Ansatz ist jedoch eingeschränkt auf die These, „daß es sich bei der Sammlung von Spenden um die Vermarktung eines Produktes handelt, da der Spender im Austausch für seine Spende materielle bzw. immaterielle Leistungen erhält" (a.a.O.: 4). Diese Sichtweise scheint auf einem eher transaktions- statt beziehungsorientierten Marketingverständnis zu basieren, bei dem das Produkt und die Leistungen im Vordergrund stehen und nicht die Beziehungen zwischen Anbieter und Nachfrager.

2.2.1 Grenzen ökonomischer Verhaltensmodelle

Indem Fundgiving ausschließlich im Rahmen von Kosten-/Nutzenabwägungen dargestellt wird, kommt es zu einer Reduktion dieses komplexen Phänomens auf einen zwar wichtigen, aber nicht ausschließlich relevanten Aspekt. Die Übertragung von Modellen des Konsumentenverhaltens auf das Verhalten von Spendern mag vordergründig plausibel erscheinen; eine Modifikation für den Kontext des Fundgiving steht jedoch noch aus. Erklärungsansätze für das freiwillige Geben von Zeit und Geld, die sich primär auf ökonomische Kosten-/Nutzenanalysen stützen, gipfeln häufig in mathematischen „Nutzenmaximierungsformeln" zur Erklärung des freiwilligen Gebens. Sie finden sich nicht nur bei Schneider/Tomasch (a.a.O.: 11), sondern auch bei anderen Autoren (vgl. Cooper 1994: 91; Becker 1982 [1976]: 306 f.).

Diese tendenziell eindimensionale Herangehensweise halte ich im Kontext des Fundgiving für wenig hilfreich. Welchen Erklärungswert hätte beispielsweise die Interpretation des Verhaltens des barmherzigen Samariters im Neuen Testament (Luk. 10,25-37) [4] als Tauschhandlung mit dem Ziel der Nutzenmaximierung? In seinem Fall hätte sich der Tausch der Hilfeleistung auf das Äquivalent Gotteslohn bzw. Gottgefälligkeit bezogen (vgl. Voß 1992: 148). Der Helfer hätte eine „intrapsychische Verschleierung der wahren egoistischen Motivation" vorgenommen (vgl. Notheis 1995: 54), um seine moralischen oder religiösen Bedürfnisse zu befriedigen. Dies ist jedoch erstens nur die Sichtweise von Interpreten dieses Verhaltens; sehr wahrscheinlich nicht die des Samariters selbst. Zweitens ist damit nicht die Frage

---

4   „Ein Mann ging von Jerusalem nach Jericho hinab und fiel unter die Räuber. Diese plünderten ihn, schlugen ihn wund, gingen davon und ließen ihn halbtot liegen. Zufällig ging ein Priester denselben Weg hinab, er sah ihn und ging weiter. Ebenso kam ein Levit an der Stelle vorbei, sah ihn und ging vorüber. Ein reisender Samariter aber kam zu ihm. Als er ihn sah, wurde er von Mitleid gerührt. Er trat hinzu, verband seine Wunden, goß Öl und Wein darauf. Dann setzte er ihn auf sein eigenes Lasttier, führte ihn in die Herberge und trug Sorge für ihn. Am anderen Morgen zog er zwei Denare heraus, gab sie dem Wirt und sprach: Trage Sorge für ihn, und was du noch darüber hinaus aufwenden wirst, will ich dir bei meiner Rückkehr erstatten" (Lukas 10: 30-35).

geklärt, warum in diesem Gleichnis sich nicht jeder gottgläubige Mensch in diesem Sinn verhalten hat. Damit geraten weitere Variablen in den Blick: Vielleicht hatte der Samariter im Unterschied zu den anderen Passanten mehr Zeit, war weniger abgelenkt oder aus anderen Gründen aufmerksamer für die Situation des Verletzten? [5]

Problematisch an allen Varianten, die das Spenderverhalten mehr oder weniger ausschließlich als Ergebnis von Kosten-/Nutzen-Abwägungen ansehen, ist das diesen Sichtweisen zugrunde liegende und in den Wirtschaftswissenschaften noch immer vorherrschende Menschenbild des „homo oeconomicus" [6]. Der amerikanische Ökonom Gary S. Becker hat diese Sichtweise verabsolutiert, indem er den ökonomischen Ansatz der individuellen Nutzenmaximierung auf jede Form menschlichen Verhaltens anwendet (vgl. Becker 1982 [1976]); für seine Arbeiten erhielt er 1992 den Nobelpreis für Wirtschaftswissenschaften. Er versteht menschliches Verhalten in allen Lebensbereichen, von der Ehe bis zum Aufziehen von Kindern, von der Kriminalität bis zum Altruismus, als fortwährende Abwägung zwischen verschiedenen Preisen. In bezug auf die „Ökonomie des Fundgiving" heißt das: Menschen geben Geld, Zeit, Zuneigung oder Hilfe nur dann, wenn sie sich, wenn auch nicht kurzfristig, sondern mittel- und langfristig, einen höheren Gewinn davon versprechen, als vom Nicht-Geben. Anders formuliert: Gegeben wird dann etwas, wenn der Preis des Nicht-Gebens höher ist als der Preis des Gebens.

Wenn sich auch bei der Betrachtung des Verhaltens von Menschen diese These häufig verifizieren läßt, halte ich sie jedoch erstens keineswegs für eine anthropologische Konstante und zweitens für nicht ausreichend, um auch die Inkonsistenz, Ambivalenz und Widersprüchlichkeit menschlichen Verhaltens zu erklären. Es soll im folgenden jedoch auch deutlich werden, daß sich das Phänomen des Fundgiving ebensowenig ausschließlich auf der Basis eines gleichfalls eindimensionalen und konstruierten Menschenbildes vom „homo philanthropicus" beschreiben läßt.

---

5   Vgl. die Schilderung einer experimentellen Rekonstruktion der Situation des Samariters von Darley/Batson (1973) in Hunt 1992: 75 ff.

6   Vgl. den Überblick über Menschenbilder in der Ökonomie in Woll 1994.

2.3 Aspekte einer Sozialpsychologie des Gebens

Ähnlich wie die im Abschnitt 2.1 dieses Teils der Arbeit vorgestellten soziologischen Untersuchungen, betonen sozialpsychologische Forschungen zunächst den sozialen Kontext, innerhalb dessen ein freiwilliges hilfreiches Verhalten für andere erfolgt. Forschungsansätze zum prosozialen, helfenden bzw. altruistischen Handeln erscheinen, nicht zuletzt vor dem Hintergrund der Grenzen ökonomisch orientierter Ansätze, für den Kontext des Fundgiving produktiv. Prosoziales Verhalten wird im Verlauf dieses Kapitels als Oberbegriff sowohl für Hilfehandlungen allgemein als auch für die spezielle und voraussetzungsvollste Variante des altruistischen Verhaltens benutzt. Es wird zu zeigen sein, daß Fundgiving in der Regel keinen Altruismus voraussetzt; daß jedoch Forschungsergebnisse zur Entstehung altruistischer Persönlichkeitsmerkmale verwertbar sind für die in diesem Teil der Arbeit im Vordergrund stehenden Fragen nach den Beweggründen des Fundgiving.

Ohne intensiv auf motivationspsychologische Diskussionen einzugehen, ist es dennoch notwendig, zunächst die psychologischen Begriffe Motiv und Motivation zumindest kursorisch zu klären [7]. „Im Unterschied zu dem Ausdruck Motiv, der sich auf die inneren Beweggründe des Verhaltens bezieht, impliziert der Motivationsbegriff, daß in ihm sowohl subjektiv-endogene wie auch äußere, das Verhalten bestimmende Faktoren mitgemeint sind" (Kerber 1984: 689). In diesem Sinn hat jeder Mensch Motive, die auf seiner je unterschiedlichen Persönlichkeitsentwicklung basieren. Motivation entsteht, wenn sich diese inneren Beweggründe und Antriebe mit äußeren Faktoren oder Anreizen kombinieren.

Die in dieser Definition enthaltene Trennung von „innen" und „außen" erscheint mir jedoch problematisch; Persönlichkeitsentwicklung findet immer auch vermittelt mit äußeren gesellschaftlichen Faktoren und Einflüssen statt. Teilt man diese Sichtweise, so unterliegen auch Motive und nicht nur darauf aufbauende Motivationen äußeren und damit gesellschaftlichen Prä-

---

[7] Heckhausen verweist darauf, daß es sich bei der Diskussion um das Vorhandensein und die Inhalte von Motiven um Hilfskonstruktionen handelt. Motive sind weder unmittelbar beobachtbar, noch handelt es sich um Tatsachen, die sich lediglich unseren Beobachtungsmöglichkeiten entziehen: „Sie sind nur etwas Ausgedachtes, eine gedankliche Hilfskonstruktion, eine Verständnishilfe oder, wie man in der Sprache empirischer Wissenschaft sagt, hypothetische Konstrukte" (Heckhausen 1980: 28).

gungen. Motive sind dann „im Laufe des Lebens erlernte Konstrukte, deren Komplexität mit fortschreitender Entwicklung des Individuums zunimmt" (Cooper 1994: 49; vgl. auch Heckhausen 1980: 23 ff.). Sie sind durch Erfahrungen geprägt und „werden bereits in der frühkindlichen Entwicklung herausgebildet, verfestigen sich zunehmend im Laufe der Zeit und werden so zu relativ überdauernden Systemen", die das Verhalten des einzelnen wesentlich prägen (Cooper 1994: 50). Sie bilden also die Basis für Dispositionen in bezug auf das Verhalten. Die Motiventwicklung wird durch die Herkunftsfamilie und Institutionen der Sekundärsozialisation ebenso geprägt wie durch Bezugsgruppen, gesellschaftliche und kulturelle Rahmenbedingungen.

Die im Zusammenhang mit dem Fundgiving relevanten Beweggründe für Hilfeleistungen werden im folgenden noch eingehender behandelt; zur allgemeinen Kennzeichnung von Motiven und Motivationen muß jedoch im Kontext dieser Arbeit die Feststellung zunächst genügen, daß Motive und Motivationsstrukturen beeinflußbar sind. Es existieren Prägungen, Dispositionen, die dem Individuum mehr oder weniger bewußt sind, die jedoch nicht deterministisch im Sinn eines einfachen Reiz-Reaktions-Schemas funktionieren. Fundgiving läßt sich somit als das Ergebnis ganz unterschiedlicher Kombinationen vielschichtiger und miteinander verwobener Faktoren beschreiben. Sie reichen von prägenden Kindheitserfahrungen bis hin zu mehr oder weniger trivialen situativen Einflüssen und werden in der konkreten Entscheidungssituation für oder gegen ein Fundgiving wirksam.

Das Phänomen des Fundgiving läßt sich jedoch auch innerhalb sozialpsychologischer Erklärungsansätze nicht mit einer einzigen Theorie erklären. In der Forschung zum Altruismus oder helfenden Verhalten ist das Geben von Geld oder Zeit nur eine von zahlreichen Varianten. In der Regel konzentrieren sich die Forschungen entweder auf das Hilfeverhalten in Notsituationen oder es werden verhaltenswissenschaftliche Experimente durchgeführt, um einzelne Einflußfaktoren isoliert nachzuweisen (vgl. zusammenfassend Bierhoff 1983; Hunt 1992; Schneider 1988). Aufgrund ihres Laborcharakters sind diese Ergebnisse im Detail zwar interessant, aber nur bedingt auf das Fundgiving übertragbar.

Einer dieser theoretischen Erklärungsansätze beschäftigt sich beispielsweise mit der These, daß Menschen ein starkes Interesse an der Vermeidung von kognitiven Dissonanzen haben. Daraus erwachsen Versuche, Übereinstimmungen zwischen Einstellungen und Verhalten herzustellen (vgl.

Schneider 1988: 14). Auf das Problem, daß eine Einstellung noch nicht zu einem entsprechenden Verhalten führt, verweisen zahlreiche Untersuchungsergebnisse. Die Zahl der Befragten, die beispielsweise angeben, eine bestimmte Einstellung zu haben („Ehrenamtliches Engagement finde ich gut"), ist selten identisch mit der Zahl derer, die auch ein entsprechendes Verhalten praktizieren. Diesem Phänomen widmen sich die sogenannten Konsistenztheorien, die davon ausgehen, daß Menschen in ihrem Verhalten und Denken Widersprüche vermeiden wollen. Ein Beispiel dafür bieten die sogenannten „foot-in-door"-Experimente, bei denen jemand im ersten Schritt um einen kleinen Gefallen gebeten wird. Diejenigen, die dazu bereit waren, werden im kurz darauf folgenden zweiten Teil des Experiments um einen ungleich größeren Gefallen gebeten: „Die angestrebte Konsistenz zwischen dem ersten Verhalten und der nachfolgenden Forderung erleichtert die Hilfeleistung, die allein als unverhältnismäßig angesehen würde" (Schneider 1988: 14).

2.3.1 Hilfeleistung und Altruismus

Freiwilliges Geben von Geld oder Zeit sind nur zwei von zahlreichen Operationalisierungen dessen, was in der Forschung Helfen, Altruismus oder ganz allgemein prosoziales Verhalten genannt wird. Ob jemand hilft bzw. spendet oder nicht, hängt von einem ganzen Bündel von Faktoren ab. Davon sind einige an die Persönlichkeitsstruktur des Gebers gebunden, d.h. an seine je individuellen Sozialisationserfahrungen, seine familiäre und kulturelle Herkunft. Andere sind äußere, situative Einflußfaktoren, die in der konkreten Spendensituation sowohl blockierend als auch fördernd wirken können. Nach einem kurzen Hinweis auf die Forschungsgeschichte werden in diesem Abschnitt verschiedene Versuche diskutiert, Hilfeleistung und Altruismus zu definieren. In diesem Zusammenhang verweise ich auch kurz auf die Frage nach der Vererbung prosozialer Verhaltensweisen und auf die Bedeutung von Menschenbildern, um anschließend einen eigenen Abgrenzungsversuch von Hilfeleistungen und Altruismus vorzustellen.

Abgesehen von Pitirim Sorokin, der das Phänomen des Altruismus schon sehr früh analysierte (Sorokin 1969 [1950]), begann eine Erforschung altruistischen Verhaltens erst in den sechziger Jahren. Diese Forschung profitierte einerseits von der wissenschaftlichen Beschäftigung mit Fragen der Moral, basierend auf den Arbeiten von Jean Piaget und Lawrence Kohlberg (vgl. Oliner/Oliner 1988: 4), andererseits gilt die aufsehenerregende Ermordung einer jungen Frau im Jahr 1964 auf einem Bahnhofsvorplatz in New York als ein wesentlicher Anlaß für eine Beschäftigung vornehmlich usamerikanischer Wissenschaftler mit dem Phänomen der Hilfeleistung: „Obwohl 38 Nachbarn wach wurden, ans Fenster kamen und das Geschehen beobachteten, griff niemand helfend ein oder rief die Polizei" (Heckhausen 1980: 326). Antworten auf die Frage nach Erklärungen für dieses Verhalten der Anwohner suchten Psychologen und Soziologen mit Hilfe zahlreicher Untersuchungen. Eine wichtige Erkenntnis war der sogenannte „Zuschauer-Effekt": Jeder der Anwohner hielt es für selbstverständlich, daß jemand anderes die Polizei schon benachrichtigt hatte oder im Begriff war, einzugreifen. Diese fatale Form von Verantwortungsdelegation gilt seitdem als die am häufigsten erforschte situative Rahmenbedingung bei Hilfeleistungen (vgl. auch Hunt 1992: 127). Dieser kurze forschungsgeschichtliche Verweis macht unter anderem auch die Notwendigkeit deutlich, daß nur mit unterschiedlichen theoretischen Zugängen, hinreichende Erklärungen für die Gewährung bzw. Verweigerung von Hilfeleistungen gefunden werden können.

Die Formen des freiwilligen Gebens von Geld oder Zeit gelten als spezielle Varianten helfenden Verhaltens. In der Forschung werden zahlreiche Differenzierungen des Helfens vorgenommen: Vom Auskunft geben auf Fragen nach der Uhrzeit oder dem Weg zum Bahnhof bis zur Organspende; vom Erste-Hilfe-Leisten gegenüber Unfallopfern bis hin zum Intervenieren bei Gewaltsituationen. Hans-Dieter Schneider stellt beispielsweise eine Liste mit 44 Verhaltensweisen vor, die als „Beispiele für Operationalisierungen der Variable ‚Helfen' dienen"; darin enthalten sind auch Varianten des freiwilligen Gebens von Zeit oder Geld (vgl. Schneider 1988: 7 f.). Entsprechend dieser Vielfältigkeit existieren, neben den schon genannten, weitere unterschiedliche Begriffe dafür: beispielsweise hilfreiches, wohltätiges, generöses, philanthropisches Verhalten, freiwilliges soziales Engagement sowie generosity, volunteering, charity, donating behavior, giftgiving.

Als besonders voraussetzungsvolle Form des Helfens gilt das altruistische Verhalten. Im englischen wird der Begriff Altruismus beispielsweise übersetzt als „principle of considerung the welfare and happiness of others before one's own" (Oxford University Press 1989). Der Begriff Altruismus, als Synonym für Güte, Mitleid, Mitgefühl, Großmut, wurde zum ersten Mal von dem Soziologen Auguste Comte 1851 benutzt. Für Comte war Altruismus die höchste aller menschlichen Tugenden. Ähnlich argumentierte auch der Soziologe Emile Durkheim: „Keine Gesellschaft könnte Bestand haben, [...] in der die Menschen nicht ständig Opfer füreinander brächten" (vgl. Hunt 1992: 14). Das im 19. Jahrhundert aus dem gleichbedeutenden französischen Begriff „altruisme" entlehnte Fremdwort basiert auf dem lateinischen „alter", d.h. „der andere". Comte sah das altruistische Verhalten „as devotion to the welfare of others, based in selflessness" (Oliner/ Oliner 1988: 4 f.). „This probably comes closest to its consensual meaning as [...] uncalculated concideration of, regard for, or devotion to other's interests" (ebd.). Altruismus ist demnach eine durch Rücksicht auf andere Menschen gekennzeichnete Denk- und Handlungsweise.

Eine eindeutige Definition des breiten Spektrums prosozialen Handelns zwischen Hilfeleistungen und Altruismus gibt es nicht. In der Literatur zu diesem Themenkomplex wird häufig helfendes Verhalten mit dem Vorliegen der drei Elemente *Freiwilligkeit, Nutzen für den Partner* und *Uneigennützigkeit* identifiziert. Während die Freiwilligkeit und der Nutzen für den Partner relativ eindeutig zu bestimmen sind, entsteht jedoch ein Problem mit der sogenannten „Uneigennützigkeit" des helfenden Verhaltens.

Die Definition für Altruismus von Macaulay/Berkowitz verweist beispielsweise darauf, daß altruistisches Verhalten anderen nützt und nicht in Erwartung externer Belohnung erfolgt: „behavior carried out to benefit another without anticipation of rewards from external sources" (Macaulay/ Berkowitz 1970, zit. in Heckhausen 1980: 325). Heckhausen benutzt jedoch eine ähnliche Definition für das Leisten von Hilfe: Hilfehandeln liegt dann vor, „wenn zu erkennen ist, daß der Handelnde einem anderen aus Schwierigkeiten heraushilft und in Notlagen beisteht, ohne damit rechnen zu können, daß er für die aufgewandten Kosten entschädigt oder belohnt wird" (Heckhausen 1977, zit. in Cooper 1994: 52). Auch eine weitere Abgrenzung der Begriffe Hilfe und Altruismus erweist sich als wenig trennscharf: „Als ‚hilfreich' [wird] eine Handlung [bezeichnet], wenn sie für einen anderen eine Wohltat darstellt, wie immer sie auch motiviert ist. Mit ‚altruistisch' wird eine Handlung dann bezeichnet, wenn davon auszugehen ist, daß die Hilfe ohne den Gedanken an Belohnungen des Helfers gegeben wird (Berkowitz 1975, zit. in Bierhoff 1983: 441).

Auffällig an diesen unbefriedigend erscheinenden Definitionsversuchen ist die Tatsache, daß zwar die eigennützigen oder „selbstlosen" Beweggründe für das Handeln voneinander abgegrenzt werden, nicht jedoch das Ausmaß der Hilfe im Sinn von Risiken und Kosten des Helfers. Morton Hunt

(1992) führt diesen Aspekt ein, indem er altruistisches Verhalten beschreibt als „ein Verhalten zum Vorteil anderer, das mit gewissen Opfern verbunden ist und ohne Erwartung einer Belohnung aus externen Quellen, oder zumindest nicht primär aufgrund einer solchen Erwartung erfolgt" (Hunt 1992: 19). Wenn Altruismus von anderen, trivialeren Hilfeleistungen abgegrenzt werden soll, dann folglich mit dem Kriterium des je individuellen Aufwandes oder „Opfers" für den Hilfeleistenden.

Im Zusammenhang mit dem Altruismus wird – neben den definitorischen Abgrenzungen – auch die Frage der genetischen Vererbung altruistischen Verhaltens diskutiert. Ich teile in diesem Zusammenhang die Argumentation von Hunt (1992), der die Bedeutung der Vererbung auf angemessene Weise relativiert: „Altruistische Akte sind, wie alle komplexen Verhaltensweisen, das Ergebnis ganz unterschiedlicher Kombinationen vielschichtiger, miteinander verwobener Ursachen. Alles, vom genetischen Erbe und den Kindheitserlebnissen bis hin zu trivialen Augenblicksbegebenheiten und ihrer Wirkung auf die Stimmung, trägt dazu bei, ob sich jemand in irgendeiner Situation altruistisch verhält oder nicht" (Hunt 1992: 31). In moderner Terminologie könnte man sich Hunts Sichtweise anschließen: „Die Hardware ist uns angeboren; die Software sind unsere Erfahrungen. So ist es auch beim Altruismus. Er ist kein automatischer, erlernter Response auf einen Stimulus, folgt keinen stereotypen Mustern und nimmt bei unterschiedlichen Personen oder in unterschiedlichen Gesellschaften unterschiedliche Formen an, und doch entwickelt er sich bei fast allen Menschen und in allen Gesellschaften. Somit stellt er offenbar das Produkt einer mit der sozialen Erfahrung interagierenden genetisch verankerten Anlage dar" (a.a.O.: 43). Eine soziobiologische Sichtweise, die Altruismus demgegenüber im wesentlichen als ein angeborenes Merkmal ansieht, welches mit Hilfe von Genen das Überleben der Gattung sichert, soll hier nicht weiterverfolgt werden [8]. Die Fülle von Hinweisen darauf, daß altruistisches bzw. prosoziales Verhalten als Ergebnis von primärer und sekundärer Sozialisa-

---

8   Ein Beispiel für soziobiologische Definitionen ist die von Hubert Oppl benutzte Differenzierung zwischen „hardcore'- und ‚soft'-Altruismus (auch reziproker Altruismus). Unter ‚hardcore'-Altruismus wird der spontane, bis zur Selbstaufopferung gehende Altruismus im Dienste der Familie und Kleingruppe verstanden. ‚Soft'-Altruismus ist Hilfe auf Gegenseitigkeit" (Oppl 1992: 78). Damit wird jedoch beispielsweise suggeriert, daß mit großen Opfern verbundene Hilfeleistungen nur innerhalb primärer Bezugsgruppen und nicht auch fremden Menschen gewährt werden.

tion angesehen werden kann und somit auch prinzipiell beeinflußbar ist, läßt die Diskussion um die Vererbung dieses Verhaltens als Sackgasse erscheinen.

Wichtiger ist mir im Zusammenhang mit dem Fundgiving der Hinweis auf die Bedeutung der kulturellen und gesellschaftlichen Rahmenbedingungen. Deren prägende Kraft machen es dem einzelnen schwerer oder leichter, prosoziale bzw. altruistische Verhaltensweisen zu entwickeln und umzusetzen: „Die Kultur einer Gesellschaft – alle allgemeinen Gebräuche, Überzeugungen, Gesetze und Kenntnisse – ist das Umfeld, das den Altruismus gedeihen oder verkümmern läßt [...]" (a.a.O.: 68). Ebenso bedeutsam erscheint mir die Frage nach dem zugrundeliegenden *Menschenbild* bei den Autoren, die sich mit Fragen des helfenden Verhaltens, des Altruismus oder im engeren Sinn mit Fragen des Fundgiving beschäftigen. Antworten auf die Frage, ob es „Selbstlosigkeit" im Sinn eines „echten" Altruismus gibt, haben meinem Eindruck nach mindestens ebenso viel mit dem jeweiligen Menschenbild wie mit wissenschaftlicher Beweisbarkeit zu tun. Die folgenden Zitate sollen dies kurz illustrieren.

Die Sichtweise, „*Der Mensch ist von Natur aus gut und hilfsbereit*" wird nur von wenigen Autoren propagiert. Der englische Philosoph David Hume (1711 – 1776) beispielsweise erkennt altruistische Gefühle zwar als „ursprüngliche" an, formuliert dennoch sehr vorsichtig: „Ein gewisses, gleichviel wie geringes Maß von Wohlwollen, ein Fünklein von Menschenliebe ist unserem Herzen eingepflanzt" (Hume, zit. in Cooper 1994: 52).

Der Ökonom und Philosoph Adam Smith (1723 – 1790) hat ein ambivalentes Menschenbild formuliert: „Wie selbstsüchtig auch immer der Mensch eingeschätzt werden mag, so liegen doch offensichtlich bestimmte Grundveranlagungen in seiner Natur, die ihn am Schicksal anderer Anteil nehmen und ihm die Anteilnahme an deren Glück notwendig werden lassen, obwohl der keinen anderen Vorteil daraus zieht als das Vergnügen, Zeuge davon zu sein. Mitleid oder Erbarmen sind von dieser Art" (Smith, zit. in Hunt 1992: 25). Dieses Zitat aus der 1759 erschienenen „Theorie der ethischen Gefühle" läßt sich jedoch mit einer anderen vielzitierten Aussage von Smith kontrastieren, in der er auf die Bedeutung des Eigennutzes hinweist: „Wir erwarten uns unser Abendmahl nicht von der Wohltätigkeit des Fleischers, Brauers oder Bäckers, sondern von deren Bedacht auf ihre eigenen Interessen. Wir wenden uns nicht an ihre Menschlichkeit, sondern an ihre Eigenliebe" (Smith, zit. in Woll 1994: 18 f.). Für Smith scheinen sich also „Mitleid" und „Eigenliebe" keineswegs auszuschließen. Die durch Mitleid oder Erbarmen motivierte Anteilnahme am Schicksal oder Unglück anderer Menschen enthält jedoch immerhin das „Vergnügen", Zeuge der eigenen Hilfeleistung zu sein und damit einen durchaus eigennützigen Aspekt. Das Selbstinteresse an der Verbesserung der eigenen Lage ist für ihn der entscheidende Handlungsimpuls; dennoch schließt dieses Interesse keineswegs die Verbesserung der Lage anderer Menschen aus.

Smith differenziert somit – wohl nicht zuletzt wegen seiner sowohl philosophischen als auch ökonomischen Orientierung – zwischen sozialen und ökonomischen Tauschakten. Während ökonomische Transfers auf egoistischen Antrieben und Interessen beruhen, sind ihm im Zusammenhang mit dem sozialen Austausch, Handlungsweisen durchaus vorstellbar, die nicht ausschließlich eigennützig motiviert sind. Er kann somit nicht als typischer Vertreter eines eindimensionalen Menschenbildes gelten, was sich plakativ so formulieren läßt: *„Der Mensch ist egoistisch und hilft nur auf der Basis von Eigennutz"*. Die zahlreichen Protagonisten dieser Sichtweise sehen Hilfeleistungen niemals ausschließlich als „selbstlosen" Akt des Mitleids an, sondern als von egoistischen Motiven geleitet. Selbstsucht gilt ihnen als die einzige und letzte Triebfeder menschlichen Verhaltens: „Alle Großmut, alle natürliche Zuneigung, ist nur eine besonders raffinierte, täuschende und teuflische Form der Eigenliebe", so der französische Erzbischof Fénelon im 17. Jahrhundert (Fénelon, zit. in Hunt 1992: 21). „Wir würden uns unserer edelsten Taten oft schämen, wenn die Welt all die Motive kennen würde, die ihnen zugrundeliegen" (de la Rochefoucauld, zit. a.a.O.: 165). In diesem Sinn zitiert Hunt auch den Satiriker Bernard de Mandeville, der im 18. Jahrhundert lebte: Wenn wir ein Kind davor bewahren, ins Feuer zu fallen, tun wir uns nur selber einen Gefallen, „denn es hineinfallen zu sehen und nichts dagegen getan zu haben, hätte uns einen Schmerz bereitet, den zu vermeiden uns schon die Selbsterhaltung zwingt" (de Mandeville, zit. ebd.) [9].

Zum Ende dieser Erörterungen werden Hilfeleistung und Altruismus wie folgt voneinander abgegrenzt und unter den Oberbegriff des prosozialen Verhaltens gestellt: Aus der Perspektive des Gebers gibt es auf einem *Kontinuum prosozialen Verhaltens* zwei Pole: die für den Geber nur margi-

---

9 Auch in der Fundraising-Literatur findet sich sinngemäß diese Sichtweise. Loock beispielsweise weist mit einem ironischen Unterton in seiner Arbeit zum Kunst-Sponsoring auf die Möglichkeit verborgenen Eigennutzes hin: „Man traue keinem erhabenen Motiv für eine Handlung, wenn sich auch ein niedrigeres finden läßt" (Loock 1990: 228).

nal bedeutsame Hilfeleistung (beispielsweise eine Antwort auf die Frage nach dem Weg oder die Überweisung einer geringen Geldspende) und auf der anderen Seite ein unter extremen Opfern bzw. mit extremem Risiko erbrachtes altruistisches Verhalten (beispielsweise das Verhalten von Menschen, die während der Nazizeit Juden gerettet haben oder andere Formen der Rettung von Menschenleben unter Einsatz des eigenen Lebens). Wo eine Hilfeleistung aufhört und der Altruismus anfängt, wird somit nicht mit einer Definition fixiert, sondern resultiert aus dem jeweils konkreten *Inhalt* und *Ausmaß* des prosozialen Verhaltens.

Konträr zu den in der Literatur zum Fundraising bzw. Spendenmarketing vorherrschenden Differenzierungen in altruistische und egoistische Fundgiver, wird in dieser Arbeit das Fundgiving als eine Form prosozialen Verhaltens angesehen. Mit seinen zahlreichen Facetten kann sich das freiwillige Geben von Geld oder Zeit allenfalls dem Altruismus annähern, nicht jedoch mit diesem gleichgesetzt werden. Die Fälle, in denen jemand Zeit oder Geld an eine NPO unter Einsatz seines Lebens gibt, sind wohl eher unwahrscheinlich. Fundgiving als freiwilliges Geben von materiellen und immateriellen Ressourcen an NPO wird sich in der Regel maximal auf den ersten beiden Dritteln des Kontinuums prosozialen Verhaltens markieren lassen. Diese Argumentation beleuchtet die Situation aus der Perspektive des Gebers; daß mit relativ geringem Einsatz von Zeit oder Geld aus der Perspektive des Gebers dennoch ein wesentlich höher empfundener Nutzen auf Seiten des Empfängers einhergehen kann, bleibt davon unberührt.

2.3.2 Zur Entstehung altruistischen Verhaltens

Die bisherigen Ausführungen zum Fundgiving werden von Belegen für die These dominiert, daß ausschließlich eigennützige Beweggründe für das freiwillige Geben von Zeit oder Geld relevant sind. Es verwundert vor diesem Hintergrund nicht, daß die Literatur zum Fundraising zahlreiche Hinweise darauf enthält, wie an die Eigennützigkeit zugunsten einer Gemeinnützigkeit appelliert werden kann [10]. Auch die ökonomisch orientierten Theorien zu Kosten-/Nutzen-Kalkulationen der Geber sind ein Beleg dafür. Wie schon gesagt: Eigennützige Interessen schaden keineswegs zwangsläufig dem Gemeinnutz, und die Bedeutung einer Spende oder Stiftung ist nicht

---

[10] Vgl. beispielsweise die im Kapitel 2 des ersten Teils dieser Arbeit dargestellten methodischen Ansätze zum Fundraising.

deshalb diskriminiert, weil sie auch auf der Verfolgung egoistischer Interessen beruht. Zur Klärung der Frage, wie prosoziales Verhalten – insbesondere die extreme Variante des altruistischen Verhaltens – entsteht, hat die folgende ausführliche Rezeption einer sozialpsychologischen Studie von Pearl M. und Samuel P. Oliner (1988) einen zentralen Stellenwert. Obwohl diese empirische Arbeit die Entstehung altruistischer Persönlichkeitsmerkmale fokussiert, halte ich die Ergebnisse und Schlußfolgerungen für prinzipiell übertragbar auf das Fundgiving mit seinen weniger extremen Varianten des prosozialen Verhaltens. Die Analyse der von Oliner/Oliner untersuchten extremen Form prosozialen Verhaltens läßt meiner Meinung nach Rückschlüsse auf einen Aspekt des Fundgiving zu, der von den bisher vorgestellten theoretischen Erklärungsansätzen nur unzureichend erfaßt wurde: Die Entstehung und Bedeutung je individuell ausgeprägter Persönlichkeitsmerkmale.

Ausgehend von der Frage, ob es altruistische Persönlichkeitsmerkmale gibt und wie sie sich empirisch nachweisen lassen, bezogen sich Oliner/Oliner in ihrer Studie auf das Helferverhalten gegenüber Juden während der Naziherrschaft, also auf eine Form des prosozialen Verhaltens mit einem sehr hohen, lebensgefährlichen Risiko für die Hilfeleistenden [11]. Schätzungen zufolge riskierten ca. 50.000 Menschen ihr Leben, um ca. 200.000 Juden zu retten. 5.700 solcher Fälle sind im Archiv der israelischen Gedenkstätte *Yad Vaschem* in Jerusalem dokumentiert (vgl. Hunt 1992: 183 ff.).

Oliner/Oliner kritisieren zu Recht an den zahlreichen Experimenten im Rahmen der Altruismusforschung die Tatsache, daß viele Experimentalsituationen vielleicht eine halbe Stunde dauern und gar kein tieferes Leiden und keine größeren altruistischen Handlungen induzieren können (vgl. Oliner/Oliner, zit. in Hunt 1992: 186). Deshalb wurden im Rahmen ihrer Studie zur „Altruistischen Persönlichkeit" 406 Retter und 150 Gerettete interviewt. Als Kontrollgruppe dienten 126 Personen, die von ihrer Altersstruktur und sonstigen Lebensumständen her mit den Rettern vergleichbar

---

11 Heckhausen (1980) nennt dagegen den „persönlichkeitspsychologischen Ansatz" auf der Basis des Retterverhaltens während des Zweiten Weltkrieges „unergiebig". Es hätten sich für eine empirische Studie Ende der sechziger Jahre nur 27 Helfer finden lassen. „In Interviews schälten sich für die Untersucher gewisse Gemeinsamkeiten heraus wie Abenteuerlust, Identifikation mit einem elterlichen Moral-Vorbild und soziale Randständigkeit" (Heckhausen 1980: 326); Die Studie von Oliner/Oliner (1988) widerlegt diese Einschätzungen.

waren, aber keine Juden vor der Ermordung geschützt hatten. Die Bezeichnung Retter „is limited to those who risked their lives without monetary compensation [...]" (Oliner/Oliner 1988: 2).

Die Kontrollgruppe wurde differenziert in „actives" (n = 53) und „bystanders" (n = 72). Alle interwiewten Personen der Kontrollgruppe waren „nonrescuers", aber die Gruppe der „actives" beantwortete die Frage nach Aktivitäten zur Unterstützung anderer mit „ja". Ihrer Selbsteinschätzung nach haben sie „participated in resistance activities or helped Jews" (a.a.O.: 4). Ihrem Selbstbild nach, sahen sie sich als Unterstützer; auf der Handlungsebene ließen sich jedoch keine Engagements nachweisen, die den Aktivitäten der Retter entsprachen.

Die Rettung von Juden sehen die Autoren als Beispiel für altruistisches Verhalten. Dabei stehen nicht diejenigen, die aus Geldgier oder Eigeninteresse Juden geholfen haben, im Zentrum dieser Studie, sondern „those who helped out of humanitarian considerations alone – without material rewards of any kind" (a.a.O.: 1). Alle Fragen in den Interviews gingen implizit davon aus, „that there may exist something called an ‚altruistic' personality; that is, a relatively enduring predisposition to act selflessly on behalf of others, which develops early in life. For this reason we were interested not only in what our respondents did during the war and the circumstances of their wartime lives but also in their parents and their youthful characteristics and behaviors as well as their current behaviors" (a.a.O.: 3).

Die Autoren definieren ein Verhalten als altruistisch „when (1) it is directed towards helping another, (2) it involves a high risk or sacrifice to the actor, (3) it is accompanied by no external reward, and (4) it is voluntary" (a.a.O.: 6) [12]. Diese Definition trifft auf unterschiedliches altruistisches Verhalten zu; die Besonderheit des Verhaltens der Retter von Juden während der Nazi-Zeit liegt darin, daß sie erstens in der Regel über einen langen Zeitraum, in der Mehrzahl zwei bis fünf Jahre, geholfen haben und zweitens, daß sich die Hilfeleistung auf Menschen bezog, die ethnisch, religiös und kultu-

---

12 Im Zusammenhang mit dem Kriterium einer nicht vorhandenen *äußeren Belohnung* verweisen die Autoren auf den Unterschied zu Formen einer *inneren Belohnung*, die dem altruistischen Verhalten nicht entgegensteht: Altruismus heißt, „jemandem helfen, dem diese Hilfe nützt, und selbst dabei Risiken und Kosten in Kauf nehmen, ohne eine äußere Belohnung zu erwarten oder zu wollen. Ich sage ‚äußere' Belohnung, weil es natürlich auch eine Art Belohnung ist, wenn man mit dem, was man macht, zufrieden ist, eine innere Belohnung also" (Oliner/Oliner, zit. in Hunt 1992: 187).

rell anders waren als die Retter. Drittens war die Unterstützung von Juden während der Nazi-Herrschaft ein zu den sozialen Normen konträres Verhalten: „In the context of World War II, the rescue of Jews was legally prohibited, and broad extralegal norms were at best ambivalent and at worst supportive of Nazi policies. Rescuers could anticipate little external approval. Even if they had reason to believe that intimate friends or neighbors might approve, they could not disclose their activities to them. Any rewards had to be self-administered" (ebd.).

Die Autoren verweisen im Zusammenhang mit der Darstellung ihres Forschungskonzepts auf grundsätzliche forschungsstrategische Schwierigkeiten bei der Exploration von Motivationen und anderen psychologischen Beweggründen von Personen: „Any attempt to characterize internal psychological states is hindered by similar difficulties in knowing or quantifying another's thoughts or feelings" (ebd.). Die Grenzen soziobiologischer Ansätze, die in der Existenz von das Überleben der Gattung steuernden Genen den Schlüssel für altruistisches Verhalten sehen, wurden schon erwähnt. Psychoanalytische Konzepte erklären altruistisches Verhalten aus einer Kombination von Lernprozessen und genetischen Prädispositionen. Soziale Normen und die Identifikation mit anderen Menschen führen demnach zu einer Zügelung von Aggressivität und zu prosozialem Verhalten. Dabei spielt das „Über-Ich" eine bedeutsame Rolle. Dennoch: „In fact, psychoanalytic theory denies the existence of selfless motivation, for, according to Freud, all behavior is ultimately rooted in satisfying the self" (a.a.O.: 9). Die kognitive Entwicklungspsychologie geht von verschiedenen Stadien moralischer Entwicklung in Interaktion mit Erfahrungen aus, kann jedoch ebensowenig wie lerntheoretische Ansätze eine hinreichende Antwort auf die Entstehung altruistischen Verhaltens geben. Bei lerntheoretischen Ansätzen entsteht beispielsweise das Paradox, daß das Lernen prosozialen Verhaltens mit Hilfe von positiver Verstärkung erklärbar erscheint; dort wo diese positive Verstärkung jedoch ausbleibt, aber altruistisches Verhalten dennoch gezeigt wird, verlieren diese Ansätze an Erklärungskraft; Werte und Emotionen gelten in der Lerntheorie schließlich auch als Ergebnisse von Verstärkungsprozessen (vgl. a.a.O.: 10; zum „lerntheoretischen Paradox" auch Heckhausen 1980: 326).

Vor dem Hintergrund der begrenzten Reichweite oben genannter Erklärungsansätze favorisieren Oliner/Oliner einen sozialpsychologischen Ansatz: „Our study is rooted in a social psychological orientiation, which assumes that behavior is best explained as the result of an interaction between personal und external social, or situational, factors. We view an altruistic behavior as the outcome of a decision-making process in which the internal characteristics of actors as well as the external environments in which they find themselves influence each other" (Oliner/Oliner 1988: 10). Aus der Fülle von Hypothesen zur Entstehung bzw. Begründung für altruistisches Verhalten wählten die Autoren im Rahmen ihrer Studie dreizehn Variablen aus (vgl. Hunt 1992: 185 f.). Sie konzentrierten sich damit auf ihnen zunächst plausibel erscheinende Thesen, in denen beispielsweise die Retter als Abenteurer, gesellschaftliche Außenseiter oder primär religiös bzw. politisch motiviert beschrieben werden (vgl. FN 11).

Die Ergebnisse der Studie lassen sich wie folgt zusammenfassen: Die Retter waren weder gesellschaftliche Außenseiter noch Abenteurer; sie handelten auch nicht hauptsächlich auf Grund religiöser Imperative [13]. Ein signifikant höheres Selbstwertgefühl ließ sich ebensowenig nachweisen wie eine besonders ausgeprägte Gegnerschaft gegenüber den Nazis [14]. Auch die These, daß besondere äußere, situationale Umstände für das Retterverhalten bedeutsam waren, ließ sich nicht signifikant belegen: „Äußere Umstände [waren] sehr viel weniger wichtig, als man es von den Laborexperimenten her vermuten würde" (Oliner/Oliner, zit. in Hunt 1992: 185 f.). „Die gesamte Lebenssituation der einzelnen, wo sie lebten, mit wievielen Personen, ob Kinder im Haus waren, die durch die Rettungsarbeit gefährdet worden wären – Weder diese noch die meisten anderen äußeren Umstände machten irgendeinen Unterschied" (ebd.).

Eine *mittlere Signifikanz* ergab sich in bezug auf die Hypothesen, daß die Retter ein Netz von Beziehungen mit emotionaler und praktischer Unterstützung durch die Familie oder Freunde hatten. Im Vergleich zu der Kontrollgruppe ließ sich jedoch eine besondere Bedeutung von schon früher bestehenden Kontakten zu Juden nicht nachweisen: „Manche Retter hatten jüdische Freunde gehabt, aber für viele waren Juden auch nur eine Erscheinung am Rande ihrer sozialen Welt, in der Schule, am Gymnasium, an der

---

13 „Obwohl 90 Prozent unserer Retter religiös erzogen worden waren, gaben überraschenderweise nur 15 Prozent die Religion als Hauptgrund für ihr Handeln an, und ein signifikanter Unterschied zwischen Rettern und Kontrollgruppe war hier nicht festzustellen" (Oliner/Oliner, zit. in Hunt 1992: 185 f.).

14 „Bei Rettern wie bei Nicht-Rettern war der Prozentsatz derer, die etwas gegen die Nazis hatten, etwa gleich groß" (Oliner/Oliner, zit. in Hunt 1992: 186 f.).

Universität" (Oliner/Oliner, zit. a.a.O.: 194). Ebenfalls kann den Rettern nicht ein signifikant höheres Autonomiebewußtsein im Sinn eines Gefühls, das eigene Leben selbst zu bestimmen, unterstellt werden. Die Retter fühlten sich nicht mehr und nicht weniger ohnmächtig als die Nicht-Retter (vgl. ebd.).

Hohe Signifikanzen und daraus ableitbare Faktoren für die Entstehung und Ausprägung altruistischer Persönlichkeiten ergaben sich jedoch bei den folgenden Hypothesen. Bei den Rettern ließ sich eine stark ausgeprägte Fähigkeit zur Empathie nachweisen: „Wir stellten fest, daß die Retter entschieden einfühlsamer und sensibler für die Leiden anderer Menschen waren als die Nicht-Retter" (Oliner/Oliner, zit. ebd.). Weiterhin hatten die Retter ein ausgeprägteres persönliches und soziales Verantwortungsbewußtsein. Als Hintergrund für ein größeres Maß an Empathie und Verantwortungsbewußtsein kristalisierte sich das eher argumentierende und begründende Strafverhalten der Eltern heraus, mit denen die Retter in ihrer Kindheit konfrontiert waren: „Genausoviele Retter wie Nicht-Retter wurden von ihren Eltern für schlechtes Verhalten gemaßregelt – aber Eltern von Rettern taten dies signifikant weniger mit körperlichen Strafen [...] und viel mehr mit Argumentieren und Erklären" (ebd.). Zudem bekamen die Retter von ihren Eltern Lob und positive Verstärkung für gutes oder freundliches Verhalten und hatten mindestens ein Elternteil mit einer starken Rolle als Vorbild bzw. Modell für empathisches Verhalten.

Faßt man die hoch signifikanten Unterschiede zwischen der Gruppe der Retter und der Nichtretter zusammen, so erscheinen besonders drei Faktoren relevant, die alle im Zusammenhang mit primären Sozialisationserfahrungen stehen: ein argumentierendes und erklärendes Strafverhalten der Eltern, Lob und positive Verstärkung für prosoziales Verhalten sowie die Vorbildfunktion mindestens eines Elternteils für empathisches Verhalten. Auf dieser Basis entwickelten sich sowohl eine stark ausgeprägte Fähigkeit zur Empathie als auch ein ausgeprägtes persönliches und soziales Verantwortungsbewußtsein. Vor diesem Hintergrund verwundert es nicht, daß sich das altruistische Verhalten der Retter als relativ konstant erwies. Die Interviews mit ihnen wurden ca. vierzig Jahre nach ihrem Verhalten während des Zweiten Weltkrieges durchgeführt. Dennoch ließ sich, bezogen auf ihre altruistischen Persönlichkeitsmerkmale, eine prinzipielle Konstanz feststellen: „[...] despite the passage of years and change in external circumstances, the people we meet today have many of the same predispositions they manifested at the outbreak of the war" (Oliner/Oliner 1988: 11).

Im Rahmen der Interviews wurden auch aktuelle Fundgiving-Aktivitäten abgefragt. Bei den Antworten wird die Bedeutung altruistischer Persönlichkeitsmerkmale im Kontext des Fundgiving deutlich. Dabei fällt auf, daß es zwar keinen signifikanten Unterschied zwischen Rettern und Nichtrettern beim Geben von Geld oder Sachleistungen gibt; bei Fundgiving-Aktivitäten, die ein größeres Maß an persönlicher Beteiligung auf der Handlungsebene erforderlich machen, ist jedoch ein signifikanter Unterschied vorhanden. Die Fragen nach *„Help given in past year"* wurden nach verschiedenen Formen der Hilfeleistung differenziert (a.a.O.: 327):

„Contributed money or goods to some cause"

	Very Often (%)	Often (%)	Few Times (%)	Once (%)	Never (%)
Rescuers (n = 97)	16.5	14.4	22.7	6.2	40.2
Nonrescuers (n = 106)	16.0	14.2	37.7	4.7	27.4

Dagegen existieren deutliche Unterschiede bei Aktivitäten mit der Notwendigkeit eines höheren persönlichen Engagements:

„Made telephone calls on behalf of a group or cause or helped raise money for a group or cause"

	Very Often (%)	Often (%)	Few Times (%)	Once (%)	Never (%)
Rescuers (n = 96)	11.5	9.4	16.7	0.0	62.5
Nonrescuers (n = 107)	6.5	6.5	8.4	6.5	72.0

Ebenfalls hohe Signifikanzen ergaben sich bei der Auswertung von Fragen nach zwei weiteren Fundgiving-Aktivitäten: „Helped feed the sick or the aged or visited the ill" und „Given speeches or lectures or written letters on behalf of an issue or cause". Insgesamt kommen die Autoren zu dem Schluß, daß „significant larger percentages of rescuers than nonrescuers have participated in community activities during the year preceding our interview with them" (a.a.O.: 245).

Auffällig an den Ergebnissen dieser Studie ist die große Bedeutung, die der primären Sozialisation für die Entstehung prosozialen Verhaltens zukommt. Auf dieser Basis entsteht sowohl die Fähigkeit zur Empathie als Einfühlungsvermögen in andere Menschen als auch die emotionale Ausdrucksfähigkeit, das heißt, Mitleid nicht nur zu empfinden, sondern diese Emotion auch in prosoziales Verhalten umzuwandeln. Oliner/Oliner benutzen den Begriff der „Extensivität" als eine Dimension, in der Persönlichkeitsmerkmale, verinnerlichte Werte und familiale Sozialisation zusammenkommen. Diese Dimension steht außerdem für „Einstellungen zu Menschen, die anders sind als man selbst – also wie weit man Menschen außerhalb der eigenen Gruppe als Mitmenschen und nicht als *sie* ansieht. [...] ‚Extensivität' mißt die Reichweite des einfühlenden Verhaltens – wie weit es sich auch auf Außenstehende und nicht nur auf die engeren *Wir*-Gruppen-Mitglieder erstreckt [...]. Extensivität ist der Kern der altruistischen Persönlichkeit – und von den Daten her haben wir allen Grund zu der Annahme, daß sie erlernbar ist" (Oliner/Oliner, zit. in Hunt 1992: 195).

Folgt man der Argumentation der Autoren, lassen sich Menschen mit altruistischen Persönlichkeitsmerkmalen als *extensiv* orientiert beschreiben. Sie sind nicht nur in der Lage, empathisch die Bedürfnisse anderer Menschen wahrzunehmen, sondern auch adäquate Aktivitäten zu initiieren und kontinuierlich fortzusetzen mit dem Ziel, Notlagen anderer Menschen zu verändern. Sie wirken mit ihren Handlungen nicht nur innerhalb ihres persönlichen Nahbereichs, sondern auch in die sie umgebenden individuellen oder öffentlichen Umwelten hinein. Ihre Handlungspotentiale nehmen sie nicht nur bewußt wahr; sie dehnen sie auch aus auf die Belange von Menschen und Anliegen, die nicht zu ihrem unmittelbaren eigenen Lebensumfeld gehören. Menschen ohne altruistische Persönlichkeitsmerkmale lassen sich demgegenüber als *restriktiv* orientiert bezeichnen. Sie sehen ihre Kompetenzen und Handlungsmöglichkeiten relativ eingeschränkter bzw. auf ihren unmittelbaren Nahbereich konzentriert. Sie empfinden vielleicht Mitleid für ihnen fremde Menschen und Anliegen, können oder wollen diese Emotion aber tendenziell nicht als Basis für Aktivitäten auf der konkreten Handlungsebene nutzen. Ihr eher restriktives Verhalten wird verstärkt, je höher die Kosten und das Ausmaß des notwendigen prosozialen Verhaltens sind [15]. Extensivität und Restriktivität werden als Dispositionen bzw. Neigungen angesehen, nicht als Determinanten für ein sich daraus zwangsläufig ergebendes Verhalten: „Predispositions represent an inclination toward a given behavior, not an inevitably programmed response. Thus, when we say that someone has an ‚altruistic personality‘, it means not that he or she always acts altruistically but that this person is more likely than others to make altruistic decisions" (a.a.O.: 11 f.). Auch in bezug auf den Stellenwert der primären Sozialisation stellen die Autoren zwar den großen Einfluß auf das spätere Verhalten fest, nicht jedoch irgendeine Form von Determiniertheit: „Similarly, we are not proposing that early life experiences and personality inevitably determine an altruistic response, but that they influence perceived choices" (ebd.).

Ein weiteres wichtiges Ergebnis der Studie ist die Feststellung, daß die Retter von Juden während des zweiten Weltkrieges „ganz normale Menschen" waren. So bedeutsam ihr Verhalten für die geretteten Juden war, sie lassen sich nicht als eine Gruppe von besonders waghalsigen, gesellschaftlich oder politisch oppositionell eingestellten, extrem religiösen oder sonstwie außerordentlichen Menschen beschreiben: Rescuers „were and are ‚ordinary‘ people. They were farmers and teachers, rich and poor, parents and single people, Protestants and Catholics. Most had done nothing extraordinary before the war nor have they done much that is extraordinary since. Most were marked neither by exceptional leadership qualities nor by unconventional behavior. They were not heroes cast in larger-than-life molds [nicht aus anderem Holz geschnitzt, D. L.]. What most distinguished them were their connections with others in relationships of commitment and care" (a.a.O.: 259). Auch kann ihnen keine besondere Nähe zur jüdischen Religion oder Kultur unterstellt werden; sie haben sich einer im Prinzip austauschbaren Gruppe von zu Unrecht Verfolgten zugewandt: „Their involvements with Jews grew out of the ways in which they ordinarily

---

15 Oliner/Oliner selbst verwenden als Gegensatzpaar die Begriffe *extensivity* und *constrictedness* bzw. extensive vs. constricted orientation für die Gruppen der Retter bzw. der Nichtretter (vgl. Oliner/Oliner 1988: 253). „Thus, rescuers were not only more empathic toward other's pain than nonrescuers, but they were also more likely to get and stay involved because of their general sense of responsibility and tendency to make commitments" (a.a.O.: 175).

related to other people – their characteristic ways of feeling; their perceptions of who should be obeyed; the rules and examples of conduct they learned from parents, friends, and religious and political associates; and their routine ways of deciding what was wrong and right" (a.a.O.: 260).

Zusammenfassend läßt sich festhalten: Das Gegensatzpaar Altruismus/ Egoismus läßt sich auf der Ebene von Persönlichkeitsmerkmalen auch als extensives bzw. restriktives Verhalten kennzeichnen. Die je individuellen biographischen Hintergründe für altruistisches Verhalten sind deutlicher geworden am Beispiel einer extremen Variante altruistischen bzw. prosozialen Verhaltens. Für die Entstehung dieses Verhaltens sind Faktoren identifiziert worden, die während der primären Sozialisation von Bedeutung sind. Damit ist altruistisches Verhalten im wesentlichen ein durch Sozialisationserfahrungen geprägtes Verhalten. Es wird somit nicht nur verständlicher, sondern es erscheint auch beeinflußbar. Dies gilt vor allem vor dem Hintergrund der Tatsache, daß nicht nur die primären, sondern auch sekundäre Sozialisationserfahrungen prägend bzw. verändernd sind.

Vor diesem Hintergrund wird auch der folgende Hinweis der Autoren verständlich: „Ich bin sicher, daß man aus unserer Studie konkrete Folgerungen für Schule und Elternhaus ableiten kann, aber ich bin mir nicht im klaren darüber, in welcher Form und für welche Altersstufe. Wir haben auch gar nicht erst versucht, unsere Ergebnisse in Form bestimmter Maßnahmen auf die Kindererziehung oder die Sozialpolitik zu übertragen. Unsere Arbeit ist das *Was* des Altruismus; das *Wie* der Umsetzung dieses Wissens müssen andere erarbeiten – Erziehungswissenschaftler, Entwicklungssoziologen, angewandte Soziologen" (Oliner/Oliner, zit. in Hunt 1992: 195).

Nimmt man diese Aufforderung ernst, avanciert vor dem Hintergrund der Erlernbarkeit prosozialen Verhaltens und der Bedeutung, der dabei den gesellschaftlich etablierten und anerkannten Kulturen des Gebens zukommt, die Gestaltung dieses gesellschaftlichen Umfeldes zu einer zentralen Aufgabe von Nonprofit-Organisationen. In den Niederlanden gehen beispielsweise Mitarbeiter der in jeder Stadt etablierten *Freiwilligen-Zentralen*, die die Aufgabe haben, Freiwillige in NPO zu vermitteln, in Schulen, um über Möglichkeiten und Regularien für freiwilliges Engagement zu berichten. Hunt verweist auf eine Bewegung in den USA, die sich für „Charakterbildungsunterricht" in Schulen einsetzt und vom *„American Institute for Character Education"* entwickeltes Lehrmaterial benutzt (vgl. Hunt 1992: 206). In Deutschland ist die *Aktion Gemeinsinn e.V.* aktiv, beispielsweise mit Aktionen zur Förderung ehrenamtlichen Engagements oder mit einer 1995 gestarteten Kampagne mit dem Titel „Verstehen beginnt mit Zuhören", die sich zum Ziel gesetzt hat, empathisches Verhalten zu fördern (Aktion Gemeinsinn e.V. o. J. [1994], o. J. [1995]).

Dies sind selbstverständlich mittel- bis langfristige Aktivitäten, die sich auf die allgemeine Förderung des freiwilligen Gebens und Engagements und zunächst weniger auf unmittelbare Erfolge des Fundraising einzelner Organisationen beziehen kann. Es ist auch keine Aufgabe, der sich eine NPO allein stellen könnte und sollte. Ich denke eher an „strategische Allianzen" mit anderen NPO sowie mit Unternehmen und staatlichen Institutionen. Auf dieser Basis bieten sich Kooperationen mit Schulen oder Jugendverbänden an, die Gestaltung von Unterrichtseinheiten oder Spielen, die sich auf die Auseinandersetzung mit helfendem Verhalten beziehen usw. Dabei steht für mich nicht der Gedanke im Vordergrund, daß die Kinder von heute die Spender von morgen sind. Im Zentrum sollten dabei das Einbringen von Werten und Leitbildern, nicht zuletzt auch von Know-How und konkreten Beispielen aus der Arbeit von Organisationen stehen, die auf unterschiedliche Arten und Weisen helfend wirken.

3 Fundgiving als prosoziales Verhalten

Die zahlreichen Formen sozial orientierten Verhaltens, im Sinn eines freiwillig erbrachten Nutzens für andere Personen oder einen Zweck, lassen sich unter dem Oberbegriff des prosozialen Verhaltens auf einem Kontinuum mit zwei Polen darstellen: Der eine Pol wird markiert durch einen minimalen Einsatz an Zeit, Kosten oder Risiko für die eigene Person, der andere Pol markiert einen maximalen persönlichen bzw. materiellen Einsatz. Freiwilligkeit und Nutzen für den Empfänger sind Bestandteile eines jeden prosozialen Verhaltens; das Ausmaß des persönlichen Engagements ist variabel. Ich gehe davon aus, daß jedes prosoziale Verhalten auf diesem Kontinuum immer auch eigennützige oder egoistische Anteile enthält. Diese können je nach Person oder konkreter Situation gering oder groß sein – solange die Kriterien Freiwilligkeit und Nutzen für die begünstigte Person oder den geförderten Zweck erfüllt sind, handelt es sich um prosoziales Verhalten; das Vorhandensein von mehr oder weniger bewußten und ausgeprägten egoistischen, eigennützigen Motivationen schadet dem grundsätzlich nicht. Für die Zwecke dieser Arbeit erscheint deshalb dieser Begriff sinnvoll, da er sowohl die zahlreichen Varianten helfenden und altruistischen Verhaltens umfaßt als auch die speziellen, im Zusammenhang mit dem Fundgiving stehenden, Formen des freiwilligen Gebens von Geld und Zeit.

Bisher standen einzelne relevante Aspekte und theoretische Erklärungsansätze im Vordergrund meiner Darstellung des Phänomens Fundgiving. Im nächsten Schritt wird versucht, vor dem Hintergrund des bisher diskutierten Materials, das komplexe Bedingungsgeflecht, innerhalb dessen sich die verschiedenen Varianten des Fundgiving manifestieren, als Ganzes zu beschreiben. Während die Studie von Oliner/Oliner (1988) zur Entstehung altruistischer Persönlichkeitsmerkmale Antworten auf die Frage lieferte, welche Bedingungen für die Entstehung prosozialen Verhaltens relevant sind, werden im folgenden weitere für das Fundgiving bedeutsame *Dispositionsfaktoren* erörtert. In einem nächsten Schritt kommen kursorisch einige Aspekte von *Wahrnehmungsprozessen* zur Sprache, die als Filter oder Barrieren bei der Entscheidung für oder gegen ein Fundgiving fungieren. Nicht zuletzt werden relevante *Situationsfaktoren* aufgeführt, die im Zusammenhang mit dem freiwilligen Geben eine Rolle spielen.

3.1 Einflußfaktoren auf das Fundgiving

Bisher wurden primär drei Blickwinkel bei der Betrachtung des Fundgiving eingenommen: Fundgiving wurde als Tauschverhältnis, als Resultat von Kosten-/Nutzen-Analysen und im Kontext von altruistischem Verhalten betrachtet. Dabei wurden die Plausibilität, aber auch die Grenzen von Erklärungsansätzen deutlich, die Fundgiving ausschließlich als ökonomisch motivierten Transfer betrachten. Ebenso ließen sich von der Analyse altruistischen Verhaltens zwar Erkenntnisse für Entwicklungsaufgaben von NPO gewinnen; Altruismus wurde jedoch als eine extreme Form prosozialen Verhaltens identifiziert, die nicht mit Fundgiving-Aktivitäten gleichzusetzen ist.

Für die Beantwortung der Frage nach den Einflüssen sowohl auf die Entstehung als auch auf die konkreten individuellen Ausprägungen prosozialen Verhaltens, haben sich zwei Faktoren als besonders relevant herauskristallisiert: Erstens die *Leitbilder*, die von Individuen vermittelt werden. Dieser Faktor verweist auf die Bedeutung der Eltern-Kind-Beziehung im Rahmen der primären Sozialisation, insbesondere auf die Vorbildfunktion von Bezugspersonen (vgl. Hunt 1992: 103 sowie die Ergebnisse der Studie von Oliner/Oliner 1988). Zweitens Leitbilder, die in „Kollektiven", d.h. sekundären Sozialisationsinstanzen wie Kindergarten, Hort, Schule, Ausbildunginstitutionen, am Arbeitsplatz sowie in Freizeiteinrichtungen, aber auch indirekt in Gestalt von kulturellen, gesellschaftlichen Werten und Normen vermittelt werden.

Produkte und Auswirkungen dieser Leitbilder manifestieren sich in *Persönlichkeitsmerkmalen*. Diese können als relativ konstante Basis und als Potential für die Weiterentwicklung prosozialer Verhaltensweisen gelten. Relevant sind dabei die Fähigkeit zur Einfühlung (Empathie); die emotionale Ausdrucksfähigkeit; das Selbstbild und Selbstwertgefühl; das Menschenbild, was sich in den Einstellungen zu anderen Menschen manifestiert [1] sowie das Ausmaß von Vertrauen in die eigene Handlungsfähigkeit. Im Zusammenhang mit dem Fundgiving erscheint auch das Vertrauen in die Handlungsfähigkeit von Organisationen bzw. einzelnen NPO relevant.

---

1 Vgl. Experimente zum sogenannten „Wir-und-Sie-Effekt" in Hunt 1992: 137; Schneider 1988: 18.

Neben diesen für die Entstehung und individuelle Ausprägung relevanten Faktoren, sind noch andere Einflüsse nachweisbar, die sich innerhalb von konkreten Situationen manifestieren. Die Bedeutung dieser Faktoren wurde in zahlreichen, meistens verhaltenswissenschaftlich orientierten Studien und Experimenten nachgewiesen. Ihre Bedeutung als Einflußfaktoren auf hilfreiches Verhalten allgemein läßt sich grundsätzlich auch auf das freiwillige Geben von Zeit und Geld übertragen. Relevant sind dabei:

- die Interpretation von *Eindeutigkeit* bzw. Uneindeutigkeit in einer konkreten Fundgiving-Situation (vgl. Hunt 1992: 130; Schneider 1988: 16);
- das Ausmaß der individuell empfundenen *Gesamtbelastung*, bedingt durch Stimmung, Lärm, Konzentrationsfähigkeit (vgl. Schneider 1988: 17) sowie der Faktor Zeitdruck (vgl. Hunt 1992: 75);
- die Einschätzungen in bezug auf die *Aussicht auf Erfolg* bzw. Mißerfolg der Hilfeleistung bzw. Spende (vgl. a.a.O.: 106);
- die Einschätzung der eigenen *Kompetenz* bzw. Ressourcen;
- die Aktivierung von bzw. der Rückgriff auf positive oder negative *Erfahrungen* mit einer vergleichbaren Situation;
- der sogenannte „Zuschauereffekt", d.h. die Bedeutung, die die Anwesenheit und das *Verhalten anderer Menschen* in einer konkreten Situation haben (vgl. Hunt 1992: 127; Schneider 1988: 16);
- die Angst davor, sich möglicherweise durch eine Hilfeleistung oder Spende innerhalb relevanter Bezugsgruppen lächerlich zu machen (vgl. Hunt 1992: 134).

Kirsten Schirk und Rolf Schneidereit (1994) weisen, aus einem anderen Blickwinkel heraus, auf drei zentrale Faktoren im Zusammenhang mit dem Fundgiving hin. Auf der Basis von qualitativer Wirkungsforschung im Zusammenhang mit ihrer Arbeit als Berater für Öffentlichkeitsarbeit und Fundraising von NPO, halten sie die Aspekte Verantwortung, Macht und Angst vor Emotionen für bedeutsam. Mit diesen drei Kategorien wird jeder Spender oder Nicht-Spender mehr oder weniger bewußt konfrontiert. Durch das Geben identifiziert sich der Geber mit den Anliegen der NPO: „Diese Identifikation bedeutet gleichzeitig, Verantwortung zuzugeben" (Schirk/Schneidereit 1994: 24). Wer nicht spendet, zeigt, daß er, aus welchen Gründen auch immer, in einer konkreten Spendensituation nicht bereit ist, Verantwortung zu übernehmen. Die Fähigkeit, Geld zu geben, läßt sich ebenso wie die Möglichkeit des Nicht-Gebens als eine Form von Machtausübung interpretieren. Zu spenden ist darüber hinaus eine nicht alltägliche

Situation, die in der Regel Handlungsroutinen des Alltags durchbricht. Spender sind dabei mit verschiedenen Emotionen bzw. ihrer Angst davor konfrontiert. Verlegenheit oder Unsicherheit in bezug auf Handlungsmöglichkeiten sind mögliche Effekte; für Hungernde, AIDS-Kranke etc. zu geben heißt jedoch immer, sich mit Hunger, AIDS etc. und den damit verbundenen Ängsten sowie der Möglichkeit einer Selbstbetroffenheit zu konfrontieren und auseinanderzusetzen (vgl. a.a.O.).

3.2 Prosoziales Verhalten als Bewältigung einer komplexen Anforderung

Es liegt an dieser Stelle nahe, die angeführten Einflußfaktoren auf das Fundgiving als prosoziales Verhalten modellhaft darzustellen. Schneider (1988) hat – in Anlehnung an Erkenntnisse aus der Streßforschung – ein Modell für den Entscheidungsprozeß bei Hilfeleistungen entwickelt, die sich ihm als „Bewältigung eines Problems" darstellen (Schneider 1988: 27 ff.). Dieses Modell bezieht sich also nicht speziell auf das Fundgiving, sondern auf alle Varianten des Helfens. Seine Darstellung eines idealtypischen Entscheidungsablaufs wurde deshalb von mir zur Prüfung der Übertragbarkeit auf das Fundgiving geringfügig modifiziert. Ich verweise auf dieses Modell, um daran die Möglichkeiten, vor allem aber die Grenzen einer schematisierenden Darstellung des von zahlreichen individuellen und situationalen Bedingungen geprägten Fundgiving deutlich zu machen.

Eine „hilfeheischende" Situation wird von Schneider als „Anforderung" bzw. Reizkonstellation betrachtet, welche die alltäglichen, problemlosen, eingeschliffenen Handlungsabläufe überschreitet. Diese Streßsituation wird in drei Stufen „bewältigt": Eine „primäre Einschätzung" sucht Antworten auf die Frage, ob ein konkretes Ereignis als irrelevant oder streßreich aufzufassen ist. Nur wenn das Ereignis als relevant und als die üblichen individuellen Ressourcen überschreitend interpretiert wird, kommt es zur „sekundären Einschätzung". Dabei wird die Situation so verändert, daß negative Gefühle reguliert werden und das psychische Gleichgewicht wieder hergestellt wird. Nachdem eine Bewältigungsform ausgewählt und praktiziert wurde, kommt es zu einer Kontrolle bzw. Bewertung der Wirkung dieses Bewältigungsversuchs.

Fundgiving-Entscheidungsprozeß (in Anlehnung an Schneider 1988):

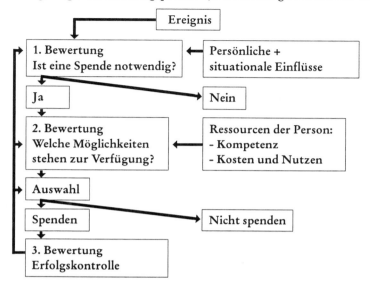

Eine intensive Auseinandersetzung mit diesem Modell führt jedoch zu einigen Vorbehalten. Als Ereignis gilt im Rahmen des zitierten Schemas jeder Anlaß, der einen Entscheidungsprozeß auslöst. Die zahlreichen Varianten des Fundraising kommen dafür in Frage, aber auch Informationen über Notlagen, politische Entscheidungen, Krisen – alles, was einen potentiellen Fundgiver aufgrund seiner Präferenzen und Dispositionen als Information erreicht und zu einem Prozeß der Auseinandersetzung führt. Genau genommen handelt es sich jedoch nur dann um ein auslösendes Ereignis für einen Entscheidungsprozeß, wenn zu diesem Zeitpunkt ein erster Wahrnehmungsfilter „erfolgreich" passiert ist: Die Information wurde beachtet, also aus der Fülle von alltäglichen Informationen ausgewählt. Zeitgleich werden möglicherweise vorhandene Erfahrungen mit ähnlichen Ereignissen erinnert, und mehr oder weniger unbewußt werden Selbstbilder und Einstellungen des potentiellen Spenders aktiviert. Der bewußten Wahrnehmung als relevantes Ereignis ist also immer schon der Wahrnehmungsprozeß mit seinen Filtern und Barrieren vorausgegangen. Diese Elemente werden von dem vorgestellten Modell jedoch nicht hinreichend dargestellt; die genannten vorausgehenden Prozesse und Einflüsse werden mit der Rubrik „Persönliche und situationale Einflüsse" nur unzureichend erfaßt.

Erst nach dem skizzierten Wahrnehmungsprozeß, der in „Face-to-Face"-Situationen innerhalb von Augenblicken stattfinden kann und der sich beispielsweise bei der Frage, ob eine Kinderpatenschaft oder eine Fördermitgliedschaft eingegangen wird, über einen langen Zeitraum erstrecken kann, setzt der eigentliche Entscheidungsprozeß ein. Persönlichkeitsmerkmale, emotionale Aspekte und die konkreten situationalen Einflüsse werden relevant und führen insgesamt zur ersten Bewertung: Wird eine Aktivität, also ein Fundgiving, für notwendig gehalten? Es gibt an dieser Stelle eine Fülle von Möglichkeiten, die zu einem Ausstieg aus dem Entscheidungsprozeß führen können. Wenn das jedoch nicht der Fall ist, werden auf der zweiten Bewertungsebene die individuellen Ressourcen abgewogen: Das zur Verfügung stehende Geld- bzw. Zeitbudget sowie die individuell empfundenen Möglichkeiten und Grenzen der eigenen Kompetenzen. Falls vor diesem Hintergrund die Entscheidung für ein Fundgiving getroffen wurde, wird auf einer dritten Bewertungsebene, je nach Art und Umfang der gespendeten Ressourcen, eine mehr oder weniger reflektierte Erfolgskontrolle stattfinden.

Trotz einer vordergründigen Plausibilität wird Schneiders Entscheidungprozeß-Modell aus meiner Sicht den Anforderungen nicht gerecht, die an eine modellhafte Darstellung der Komplexität im Kontext des Fundgiving gestellt werden: Es stellt sich insgesamt als Ablauf von primär kognitiven Prozessen dar, berücksichtigt nicht ausreichend den vorher stattfindenden Wahrnehmungsprozeß und kann außerdem die Relevanz von Persönlichkeitsmerkmalen, die als „Vorläuferfaktoren" direkt mit allen Stationen des Entscheidungsprozesses verwoben sind, nicht angemessen einbeziehen. Mit dieser Problematik ist jedoch jeder Versuch konfrontiert, die Komplexität und Individualität von Fundgiving-Entscheidungen im Rahmen eines Schaubildes zu reduzieren [2].

Ich werde deshalb im folgenden auf eine modellhafte und schematisierende Darstellung verzichten, aber vor dem Hintergrund des bisher erörterten Materials die relevanten Faktoren, die das Fundgiving im Kontext prosozialen Verhaltens bedingen bzw. beeinflussen, zusammenfassend auf-

---

2　Dies zeigt sich auch in den Prozeß-Konzeptionen prosozialen Verhaltens, die von anderen Autoren entwickelt wurden (vgl. Schneider 1988: 21 ff.)

führen. Sie lassen sich in Dispositionsfaktoren, Wahrnehmungsprozesse sowie Situationsfaktoren differenzieren.

Als *Dispositionsfaktoren* oder Bedingungen für prosoziales Verhalten muß ein komplexes Bündel von unterschiedlichen Einflußfaktoren, durch die der Spender von Ressourcen in seinem Verhalten disponiert wird, reflektiert werden. Die Motivationen und Einflüsse auf das freiwillige Geben von Zeit und Geld entstehen auf dieser je individuellen Folie. Als Bedingungen lassen sich im einzelnen differenzieren:

- *Entstehungsfaktoren*
  Prosoziales Verhalten wird in erster Linie durch Werte, Normen und Leitbilder vermittelt, die innerhalb des alltagsrelevanten Lebensumfeldes gelten. Werte sind die allgemeinen und abstrakten Vorstellungen von Recht und Unrecht, Gut und Böse, die einer Gruppe von Menschen gemeinsam sind. Normen sind die spezifischen Verhaltensregeln, also Sitten, Gebote, Gesetze, die diese Werte ausdrücken und ausführen. Die Vermittlung dieser Entstehungsfaktoren erfolgt primär durch Eltern und Familie; im zweiten Schritt durch die sogenannten sekundären Sozialisationsinstanzen: vom Kindergarten über Schule und Ausbildung; vom Arbeitsplatz bis hin zum Freizeitbereich.

- *Persönlichkeitsmerkmale*
  Von denen sind für prosoziales Verhalten im wesentlichen zwei Elemente relevant: Empathie als die Fähigkeit zur Einfühlung in andere Menschen und emotionale Ausdrucksfähigkeit, d.h. die Fähigkeit, nicht nur Mitleid zu empfinden, sondern diese Emotion auch in prosoziales Verhalten umzuwandeln. Die Entstehung und Bedeutung dieser Faktoren haben Oliner/Oliner (1988) in ihrer schon erwähnten Studie zur Entstehung der altruistischen Persönlichkeit nachgewiesen (vgl. Hunt 1992). Empathie und emotionale Ausdrucksfähigkeit sind nach Ansicht der Autoren dominant für die Entstehung und individuelle Ausprägung prosozialen Verhaltens. Das bedeutet zweierlei: Die genannten Faktoren haben nicht nur eine sehr hohe Bedeutung für die Entstehung und Ausprägungen; prosoziales Verhalten ist im wesentlichen erlernbar und das heißt beeinflußbar.

Auf der Basis von Entstehungsfaktoren und Persönlichkeitsmerkmalen sind weitere, damit eng verbundene Faktoren relevant:

- *soziodemographische Faktoren:* Alter, Bildung, Berufstätigkeit, Einkommen, Familienstand, Milieu, Bezugsgruppen, Lebensstil;
- *religiöse und politische Präferenzen;*
- *Umfeldfaktoren im weiteren Sinn:* technologische und ökologische Entwicklungen und Risiken, Politik und Medien, „Zeitgeist" und kulturelle Einflüsse;
- *Erfahrungen,* die der einzelne mit dem eigenen bzw. fremden prosozialen Verhalten macht.

Die aus den genannten Einflüssen entstehenden Verhaltensdispositionen können sich im Lauf der Zeit verändern. Aus der Nähe zu einer Religionsgemeinschaft kann beispielsweise ein distanziertes Verhältnis werden; ebenso ist die Zugehörigkeit zu Bezugsgruppen und Milieus nicht statisch, sondern wandelt sich häufig in Abhängigkeit von den soziodemographischen Faktoren.

Bedingungen für prosoziales Verhalten:

Neben den genannten Variablen mit je unterschiedlicher Relevanz für das konkrete Spendenverhalten eines Menschen, ist es sinnvoll, sich allgemeine Prozesse der Informationsverarbeitung zu vergegenwärtigen. Quer zu den genannten Einflußfaktoren wirken sich die Existenz und Funktion von **Wahrnehmungsprozessen** und damit verbundenen **Selbstbildern** und **Ein-**

stellungen aus. Sie fungieren als Filter und Barrieren und reduzieren Komplexität. Aus der tendenziell unüberschaubaren Fülle von Informationen werden auf diese Weise nur wenige ausgewählt, geordnet und interpretiert, um daraus ein sinnvolles Bild von der Welt anzulegen (vgl. Luhmann 1973). Der Wahrnehmungsprozeß läßt sich plakativ als Trichter darstellen, mit dessen Hilfe Selektionen auf den drei Ebenen Beachtung, Verarbeitung und Erinnerung vorgenommen werden. Jeder Mensch beachtet nur die Informationen, die er für relevant hält. Wenn er sie aufnimmt, werden sie in der Regel in seine bereits vorhandenen Denkschemata eingepaßt. Erinnert werden ebenfalls häufig nur die Informationen, die zu den angeeigneten Schemata passen. Eine Konsequenz daraus ist, daß wir die meisten Probleme, Krisen und selbst aktuellen Notfälle, zu denen es um uns herum kommt, ausfiltern, ehe wir sie überhaupt „gesehen" bzw. wahrgenommen haben.

Wir machen uns auf diese Weise nicht nur ein Bild von der Welt, sondern auch von uns selbst. Genauer betrachtet existieren *Selbstbilder* auf drei unterschiedlichen Ebenen: Ein „realistisches" Selbstbild als eigene IST-Einschätzung, ein Idealbild von sich selbst als eigene SOLL-Einschätzung sowie ein Bild von der vermuteten Fremdeinschätzung, basierend auf den Vermutungen über das Bild, das sich andere Menschen von uns machen.

Darüber hinaus sind wir mit mehr oder weniger festgefügten *Einstellungen* konfrontiert. Auf einer abstrakten Ebene handelt es sich dabei um Lebenseinstellungen, Weltbilder und Menschenbilder. Jeder Mensch hat aber auch einen ganzen Vorrat an Einstellungen in bezug auf konkrete Themen parat, beispielsweise eine Einstellung zum Spenden. Dabei handelt es sich ebenfalls um Konstrukte zur Reduzierung von Komplexität. Sie basieren weniger auf Wissen und überprüften Fakten, sondern auf einer Mischung von „Halbwissen", Erfahrungen und Vor-Urteilen. Sie liefern Handlungsmuster, mit denen man auf äußere Anforderungen reagieren kann. Psychologisch formuliert handelt es sich um die gelernten und relativ dauerhaften Bereitschaften, in einer entsprechenden Situation gegenüber dem betreffenden Objekt oder Subjekt regelmäßig mehr oder weniger stark positiv bzw. negativ zu reagieren (vgl. Trommsdorff 1989, zit. in Cooper 1994: 63).

Auf einer dritten Ebene sind nicht zuletzt die *Situationsfaktoren* relevant, durch die konkrete Fragen nach Geld oder Zeit geprägt werden. Bedeutsam sind dabei unter anderem die folgenden Faktoren und Überlegungen:

- Eindeutigkeit bzw. Uneindeutigkeit der Situation: Ist die Spende notwendig?
- Aussichten auf Erfolg bzw. Mißerfolg: Sind Hilfeleistungen oder Veränderungen erfolgreich möglich?
- Einschätzung der eigenen Kompetenz bzw. der Bedeutung einer Spende: Kann ich mit meiner Spende etwas ausrichten? Wie kann ich spenden?
- Kognitive und emotionale Dissonanzen: „Man" müßte spenden, aber...
- Ausmaß der aktuellen Gesamtbelastung: Stimmung, Konzentration, Zeitdruck. Habe ich gerade jetzt Lust, Aufmerksamkeit, Zeit zum Spenden?
- Anpassungsdruck: Spenden auch andere?

Das bisher geschilderte Bedingungsgeflecht ähnelt einer Gleichung mit vielen Unbekannten; einfache Handlungsanweisungen oder gar „Lösungen" mit Hilfe einer Formel gibt es nicht. Weder allein mit ökonomischen Kosten-/Nutzen-Analysen noch mit einzelnen psychologischen oder soziologischen Erklärungsansätzen, ist das Phänomen Fundgiving plausibel und vollständig zu beschreiben. Die vorgestellte Systematisierung relevanter Bedingungen und Einflußfaktoren markiert somit das Feld für weitere Forschungen.

4 Zusammenfassung

Die in diesem Teil der Arbeit erörterten Ansätze sind jeweils auf einzelne ökonomische oder sozialpsychologische Aspekte des Fundgiving konzentriert. Dabei ist das Problem der tendenziell eindimensionalen Betrachtung dieses komplexen Phänomens deutlich geworden. Mit wenigen Ausnahmen (vgl. Oliner/Oliner 1988) handelt es sich bei den Erklärungsmodellen nicht um qualitativ orientierte Forschungen. Sowohl die psychologischen Arbeiten zum Altruismus als auch die ökonomischen Ansätze zur Erklärung des Käufer- bzw. Spenderverhaltens basieren in der Regel entweder gar nicht auf empirischen Befunden oder auf rein quantitativ-experimentellen Forschungsmethoden. Als Beispiele für die Produktivität von Methoden der qualitativen Sozialforschung können dagegen die beiden biographieanalytischen Untersuchungen gelten, die zum Komplex des freiwilligen Gebens von Zeit im Sinn eines ehrenamtlichen Engagements vorliegen. Deren Ergebnisse sind für diesen Teilbereich des Fundgiving aufschlußreich (Jakob 1993; Glinka/Jakob/Olk 1993). Vergleichbare qualitative Untersuchungen zum Geben von Geld wären sicherlich ebenso konstruktiv (vgl. Voß 1993).

Fundgiving als freiwilliges Geben von Ressourcen wurde als prosoziales Verhalten auf einem Kontinuum verortet zwischen einfachen, unaufwendigen Hilfeleistungen und altruistischem Verhalten mit einem hohen Risiko, möglicherweise bis hin zum Einsatz des eigenen Lebens. Das im Rahmen dieser Arbeit zur Diskussion stehende Fundgiving an NPO wird sich auf diesem Kontinuum in der Regel nicht an dem extremen Pol des altruistischen Verhaltens, sondern eher auf den ersten beiden Dritteln markieren lassen.

Fundgiving ist ein komplexes sozialpsychologisches Phänomen. Weder handelt es sich dabei um ein rein eigennütziges Verhalten noch ausschließlich um eine Nutzenstiftung für andere Menschen oder Zwecke. Konkrete Fundgiving-Aktivitäten zeigen jedoch, daß sich Eigennutz und Gemeinnützigkeit nicht ausschließen müssen. Aus der Fülle der genannten Einflußfaktoren, die als Dispositionsfaktoren, Wahrnehmungsfilter und Situationsfaktoren gekennzeichnet wurden, ragt auf der Ebene der Disposition zunächst die Bedeutung der primären und sekundären Sozialisationserfahrungen hervor. Die vorgenommene Typisierung von eher extensiv orientierten, d.h.

dem Fundgiving prinzipiell zugewandten bzw. eher restriktiv orientierten, d.h. dem Fundgiving eher abgeneigten Menschen, verweist auf den zentralen Stellenwert von Persönlichkeitsmerkmalen. Auf dieser je individuellen Folie werden Fundgiving-Anlässe wahrgenommen (bzw. ignoriert) und die weiteren Bedingungsfaktoren wirksam. Die skizzierten Persönlichkeitsmerkmale – im wesentlichen das Ausmaß von Empathie sowie emotionaler Ausdrucksfähigkeit – sind relativ konstant wirksam, prinzipiell erlernbar und damit auch beeinflußbar.

Die Fixierung auf eine Egoismus/Altruismus-Diskussion erweist sich als wenig konstruktiv zur Klärung der Komplexität des Fundgiving. Prosoziales Verhalten setzt sich aus unterschiedlichen und letztlich nur biographieanalytisch erklärbaren Beweggründen zusammen. Es konnten im wesentlichen drei Hintergründe differenziert werden:

- Ökonomisch-kognitive Aspekte des Austausches im Sinn einer Kalkulation von Kosten und Nutzen, von Äquivalenten bzw. Wechselseitigkeiten;
- sozial-psychologische Aspekte, die sich auf einer individuellen Ebene in Persönlichkeitsmerkmalen äußern;
- normativ-soziologische Aspekte, die sich unter anderem aus der Zugehörigkeit oder Suche nach Zugehörigkeit zu gesellschaftlichen Gruppen und Milieus ergeben, um Bedürfnisse nach sozialem Austausch und gemeinschaftlichem Handeln zu befriedigen.

Anders formuliert: Fundgiving findet auf einer Makro-Ebene im Rahmen einer gesellschaftlichen „Kultur des Gebens" statt. Diese wird auf einer Meso-Ebene innerhalb von kulturellen Milieus verstärkt oder blockiert. Parallel finden auf der Mikro-Ebene Interaktionen zwischen Individuen statt, die wesentlich von ihren Persönlichkeitsmerkmalen geprägt sind und ebenfalls relevante Einflüsse auf das Geben bzw. Nicht-Geben ausüben.

Die aus den Erörterungen dieses Teils der Arbeit ableitbaren Schlußfolgerungen für das Fundraising von NPO sind teilweise schon skizziert worden: *Erstens* kommt sowohl der Arbeit an der Transparenz von Zielen und Absichten von NPO als auch der Dokumentation von Erfolgen eine große Bedeutung zu. *Zweitens* sollten sich Fundraising-Konzepte auch auf die Gestaltung des gesellschaftlichen Umfeldes im Sinn einer allgemeinen Förderung prosozialen Verhaltens richten. *Drittens* scheint es sinnvoll zu sein, die immer vorhandenen eigennützigen Beweggründe für (oder auch gegen) ein Fundgiving offen zu thematisieren. In Anlehnung an eine im September 1995 gestartete Kampagne zur Förderung der Freiwilligenarbeit in den Niederlanden mit dem Motto: „Freiwilligenarbeit macht man nie umsonst", sollten sich NPO, neben den genannten anderen Beweggründen, auch diesem Aspekt der je individuellen Nutzen und Kosten des freiwilligen Gebens offensiver stellen: Fundgiving ist nie umsonst, sondern muß die Ziele und Interessen aller beteiligten Parteien nicht nur berücksichtigen, sondern auch befriedigen.

Teil III

Nonprofit-Organisationen als Akteure des Fundraising

In diesem Teil der Arbeit wird der bisher verwendete Begriff Nonprofit-Organisation analysiert. Die Zuordnungs- und Definitionsprobleme die dabei auf einer theoretischen Ebene erörtert werden, halte ich für ein Spiegelbild der unterschiedlichen Selbstbilder von Verantwortlichen in NPO auf der praktischen Ebene. Bezeichnungen wie „Freie Wohlfahrtspflege", „Voluntary-Sector", „Independent-Sector", „Nonprofit-Sector" transportieren immer auch die ihnen zugrundeliegenden Bedeutungen und Bewertungen. Die verwendeten Begriffe produzieren Bilder vom Gegenstand bzw. Wesen dessen, was sie bezeichnen sollen; sie wirken als Suggestionen ebenso wie in manchen Zusammenhängen auch als Ideologie. Insofern ist die Wortwahl in bezug auf die Kennzeichnung von Organisationen und des gesellschaftlichen Bereichs in dem sie agieren, ein nicht unerheblicher Baustein für gelingendes Fundraising.

Beispielsweise existiert meinem Eindruck nach der Dualismus, der sich auf der theoretischen Ebene nachweisen läßt, mit zahlreichen Folgen auch in den Köpfen vieler Verantwortlicher, sowohl in NPO als auch in kommerziellen Organisationen. Mit der Begriffswahl Nonprofit wird immer auch das Gegensatzpaar Profit – Nonprofit mittransportiert. Somit wird ein scheinbares Entweder – Oder suggeriert: Entweder versteht man sich als profitorientiertes Unternehmen, mit dem selbstverständlichen Ziel, Gewinne für private Zwecke zu erwirtschaften und bedient sich zwangsläufig der zahlreichen dafür vorgesehenen Management- und Marketinginstrumente oder man sieht sich und die eigene Organisation auf der anderen Seite, der „sozialen", der „kritischen", der „humaneren" und lehnt damit gleich auch Management und Marketing, Werbung und Public Relations, Controlling von Kosten und Qualität etc. mehr oder weniger explizit ab. Stillschweigend transportiert diese Sichtweise auch eine Wertigkeit: „Wir" und „die anderen" sind „besser" oder „schlechter". In den letzten Jahren hat sich zwar im Bereich des Sozialmanagements bzw. Managements von NPO viel getan (vgl. Luthe 1993); dennoch ist die Mehrzahl der NPO, insbesondere im Zusammenhang mit Marketing- und Fundraisingaufgaben, noch relativ weit entfernt davon, das Beste der Elemente aus Profit- und Nonprofitbereich miteinander zu verbinden.

Die gesellschaftliche Funktion von NPO und die Interdependenzen zwischen Staat und Intermediärem Bereich verweisen jedoch auch auf ein scheinbares Dilemma: In vielen, überwiegend staatlich finanzierten NPO, scheint erfolgreiches Fundraising vordergründig kontraproduktiv zu wirken. In dem Maße, in dem auf diese Weise Eigenmittel akquiriert werden, reduzieren Staat und Kommunen ihre Finanzierung oder partizipieren, beispielsweise im Zusammenhang mit Sponsoringvereinbarungen, zu einem nicht unerheblichen Anteil in Form von Steuereinnahmen an diesen Ressourcen. Diese Wechselwirkung erhöht nicht gerade die Motivation für innovatives Fundraising, sondern führt eher zur Förderung der „dilettantischen" Varianten der Ressourcenbeschaffung bzw. zur Fixierung auf staatliche Finanzierungsquellen und -arten.

Fundraising erscheint nicht zuletzt als ein Politikinstrument für NPO. Wenn als „essentials" des Fundraising folgende Prinzipien gelten können: die interne und externe Beziehungspflege, die offensive Darstellung der eigenen Ziele und Leitbilder, die öffentliche Präsenz von Werten und Arbeitsinhalten; die Transparenz der Finanzierungsquellen und -arten, die Arbeit an Qualitätsstandards und -verbesserung, die Übereinstimmung von Form und Inhalt, von Zwecken und Mitteln, dann lassen sich damit nicht nur einzelne NPO profilieren, sondern läßt sich auch der gesellschaftliche Bereich beleuchten, in dem NPO agieren: im Spannungsfeld zwischen Staat, Markt und informellem/privatem Bereich.

Schon an dieser Stelle sei auf die von Wolfgang Seibel vertretene Position hingewiesen, die sich kritisch mit der Plausibilität der im folgenden genannten Hypothesen auseinandersetzt. Er kommt zu dem Schluß, daß die gemeinsame und wesentliche Funktion von „Organisationen im ‚Dritten Sektor' zwischen Markt und Staat" die „politisch risikoarme Nicht-Lösung vor allem sozialpolitischer Probleme" ist (Seibel 1990: 184; vgl. auch Seibel 1989). Allerdings ist seine Analyse des „Funktionalen Dilettantismus" (zusammengefaßt in Seibel 1992 b) auf „Steuerungsversagen", „Ineffizienz" und „erfolgreiches Scheitern" konzentriert, ohne gleichzeitig die Stärken von NPO zu würdigen.

Als Maßstab für seine Analyse und Bewertung gilt ihm die „Lösung" gesellschaftlicher Aufgaben und Probleme. Es muß jedoch die Frage gestellt werden, ob die meisten dieser Probleme, besonders die sozialpolitischen, überhaupt „lösbar" sind. Meiner Meinung nach lassen sie sich allenfalls moderieren, durch Verständigungs- und Aushandlungsprozesse bearbeiten, aber eben nicht lösen. Diese risikoreiche und häufig an den Grenzen des Scheiterns arbeitende Moderation ist in der Tat oft dilettantisch; das ist jedoch ein Phänomen, welches auch in den anderen gesellschaftlichen Bereichen Staat und Markt zu beobachten ist (vgl. z.b. Benz/Seibel 1992 für den Bereich der öffentlichen Verwaltung). Seibels Analyse legt den Schluß nahe, daß der Status von NPO als „erfolgreiche Dilettanten" ihrer Position im Intermediären Bereich bzw. Dritten Sektor geschuldet ist. Ich halte jedoch eher ein problematisches Managementverständnis sowie zu idealistische oder unkonkrete Zielvorgaben für die Ursachen des Scheiterns.

Dieser Teil der Arbeit beschäftigt sich relativ ausführlich mit Nonprofit-Organisationen (NPO) als den Akteuren des Fundraising. Dabei stehen Erklärungsansätze zur Entstehung und Funktion von NPO sowie dem gesellschaftlichen Bereich, in dem sie positioniert sind, im Vordergrund.

1 Definitionsprobleme und unterschiedliche Ansätze innerhalb der Forschung

Was haben so unterschiedliche Organisationen wie beispielsweise die *Deutsche Gesellschaft für Technische Zusammenarbeit*, die *Technischen Überwachungsvereine*, das *Deutsche Rote Kreuz*, eine Genossenschaft, die *Industrie- und Handelskammern*, der *Deutsche Fußballbund*, das *Netzwerk Bremen/Nordniedersachsen e.V.* und die *Öko-Bank* gemeinsam? Diese Frage kann auch allgemeiner formuliert werden: Was sind gemeinsame Merkmale der zahlreichen eingetragenen und gemeinnützigen Vereine [1], Projekte, Initiativen und Selbsthilfegruppen, aber auch von Stiftungen, Kooperativen und gemeinnützigen Gesellschaften mit beschränkter Haftung (gGmbH)?

---

1 Eine 1993 erschienene Studie zum „Vereinswesen in Deutschland" beziffert beispielsweise allein die Zahl der Vereine auf ca. 240.000 (Agricola/Wehr 1993: 12).

Die Aufzählung läßt ahnen, wie unterschiedlich die Organisationen sind, die unter dem Oberbegriff Nonprofit-Organisationen zusammengefaßt werden und wie komplex der gesellschaftliche Bereich ist, innerhalb dessen sie agieren. Ihre Dienstleistungen im Sozial-, Gesundheits- und Bildungswesen ebenso wie im Sport oder im kulturellen und ökologischen Bereich sind vielfältig; ihre Organisationsformen zahlreich und die Motive für ihre Entstehung sowie ihre Funktionen innerhalb der Gesellschaft werden unterschiedlich interpretiert.

So selbstverständlich die Existenz von NPO erscheinen mag, so schwierig ist es, sie auf einer theoretischen Ebene zu beschreiben und zugleich den gesellschaftlichen Bereich zu markieren, innerhalb dessen sie angesiedelt sind. Eine eigenständige und etablierte Nonprofit-Forschung existiert in den deutschsprachigen Ländern, trotz einiger Ansätze, noch nicht. Verschiedene Disziplinen beschäftigen sich zwar mit Details, die jedoch auch zusammengenommen noch kein einheitliches Bild ergeben (vgl. Bauer/ Herrmann 1992; Bauer 1995; Schauer/Anheier/Blümle 1995). Ein Konsens besteht lediglich darüber, daß Nonprofit-Organisationen nicht-kommerziellen Zwecken dienen und damit eine Profiterwirtschaftung zugunsten von Privatpersonen ausgeschlossen ist. In diesem Sinn handelt es sich also zunächst einmal um „Not-for-Profit"-Organisationen.

Der Begriff Nonprofit-Organisation kommt aus dem us-amerikanischen Sprachgebrauch und wird dort verwendet für „private Anbieter von Gütern und Dienstleistungen ohne Erwerbszweck" (Seibel 1992 a: 1427). Parallel zum Begriff „non-profit-organization" werden auch die Bezeichnungen „non-governmental-organization (NGO)", „private voluntary organization" oder „voluntary organization" benutzt. Der gesellschaftliche Bereich, in dem diese Organisationen präsent sind, wird in den USA ebenfalls mit unterschiedlichen Begriffen gekennzeichnet: „nonprofit sector", „third sector", „independent sector", „voluntary sector" (vgl. Bauer 1995). Darüber hinaus existieren noch andere Begriffe, beispielsweise „quasi-governmental-organizations" („Quagos") bzw. „quasi-non-governmental-organizations" („Quangos"), die einer weiteren Differenzierung dienen sollen (vgl. Seibel 1992 b: 47 f.). In der deutschsprachigen Diskussion sind die Begriffe Nonprofit-Sektor, Dritter Sektor, Intermediärer Bereich bzw. Nonprofit-Organisationen, intermediäre oder gemeinnützige Organisationen gebräuchlich. Ebenso wie in den USA läßt sich jedoch auch hier allein an der oft synonymen Verwendung der unterschiedlichen Begriffe ablesen, daß ein Konsens bezüglich der Abgrenzungskriterien, Definitionen und theoretischen Zugänge noch nicht erzielt wurde. Als bedeutendste Anregung für Diskussionen um die Existenz und Bedeutung dieser Organisationen bzw. des gesellschaftlichen Bereiches, in dem sie zu verorten sind, gilt der Bericht der *Filer-Commission*, der 1975 unter dem Titel „Giving in America: Toward a Stronger Voluntary Sector" publiziert wurde (Filer 1990 [1975]) [2]. Parallel zur Arbeit dieser Kommission machte auf einer theoretischen Ebene beispielsweise Amitai Etzioni in einem programmatischen Aufsatz auf die Problemlösungskapazität des sogenannten Dritten Sektors aufmerksam. Die Diskussion um die Lösung gesellschaftlicher Probleme und Befriedigung von Bedürfnissen sei zu sehr auf den Staat bzw. auf privatwirtschaftliche Ansätze konzentriert. Unter dem Motto „the best of both worlds" (Etzioni 1973, zit. in Ronge 1988: 115 f.) begann Anfang der 70er Jahre in den USA eine intensive Beschäftigung mit den Stärken und charakteristischen Merkmalen dieses gesellschaftlichen Bereichs zwischen Markt und Staat [3].

Die Vielfalt der verwendeten Bezeichnungen für das „Phänomen" der NPO bzw. eines „Nonprofit-Sektors" macht es nicht einfach, gemeinsame Nenner herauszufiltern und die mit den unterschiedlichen Begriffen verbundenen theoretischen Zugänge und Schwerpunkte zu erörtern. Zunächst lassen sich zwei Gruppen von Begriffen identifizieren: Einerseits werden Bezeichnungen verwendet, die eine Negation enthalten und diesen gesellschaftlichen Bereich bzw. diese Organisationen somit lediglich negativ abgrenzen. Andererseits gibt es Definitionsversuche, die eine positive Formulierung wie „independent" oder „voluntary" wählen.

Virginia A. Hodgkinson (1989) illustriert an zwei Beispielen die Probleme bei der Namensfindung „for a sector with many names" (Hodgkinson 1989: 4). Schon die *Filer-Commission* „wrestled with the question of a name for this sector. [...]. Members of the commission decided against negative names, such as *non-governmental, nonprofit*, or *noncommercial*. *Voluntary* sector seemed to exclude philanthropic institutions. *Third* sector seemed to imply that it came after the government and business sectors"

---

2 Die „Commission on Private Philanthropy and Public Needs", deren Vorsitzender John H. Filer war, wurde 1973 von John D. Rockefeller III initiiert (vgl. Filer 1990 [1975]; Seibel 1992 b: 23).

3 Vgl. Gies/Ott/Shafritz 1990, die einschlägige Aufsätze aus den Jahren 1972 bis 1989 dokumentieren; Weisbrod 1990 [1975].

(ebd.). Schließlich einigten sich die Kommissionsmitglieder darauf, „that they could not come up with a better name and used all these names interchangeably" (a.a.O.: 4 f.).

Die 1980 in den USA gegründete Dachorganisation *Independent Sector* „löste" das Problem auf andere Weise. Die Gründungsmitglieder „wrestled with a variety of names and decided through compromise to adopt one that is both inclusive and positive, although some scholars argue that using independent as a name for this sector belies its interdependent nature" (a.a.O.: 5). Der Begriff „Independent Sector" begründet jedoch ebensowenig wie die Bezeichnung Nonprofit-Sector einen theoretischen Anspruch, sondern dient als Sammelbegriff: „The Independent Sector encompasses what has been called the third, or voluntary, sector of American life. It is a diverce sector including a wide range of institutions such as religious organizations, private colleges and universities, foundations, hospitals, day care centers, youth organizations, advocacy groups, and neighborhood organizations, to name but a few" (Hodgkinson/Weitzman 1990 [1986]: 41).

Hodgkinson verweist auf die Konsequenzen des noch immer nicht abgeschlossenen „Ringens" um eine möglichst zutreffende Bezeichnung: „The inability to agree on a name leads to various analytical conceptions of the sector" (Hodgkinson 1989: 5). Ebenso macht sie auf das Problem aufmerksam, daß die Wahrnehmung und Beachtung dieser Organisationen in der Öffentlichkeit durch unterschiedliche Begrifflichkeiten irritiert und die politische Durchsetzungsfähigkeit möglicherweise auch dadurch erschwert wird. Vor diesem Hintergrund entscheidet sie sich für eine lediglich formale „Arbeitsdefinition" die, sinngemäß auf deutsche Verhältnisse übertragen, auch der schon genannten Beschreibung von Seibel zugrunde liegt: „A working definition of *nonprofit* includes all organizations given tax-exempt status under the Internal Revenue Code (IRC) or established as nonprofits under state codes" (ebd) [4].

---

4   Ähnlich wie in Deutschland gibt es auch in den USA zwei Gruppen von NPO: Die einen sind zwar selbst steuerbefreit, dürfen aber selber keine Spendenquittungen ausstellen; die anderen haben dieses Privileg: „Not all nonprofits that are tax-exempt can receive tax-deductible contributions. Those that can – the organizations defined as ‚charitable' under IRC Section 501(c)(3) – include educational, religious, scientific, and other charitable causes. These institutions must work in a ‚public interest' rather than to advance the interests of a private group" (Hodgkinson 1989: 5). Vgl. auch Scrivner (1990), der ausführlich sowohl die Geschichte der amerikanischen Steuergesetzgebung in diesem Bereich als auch die einzelnen Bestimmungen darstellt.

Rudolph Bauer (1995) verweist darauf, daß es sich bei dem Begriff Nonprofit-Organisation um einen pragmatisch benutzten Oberbegriff handelt; „eine deskriptive Kategorie, die keinen theoretisch-begründenden Anspruch erhebt" (Bauer 1995: 62). Ähnlich wird der Begriff auch in Deutschland benutzt. Als Residualkategorie kennzeichnet er in der Regel nichtkommerzielle, nicht-staatliche und nicht-familiäre Organisationsformen. Für Wolfgang Seibel handelt es sich um einen „Oberbegriff für die Vielzahl von Dienstleistungsanbietern ohne Erwerbszweck [...], die nicht dem öffentlichen Sektor zuzurechnen sind. [...]. Nonprofit-Organisationen in diesem Sinne sind in der Bundesrepublik typischerweise private Körperschaften mit Gemeinnützigkeitsstatus" (Seibel 1992 a: 1427).

1.1 „Marktversagen" oder „Staatsversagen"?

Zur Erklärung der Existenz und Funktion von NPO gibt es unterschiedliche Hypothesen und theoretische Ansätze [5]. Der Erklärungsansatz des „Marktversagens" („market failure") geht davon aus, daß NPO dann auftreten, wenn die Nachfrage nach Dienstleistungen nicht profitabel für privatwirtschaftliche Anbieter ist. Analog gilt dieses Erklärungsmodell auch für den Ansatz des „Staatsversagens". Der Staat und seine Politiker unterliegen dem Einfluß von Lobbys und anderen Interessenkonstellationen, geben deren politischen Einflüssen nach und finanzieren bestimmte Dienstleistungsangebote – oder auch nicht. Die dadurch häufig entstehenden Probleme einer Unterversorgung werden von NPO aufgegriffen. NPO gelten den Vertretern dieser Sichtweise als „eine Kompensationsform von Staatsversagen: sie befriedigen minoritäre Nachfrage nach öffentlichen Gütern, die über den Mechanismus der Mehrheitsregel demokratischer Abstimmung nicht befriedigt wird" (Weisbrod 1988, zit. in Seibel 1990: 184). Beide Erklärungsansätze sind vor dem Hintergrund der gesellschafts- und sozialpolitischen Verhältnisse in den USA entwickelt worden; innerhalb der bundesdeutschen sozialpolitischen Rahmenbedingungen sind sie jedoch nicht ohne weiteres einleuchtend. Bauer weist darauf hin, daß NPO in Deutschland häufig nicht aufgrund von Staatsversagen, sondern vielmehr durch staatliche Initiative entstehen. Auf diese Weise „gewollte" NPO übernehmen, formal außerhalb des staatlichen Bereichs, politisch und finanziell

5 vgl. Ronge 1988; den Überblick in Seibel 1992 b: 39 ff. sowie zum Stand der NPO-Forschung im deutschsprachigen Raum Schauer/Anheier/Blümle 1995.

jedoch weitgehend unter seiner Kontrolle, Aufgaben, die sich dort effektiver erledigen lassen als unter direkter staatlicher Verantwortung.

Auch die These vom Marktversagen muß differenziert werden. Einerseits erweist sich der Markt kommerziell angebotener Güter und Dienstleistungen durchaus als aufnahmefähig und flexibel für Nachfragen, die zuerst von NPO befriedigt wurden (z.b. kommerziell betriebene Altenheime, ambulante Kranken- und Altenpflegedienste); andererseits ist auch die Tendenz zu beobachten, daß NPO profitable Dienstleistungsbereiche auslagern und privatwirtschaftlich führen (beispielsweise Sucht- und Schuldnerberatungsangebote, die Unternehmen in Rechnung gestellt werden oder Angebote im Bereich der Trennungs-, Scheidungs- und Konfliktberatung).

Henry Hansmann (1989), einer der Vertreter des Erklärungsansatzes vom „Marktversagen", relativiert selbst diese Argumentation und „rehabilitiert" gleichsam den Markt, indem er auf Kommerzialisierungstendenzen innerhalb des us-amerikanischen Nonprofit-Sektors aufmerksam macht. Die Tendenz zur Kommerzialisierung bei der Finanzierung von Dienstleistungen der NPO wird seiner Meinung nach innerhalb der nächsten Jahre zu einer Teilung in einen „philanthropic nonprofit sector" und einen „commercial nonprofit sector" führen. Die Organisationen im ersten Bereich finanzieren sich primär über Spenden und bieten „klassische" Unterstützung von Personen oder Institutionen an; die „commercial nonprofits" verkaufen Dienstleistungen und erhalten ihre Einkünfte primär aus dem Verkauf dieser Leistungen. Hansmann schätzt, daß bis zum Jahr 2000 mehr als zwei Drittel des Nonprofit-Sektors in den USA von diesen „commercial" NPO eingenommen wird (Hansmann 1989: 91).

Lester M. Salamon (1989) nimmt einen etwas anderen Blickwinkel ein, kommt jedoch zu einem ähnlichen Ergebnis. Er konzentriert sich weniger auf das „Versagen" des Staates als auf funktionale Kooperationen von Staat und NPO. Beide gehen eine Arbeitsteilung zum gegenseitigen Nutzen ein. Vorteile des Staates (Gewährleistung von Ressourcen und Rahmenbedingungen) und Vorteile der NPO (z.B. ein größeres Maß an Flexibilität, Nähe zu den Nutzern, unbürokratischem Handeln) sollen sich einander ergänzen. Während historisch betrachtet und auf die USA bezogen sich ein „elaborate network of partnership arrangements between government and the voluntary sector for the financing and delivery of human services" konstituierte, prognostiziert er einen Wandel dieses „paradigma of partnership" (Salamon 1989: 42). Obwohl ein „government-nonprofit partnership" nach wie vor existiert, sieht er NPO auf dem Weg zu einer sich ausweitenden Kommerzialisierung: „As government support declined in the early 1980s, nonprofit organizations turned increasingly to fees and service charges to finance their activities" (a.a.O.: 55). Dies führt unter anderem tendenziell zu einer Integration des Nonprofit-Sektors in den gesellschaftlichen Bereich des kommerziellen Marktes. Dessen Mechanismen und Regulationsprinzipien sickern vermehrt in den Nonprofit-Sektor ein und prägen zunehmend die Arbeit von NPO. Die stärker werdende Konkurrenz von profitorientierten Unternehmen auf bisher von NPO dominierten Märkten verstärkt diese Tendenzen noch.

Trotz der genannten Differenzierungen weisen jedoch die beiden Erklärungsansätze vom Markt- bzw. Staatsversagen für die Entstehung und Funktion von NPO generell ein hohes Maß an Plausibilität auf. NPO bieten in der Regel Leistungen an, die der Staat oder der Markt entweder gar nicht, in schlechter Qualität oder nicht ausreichend anbieten [6]. Die Formulierungen Staats- und Marktversagen könnten jedoch suggerieren, daß weder der Staat noch der Markt „beim besten Willen" diese Aufgaben nicht erfüllen können. Faktisch handelt es sich jedoch in der Regel um politisch gewollte bzw. ökonomisch kalkulierte Passivität oder Aktivität. Treffender, vor allem vor dem Hintergrund deutscher Verhältnisse, ist daher die auf Jürgen Reese zurückgehende Formulierung, der in bezug auf die Rolle von Staat und Kommunen bei der Entstehung von NPO „gewachsene" oder „gewollte" Organisationen unterscheidet (vgl. Seibel 1992 b: 39). Diese Begriffe dienen jedoch lediglich einer plakativen Illustration und nicht einem eigenständigen theoretischen Ansatz.

1.2 „Dritter Sektor" oder „Nonprofit-Sektor"?

Der Begriff „Dritter Sektor", direkt abgeleitet aus der amerikanischen Diskussion um einen „Third Sector", als Bezeichnung für den gesellschaftlichen Bereich, in dem NPO agieren, hat sich in Deutschland erst gegen Ende der achtziger Jahre etabliert (vgl. Arbeitsgruppe Verwaltungsforschung o. J. [1987]; Ronge 1988; Reichard 1988; Seibel 1990, 1992 b). Mit seiner Übernahme aus dem amerikanischen Sprachgebrauch sind jedoch von Anfang an

---

6 NPO „do things business and government are either not doing, not doing well, or not doing often enough" (vgl. Levitt 1973, zit. in Seibel 1992 b: 24).

Probleme verbunden gewesen. Einerseits basiert er auf einer nicht nur in den USA gebräuchlichen Zählweise für die drei gesellschaftlichen Bereiche: „business", „government" und „nonprofit" (vgl. z.B. Kelly 1991: 94). Mit dieser Sichtweise ist jedoch der Bereich der „familialen" oder „informellen Produktion" ausgegrenzt. Andererseits kollidiert er mit der aus der Wirtschaftsstatistik bekannten Systematik einer Einteilung in den ersten bzw. primären Sektor (Landwirtschaft), den zweiten bzw. sekundären (Industrie) und den dritten bzw. tertiären Sektor (Dienstleistungen).

Obwohl die Begriffe „Dritter Sektor" und „Nonprofit Sektor" häufig synonym benutzt werden, beinhalten sie meiner Meinung nach eine grundsätzlich unterschiedliche Sichtweise. Von der Logik eines „Dritten Sektors" her betrachtet, werden Markt und Staat vom Bereich der Organisationen im „Dritten Sektor" separiert [7]; der Staat erscheint also unter diesem Blickwinkel als eigenständiger gesellschaftlicher Bereich ohne eine gemeinsame Schnittmenge mit dem „Dritten Sektor". Die von ihm unterhaltenen Organisationen sind jedoch streng genommen auch Nonprofit-Organisationen, da sie weder gewinnorientiert arbeiten, noch Gewinne an private Anteilseigner ausschütten können. In einem engen Sinn verstanden, liegt dem Begriff „Nonprofit" also lediglich ein Dualismus von „Profit-Bereich" und „Nonprofit-Bereich" zugrunde; der Begriff „Dritter Sektor" geht dagegen auf einer grundsätzlichen Ebene von drei gesellschaftlichen Bereichen aus. Beide Sichtweisen reflektieren jedoch die gesellschaftliche Komplexität nicht ausreichend.

David Horton Smith (1991) weist unter Berufung sowohl auf die Anzahl als auch auf die geleistete Arbeit in den relevanten gesellschaftlichen Bereichen, auf diesen Sachverhalt hin: „The sectors of society include not only the government, business, and nonprofit sectors but also the personal (expanded household) sector. The nonprofit sector is the fourth (and, if necessary, fifth) sector, not the third sector. Either the membership sector (member-serving nonprofits) is recognized as a significant part of the nonprofit sector more adequately, or it should be seen as a fifth sector" (Smith 1991: 137).

Im folgenden werden zwei Typologien vorgestellt, die mit unterschiedlichen Zugängen den Bereich der NPO strukturieren. Douglas (1983) bezieht sich dabei auf die us-amerikanische, Reichard (1988) auf die deutsche

---

7 Die Bezeichnung „Dritte-Sektor-Organisationen" ist ungebräuchlich, vgl. jedoch Anheier 1992: 257.

Situation und Begrifflichkeit. Beide Modelle sind zwar einer „frühen Phase" der Nonprofit-Forschung zuzurechnen; auf ihrer prinzipiellen Systematik beruhen jedoch aus meiner Sicht auch andere, später entstandene Modelle. So hat beispielsweise Adalbert Evers' Konzept des „welfare-mix" (Evers 1990) viel Ähnlichkeit mit der Beschreibung von Reichard.

Die Typologie von Douglas geht von einem Dualismus von „for-profit" und „nonprofit" aus und differenziert auf dieser Basis zunächst in „private for-profit sector", „public nonprofit sector" und „private nonprofit sector". Der Nonprofit-Sektor wird dabei also in einen öffentlichen („Public") und einen nicht-staatlichen, privat organisierten („Private") unterteilt. Anschließend nimmt er, vor dem Hintergrund der Situation in den USA, innerhalb des „Private nonprofit sector" eine weitere Differenzierung vor (Douglas 1983, zit. in Kelly 1991: 101):

I. **Private for-profit sector**
II. **Public nonprofit sector**
III. **Private nonprofit sector**
    A. **Noncharities**
        1. Benefit for members only (z.b. Clubs)
        2. Share collective goods (z.b. Gewerkschaften)
        3. Affect legislation (z.b. Parteien, Lobby-Gruppen)
    B. **Charities** (primär auf das Gemeinwohl gerichtet)
        1. Pure Public Goods (Niemand kann von deren Nutzung aus geschlossen werden, z.b. öffentliche Radio- und TV-Stationen)
        2. Positive Externalities (Ein direkter Nutzen für alle ist nicht vorhanden; indirekt profitiert die Gesellschaft jedoch vom Vorhandensein solcher Organisationen, z.b. Colleges, Universitäten, kulturelle Einrichtungen)
        3. Eleemosynary (Mildtätigkeit)
            a. Unterstützung einzelner Personen
            b. Engagement für Zwecke, die nicht nur einzelnen Personen zugute kommen

Diese Typologie liefert neben ihrer Systematik auch einen Einblick in die „Landschaft" des us-amerikanischen Nonprofit-Sektors. Nicht alle amerikanischen NPO sind „Charitable Organizations". Diese Bezeichnung, die in einem übertragenen Sinn die deutschen Begriffe Gemeinnützigkeit sowie Wohlfahrtspflege umfaßt, wird in den USA von der zuständigen Steuerbehörde, dem *Bureau of Internal Revenue (IRS)*, vergeben. Die Zuordnung ergibt sich aus dem § 501 (c)(3) des Internal Revenue Code. Eine Konsequenz daraus ist die Steuerbefreiung („tax exempt") dieser Organisationen und die Möglichkeit, Spendern steuerlich abzugsfähige Spendenbescheinigungen („tax deductible") auszustellen (vgl. Kelly 1991: 95 ff.).

Die häufige Gleichsetzung und synonyme Verwendung der Begriffe „Nonprofit-Organization" und „Charitable Organization" in den USA basiert möglicherweise auf der Tatsache, daß „Non-Charitable Organizations" (Kategorie III. A. in der Typologie von Douglas) nur ca. zehn Prozent aller Mitarbeiter von NPO in den USA beschäftigen und nur ca. zehn Prozent aller Ausgaben des gesamten Nonprofit-Bereichs auf die „Noncharitables" entfallen (vgl. a.a.O.: 94). Steuerrechtlich sind auch diese Organisationen zwar steuerbefreit; Spender können jedoch ihre Spenden an solche Organisationen nicht von der Steuer absetzen.

Für alle NPO gilt, daß sie, anders als die Bezeichnung suggeriert, durchaus Profit erwirtschaften können. Sie dürfen ihn jedoch nicht an private Anteilseigner oder Eigentümer auszahlen. Gleiches gilt grundsätzlich und im Rahmen der Abgabenordnung, in der der Status der Gemeinnützigkeit geregelt ist, auch für gemeinnützige NPO in Deutschland.

Für die deutsche Diskussion hat Christoph Reichard (1988) eine ähnliche Typologie vorgestellt, die jedoch nicht von einem Profit/Nonprofit-Dualismus ausgeht, sondern von einem „Dritten Sektor", der allerdings implizit als ein „Vierter" beschrieben wird: „Man kann die Organisationen des Dritten Sektors in einer Misch- und Zwischenzone zwischen den traditionellen gesellschaftlichen Polen Markt, Staat und Familie verorten. Dieser Sektor wird begrenzt durch drei Koordinaten:

- abnehmende ‚Amtlichkeit', ausgehend vom Pol ‚Staat';
- abnehmende ‚Marktlichkeit', ausgehend vom Pol ‚Markt';
- abnehmender Selbstversorgungsgrad, ausgehend vom Pol ‚Familie'"

(Reichard 1988: 364 f.).

Vor dem Hintergrund von Motiven für ihre Entstehung, ihrer Strukturen und formalen Verfaßtheit sowie der Art von Aufgaben, unterteilt er die in dieser „Misch- und Zwischenzone" befindlichen Organisationen in „verselbständigte öffentliche Einrichtungen; staatsergänzende Einrichtungen; konventionelle gemeinnützige sowie alternative Einrichtungen" (ebd. und

Reese o. J. [1987]). Reichard zählt also in seiner Typisierung, im Unterschied zu den meisten anderen Autoren, auch „verselbständigte öffentliche Einrichtungen" zum „Dritten Sektor". Dies sind „in staatlicher Trägerschaft befindliche, aber von der unmittelbaren Staatsverwaltung losgelöste, teilautonome Institutionen [...], sofern sie kein ausgeprägtes marktliches Engagement aufweisen" (Reichard 1988: 365). Als Beispiele dafür nennt er: Hochschulen, Rundfunkanstalten, Theater, Museen und ähnliche Kulturbetriebe, Krankenhäuser, Sozialversicherungen, Entwicklungshilfe-Institutionen, Wirtschaftsförderungs-Gesellschaften und marktferne, nonprofitorientierte öffentliche Unternehmen.

Zu den „staatsergänzenden Einrichtungen" zählt er „Einrichtungen der Forschungsförderung (z.b. DFG), kulturpolitische Mittlerorganisationen (z.b. Goethe-Institute), politische Stiftungen, bestimmte Entwicklungshilfe-Organisationen (z.b. zuschußempfangende kirchliche Entwicklungsdienste), Prüfeinrichtungen (TÜV), Standesorganisationen (z.b. Industrie- und Handelskammer, Ärztekammer)" (ebd.). Als „konventionelle gemeinnützige Einrichtungen" gelten in seiner Typologie beispielsweise die traditionellen Einrichtungen der Wohlfahrtspflege; „alternative Einrichtungen" sind unter anderem Selbsthilfegruppen, aber auch die große Zahl der Kooperativen und alternativen Projekte.

1.3 Das Konzept der Intermediarität

Das im folgenden vorgestellte Konzept der Intermediarität hat im Unterschied zu den bisher diskutierten Ansätzen mehrere Vorteile:

- Der Bereich informeller/privater/familiärer Produktion erhält einen seiner Bedeutung angemessenen Status;
- Der innerhalb der Pole Markt, Staat, Haushalte/informeller Bereich markierte Bereich wird mit einem eigenständigen und positiven Begriff gekennzeichnet und nicht nur als Restkategorie geführt;
- Die einzelnen Bereiche sind nicht starr voneinander abgeschottet, sondern bilden Schnittstellen. Nicht zufällig verwendet Evers den Begriff „Bereich" statt „Sektor" und synonym auch den in der Soziologie eher ungebräuchlichen Begriff der „Sphäre" zur Kennzeichnung des Intermediären Bereichs (vgl. Evers 1990: 189, Evers 1991: 731).
- Mit der Kennzeichnung als dynamisches „Spannungsfeld" verweist dieses Modell auch auf die „Wanderungsbewegungen", die Intermediäre

Organisationen im Lauf ihrer Entwicklungsgeschichte machen. Damit ist die Transformation beispielsweise von Selbsthilfegruppen gemeint, die sich innerhalb von wenigen Jahren nach ihrer Gründung über den Status eines eingetragenen Vereins bis hin zur Gesellschaft mit beschränkter Haftung entwickeln (vgl. Bauer 1994).

Im Unterschied zur analytischen Einteilung der Gesellschaft in scheinbar klar voneinander abgrenzbare Sektoren, gehen Evers und andere also von einem Spannungsfeld zwischen den drei Polen Staat, Markt und privaten Haushalten bzw. anderen informellen Gemeinschaften aus. Innerhalb dieses Spannungsfeldes existiert ein Intermediärer Bereich, in dem sich Intermediäre Organisationen etabliert haben. In dem folgenden Schaubild sind innerhalb dieses Spannungsfeldes beispielhaft sechs Organisationsformen aus dem Sozialen Bereich mit ihrer jeweils speziellen Nähe oder Distanz zu den drei Polen markiert (Evers 1990: 196):

Intermediäre Organisationen zwischen Markt, Staat und informellem Bereich:

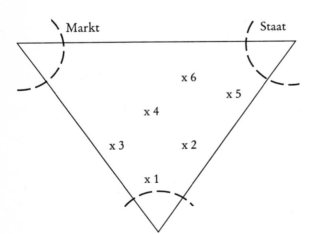

private Haushalte/informeller Bereich

1. Selbsthilfegruppen

2. staatlich geförderte Sozialprojekte
3. selbstorganisierte Alternativprojekte
4. geförderte Beschäftigungsinitiative
5. „freie Träger" im Bereich sozialer Dienste
6. Genossenschaften

private Haushalte/informeller Bereich

Dieses Modell eines Spannungsfeldes wurde von Evers und anderen als Konzept eines „welfare-mix" entwickelt (vgl. z.B. Evers 1990), d.h. mit einem Blick auf die Vielzahl und Besonderheiten von Wohlfahrtsorganisationen und somit also einem Teilbereich von NPO. Dieser Erklärungsansatz läßt sich jedoch auch für Antworten auf Fragen nach der Positionierung und Entstehung anderer NPO nutzen, die nicht nur Soziale Dienstleistungen im engeren Sinn anbieten.

Im Konzept eines Intermediären Bereichs werden also zwischen den drei Polen Staat, Markt und, je nach Autor, „Gemeinschaft", „informeller Bereich", „Haushalt", die Intermediären, d.h. zwischen den Polen dieses Dreiecks liegenden und von ihrer Funktion her vermittelnden, Organisationen positioniert und somit, numerisch betrachtet, als vierter, Intermediärer Bereich wahrgenommen. „Die Kreissegmente um die Eckpunkte des Dreiecks sollen dabei auf die Schwellen und Barrieren in den Übergangsbereichen zwischen dem gesellschaftlich-öffentlichen Feld und den engeren Sphären von a) Privatheit und Gemeinschaftlichkeit, b) Staat und c) Wirtschaft verweisen" (Evers 1991: 731). Die Interventionen und jeweils spezifische Handlungslogik dieser Teilsysteme wirken prägend in den Intermediären Bereich hinein.

Als idealtypische Regulationsprinzipien im staatlichen Bereich können gelten: Gesetze, Bürokratie, Zwang, Kontrolle, Vorsorge und administrativ-politische Macht; im Bereich des Marktes: Vertrag, Geld, Äquivalententausch auf der Basis ökonomischer Macht; im informellen Bereich der privaten Haushalte/Gemeinschaft: Solidarität, Vertrauen, Reziprozität auf der Basis von Freundschaft, Geborgenheit, Liebe, moralischer Bindung und emotionaler Macht. Der Intermediäre Bereich zeichnet sich durch eine Mixtur von Vorsorge/Fürsorge, Vertrag und Solidarität aus. In ihm sind, je nach Standort innerhalb dieses Bereiches bzw. je nach der Nähe zu den drei Polen, die zentralen Regulationsprinzipien Macht, Geld und Emotionalität wirksam. Selbstverständlich üben beispielsweise Gesetze und Geld in allen gesellschaftlichen Bereichen ihren Einfluß aus; das folgende Schaubild soll nicht eine Exklusivität der genannten Regulationsmechanismen suggerieren, sondern lediglich eine Tendenz verdeutlichen. Gleichzeitig verweist der „Regulations-Mix" im Intermediären Bereich auf die Komplexität der Anforderungen, mit denen Intermediäre Organisationen konfrontiert sind (vgl. Effinger 1993: 18):

Regulationsprinzipien in den gesellschaftlichen Bereichen Staat, Markt, Informeller und Intermediärer Bereich:

Regulation durch Gesetze, Bürokratie, Zwang,
Kontrolle, Vorsorge, Fürsorge,
administrativ-politische Macht

Staat

Intermediärer Bereich
Regulation durch einen Mix
von Vorsorge, Fürsorge,
Vertrag und Solidarität

Informeller Bereich	**Markt**
Regulation durch Solidarität,	Regulation durch Vertrag,
Vertrauen, Reziprozität auf	Geld, Äquivalententausch
der Basis von Freundschaft,	auf der Basis ökonomischer
Geborgenheit, moralischer	Macht
Bindung, emotioneller Macht	

Aus der Perspektive der Nutzer erfüllen Intermediäre Organisationen im wesentlichen zwei Funktionen: Eine vermittelnde als „Advokaten der Nutzer" und eine mediatisierende als „Advokaten des Staates" [8]. Ihnen kommt somit eine Vermittlungs- und Pufferfunktion zu: Sie vermitteln zwischen der „informellen Sphäre" der Privatheit, Haushalte und familiärer Zusammenhänge und den „formellen Sektoren" der Gesellschaft (vgl. Bauer 1991 b: 76); in Anlehnung an Jürgen Habermas kann auch von einer Vermitt-

---

8   Der Begriff Mediatisierung „kennzeichnet in der Geschichtswissenschaft ‚die Unterwerfung bisher Reichsunmittelbarer unter die Landeshoheit anderer Territorien" (Bauer 1991 a: 726). Direkte, unmittelbare Beziehungen werden dabei in indirekte, mittelbare umgeformt. Dies verweist auf eine wesentliche Funktion Intermediärer Organisationen: Einerseits entlasten sie die Subjekte davon, „unmittelbar Objekte von Staat und Markt und diesen direkt unterworfen zu sein. Gleichzeitig werden andererseits auch [...] ‚Staat' und ‚Markt' entlastet, sich unmittelbar dem Publikum gegenüber legitimieren zu müssen" (ebd.).

lungsfunktion zwischen „System" und „Lebenswelt" gesprochen werden (Habermas 1985). Der Intermediäre Bereich stellt somit eine „institutionelle Brücke" (Bauer 1990: 165) zwischen den anderen gesellschaftlichen Bereichen dar und erfüllt Vermittlungsfunktionen die, je nach Sichtweise, sowohl positive als auch negative Auswirkungen für die Individuen haben. Jürgen Reese verweist ebenfalls auf diese „Vermittlungs- und Brückenfunktion" und spricht von einem Teil der Intermediären Organisationen als „funktionale Äquivalente für das, was die Familie [...] an Leistungsfähigkeit eingebüßt hat" (Reese o. J. [1987]: 10). Der Familie treten damit Organisationen zur Seite, die einerseits auf „rationalen Zwecksetzungen" basieren, andererseits Möglichkeiten „emotionaler Befriedigung affektiver Bedürfnisse" eröffnen (ebd.).

Jon van Til (1988) kennzeichnet dieses Spannungsfeld als „interdependente Handlungsarena" und weist damit gleichzeitig darauf hin, daß für eine Theorie des „Dritten Sektors" weder die Begriffe und zugrundeliegenden Konzepte der „Freiwilligkeit" noch das Kriterium „Nonprofit" ausreichend sind: „The third sector is an interdependent, rather than an independent, arena of action. Boundaries between third sector organizations and organizations in the other sectors (government, business, household) are permeable, blurred, and laced with intersectoral connections. The concepts ‚voluntary organization' or ‚nonprofit organization' alone are not sufficient as bases for a theory of third sector activity" (van Til 1988: 167). Damit wird – ähnlich wie im Konzept der Intermediarität – anerkannt, daß die Grenzen zwischen diesem gesellschaftlichen Bereich und denen der anderen Bereiche Staat, Markt und Haushalte durchlässig sind, sich verwischen und diverse Verknüpfungen aufweisen.

1.4 Ein Klassifizierungsmodell

Abschließend stelle ich das Klassifizierungsmodell des *Johns Hopkins Comparative Nonprofit Sector Project* vor. Dieses Projekt – unter Federführung der *Johns Hopkins University* – analysierte im Jahr 1990 den Nonprofit-Sektor in zwölf Ländern: Die Erhebung wurde parallel in den USA, Großbritannien, Deutschland (West), Frankreich, Italien, Japan, Ungarn, Brasilien, Ägypten, Ghana, Thailand und Indien durchgeführt. Für die erstgenannten sieben Staaten liegen Ergebnisse vor (Salamon/Anheier 1994) [9]. Die

---

9   Vgl. auch Kapitel 3.1 im ersten Teil dieser Arbeit.

Studie ist an dieser Stelle von Bedeutung, da zu ihrer Durchführung eine Definition für NPO erforderlich war, die die nationalen Unterschiedlichkeiten zwar berücksichtigt, aber dennoch eine internationale Vergleichbarkeit ermöglicht. Die beteiligten Forscher übernahmen den Terminus „Dritter Sektor" bzw. „Nonprofit-Sektor" für den gesellschaftlichen Bereich, in dem diese Organisationen agieren. Eine NPO muß nach der „International Classification of Nonprofit Organizations (ICNPO)" die folgenden fünf Merkmale erfüllen (vgl. Salamon/Anheier 1994: 14 f.; Neuhoff 1995 a: 8):

- **Formale Organisationsstruktur**
  Das Kriterium „institutionalized to some extent" erfordert beispielsweise regelmäßige Treffen, die Existenz von Verfahrensregeln und verantwortlichen Personen und grenzt NPO von familiären oder anderen informellen und nicht-institutionalisierten Gruppen ab.
- **Private Organisationsform**
  Die Organisationen müssen privat organisiert und dürfen nicht Teil des Staatsapparates sein. Dieses Kriterium bezieht sich ausdrücklich nicht auf die Finanzierungsquellen; erfaßt werden deshalb auch die NPO, die sich zu einem großen oder sogar überwiegenden Teil aus staatlichen Zuwendungen finanzieren.
- **Not-for-Profit**
  Es erfolgt keine Ausschüttung von Gewinnen oder Überschüssen an Eigentümer oder andere Privatpersonen; Alle Einnahmen müssen den Zwecken der NPO zugeführt werden.
- **Selbstverwaltung**
  Die Organisation muß die Verfolgung ihrer Ziele selber kontrollieren können.
- **Freiwilligkeit**
  Der Zusammenschluß von Menschen in NPO muß auf freiwilliger Basis erfolgen. Das heißt nicht, daß der überwiegende Teil der Einnahmen bzw. der Arbeitsleistungen auf freiwilliger Basis erfolgen muß.

Demnach werden Nonprofit-Organisationen, die nach dieser strukturell-operationalen Definition formal, privat, nicht-gewerblich, selbstbestimmt und freiwillig konstituiert sind, dem Nonprofit-Sektor zugeordnet. Mit diesem Klassifikationssystem lassen sich länderübergreifend NPO vergleichen. Eine eigene Definition erwies sich als erforderlich, da die länderspezifischen Begriffe nicht deckungsgleich sind: Die deutsche Institutionsform des Ver-

eins bzw. der rechtliche Status der Gemeinnützigkeit entsprechen beispielsweise nicht der französischen „économie sociale" (zu der z.b. auch Versicherungen und Banken auf Gegenseitigkeit gehören); britische „public
charities" oder „charitable, informal, voluntary organisations" sind nicht direkt mit „nonprofit organizations" in den USA vergleichbar; In den sogenannten Entwicklungsländern wiederum ist die Bezeichnung „non-govern-
mental-organizations" (NGO) üblich [10].

Obwohl im Rahmen dieses Abschnitts das Klassifizierungsmodell der
Johns-Hopkins-Studie im Vordergrund steht, bietet sich hier ein kurzer Verweis auf die Ergebnisse bezüglich der quantitativen Dimensionen des Nonprofit-Sektors an. Nachfolgend einige Zahlen, die sich für Deutschland nur
auf die alten Bundesländer beziehen. Im Vergleich dazu entsprechende Zahlen aus den USA, die lediglich die dortigen Dimensionen verdeutlichen können, jedoch aufgrund der unterschiedlichen sozialpolitischen und kulturellen Rahmenbedingungen nicht direkt vergleichbar sind (Neuhoff 1995 a: 8):

1990	D (alt)	USA
Beschäftigte (Mill.)	1,018	7,12
(umgerechnet auf Vollzeitbeschäftigte)		
in % aller Beschäftigten	3,7	6,8
in % aller Dienstleister	10,5	15,4
Ausgaben in Mrd. Dollar	53,8	341,0
in % des Bruttoinland- produkts (BIP)	3,6	6,3
Finanzierung in %		
öffentliche Mittel	68	30
Spenden/Stiftungen	4	19
Eigeneinnahmen	28	51

---

10 Um die Fülle von NPO nach dieser Klassifikation zu begrenzen, wurden für die
Zwecke der Studie zwei Einschränkungen vorgenommen: Sowohl religiöse als auch
parteipolitische Organisationen wurden ausgeklammert, obwohl sie per Definition
zum Nonprofit-Sektor gehören. „Nonreligious" heißt jedoch nicht, daß beispielsweise
in Deutschland Organisationen der *Caritas* oder des *Diakonischen Werkes* ausgeklammert wurden. Lediglich religiöse Organisationen im engeren Sinn (Religionsgemeinschaften, Kirchen, Synagogen, Moscheen), die ausschließlich der direkten
Religionsausübung dienen, wurden nicht erfaßt (vgl. Salamon/Anheier 1994: 15 f.)

Vor dem Hintergrund dieser Zahlen verweist Neuhoff darauf, daß „sowohl die Beschäftigtenzahlen (jeweils Teilzeit- in Vollzeitarbeitskräfte umgerechnet) als auch die Finanzdimensionen dieses Sektors [...] so manche Branche des Wirtschaftslebens in den Schatten" stellen. In der Branche Straßenfahrzeugbau waren beispielsweise „im Jahr 1990 mit 1,056 Mill. Erwerbstätigen nur unwesentlich mehr Menschen tätig als im Dritten Sektor; deutlich weniger bei Banken und Versicherungen mit 892.000 Erwerbstätigen" und in der chemischen Industrie mit 644.000 Erwerbstätigen (a.a.O.: 9).

Der Nonprofit-Bereich wächst, weil sich der Staat aus manchen Arbeitsfeldern zurückzieht und Aufgaben an NPO „delegiert"; allerdings übernimmt er damit häufig auch die Finanzierung [11]. Damit erklärt sich sowohl das Wachstum des Nonprofit-Sektors als auch der große bzw. steigende Anteil von öffentlichen Mitteln an der Finanzierung von NPO. Gleichzeitig ist diese Entwicklung ein Beleg für die stellenweise sehr enge und funktionale Verflechtung von Staat und Nonprofit-Sektor.

2 Zusammenfassung

Die theoretische Zuordnung der zahlreichen NPO zu einem gesellschaftlichen Bereich wirft – wie gezeigt – zahlreiche Probleme auf. Unklar bleibt dabei beispielsweise die Grenzziehung zu den drei Polen, die diesen Bereich markieren. Dabei erweist sich das Konzept der Intermediarität als Ansatz mit dem höchsten Erklärungswert. Das Bild eines Spannungsfeldes zwischen den drei Polen Markt, Staat, private Haushalte/informeller Bereich spiegelt die Heterogenität und Dynamik dieses Bereichs wider. Auch die Problematik der unscharfen Abgrenzungen insbesondere an den Rändern dieses Spannungsfeldes wird vom Konzept der Intermediarität reflektiert. Dem werden Modelle, die von einer Sektorierung dieser Vielfalt ausgehen, eher nicht gerecht.

Ein Begriff müßte jedoch idealerweise neben einer möglichst genauen Beschreibung der empirischen Realität noch zweierlei leisten: eine positive Beschreibung liefern und nicht nur eine „Restkategorie" benennen sowie mit seiner Wortwahl auch einen Beitrag zur Kommunizierbarkeit, über die

---

11 vgl. die Diskussion um den § 17 des Bundessozialhilfegesetzes (BSHG): In einer Neufassung dieses Paragraphen wird die Möglichkeit eröffnet, Beratungsleistungen, zu denen die öffentlichen Träger der Sozialhilfe verpflichtet sind, gegen Kostenerstattung Nonprofit-Organisationen zu übertragen.

Gemeinschaft von Wissenschaftlern hinaus, leisten. Die Begriffe Voluntary Sector bzw. Independent Sector eignen sich dafür nicht; sie werden in der deutschsprachigen Diskussion auch kaum verwendet. Sie enthalten zwar eine positive Begriffsbestimmung, bilden jedoch inhaltlich nur jeweils einen Ausschnitt aus der Fülle von NPO ab oder werden häufig mißverständlich benutzt. In diesen Organisationen dominiert allenfalls die Freiwilligkeit bei ihrer Gründung, nicht jedoch bei den Formen der Mitarbeit bzw. Finanzierung. Auch als unabhängige Organisationen können sie nur insofern bezeichnet werden, als daß sie weder direkt staatlicher Hoheitsverwaltung noch ausschließlich kommerziellen Marktmechanismen unterworfen sind. Der Begriff Dritter Sektor ist einerseits zu statisch aufgrund der Annahme einer sektoralen, d.h. trennscharfen Abgrenzung zu anderen gesellschaftlichen Bereichen und andererseits wenig plausibel in bezug auf die „Nummerierung" dieses Bereiches.

Im Konzept der Intermediarität bzw. eines Intermediären Bereichs wird dagegen die Vermittlungsposition und -funktion der Organisationen zwischen den drei Polen Staat, Markt und dem informellen/privaten Bereich betont. Damit handelt es sich, im Unterschied zu allen anderen Begriffen, nicht nur um eine Sammelbezeichnung, sondern er enthält einen theoretischen Anspruch. Als soziologischer Begriff hat er, wie übrigens die anderen genannten Bezeichnungen auch, den Nachteil, daß er sich als wenig „öffentlichkeitswirksam" erweist und kaum Einzug in die Alltagssprache halten wird. Konzeptionell ist dieser Ansatz aus meiner Sicht jedoch am ehesten in der Lage, die Komplexität dieses Bereiches angemessen darzustellen.

Dagegen scheint sich der Begriff Nonprofit-Sektor als die am häufigsten verwendete Bezeichnung für den gesellschaftlichen Bereich, in dem NPO agieren, durchzusetzen (vgl. Anheier 1992: 257). Er hat jedoch aus meiner Sicht, unabhängig von anderen schon benannten Problemen, ein wesentliches Manko: „Profit" wird dabei, durchaus im Einklang mit dem Alltagssprachgebrauch, ausschließlich in einem finanziellen Sinn verstanden. Diese Organisationen sind jedoch nur in einem privatwirtschaftlichen Sinn *Non-Profit-Organisationen*, weil sie in der Tat nicht auf Gewinnmaximierung für private Zwecke der Eigentümer oder Anteilseigner konzentriert sind. Von der Arbeit dieser Organisationen *profitieren* jedoch die Gesellschaft als ganze ebenso wie zahlreiche Individuen.

Positiv formuliert könnte also treffender von *Benefit-Organisationen* gesprochen werden: „Benefit" steht für Vorteil, Nutzen, Gewinn in einem nicht ausschließlich kommerziellen Sinn; Benefit-Organisationen arbeiten zum Wohl bzw. zur Unterstützung ihrer Mitglieder oder anderer Nutzer. Ihre Funktionen im Rahmen des Fundraising lassen sich wie folgt differenzieren: In ihrer Rolle als „Tauschpromotoren" (Notheis 1995) oder Makler haben sie eine *Stimulationsfunktion*, indem sie mit ihren Fundraising-Aktivitäten auf Dritte einwirken. Dies kann mit Appellen an Normen und Werte oder auf vielfältige andere Arten geschehen. Für die Fundgiver haben NPO eine *Identifikationsfunktion*, indem gesellschaftliche Probleme oder die Hilfsbedürftigkeit von Personen oder Gruppen nicht nur festgestellt, sondern auch bearbeitet werden. Damit geht die *Repräsentationsfunktion* einher: NPO stehen repräsentativ für Spendenempfänger bzw. mit Spenden finanzierte Zwecke und Projekte und fungieren somit als „kommunikative Transmissionsriemen" im Beziehungsdreieck zwischen Fundgivern, Nutzern bzw. Zwecken und NPO. Mit der möglichst effektiven Sammlung und Bündelung von Ressourcen erfüllen sie zudem eine *Aggregationsfunktion*, während sich die *Produktionsfunktion* einerseits in das Überbrücken der Distanz zwischen Spendern und Nutznießern bei direkten Transfers, andererseits auf das Bereitstellen eigener Leistungen, die von Fundgivern finanziert werden, differenzieren läßt. Bei der letztgenannten Variante steht die Transformation von Spenden oder anderen Ressourcen in Dienstleistungen im Vordergrund (vgl. Notheis 1995: 76 ff.).

Der Vorteil des Begriffs Benefit-Organisation läge darin, daß einerseits zentrale Funktionen dieser Organisationen benannt würden und andererseits eine rein negative Bestimmung dessen, was sie nicht sind, entfallen könnte. Im Begriff Nonprofit steckt nicht zuletzt auch eine Wertigkeit: An erster Stelle in der gesellschaftlichen Wahrnehmung und Anerkennung rangiert alles, was im engen Sinn ökonomischen Gewinn produziert; alle anderen Organisationen und deren Arbeit haben dementsprechend nur eine nachrangige Bedeutung. Die Wahl des Begriffs NPO schreibt diese Hierarchie erneut fest, während der Begriff Benefit-Organisationen sie in Frage stellen würde.

Im Rahmen dieser Arbeit wird jedoch aus pragmatischen Gründen weiterhin der Begriff Nonprofit-Organisation im Sinn des Klassifizierungsmodells aus dem *Johns Hopkins Comparative Nonprofit Sector Project* verwendet. Zur Kennzeichung des gesellschaftlichen Bereichs, in dem diese Organisationen positioniert sind, wähle ich jedoch aus den genannten Gründen nicht den analogen Begriff des Nonprofit-Sektors, sondern die Formulierung Intermediärer Bereich.

Teil IV

Fundraising als Dienstleistung

In diesem Teil der Arbeit wird die These erörtert, inwiefern Fundraising als Dienstleistung aufgefaßt werden kann, die von NPO für die Fundgiver erbracht wird. Dazu muß der Dienstleistungsbegriff zunächst aus verschiedenen Perspektiven erörtert werden. In einem zweiten Schritt ist zu überprüfen, ob die theoretischen Modelle und Ansätze, die insbesondere in der neueren Literatur zum Marketing von Dienstleistungen entwickelt werden, für das Fundraising nutzbar gemacht werden können. Zu diesem Zweck wird in diesem Kapitel an den Stellen, wo eine Übertragung möglich und sinnvoll erscheint, ein Transfer der theoretischen Erörterungen zur Dienstleistungsthematik auf das Fundraising vorgenommen [1].

NPO bieten Leistungen an, die in der Regel von einem hohen Maß an Integration des Kunden oder Nutzers in den Prozeß der Leistungsproduktion und von einem hohen Maß an Immaterialität des Leistungsergebnisses gekennzeichnet sind. Im Vordergrund bei der internen und externen Wahrnehmung von NPO stehen diejenigen Leistungen, die sich aus den Organisationszielen ergeben. Doch auch die Fundraising-Aktivitäten selbst können nicht nur als Mittel zum Zweck der Ressourcenbeschaffung, sondern als eigenständige (Dienst-) Leistungsangebote betrachtet werden. Es handelt sich dabei – zunächst noch sehr allgemein formuliert – um das Angebot, die Ziele und die konkrete Arbeit einer NPO zu unterstützen.

Die von Heribert Meffert (1994) erörterten Dimensionen der Dienstleistungsproduktion: Immaterialitätsgrad, Integrationsgrad und die Differenzierung in den Grad der Interaktion und Individualisierung, lassen sich

---

1 Gleichzeitig liefert dieses Kapitel auf einer abstrakteren Ebene auch einen Beitrag zur modifizierten Übertragung von Ansätzen aus der ökonomisch orientierten Theorie der Dienstleistungen auf die Theorie der Leistungserbringung in NPO.

auch auf Fundraising-Aktivitäten übertragen und können zu einer theoretischen Fundierung des „Relationship Fundraising" beitragen. Sowohl bei der Dienstleistungsproduktion von Unternehmen als auch bei der Dienstleistung Fundraising bewegen sich die Anbieter auf zwei Ebenen: Einerseits auf der immateriellen Beziehungsebene mit dem Kunden bzw. Fundgiver und andererseits auf einer materiellen Ebene, auf der versucht wird, die tendenziell „unsichtbaren" Dienstleistungen sichtbar zu machen: „Je weniger der Leistungsvollzug durch materielle, d.h. greif- und sichtbare Faktoren charakterisiert ist, desto mehr muß er über materielle Surrogate angeboten und kommuniziert werden, d.h. er bedarf der ‚Materialisierung', der ‚Beibringung von Belegen'" (Staffelbach 1988: 279) [2].

Zunächst gehe ich kurz auf Versuche ein, Dienstleistungen institutionell zu verorten bzw. allgemeingültig zu definieren, um sie von Sachleistungen abzugrenzen. Nach diesen formalen Ansätzen wird die Dienstleistungstypologie von Meffert (1994) vorgestellt, die auf inhaltlichen Differenzierungen des Dienstleistungsbegriffs basiert. Die von ihm benutzen Dimensionen werden auf das Fundraising übertragen.

1 Zum Dienstleistungsbegriff

Von zahlreichen Autoren wird ein Trend zur Dienstleistungsgesellschaft diagnostiziert. Dieser Trend wird auf die Entwicklungsdynamik marktwirtschaftlich organisierter moderner Gesellschaften zurückgeführt und hat zur Folge, daß der Anteil der Dienstleistungsarbeit im Verhältnis zur landwirtschaftlichen Produktion oder mechanisierten Industriearbeit stetig steigt. „Internationale Statistiken weisen den Anteil von Dienstleistungen am Bruttoinlandsprodukt von Industrienationen mit durchschnittlich 60 Prozent aus" (Dahringer 1991, zit. in Meffert 1994: 305). Eine plausible und klare Abgrenzung der Dienstleistungen nach dem Status ihrer Produzenten oder nach anderen formalen Kriterien ist jedoch nicht nur schwierig, sondern erscheint fragwürdig.

Der häufig verwendete Begriff Dienstleistungssektor suggeriert einen klar umrissenen gesellschaftlichen oder volkswirtschaftlichen Bereich, in dem sich die Produzenten von Dienstleistungen verorten lassen. Der Begriff

---

2 Anders formuliert: „Making the intangible service tangible" (Berry 1980, zit. in Stauss 1994: 236), d. h. „die prinzipiell nichtgreifbare Dienstleistung muß veranschaulicht und begreifbar gemacht werden" (ebd.).

der Produktion wird in diesem Zusammenhang verstanden als Transforma-tionsprozeß unter Einsatz von in der Regel knappen Produktionsfaktoren (Input) hin zu einem möglichst kostengünstigen (effizienten) und zielorien-tierten bzw. wirksamen (effektiven) Produkt (Output) (vgl. Badelt 1993: 142). In diesem Sinn kann auch im Zusammenhang mit Dienstleistungen von Produktion und Produkten gesprochen werden. Als typische Dienstlei-stungen bzw. Produzenten von Dienstleistungen gelten beispielsweise die Leistungen von Handels-, Verkehrs-, Bank- und Versicherungsunterneh-men, Leistungen des Gaststätten- und Beherbergungsgewerbes, der Reini-gungsfirmen, der freien Berufe, der kulturellen Einrichtungen und Massen-medien, allgemeine Verwaltungsleistungen sowie Leistungen der Forschung und des Bildungs- und Gesundheitswesens (vgl. Gabler Verlag 1993: 781).

Die institutionelle Abgrenzung basiert auf einer Sektorierung der Volks-wirtschaft in 1. Unternehmen, 2. Organisationen ohne Erwerbszweck und private Haushalte sowie 3. Gebietskörperschaften und Sozialversicherun-gen. Der Sektor „Unternehmen" wird im Rahmen der Wirtschaftszweig-systematik in sieben Wirtschaftsabteilungen differenziert: 0 = Land- und Forstwirtschaft, Fischerei; 1 = Energie- und Wasserversorgung, Bergbau; 3 = Baugewerbe; 4 = Handel; 5 = Verkehr und Nachrichtenübermittlung; 6 = Kreditinstitute und Versicherungsgewerbe; 7 = Dienstleistungen, soweit von Unternehmen und Freien Berufen erbracht (vgl. Gabler Verlag 1993: 3845 ff.). Dienstleistungen werden nach dieser Logik außerhalb der „Wirtschaftsabteilung 7" auch in Unternehmen des Handels, des Verkehrs und der Nachrichtenübermittlung, des Kredit- und Versicherungsgewerbes erbracht. Darüber hinaus zählen die Leistungen der Gebietskörperschaften und Sozialversicherungen sowie der Organisationen ohne Erwerbszweck und der privaten Haushalte zu den Dienstleistungen (vgl. Gabler Ver-lag 1993: 781).

Eine solche institutionelle Verortung kann nicht nur wenig über den In-halt und charakteristische Merkmale des Wirtschaftsgutes Dienstleistung aussagen; sie zeigt auch, daß es kaum einen gesellschaftlichen bzw. volks-wirtschaftlichen Bereich gibt, in dem keine Dienstleistungen erbracht wer-den. Auch ein Rekurs auf das im vorangegangenen Teil dieser Arbeit darge-stellte Modell der Einteilung der Gesellschaft in die Bereiche Staat, Markt, informeller Bereich und Intermediärer Bereich kann lediglich zum Schluß kommen, daß Dienstleistungen in allen Bereichen der Gesellschaft angebo-ten werden. Für die hier zur Diskussion stehenden NPO gilt, daß ihr Angebotsprofil sogar überwiegend aus Dienstleistungen besteht: „Nonprofit-Organisationen sind von Natur aus Dienstleistungsorganisationen" (Purtschert 1994: 6). Wenn im Einzelfall auch Sachgüter produziert werden bzw. Bestandteil der Leistungserbringung sind, haben sie häufig, beispielsweise in Werkstätten für Behinderte, den Stellenwert eines Mittels zum Zweck; in diesem Fall für die Beschäftigung und Betreuung von behinderten Menschen.

Neben einer sektoralen Abgrenzung werden in der Literatur zwei Wege bei der Abgrenzung und Systematisierung des Absatzobjekts Dienstleistung beschritten: Zum einen wird versucht, eine allgemeingültige Definition zu formulieren, zum anderen werden typische Merkmale von Dienstleistungen beschrieben. Meffert (1994) verweist auf das Problem, daß eine allgemeingültige Definition Merkmale enthalten muß, die zwingend vorhanden sein müssen; sind sie es nicht, handelt es sich folglich nicht um eine Dienstleistung. Die wichtigsten in der Literatur diskutierten Merkmale von Dienstleistungen sind seiner Meinung nach: „Die Integration eines externen Faktors [3], die Immaterialität der Leistung, die Notwendigkeit eines synchronen Kontakts zwischen Kunde und Dienstleistungsanbieter sowie die Bereitstellung von Leistungsfähigkeiten in Form personeller, sachlicher oder immaterieller Ressourcen durch den Dienstleistungsanbieter" (Meffert 1994: 308).

Ich werde zunächst Versuche verschiedener Autoren vorstellen, mit der Auflistung von konstitutiven Merkmalen zu einer allgemeingültigen Definition zu kommen. Anton Meyer und Roland Mattmüller (1987) beschreiben die Absatzobjekte von Dienstleistungsanbietern als „Leistungsfähigkeiten von Menschen oder Objektsystemen, insbesondere Maschinen, die auf der Basis gegebener interner Faktoren direkt an Menschen oder deren Objekten (externe Faktoren) mit dem Ziel erbracht werden, an ihnen gewollte Veränderungen zu bewirken oder gewollte Zustände zu erhalten" (Meyer/Mattmüller 1987: 187 f.). Sie identifizieren im Sinn einer allgemeingültigen Definition drei Elemente, die jede Dienstleistung konstituieren: „Bedarfsdekkung durch die Leistungserstellung", d.h. Leistungserstellung und -abgabe erfolgen nach dem „uno-actu-Prinzip" in einer Handlung [4]; „die Immateri-

---

3   In der Literatur wird der Kunde oder Nutzer einer Leistung häufig als sogenannter „externer Faktor" bezeichnet.

4   Das „uno-actu-Prinzip" bezieht sich auf die Tatsache, daß bei Dienstleistungen die Herstellung und das Produkt in der Regel „eine Handlung" sind. Der Herstellungsprozeß ist gleichgewichtiger Teil des Resultats oder mit anderen Worten: Produktion und Konsum fallen räumlich und zeitlich zusammen.

alität der angebotenen Leistung", d.h. Dienstleistungs-Ersteller bieten immer ihre „Fähigkeiten" und nicht fertige oder eigenständige Objekte an. Dienstleistungen gelten demzufolge als „nicht-greifbar, nicht-gegenständlich, nicht-lagerbar" (a.a.O.: 189). Als drittes und ebenso unverzichtbares Merkmal gilt „die Integration eines externen Faktors", d.h. die mehr oder weniger passive Einbeziehung des Kunden oder seiner Objekte (vgl. ebd.; vgl. auch Meyer/Westerbarkey 1991: 87).

Diese Faktoren werden auch von anderen Autoren als originäre Eigenschaften von Dienstleistungen genannt. Fritz Gründger (1987) verweist auf die „Immaterialität", d.h. Dienstleistungen sind das Ergebnis von Prozessen, deren Ergebnis nicht in der Herstellung eines Sachgutes, d.h. eines materiellen Erzeugnisses, besteht. Daraus ergeben sich ihre nicht vorhandene Lagerfähigkeit, die Gleichzeitigkeit von Herstellung und Verwertung, die Standortgebundenheit der Leistungserstellung sowie die mangelnde Konkretisierbarkeit des Leistungszieles (vgl. Gründger 1987: 448 f.).

Philipp Herder-Dorneich (1992) nennt in einer Skizze der Rahmenbedingungen für die Produktion von Dienstleistungen andere Begriffe bzw. Aspekte. Für ihn stehen im Vordergrund die „Inhomogenität" von Dienstleistungen: Gleichartige Leistungen werden immer wieder neu für immer wieder andere Kunden erbracht; die „begrenzte Rationalisierbarkeit": Durch Einsatz von Kapital bzw. technischen Hilfsmitteln können Dienstleistungen nur bedingt rationalisiert werden; die „Tendenz zur Intransparenz": Informationen über Preise oder Kriterien der Qualität von Dienstleistungen sind den Kunden nicht immer zugänglich; die „Kapazitätselastizität": Ohne Konsumenten kann keine Leistung erbracht werden und die Kapazitäten liegen brach. Dienstleistungen können nicht auf Vorrat produziert, transportiert oder gelagert werden. Umgekehrt kann bei einer plötzlich steigenden Nachfrage die Kapazität i.d.R. nicht kurzfristig erhöht werden (vgl. Herder-Dorneich 1992: 442 ff.).

Manfred Bruhn (1991 b) verweist zwar auf die Heterogenität des Dienstleistungsbegriffs und die Schwierigkeiten, eine allgemein gültige Definition zu finden; als „charakteristische Besonderheiten von Dienstleistungen" zählt er dennoch auf: Immaterialität, Unfähigkeit der Lagerung, Gleichzeitigkeit von Produktion und Verwertung, direkter Kontakt zwischen Anbieter und Nachfrager, Standortgebundenheit, Individualität der Leistung (Bruhn 1991 b: 21; vgl. auch Bruhn 1993: 785).

Auch Bernd Stauss (1994) sieht Probleme bei dem Versuch, konstitutive Merkmale für Dienstleistungen im Unterschied zu Sachgütern zu benennen: „Auch wenn bis heute keine Einigkeit über Umfang und Zusammensetzung dieses Merkmalskataloges besteht, so werden in der Regel doch zwei charakteristische Merkmale besonders herausgestellt: Intangibilität und Kundenbeteiligung. Intangibilität oder Nichtgreifbarkeit bezieht sich auf den Umstand, daß eine Dienstleistung im Gegensatz zu einem Sachgut nicht physisch präsent ist, d.h. nicht berührt und als Objekt in Augenschein genommen werden kann und damit zugleich auch kognitiv schwerer (be)greifbar ist" (Stauss 1994: 235 f.). Als zweites wesentliches Merkmal nennt er die Kundenbeteiligung. Die Leistungserstellung ist in der Regel nicht möglich, „ohne daß der nachfragende Konsument sich selbst oder eines seiner Güter in den Prozeß einbringt" (a.a.O. 236 f.). Zusammenfassend lassen sich also folgende idealtypischen Unterschiede zwischen Sachgütern und Dienstleistungen auflisten (vgl. Purtschert 1994: 10; Normann 1984, zit. in Staffelbach 1988: 278):

Sachgut	Dienstleistung
materielles Gut	immaterielles Gut
sinnlich wahrnehmbar und objektivierbar	subjektive Wahrnehmung
kann vor Verkauf gezeigt bzw. geprüft werden	ist vor Verkauf weder zeig- noch prüfbar
Eigentum/Besitz, Besitzerwechsel nach Kauf	Nutzung; kein Wechsel im Besitz
Produktion ist ohne Beteiligung des Käufers möglich	Käufer ist bei der Leistungserstellung beteiligt
Produktion und Marketing getrennt	Produktion und Marketing erfolgen gleichzeitig
Produkt ist lagerfähig und transportierbar	nicht speicherbar oder transportierbar
Produktionsquantität und -qualität sind meßbar	Dienstleistungsquantität, vor allem aber die -qualität sind schwerer erfaßbar
Zwischen Hersteller und Verwender können Zwischenhändler agieren	direkter Käuferkontakt notwendig

Die genannten Abgrenzungsversuche im Sinn einer allgemein gültigen Merkmalsbestimmung für Dienstleistungen suggerieren jedoch einen Konsens, der nicht existiert. Die meisten Autoren verweisen auf dieses Problem und kommen wie Bruhn und andere zu dem Schluß, „daß bislang keine allgemeingültigen Kriterien zur Abgrenzung von Dienstleistungen existieren" (Bruhn 1991 b: 22; vgl. auch Bruhn 1993: 783; Peters 1991: 51; Stauss 1994: 235) [5]. Diese Abgrenzungsversuche berücksichtigen auch kaum die Tatsache, daß beispielsweise „der Absatz einer Sachleistung ohne die Inanspruchnahme einer Dienstleistung (z.b. Beratung, Transport, Lagerhaltung) eher unwahrscheinlich" ist und auch „im Zentrum vieler Dienstleistungen eine Sachleistung, wie z.b. beim Makler für Immobilien" steht (Bruhn 1993: 782).

Der bisher erörterten definitorischen Abgrenzung von Sach- und Dienstleistungen wird in der Literatur zum Dienstleistungsmarketing folglich zu Recht nur noch wenig Aufmerksamkeit geschenkt. Im Vordergrund stehen Fragen zur inhaltlichen Differenzierung von Dienstleistungen, zur schwierigeren Qualitätsmessung im Unterschied zu industriell gefertigten Sachgütern sowie zum Ausmaß der notwendigen Interaktionen mit dem Kunden bzw. Nutzer der Dienstleistung. Daher werden im folgenden Versuche vorgestellt, zu inhaltlichen Differenzierungen zu kommen bzw. eine Dienstleistungstypologie zu bilden. Dabei werden „als relevant erachtete Merkmale als Kontinuum zwischen ihren Extremausprägungen dargestellt" (Meffert 1994: 309) und auf formale konstitutive Merkmale verzichtet.

1.1 Zur inhaltlichen Differenzierung von Dienstleistungen

Inhaltliche Differenzierungen lassen sich zunächst mit Hilfe der folgenden Begriffe vornehmen: Personenbezogene Dienstleistungen werden direkt am Kunden und objektbezogene Dienstleistungen werden an den Objekten des Kunden oder Nutzers vollzogen. Bei persönlich erbrachten Dienstleistun-

---

5   Auch eine relativierende Beschreibung wie von Kotler/Bliemel (1995) kann dieses
     Problem nicht lösen: Dienstleistungen werden von ihnen beschrieben als „jede einem
     anderen angebotene Tätigkeit oder Leistung, die im wesentlichen immaterieller
     Natur ist und keine direkten Besitz- oder Eigentumsveränderungen mit sich bringt.
     Die Leistungserbringung kann – muß jedoch nicht – mit einem Sachgut verbunden
     sein" (Kotler/Bliemel 1995: 708).

gen steht die Person des Dienstleisters im Vordergrund (auch wenn dabei ein materielles Hilfsmittel benutzt wird, wie beispielsweise bei einem Friseur). Davon sind mit Objekten erbrachte Dienstleistungen zu unterscheiden, bei denen das Objekt (z.B. ein Verkehrsmittel oder eine Maschine) im Vordergrund steht. Wenn diese Kriterien zugrunde gelegt werden, ergibt sich daraus die folgende Matrix:

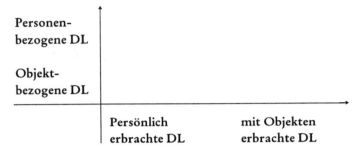

Im Zusammenhang mit den Dienstleistungen von NPO sind darüber hinaus noch zwei weitere Differenzierungen relevant. Es lassen sich einerseits direkte von indirekten Dienstleistungen unterscheiden und andererseits professionell erbrachte Dienstleistungen von den Leistungen abgrenzen, die von Laien erbracht werden. Der Konsum einer Dienstleistung kann direkt durch den Entscheider erfolgen oder der Entscheider ist nicht der Konsument, d.h. die Dienstleistung wird von Personen konsumiert, die nicht direkt an der Entscheidungsfindung beteiligt sein müssen. Demzufolge kann von direkt oder indirekt erbrachten Dienstleistungen gesprochen werden. Eine zweite Differenzierung nach der Qualifikation des Leistungsanbieters spielt ebenfalls eine Rolle im Kontext von NPO: Dienstleistungen, die an die Ausübung einer bestimmten Profession gebunden sind oder Dienstleistungen, die prinzipiell nicht an bestimmte berufsbildende Qualifikationen gebunden sind (vgl. Bruhn 1993: 784 f.).

Bezogen auf das Fundraising kann in einem ersten Schritt die Relevanz der genannten Differenzierungen geprüft werden. Während Fundraising immer eine personenbezogene Dienstleistung, d.h. am Ressourcengeber selbst und nicht an Objekten des Nutzers erbracht wird, weist die Fülle der Fundraisinginstrumente ein jeweils unterschiedlich großes Ausmaß an persönlichem Einsatz bzw. mit Objekten vermitteltem Einsatz auf. Als personenbezogene und persönlich erbrachte Dienstleistung kann beispielsweise der intensive und kontinuierliche persönliche Kontakt zu Großspendern oder potentiellen Erblassern bezeichnet werden. Diese Variante ist zu unterscheiden von beispielsweise produktgekoppelten Spenden in Form von Lotterielosen oder Benefizprodukten, bei denen die Dienstleistung nicht im Zentrum steht, sondern allenfalls den Zusatznutzen zu einem Produkt darstellt.

Beim Fundraising handelt es sich weiterhin in der Regel um eine direkt erbrachte Leistung, die vom Fundgiver selbst und nicht von Dritten genutzt wird. Zunehmend entwickelt sich das Fundraising auch zu einer professionell erbrachten Dienstleistung, auch wenn die beruflichen Kompetenzen dafür noch nicht originär auf eine Profession bzw. auf ein Berufsbild Fundraising bezogen sind, sondern sich unterschiedlicher Disziplinen bedienen. Zudem verweist die Unterscheidung zwischen professionell erbrachten Dienstleistungen und den Leistungen, die von Laien oder ehrenamtlich bzw. freiwillig engagierten Menschen erbracht werden auf die Tatsache, daß eine Fülle von Fundraisingaktivitäten von engagierten Freiwilligen erbracht wird.

In einem nächsten Schritt soll geprüft werden, ob auch die Dienstleistungstypologien die in der Literatur entwickelt werden, auf das Fundraising übertragbar sind. Nach der Darstellung eines Vorschlags von Meffert (1994) mit den Kriterien „Immaterialitätsgrad" und „Integrationsgrad", wird der Versuch unternommen, diese Aspekte exemplarisch auf Fundraisingarten zu übertragen.

2 Eine Dienstleistungstypologie und ihre Übertragung auf das Fundraising

Eine Typologie verzichtet – im Gegensatz zu Definitionen, deren Bestandteile alle erfüllt sein müssen – auf die Aufzählung von konstitutiven Merkmalen. Axel Lehmann (1993) beispielsweise favorisiert eine solche an typischen Merkmalen bzw. Charakteristika orientierte Definition von Dienstleistungen und kritisiert gleichzeitig die oben skizzierten Definitionsversuche, die einen Anspruch auf allgemeine Gültigkeit erheben: Die „immer wieder anzutreffende, der traditionell industriell-orientierten Produktionslogik entstammenden Negativumschreibung der Dienstleistung als ‚nicht-greifbare', ‚nicht-lagerbare', ‚nicht-stoffliche', ‚nicht-transportierbare' oder etwa ‚nicht-wahrnehmbare' Leistung" erscheint wenig hilfreich (Lehmann 1993: 111); sie werden den äußerst heterogenen Erscheinungsformen von Dienstleistungen nicht gerecht.

Demgegenüber werden Dienstleistungen von ihm verstanden „als das Ergebnis eines zwischenmenschlichen sozialen Interaktionsprozesses" (a.a.O.: 114). Der Kunde ist sowohl (Mit-)Produzent als auch Konsument; er ist in diesem Sinne „Prosumer" (Toffler 1981, zit. ebd.). Lehmann verweist auf die Bedeutung von „Vertrauenswürdigkeit, Authentizität des Verhaltens, Einfühlungsvermögen oder etwa die Fähigkeit, zuzuhören" (ebd.). Service als elementare Form der Dienstleistung wird nicht mehr nur als Zusatz zur Leistungserstellung betrachtet, sondern als „originäre Leistung, die das Produkt in sich birgt" (a.a.O.: 115). Damit kommen Aspekte der Dienstleistungsproduktion in den Blick, die von formalen Abgrenzungs- und Definitionsversuchen kaum erfaßt werden. Typisch für Dienstleistungen erscheint vor allem die Tatsache, daß sie vom Kunden immer auch *erlebt* werden. In diesem Charakter von Dienstleistungen als Erfahrungs- bzw. Erlebnisgüter liegen für den Leistungsersteller Chancen und Risiken gleichermaßen: Erwartungen und Reaktionen der Kunden bzw. Nutzer sind subjektiv und kaum direkt zu steuern.

Bruno Staffelbach (1988) geht nach einem Verweis auf die Schwierigkeit einer klaren Abgrenzung von Sach- und Dienstleistungen bzw. materiellen und immateriellen Anteilen davon aus, daß es kein „‚entweder-oder' von materiellen Sachgütern und immateriellen Dienstleistungen gibt, sondern eine kontinuierliche Ausprägung verschiedener Aspekte" (Staffelbach 1988: 278). Er differenziert als wesentliche Dimensionen der Dienstleistungserbringung den Grad der „Intensität der Interaktion zwischen Anbieter und Leistungsempfänger" und das „Ausmaß der Immaterialität im Leistungsvollzug" (a.a.O.: 279). Das folgende Schaubild soll anhand dieser beiden Variablen die Typologie von Dienstleistungen beispielhaft illustrieren (a.a.O.: 280):

Immaterialität im
Leistungsvollzug

	unterstützend-interaktive Dienstleistung	problemorientiert interaktive Dienstleistung	persönlich-interaktive Dienstleistung
Leistungserbringung immateriell	Versicherung	Ingenieurbüro, Beratung	Psychotherapie, Interessenvertretung
Leistungserbringung über materielle Faktoren	Bankzahlungsverkehr, Reparaturen	Berechnungen, Auswertungen	Gesundheitswesen
erbrachte Leistung materiell feststellbar	Benzintanken, Reinigung	Auftragsforschung, Entwicklung	Schönheitspflege

Intensität
der Interaktion

Der Austauschprozeß zwischen Dienstleistungsanbieter und Dienstleistungsnehmer findet somit immer auf einer sachlichen und auf einer Beziehungsebene statt. Die Grenze zwischen einer Sachleistung mit zusätzlichen Dienstleistungen und einer Dienstleistung mit zusätzlichen Sachleistungen ist fließend. Einige Autoren sprechen sich folglich dafür aus, die Dichotomie von Sachleistungen und Dienstleistungen aufzugeben und propagieren eine Sichtweise, die von der Existenz von „Leistungsbündeln" ausgeht, die in der Regel sowohl materielle als auch immaterielle Komponenten beinhalten und je nach Leistung eher interaktionsorientiert oder eher industriell-produktionsorientiert gestaltet werden (vgl. Purtschert 1994: 11 ff.).

In diese Richtung argumentiert auch Meffert (1994), der auf eine Trennung zwischen Sach- und Dienstleistungen verzichtet und nur noch von „Leistungen" spricht. Im Vordergrund steht bei dieser Sichtweise die Produktion von Leistungen mit ihren qualitativen Merkmalen sowie dem Grad ihrer Ausprägungen. Zentrale Merkmale sind, ähnlich wie bei der oben skizzierten Matrix, der *Immaterialitätsgrad* des Leistungsergebnisses und der *Integrationsgrad* der Leistungsprozesse.

Das Kriterium Immaterialität bezieht sich auf die Beschaffenheit des Leistungsergebnisses (Ergebnisdimension). Dies kann ausschließlich materiell oder ausschließlich immateriell sein. Letzteres gilt beispielsweise bei einer Psychotherapie oder ärztlichen Beratung. Die meisten Leistungen enthalten jedoch sowohl materielle als auch immaterielle Anteile. Auch ein individuell erstelltes EDV-Programm ist zwar im wesentlichen immateriell, enthält jedoch als materiellen Anteil beispielsweise Disketten und ein Handbuch. Das Kriterium Integrationsgrad bezieht sich auf das Ausmaß, in dem der Kunde in den Produktionsprozeß einbezogen werden muß (Prozeßdimension). Der Integrationsgrad ist gering, wenn die Leistungserstellung vom Anbieter weitgehend autonom erfolgen kann; er ist extrem groß, wenn der Kunde in alle Phasen des Produktionsprozesses intensiv einbezogen werden muß.

Die klassische Einteilung in Sachleistungen und Dienstleistungen ist mit dieser Typologie nicht mehr aufrechtzuerhalten und wird auch nicht für sinnvoll erachtet (vgl. ebd.). Besonders innerhalb der Marketingwissenschaft hat sich die Aufmerksamkeit auf die Tatsache gerichtet, daß viele Sachleistungen (z.B. der Kauf eines Autos oder eines Haushaltsgerätes) sich nicht ohne begleitende Dienstleistungen in Form von Beratung und Service verkaufen lassen. Auch dabei gilt, daß es sich je nach Produkt um ein Kontinuum von begleitenden Dienstleistungen handelt: Der Verkauf von Waschmitteln im Supermarkt erfordert extrem wenig Integration des Kunden und ebenso wenig Interaktionen mit ihm; der Verkauf von hochwertigen Investitionsgütern erfordert dagegen einen extrem hohen Grad an Integrations- und Interaktionsleistungen. Nicht zufällig gingen in den letzten Jahren zahlreiche Innovationen zur Theorie und Praxis des Dienstleistungsmarketing von Autoren aus, die sich mit dem Marketing von Investitionsgütern, also klassischen Sachleistungen, beschäftigen. Das folgende Schaubild verdeutlicht diese Dimensionen und enthält gleichzeitig exemplarisch Leistungen im Zusammenhang mit dem Fundraising bzw. Fundgiving (vgl. Engelhard 1992, zit. in Meffert 1994: 310):

Integrationsgrad und Immaterialitätsgrad bei der Leistungserstellung:

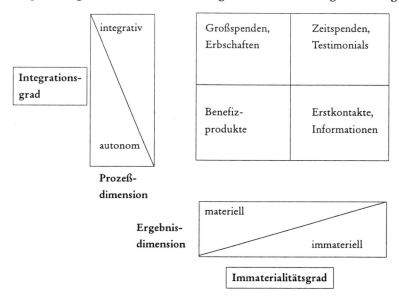

Aus der Kombination dieser Dimensionen ergeben sich vier Leistungstypen, die sich auf das Fundraising übertragen lassen. Dabei werden exemplarische Ressourcenquellen bzw. -arten genannt, die für extreme Ausprägungen dieser Leistungtypen stehen sollen. Die Ergebnisdimension bzw. das Leistungsergebnis wird dabei aus der Sicht der NPO betrachtet:

- immaterielles Leistungsergebnis und starke Integration des Fundgivers in den Prozeß der Leistungserstellung: Das gilt für alle Formen des freiwilligen Gebens von Zeit in Gestalt von ehrenamtlichem Engagement, von Patenschaften oder sogenannter Testimonials prominenter Personen [6];

- materielles Leistungsergebnis und starke Integration des Fundgivers: Das gilt beispielsweise für alle Kontakte zu Großspendern oder potentiellen Erblassern, aber auch ab einem bestimmten Investitionsvolu-

---

6 Mit dem englischen Begriff Testimonial werden Referenzen bezeichnet, mit denen sich Personen zitieren lassen, die die Ziele und Aktionen einer NPO fördern und unterstützen. Es handelt sich also um eine Form der öffentlichen Wertschätzung und Anerkennung.

men für Investmentfonds bzw. Sparbriefe, deren Renditen NPO zufließen;

- materielles Leistungsergebnis und weitgehend autonome Produktion durch die NPO: Das gilt für produktgekoppelte Spenden, Benefizprodukte oder -veranstaltungen;
- immaterielles Leistungsergebnis und weitgehend autonome Produktion durch die NPO: Diese Form der Fundraisingdienstleistung läßt sich auf Erstkontakte, Informationsversand, Solidaritätsaktionen etc. beziehen.

Der Kontakt mit dem Fundgiver als Nutzer oder Kunde der Fundraisingleistungen von NPO weist also einen je nach Produkt unterschiedlichen Integrationsgrad in den Prozeß der Leistungserstellung auf. In Anlehnung an Meffert (1994: 312) läßt sich die Integration des Fundgivers in einem nächsten Schritt in einen „Interaktionsgrad" und einen „Individualisierungsgrad" differenzieren. Dabei können stark individualisierte Leistungen durchaus mit einem relativ geringen Maß an Interaktionen auskommen (z.B. Patenschaften) und umgekehrt standardisiert erbrachte Leistungen ein hohes Maß an Interaktion zwischen NPO und Nutzer erfordern (z.B. Fördermitgliedschaften).

Diese Leistungstypologie umfaßt also die Dimensionen Immaterialitätsgrad und Integrationsgrad. Die letztgenannte Dimension wird in den Interaktionsgrad und den Individualisierungsgrad differenziert. Diese Unterteilung macht es möglich, die vielzitierte „Integration des externen Faktors", also des Kunden mit seinen Erwartungen, seinen Bedürfnissen und Wünschen, genauer zu beschreiben. Dabei wird ein je unterschiedliches Ausmaß an Interaktionserfordernissen und Individualisierungserfordernissen deutlich.

Leistungen, die ein hohes Maß an Immaterialität aufweisen und gleichzeitig die starke Integration des Kunden in den Leistungserstellungsprozeß erfordern, lassen sich als „Vertrauensgüter" kennzeichnen. Der Kunde ist selbst Teil der Leistungsproduktion, kann vor dem Kauf die Qualität der Leistung kaum beurteilen und ist folglich einem hohen Risiko ausgesetzt. Vor diesem Hintergrund erhalten Faktoren wie das Image und die vom Kunden wahrgenommene Kompetenz des Anbieters ihre hohe Bedeutung. Sie sind für die Entscheidung des Kunden und dessen möglichst langfristige Bindung an den Leistungsersteller von großer Relevanz und fließen in die Beurteilung der Qualität konsumierter Leistungen ein [7].

Damit wird deutlich, daß sich diese Leistungen zu Recht „als das Ergebnis eines zwischenmenschlichen sozialen Interaktionsprozesses" (Lehmann 1993: 114) verstehen lassen. Der Kunde eines Unternehmens ebenso wie ein Fundgiver als Nutzer einer NPO sind sowohl (Mit-)Produzenten als auch Konsumenten. Die schon genannten Aspekte „Vertrauenswürdigkeit, Authentizität des Verhaltens, Einfühlungsvermögen" werden somit zu einem originären Leistungsbestandteil. Auch bei den im Rahmen des Fundraising erstellten Leistungen handelt es sich um Erfahrungs-, Erlebnis- und Vertrauensgüter. Der Fundgiver kann in vielen Fällen nicht oder nur mit großem Aufwand im Detail überprüfen, ob die von ihm gegebenen Ressourcen sinnvoll eingesetzt wurden. Er ist dabei auf die Informationen und die Beziehungsarbeit der NPO angewiesen.

Bisher wurde zwar darauf hingewiesen, daß es sich bei Dienstleistungen um Produkte im Sinn von angebotenen und nachgefragten Leistungen handelt. Was aber sind die Produkte bzw. Leistungen, die beim Fundraising ausgetauscht werden? Auf einer immateriellen Ebene bieten NPO ein Stellvertreterhandeln an: Sie agieren als Makler, die Ressourcen von Fundgivern an Dritte weiterleiten. Diese „Dritten" sind die Menschen oder Zwecke, auf die sich – je nach Organisationszielen – die inhaltliche Arbeit der NPO bezieht. Angeboten werden Möglichkeiten des Engagements, der Partizipation und Identifikation mit den von der Organisation repräsentierten Werten und der darauf basierenden Arbeit. Fundraising-Produkte enthalten in der Regel auch materielle Anteile, die sich beispielsweise konkret manifestieren in einer Patenschaft mit einem Kind in Indien, dessen Ausbildung mit monatlich 50 DM finanziert wird oder in der anteiligen Finanzierung einer Theaterinszenierung. Jedes Fundraising-Produkt hat materielle und immaterielle Eigenschaften, die transparent gemacht werden können. Gleichzeitig werden damit die Leistungsbündel von NPO im Zusammenhang mit dem Fundraising konkret kommunizierbar und überprüfbar.

---

7   Die Dimensionen des Begriffs Vertrauen werden im Teil V, Abschnitt 4.1 ausführlich vorgestellt.

3   Zusammenfassung

Es wurde gezeigt, daß sich in der Literatur zum Dienstleistungsmarketing ein Wandel abzeichnet. Die bisher üblichen eher statischen Abgrenzungs- und Definitionsversuche werden aufgegeben zu Gunsten einer Beschreibung von typischen Merkmalen in unterschiedlich starken Ausprägungen. Indem von Leistungsbündeln ausgegangen wird und Kriterien wie Interaktion, Integration und Vertrauen Bedeutung erlangen, erscheint die hier skizzierte Diskussion innerhalb der Dienstleistungs- bzw. Marketingwissenschaft anschlußfähig an die theoretischen Reflexionen zum Fundgiving bzw. Fundraising. Für die Gestaltung von Fundraisingaktivitäten erscheint bedeutsam, daß sie vor diesem Hintergrund auch als eigenständige Leistungen für Fundgiver beschrieben werden können. Damit wird einmal mehr der Beziehungsaspekt zwischen NPO und Fundgivern betont. Darüber hinaus liefert die Auseinandersetzung mit dem Dienstleistungsbegriff auch Anhaltspunkte für einen Perspektivenwechsel: Fundraising dient nicht nur – im Sinn eines Mittels für je spezielle Zwecke – der Beschaffung von Ressourcen zugunsten einer Umsetzung von Zielen gemeinnütziger Organisationen; aus Sicht der Fundgiver ist gleichermaßen die Realisierung – mehr oder weniger bewußter – eigener Zwecke und Ziele bedeutsam.

Ein differenzierter und gewandelter Dienstleistungsbegriff hat Konsequenzen für das Marketing und Management von Leistungsanbietern. Dies gilt für Unternehmen wie für NPO gleichermaßen. Das Problem der Qualitätsmessung und die Kategorien „Hoffnung und Versprechen" geraten in den Blick: „Zum Zeitpunkt des Abschlusses eines ‚Kaufvertrages' kann der Nachfrager einer Dienstleistung deren Qualität nicht begutachten bzw. testen. Vielmehr kann er nur aus seiner Einschätzung der Qualität von Fähigkeiten bzw. Potentialen des Anbieters auf eine bestimmte Qualität hoffen. Der Anbieter kann seinerseits nur ein bestimmtes Leistungsversprechen abgeben, nicht zuletzt deshalb, weil er den Zustand der externen Faktoren nicht genau kennt" (Meyer/Mattmüller 1987: 189). Das Management interaktionsorientierter Dienstleistungen bekommt einen hohen Stellenwert und „hat sich auf die Schaffung optimaler Voraussetzungen für den Interaktionsprozeß zwischen Dienstleistungsnehmer und -anbieter zu konzentrieren" (Purtschert 1994: 17).

Insbesondere für das Fundraising gilt, daß sich diese Dienstleistung in personalisierten Formen bis hin zu persönlichen Interaktionen vollzieht. Qualitäts- und Effizienzkriterien ergeben sich wesentlich aus der Interaktion selbst. Diese wird sehr stark durch eine entsprechende Organisationskultur geprägt (vgl. Staffelbach 1988: 284). In Anlehnung an die gängigen Beschreibungen des Begriffs Corporate Identity, läßt sich auf drei wesentliche Elemente der für das Dienstleistungs-Marketing wichtigen Organisationskultur verweisen: „Corporate Communication (CC)" als systematisch kombinierter Einsatz aller Kommunikationsinstrumente (Werbung sowie Öffentlichkeitsarbeit mit internen und externen Bezugsgruppen); „Corporate Design (CD)" als symbolische Identitätsvermittlung im Wege eines systematisch aufeinander abgestimmten Einsatzes aller visuellen Elemente der Organisation (z.B. Zeichen, Farben, Schrifttypen und Gestaltungsraster); „Corporate Behavior (CB)" als Ausrichtung aller Verhaltensweisen der Organisationsmitglieder im Innen- und Außenverhältnis" (a.a.O.: 282).

Der Forderung nach „gleichförmigem und widerspruchsfreiem" Verhalten der Organisationsmitglieder, wie sie auch von Staffelbach (ebd.) formuliert wird, ist jedoch zu widersprechen. Sie ist nicht nur idealistisch, sondern auch höchst problematisch, da Interaktionen wesentlich von der Individualität der Akteure geprägt werden. Diese Individualität der Dienstleister ist kein Störfaktor, sondern kann vielmehr als Erfolgsfaktor genutzt werden. Die einzelnen Elemente der Organisations-Identität müssen als Rahmen verstanden werden, in den die Akteure ihre Persönlichkeit einbringen und nutzen. Nur so kann „durch das abgestimmte Wirksamwerden dieser drei Bereiche [...] ein ,Corporate Image' aufgebaut werden, welches Identifikations- und Unterstützungspotentiale schafft und generell die Basis für Aspekte wie Glaubwürdigkeit, Vertrauen, Akzeptanz oder sogar Zuneigung bildet" (Wiedmann/Jugel 1987, zit. in Staffelbach 1988: 282).

Insgesamt erscheint die These belegbar, Fundraising als eigenständige Leistung von NPO zu betrachten. Die genannten Dimensionen der Leistungserstellung – Immaterialitäts-, Integrations-, Interaktions- und Individualisierungsgrad – lassen sich nicht nur nachweisen, sondern haben eine große Relevanz für die im Rahmen des Fundraising stattfindenden Interaktionsprozesse. In der Übertragung des Produktbegriffes auf das Fundraising liegt die Herausforderung und Chance, Leistungen und Gegenleistungen transparent zu machen und zu profilieren. In der Praxis des Fundraising wird dies durchaus schon genutzt. Menschen sind prinzipiell bereit, freiwillig Zeit, Geld oder anderes zu geben; im Teil II dieser Arbeit wurden einige Aspekte davon thematisiert, die sich durchaus auch als Nachfrage nach dem „Produkt Fundraising" darstellen lassen. Die Aufgabe von NPO wird zukünftig allerdings noch stärker als bisher sein, dieser Nachfrage korrespondierende Leistungsangebote zu machen.

Teil V

Fundraising im Kontext des Marketing

Nach Erörterungen zu unterschiedlichen Aspekten sowohl zum Fundraising als auch zum Fundgiving im ersten bzw. zweiten Teil dieser Arbeit, erfolgte eine Auseinandersetzung mit der Beschreibung und Funktion von Nonprofit-Organisationen als Akteuren des Fundraising. In einem vierten Arbeitsschritt konnte die These belegt werden, daß Aktivitäten im Rahmen des Fundraising als Produktion von Leistungen für die Fundgiver aufgefaßt werden können. Der fünfte Teil dieser Arbeit setzt sich nun intensiv mit dem Marketing als theoretischem und konzeptionellem Rahmen für die Gestaltung von unterschiedlichen Tauschbeziehungen auseinander.

Dazu muß zunächst der Begriff des Marketing geklärt werden. Dabei wird deutlich, daß er nicht nur auf verschiedenen Abstraktionsebenen verwendet, sondern auch unterschiedlich weit gefaßt wird. Deshalb bleibt eine bloße Gegenüberstellung verschiedener Definitionen unbefriedigend; abgesehen davon existiert auch keine allgemeingültige und konsensfähige Beschreibung des Marketing. Die Erörterungen zum Marketingbegriff und dem damit unmittelbar verbundenen Begriff des Marktes lassen sich zunächst in Verbindung mit einer kurzen Ideologiekritik und dem Hinweis auf die Denkstilgebundenheit unterschiedlicher Ansätze darstellen (Fleck 1980 [1935]). Im Anschluß daran erfolgt ein Verweis auf drei Ebenen, auf denen der Begriff üblicherweise verwendet wird: eine strategische (Marketing als „Philosophie"), eine taktische (Marketing als Führungskonzept für Organisationen) und eine operationale (Marketing als Bündel von Methoden und Instrumenten). In einem zweiten Schritt wird vor diesem Hintergrund die Frage gestellt, inwiefern und mit welchem Verständnis Marketing für die Aufgaben im Zusammenhang mit dem Fundraising relevant bzw. erforderlich ist. Dabei erfolgt exemplarisch auch eine Auseinandersetzung mit der Kritik von Kelly (1991), die eine Übertragung des Marketing auf das Fundraising ablehnt.

Für das Verständnis von Marketingphilosophie und -instrumenten sowie die Prüfung der grundsätzlichen Übertragbarkeit auf die Erfordernisse in NPO – insbesondere im Zusammenhang mit der Gestaltung des Fundraising – ist meines Erachtens die Rekapitulation von Entwicklungslinien innerhalb der Marketingwissenschaft nicht nur hilfreich, sondern unbedingt erforderlich. Erst auf dieser Basis kann das im Rahmen dieser Arbeit favorisierte Konzept des Relationship Marketing angemessen dargestellt und eingeordnet werden. Zudem dient dieser Schritt einer Systematisierung der teilweise Konfusion statt Orientierung stiftenden „Botschaften" und Ansätze aus der umfangreichen Marketingliteratur. Dieser Versuch einer orientierenden Vergewisserung ist bei jedem Transfer vom Profit- zum Nonprofit-Bereich erforderlich. Hier scheint zwar die Relevanz einer Marketingorientierung inzwischen weitgehend unbestritten zu sein (vgl. beispielsweise Cooper 1994, Heister 1994, Stemmle 1992); es muß jedoch die Frage gestellt werden, ob die Heterogenität der Ansätze und die Kontroversen innerhalb der Marketingwissenschaft reflektiert werden. Auffällig ist beispielsweise die Tatsache, daß Marketing in der Regel mit dem Ansatz des Marketing-Management-Modells identifiziert wird. Dies verwundert zwar nicht, da diese Gleichsetzung auch innerhalb der Marketingwissenschaft häufig anzutreffen ist, schränkt jedoch die Produktivität von Adaptionen vom Profit- auf den Nonprofitbereich erheblich ein.

Eine Beschäftigung mit dem Marketing ist mit zwei unterschiedlichen Zugängen zu diesem Begriff konfrontiert: Von der Mehrzahl der Autoren – und damit konform mit dem vorherrschenden Paradigma des Marketing-Management-Modells – wird Marketing als Managementaufgabe angesehen [1]; von einer Minderheit wird dagegen Management als Marketing betrachtet und ein entsprechender Paradigmenwechsel vorgeschlagen (vgl. exemplarisch Grönroos 1994). Aus meiner Sicht besteht ohne eine – im dritten Kapitel dieses Teils der Arbeit vorgenommene – Reflexion dieser unterschiedlichen Zugänge zum Marketing und der damit verbundenen Paradig-

---

1 Dazu zählen beispielsweise die Veröffentlichungen von Philip Kotler, der als Begründer dieses Paradigmas gelten kann. Die erste Auflage von Kotlers Standardwerk „Marketing Management: Analysis, Planning and Control" erschien in den USA 1967 und wurde inzwischen bis zur 1994 publizierten achten Auflage fortgeschrieben; die deutsche Übersetzung dieser Auflage erschien 1995 (Kotler/ Bliemel 1995).

men die Gefahr, daß für den Nonprofit-Bereich Ansätze adaptiert werden, die innerhalb der Marketingwissenschaft schon als überholt gelten oder zumindest kontrovers diskutiert werden.

Indem Marketing in Anlehnung an die Definition von Grönroos (1994) verstanden wird als „relationship building and management approach" (Grönroos 1994: 14), läßt es sich als ein Instrument für die Gestaltung sowohl der organisationsexternen als auch der organisationsinternen Beziehungen vorstellen und wird somit für das Fundraising als Arbeit an der Gestaltung von „Donor Relations" (Kelly 1991) ebenso relevant wie für die Öffentlichkeitsarbeit als Gestaltung von Public Relations. Bisher wurde schon verdeutlicht, daß beide Arbeitsfelder untrennbar miteinander verknüpft sind; es wird darüber hinaus zu zeigen sein, daß sie sich im Rahmen eines beziehungsorientierten Marketing verorten und gestalten lassen. Im Zentrum des Relationship Marketing-Ansatzes stehen weder eine einseitige Absatz- oder Verkaufsorientierung noch eine Fixierung auf die Produktion von Gütern oder Dienstleistungen, sondern die Konzentration auf den Aufbau und die Gestaltung von Beziehungen zu allen relevanten Bezugsgruppen; somit wird die interne und externe Beziehungsgestaltung zum Fokus des Marketing und damit zur zentralen Managementaufgabe.

Marketingwissenschaft und -praxis erscheinen also als geeigneter theoretischer und konzeptioneller Rahmen für das Fundraising: Marketing gilt als zentrale Managementaufgabe mit der Zielsetzung, Ansätze zur Leitbildentwicklung und Corporate Identity, aber auch die Fülle von einzelnen Organisations- und Managementansätzen, Personalführungsinstrumenten im Sinn eines „human resources management" sowie Public Relations und Werbung, als eigenständige Instrumente mit ihrem je spezifischen Stellenwert in ein Konzept zu integrieren und als strategische Aktionsfelder im Rahmen des Marketing zu beschreiben. Damit besteht die Möglichkeit einer Systematisierung, die angesichts einer tendenziell unüberschaubaren Zahl von angeblich neuen, unverzichtbaren oder dominanten Managementansätzen hilfreich erscheint. Die Beschäftigung mit dem Marketing dient also der Systematisierung von Managementaufgaben und der strategischen Verortung des Fundraising innerhalb des Managements von NPO [2]. Darüber hinaus

---

2 Da es weder eine „general theory" des Managements gibt, noch eine konsistente und auf einem Konsens beruhende Theorie des Marketing, ist eine Abgrenzung von Management und Marketing schwierig. Innerhalb der Betriebswirtschaftslehre plädieren einige Autoren für die eher traditionelle Sichtweise, daß Marketing in

liefert die Variante des beziehungsorientierten Marketing den konzeptionellen Rahmen für die Gestaltung des Relationship Fundraising.

Einer Erörterung und Begründung der Relevanz des Marketing für das Fundraising im ersten Kapitel dieses Teils der Arbeit, folgt die Darstellung zentraler Entwicklungslinien innerhalb der Marketingwissenschaft. Danach werden Ansätze des Relationship Marketing erörtert, um darauf aufbauend die Bedeutung des beziehungsorientierten Marketing für das Fundraising von NPO aufzuzeigen; Engagement und Vertrauen avancieren dabei zu Schlüsselfaktoren für die Beziehungen von NPO und damit zu wesentlichen Erfolgsfaktoren des beziehungsorientierten Fundraising.

---

einem sehr eng gefaßten Sinn im Rahmen der Absatzfunktion eines Unternehmens zu verorten (vgl. die Argumentation von Dieter Schneider [1993 a, 1993 b] im Abschnitt 2.3 dieses Teils der Arbeit). Die Vertreter einer Marketingwissenschaft gehen dagegen von einer sehr weit gefaßten Funktion des Marketing aus, die nicht nur Einfluß auf alle Managementfunktionen ausübt, sondern beispielsweise beim Marketing-Management-Ansatz mit dem Management gleichgesetzt wird.

1 Zur Relevanz des Marketing für das Fundraising

1.1 Zum Marketingbegriff

Der Begriff wird im Alltagssprachgebrauch in der Regel für alle Varianten der Praxis des Verkaufens benutzt. Unternehmen wollen ihre Leistungen in möglichst großer Zahl und zu attraktiven Konditionen an ihre Kunden bringen. Diese Transaktionen finden auf Märkten statt, auf denen sich, je nach Angebot und Nachfrage, die Preise für Produkte und Dienstleistungen realisieren [1]. Allgemein formuliert besteht ein Markt „aus allen potentiellen Kunden mit einem bestimmten Bedürfnis oder Wunsch, die willens und fähig sind, durch einen Austauschprozeß das Bedürfnis oder den Wunsch zu befriedigen (Kotler/Bliemel 1995: 13).

In einer ersten, allerdings äußerst unscharfen Annäherung, läßt sich somit alles, was im Zusammenhang mit dem erfolgreichen Agieren auf Märkten steht, als Marketing bezeichnen. Im Zentrum stehen dabei die Aktivitäten kommerzieller Unternehmen. Marketing als „Business Marketing" präsentiert sich als Synonym bzw. erfindungsreiche Variante für die Verkaufs- und Absatzförderung [2]. Diesem Verständnis als „theory and practice of commercial selling" (Oxford University Press 1989) entsprechen auch die

---

1 „Vermarktung" im klassischen Sinn, d.h. auf einem konkreten Markt agierende Anbieter und Nachfrager, gibt es beispielsweise noch bei landwirtschaftlichen Produkten oder in der Form des Jahrmarktes zur Befriedigung von Unterhaltungsbedürfnissen. Begriff und Bedeutungsgehalt sind dabei im wesentlichen auf die Erfüllung der Verteilungsfunktion beschränkt (vgl. Nieschlag/Dichtl/Hörschgen 1994: 12). Zahlreicher sind die abstrakten Märkte, auf denen sich die Akteure nicht mehr leibhaftig begegnen, sondern nur noch mittelbar präsent sind. Dies ist beispielsweise für den Aktienmarkt oder den Spendenmarkt der Fall.

2 Beispielsweise verschenkte *Rockefeller* um die Jahrhundertwende in China Petroleumlampen, um den Absatz des von seinem Unternehmen verkauften Petroleums zu steigern (Nieschlag/Dichtl/Hörschgen 1994: 19); *Yamaha-Europe* als Hersteller elektronischer Musikinstrumente betreibt ein Musikerziehungsprogramm mit 500 Musikschulen und 30.000 Schülern, die dort „die Kompetenz erwerben, später Kunde zu werden" (a.a.O.: 16) und ein spanischer Verleger stiftet jährlich einen mit 700.000 DM dotierten Preis für spanische bzw. lateinamerikanische Autoren und verlegt anschließend die profitablen preisgekrönten Werke (vgl. ebd.).

häufig negativen Assoziationen zum Begriff des Marketing [3]. Geht man einen Schritt zurück, kann mit Jan Krulis-Randa (1993) der Tausch als Kernelement des Marketing betrachtet werden. Die eigennützige Motivation für freiwillige Tauschprozesse basiert auf der beabsichtigten Beseitigung eines Mangels bzw. der Befriedigung von Bedürfnissen oder Wünschen. Als „Alternativen" für den Tausch von Produkten oder Dienstleistungen wären einerseits Formen der Selbstversorgung oder des freiwilligen Schenkens zwar denkbar, allerdings in größerem Umfang kaum zu praktizieren. Andererseits könnten Formen der Gewaltausübung oder planmäßigen Zentralverteilung erwogen werden, die jedoch als Regulationsprinzipien in demokratischen und pluralistischen Gesellschaften nicht in Frage kommen (vgl. Krulis-Randa 1993: 150; Kotler/Bliemel 1995: 11). Der Ursprung von Marketingtheorie und -praxis wird im sozialen Prozeß des Tauschens angesiedelt. Die „menschlichen Aktivitäten, die zwecks Erleichterung und Durchführung von Tauschprozessen auf einem Markt entwickelt werden", können somit als „ein Urelement der menschlichen Kultur" angesehen werden (Krulis-Randa 1993: 149) [4].

Damit wird der Marketing-Begriff jedoch äußerst unscharf und als „eine menschliche Tätigkeit, die darauf abzielt, durch Austauschprozesse Bedürfnisse und Wünsche zu befriedigen bzw. zu erfüllen" (Kotler 1989: 19) ausgeweitet auf alle Arten von zielorientierten Austauschprozessen. Nieschlag/ Dichtl/Hörschgen (1994) weisen auf die Gefahr der Banalität hin, der eine solche Ausweitung des Begriffes unterliegt: „Auch der nicht seltene Fall, daß ein junger Mann um eine Frau wirbt und damit Erfolg hat" läßt sich schließlich mit Kategorien des Marketing im Sinn von zielorientierten Austauschprozessen beschreiben (Nieschlag/Dichtl/Hörschgen 1994: 27; vgl. auch Becker 1982 [1976]).

---

3 Keineswegs repräsentativ, aber dennoch bezeichnend sind die folgenden, ausschließlich negativ gefärbten Assoziationen von Studierenden der Sozialpädagogik zu Beginn eines Seminars zum Marketing von NPO: „sinnloser Konsum, übers-Ohrhauen, Selbstdarstellung, Verschwendung, Psychotricks, Werbung, Moral, Kapitalismus, Suggestion, verkaufen, Formen statt Inhalt".

4 Auch die Kennzeichnung des Marketing von Kotler/Bliemel (1995) als „einen Prozeß im Wirtschafts- und Sozialgefüge, durch den Einzelpersonen und Gruppen ihre Bedürfnisse und Wünsche befriedigen, indem sie Produkte und andere Dinge von Wert erzeugen, anbieten und miteinander austauschen" entspricht dieser Sichtweise (a.a.O.: 7).

Versuche, den komplexen Begriff des Marketing zunächst einmal zu reduzieren und auf eine möglichst plausible Quintessenz zu bringen, sind grundsätzlich sinnvoll und nötig. Die Marketingwissenschaft und -praxis hat jedoch, je nach Sichtweisen der Autoren, eine beinahe unüberschaubare Fülle von Bindestrich-Marketinganwendungsgebieten und -praktiken entwickelt. Deshalb werden im folgenden einige Aspekte des Marketingbegriffs ausführlicher erörtert.

1.1.1 Ideologie und Denkstilgebundenheit

Auffällig an der Verwendung der Begriffe Marketing und Markt in der wirtschaftswissenschaftlichen bzw. marketingwissenschaftlichen Literatur ist die scheinbar untrennbare Verknüpfung mit dem Prinzip der Freiwilligkeit der Akteure. In diesem Sinn sieht beispielsweise auch Krulis-Randa (1993) „die Essenz des Marktbegriffes" im „Verkehr zwischen Anbietern (Verkäufer) und Nachfragenden (Käufer) von Gütern oder Leistungen, um ihren Bedarf oder ihre Wünsche mittels eines auf freier Wahl beruhenden Tausches zu befriedigen" (a.a.O.: 152). Damit ein Austausch zustandekommen kann, müssen nach Kotler/Bliemel fünf Bedingungen erfüllt sein: Es muß mindestens zwei Parteien geben, von denen jede Partei etwas besitzen muß, was für die andere von Wert sein könnte. Jeder Austauschpartner muß in der Lage sein, mit der anderen Partei zu kommunizieren und das Tauschobjekt zu übergeben. Dabei steht es beiden Seiten frei, daß Angebot anzunehmen oder abzulehnen. Nicht zuletzt muß jede Partei der Überzeugung sein, daß es angebracht oder wünschenswert ist, mit der anderen in Kontakt zu treten (vgl. Kotler/Bliemel 1995: 11).

Dieser Tausch realisiert sich auf Märkten, die sich nach verschiedenen Kriterien differenzieren lassen: volkswirtschaftlich betrachtet in „Ressourcenmärkte, Herstellermärkte, Zwischenhandelsmärkte, Endnutzermärkte und staatliche Märkte" (a.a.O.: 15); nach der Art des Zugangs in offene Märkte, auf denen jedem der Zugang freigestellt ist, zugangsbeschränkte Märkte, bei denen der Zugang an Voraussetzungen geknüpft ist (Konzessionen, Kapital, Befähigungen u.a.) sowie geschlossene Märkte, die auf der Anbieterseite von einem bzw. einer Gruppe dominiert werden. Gängig sind ferner Differenzierungen nach dem Produkt in Investitionsgütermärkte, Automobilmarkt usw. oder nach dem Inhalt bzw. der Art der angestrebten

Transaktionen in Arbeitsmarkt, Geldmarkt sowie in Wählermarkt, Spendenmarkt, Wohlfahrtsmarkt etc. [5].

Der Begriff des Marktes basiert prinzipiell auf der Vorstellung vom scheinbar „freien Spiel der Kräfte" und damit einhergehenden Formulierungen, die ein merkwürdiges Bild real existierender Gesellschaften zeichnen: Für Nieschlag/Dichtl/Hörschgen (1994) ist beispielsweise die „Knappheitswirtschaft" überwunden (a.a.O.: 23), und wir befinden uns in einer „Gesellschaft des Überflusses" (a.a.O.: 12). Die Fixierung auf den freiwilligen Tausch, der scheinbar die Bedürfnisse und sogar Wünsche aller Gesellschaftsmitglieder zumindest prinzipiell befriedigen kann, erscheint seltsam realitätsfern. Der Einfluß von Macht und Politik beispielsweise taucht in diesem Bild des Marktes nicht auf. Michael Kunczik (1993) weist auf die Ideologie hin, die diesen Sichtweisen zugrunde liegt: „Einer der Gründe dafür, daß der Begriff der ‚Macht' sich unter Wirtschaftswissenschaftlern nie sonderlicher Beliebtheit erfreut hat, liegt in der Vorstellung, daß ‚Tauschen' etwas freiwilliges darstellt, also Zwang ausschließt [...]. ‚Macht' ist dann ein Begriff, der mit dem grundlegenden ökonomischen Modell einfach nicht vereinbar erscheint" (a.a.O.: 153) [6]. Die Vorstellungen, die sich mit dem Begriff des Marktes ebenso wie mit dem Marketing als Aktivität und Instrument zur Bearbeitung von Märkten verknüpfen, bewegen sich, pointiert formuliert, zwischen zwei Polen: Der Markt gilt einerseits „als Gesellschaftsverderber [...], der alle positiven gesellschaftlichen Werte und moralischen Bedingungen zerstört und an deren Stelle die brutale egoistische Gier setzt" und andererseits „als die Institution, die zivilisierend wirkt und die Herausbildung von moralisch verantwortlichen und friedlichen Menschen ermöglicht" (a.a.O.: 154).

---

5   Mit einem anderen Blickwinkel wird neben dem Beschaffungsmarkt (Arbeitnehmer, Kapitalgeber, Lieferanten, Dienstleister) und dem Absatzmarkt (mit Unternehmen, der Öffentlichen Hand und privaten Haushalten als Kunden), das Umfeld eines Unternehmens differenziert in Kooperationspartner (verbundene Unternehmen), Konkurrenzunternehmen und Unternehmensverbände (mit ihrer Lobbyfunktion) auf der einen Seite sowie den „öffentlichen Umsystemen" Staat und Gesellschaft und der Ökosphäre auf der anderen Seite (vgl. Gabler Verlag 1993: 448).

6   In bezug auf die USA sieht z.B. der Wirtschaftswissenschaftler Galbraith in der von den 2.000 größten Unternehmen ausgeübten Macht, den Markt transzendiert (Galbraith 1973, zit. in Kunczik 1993: 153).

Dieser Hinweis spiegelt die Tatsache wider, daß jeder Autor – selbstverständlich nicht nur Wirtschafts- oder Marketingwissenschaftler – einem Denkstil und einer „scientific community" verbunden ist [7]. Wissenschaft wird von Fleck (1980 [1935]) als kollektiver Produktionsprozeß aufgefaßt, in den immer auch die subjektiven Anteile der Wissen-Schaffenden mit einfließen. Erkennen ist in erster Linie das Ergebnis einer sozialen, kommunikativen Tätigkeit. Die Nutzung eines Denkstils reduziert Komplexität und verschafft Orientierung. Gleichzeitig erschwert sie die Wahrnehmung anderer Sichtweisen und Denkstile: „Die Einführung in ein stabiles Denkkollektiv, etwa eine ‚scientific community' oder eine Institution, ist erkenntnistheoretisch mit den Initiationsriten aus der Kulturgeschichte oder Ethnologie vergleichbar" (Schmitz 1984: 152).

Dies wird auch bei der Diskussion um den sogenannten Objektbereich des Marketing deutlich. Je nach Sichtweise des Autors wird einerseits dafür plädiert, den Begriff des Marketing zu beschränken auf Transaktionen, die auf Märkten für Waren und Dienstleistungen stattfinden und auf Geld als Tauschmittel basieren (vgl. Nieschlag/Dichtl/Hörschgen 1994: 28); andererseits wird er auf alle sozialen Transaktionen ausgedehnt: „Transactions occur not only between buyers and sellers and organizations and clients but also between any two partners" (Kotler 1972: 48). Nach Kotlers Meinung ist die Kernidee des Marketing der Austausch und „marketing applies to any social unit seeking to exchange values with other social units" (a.a.O.: 53). Sein „Generic Concept of Marketing" wird also nicht nur auf kommerzielle bzw. mit dem Medium Geld vermittelte Austauschbeziehungen angewendet, sondern auf jeden Austausch zwischen zwei Parteien. Eine so weitreichende Ausdehnung des Marketing-Objektbereiches wird dagegen von vielen Autoren [8] mit dem Argument abgelehnt, daß die Grenze zwischen Marketing und allgemein menschlicher Kommunikation dabei nicht mehr erkennbar sei und Marketing als Begriff für alle Versuche benutzt wird, auf das Verhalten anderer Menschen Einfluß zu nehmen.

Die Frage nach dem Objektbereich des Marketing erscheint als eine wissenschaftstheoretische oder in Anlehnung an Fleck (1980 [1935]) als eine

---

7   Die im Kapitel 3 dieses Teils der Arbeit erörterte Diskussion um einen Paradigmenwechsel vom transaktionsorientierten zum beziehungsorientierten Marketing läßt sich auch vor dem Hintergrund des Denkstil-Konzepts von Fleck (1980 [1935]) interpretieren.

8   Exemplarisch vgl. Cooper 1994: 4; Wehrli 1981: 27.

Frage des Denkstils; die Antworten darauf sind keine Sachaussagen, sondern Festsetzungen der Autoren und, je nach vertretenem Paradigma bzw. Zugehörigkeit zu einer „scientific community", variabel. Nieschlag/Dichtl/ Hörschgen (1994) sehen dies dem Dilemma der Marketingwissenschaftler geschuldet: Sie müssen unter anderem Erkenntnisse aus der Volkswirtschaftslehre, Psychologie, Soziologie und Betriebswirtschaftslehre [9] reflektieren und Methoden empirischer Sozialforschung, mathematischer Statistik, psychologischer Testtheorie anwenden. Unter den Prämissen „Zweckmäßigkeit, Karrieresicherheit und Forschungsökonomie" werden Spezialisierungen vorgenommen, die nur noch selten offen sind für Innovationen außerhalb des Paradigmas bzw. für ganzheitliche Betrachtungsweisen oder Kritik. Paradigmen dienen dem Streben nach Ordnung, Sicherheit und Forschungsökonomie (vgl. a.a.O.: 28 f.; zur Kritik an der Marketingwissenschaft auch Weber 1995).

Diese bemerkenswert selbstkritischen Anmerkungen in einem Standardwerk zum Marketing sind lediglich noch durch den Hinweis darauf zu ergänzen, daß es sich bei dem skizzierten Dilemma nicht um ein spezifisches Problem der Marketingwissenschaft handelt und auch nicht um das Dilemma jeder interdisziplinär angelegten Wissenschaft, sondern um ein erkenntnistheoretisches Problem. „Die Entstehung wissenschaftlicher Tatsachen" (Fleck 1980 [1935]) unterliegt immer der Denkstilgebundenheit, der Zugehörigkeit zu einer „scientific community" und damit auch ideologischen Vorbehalten.

1.1.2 Unterschiedliche Verwendungen des Begriffs
Nach diesen allgemeinen Reflexionen zum Begriff des Marketing wird nun seine Verwendung auf unterschiedlichen Ebenen erörtert. Er wird benutzt auf einer abstrakten strategischen Ebene als Philosophie, Maxime oder „Denkstil" (Nieschlag/Dichtl/Hörschgen 1994: 15); auf einer taktischen Ebene als Führungskonzeption für Unternehmen bzw. Organisationen und

---

9 Exakter formuliert müßte es Betriebswirtschafts*lehren* heißen. Wie auch andere Disziplinen, präsentiert sich innerhalb der Wirtschaftswissenschaften auch „die" Betriebswirtschaftslehre nicht homogen, sondern mit unterschiedlichen Konzepten: einem ökonomischen und einem sozialwissenschaftlichen (vgl. Notheis 1995: 198) bzw. einer „interdisziplinären anwendungsbezogenen Managementwissenschaft" und einer „marktwirtschaftlich orientierten Wirtschaftstheorie" (Schneider, Dieter 1993 a: 1328).

auf einer konkreten operationalen Ebene als Einsatz von Methoden und Techniken.

Als *Marketing-Philosophie* wird die konsequente Ausrichtung aller Tätigkeiten und Leistungen von Unternehmen an den relevanten Absatz- und Beschaffungsmärkten bezeichnet. „Während es in der traditionellen Absatzpolitik darum ging, [...] die Leistungen der Unternehmung unter Einsatz des absatzpolitischen Instrumentariums gewinnmaximierend zu verkaufen, werden in den neueren Konzepten die Entscheidungen des Unternehmens von vornherein stärker auf die Bedürfnisse und Wünsche der Nachfrager ausgerichtet" (Schneider, Dieter J. G. 1993: 2191). Auf dieser *normativen* Ebene geht es darum, „mit dem Kopf des Kunden zu denken". Das spiegelt sich beispielsweise in programmatischen Aussagen wie dem folgenden Zitat wider: „The object of a business is not to make money. The object is to serve its customers. The result is to make money" (Fraser-Robinson 1991, zit. in Burnett 1992: 39). Die Funktion des Marketing ist dabei die Gestaltung des Prozesses „of taking care of the fulfilment of customer needs and desires" (Grönroos 1994: 7).

Ähnlich formulieren auch Nieschlag/Dichtl/Hörschgen (1994) die Philosophie bzw. zentrale Maxime des Marketing: Es handelt sich um die Herausforderung, „sich auf den Nutzen, den eine Leistung den Abnehmern vermittelt, zu konzentrieren und ein Höchstmaß an Kundenzufriedenheit zu erreichen" (a.a.O.: 13). Unternehmensführung wird als eine aktive, nicht als reaktive Aufgabe betrachtet. Dabei gilt es, Problemlösungen bei der Produktgestaltung als Leistung anzubieten: „Bezugspunkt aller betrieblichen Maßnahmen [sind] die Interessen, Wünsche und Sorgen der Verbraucher bzw. Verwender" (a.a.O.: 15).

In einem etwas engeren Sinn, aber gleichwohl den normativen Aussagen auf der Ebene der Marketing-Philosophie verbunden, wird *Marketing als Konzeption der Unternehmensführung* verstanden. Vielen Autoren gilt Marketing als eine Führungskonzeption für Organisationen mit einer konsequenten Kundenorientierung, die sowohl der Pförtner als auch der Vorstand internalisiert haben und praktizieren sollten. In diesem Sinn verfügt ein Unternehmen nicht über eine Marketing-Organisation, sondern *ist* eine Marketing-Organisation. Nieschlag/Dichtl/Hörschgen (1994) skizzieren einige Prinzipien des Marketing als Führungskonzeption: „Ein guter Geist liegt gewissermaßen über dem Geschehen"; „ein Stück Sinngebung". An die Seite von Gewinnprinzip, Wirtschaftlichkeitskriterien und Nutzenerwägungen tritt eine Haltung, die von zwischenmenschlicher und gesamt-wirtschaftlicher Verantwortung durchdrungen ist und die zum Ziel hat, sich „als Partner, der es gut mit einem meint" zu profilieren: als verläßlicher Lie-ferant/Abnehmer, solider Schuldner, vorbildlicher Arbeitgeber, ordentlicher Steuerzahler. Daraus ergeben sich dann Aufgaben der Beziehungsgestaltung im Rahmen des „Beschaffungs-, Finanz-, Personal- oder Public Marketing" und die übergeordnete Aufgabe des „Balanced Marketing", mit dem all diese Bereiche austariert werden sollen (vgl. a.a.O.: 24 f.).

Auf der konzeptionellen Ebene wird Marketing somit zu einer Orientie-rung für das Management einer Organisation. Das zeigt sich an der Notwen-digkeit, nicht nur „mit dem Kopf des Kunden", sondern auch „mit dem Kopf des Mitarbeiters, Lieferanten, Konkurrenten" zu denken. Rolf Schneidereit bezeichnet Marketing deshalb auch als die „Kunst der Differenzierung": Die Verantwortlichen müssen sich an Kunden oder Nut-zern, an Finanziers, Mitarbeitern, Konkurrenten bzw. Kooperations-partnern sowie dem weiteren Umfeld der Organisation orientieren (vgl. Schneidereit o. J. [1994]: 33). In diesem Sinn bezieht sich Marketing also auf unterschiedliche Märkte und gestaltet und realisiert Leistungen und Kom-munikation in den drei Bereichen: Output (als Leistungs-Marketing), Input (als Beschaffungs-Marketing) sowie im Innenbereich (als internes Marke-ting gegenüber Mitarbeitern oder Mitgliedern).

Auf einer operationalen oder methodischen Ebene wird *Marketing als absatzpolitisches Instrument* angesehen. Es gilt als pragmatisches Mittel zum Zweck der Absatzförderung. Ziel ist es, eine systematische Ent-scheidungsfindung mit Hilfe von Bezugswissenschaften und vielfältigen analytischen Hilfsmitteln zu unterstützen. In diesem Zusammenhang wird eine Marketingkonzeption gefordert, die zum Ziel hat, eine „Einheit aller absatzpolitischen Instrumente" in bezug auf das Produkt, den Preis, die Dis-tribution und die Kommunikation herzustellen; je exklusiver und geschlos-sener, desto besser (Nieschlag/Dichtl/Hörschgen 1994: 18). Dabei wird ein „Unique Selling Proposition (USP)", das Herausstellen eines einzigartigen Verkaufsversprechens angestrebt [10]. Auch die in diesem Zusammenhang vorgeschlagenen Strategien zur Marktausweitung sind zentriert um die Sicherstellung bzw. Förderung des Absatzes. Dafür bieten sich vier Orien-

---

10 Der Begriff wurde erstmals 1961 von R. Reeves geprägt und wird bis heute als Zielpunkt für die Bündelung von Marketingaktivitäten benutzt (vgl. Gabler Verlag 1993: 3379).

tierungen an: Erhöhung des Absatzes vorhandener Produkte auf vorhandenen Märkten, Stimulierung des Absatzes vorhandener Produkte auf neuen Märkten, Absatz neuer Produkte oder Leistungen auf vorhandenen Märkten sowie der Absatz neuer Produkte auf neuen Märkten (vgl. a.a.O.: 16 f.) [11].

Einzelne Aufgaben des Marketing auf dieser operationalen Ebene werden beispielsweise von Nieschlag/Dichtl/Hörschgen (1994: 20 ff.) in vier Bereiche differenziert [12]:

Information: Mit Hilfe eines Marketing-Informationssystems werden Daten erhoben über die Organisations-Umwelt, d.h. Nachfrager, Konkurrenten, Absatzmittler, Lieferanten sowie den Staat; die vorhandenen Instrumente und Möglichkeiten der Beeinflussung des Marktgeschehens; über interne Restriktionen im Bereich der Produktion und in finanzieller und personeller Hinsicht sowie Daten über die Wirkung von Handlungsweisen.

Aktion: Im Rahmen der Produktpolitik geht es um Qualität, Variationen, Eigenschaften, Gestaltung und Kombinationen der angebotenen Leistungen; im Rahmen der Preispolitik um die Festsetzung und Differenzierung von Zahlungsbedingungen; im Rahmen der Distributionspolitik um Fragen der Wahl von Absatzwegen und des Vertriebs, und im Rahmen der Kommunikationspolitik werden unter anderem die Instrumente Werbung, Verkaufsförderung, Public Relations, Sponsoring mit dem Ziel eingesetzt, potentielle Abnehmer zu informieren, aktivieren, überzeugen und letztlich zum Kauf anzuregen.

Organisation: Auf der Ebene der Aufbau- und Ablauforganisation soll sichergestellt werden, daß alle Abteilungen das Primat des Marketingsektors anerkennen (vgl. a.a.O.: 23). Das bedeutet konkret, daß Marketingaufgaben nicht nur einer separierten Marketing-Abteilung gestellt sind, sondern sich an alle Organisationsmitglieder richten.

Kontrolle: Damit ist für Nieschlag/Dichtl/Hörschgen nicht nur die Kontrolle der Wirksamkeit von Marketing-Maßnahmen gemeint, sondern

---

11 Zum Verhältnis von Marketing und Absatzförderung weisen Nieschlag/Dichtl/Hörschgen (1994) darauf hin, daß Marketing nicht identisch mit Absatzförderung sei (a.a.O.: 10) und die Priorität des Absatzes gegenüber anderen betrieblichen Funktionen, wie z.B. der Beschaffung, der Produktion und der Finanzierung, nicht uneingeschränkt gilt (a.a.O.: 19).

12 Diese Segmentierung in vier Handlungsfelder findet sich als Prinzip in der Mehrzahl aller Veröffentlichungen zum Marketing.

insgesamt die Verantwortung und Verpflichtung eines Unternehmens gegenüber Kapitalgebern, Kunden und Gesellschaft.

Das sich dieser umfassende Aufgabenkatalog für das Marketing auch als Aufgabenkatalog für das Management von Organisationen lesen läßt, macht die Klärung des Marketingbegriffs nicht einfacher. Dieter J. G. Schneider (1993) problematisiert dieses Abgrenzungsproblem und differenziert den Marketingbegriff in eine Philosophie bzw. Grundhaltung des Handelns und eine wissenschaftliche Disziplin für die Konzeption der Unternehmensführung. Er propagiert jedoch eine eher restriktive Verwendung des Begriffs: Marketing als „Konzept einer marktorientierten Unternehmensführung soll [...] nicht bedeuten, daß Marketing alle anderen Funktionen des Unternehmens dominiert" (Schneider, Dieter J. G. 1993: 2191).

1.1.3 Zusammenfassung

Grundsätzlich wird der Begriff des Marketing von den meisten Autoren verwendet für den gezielten und systematischen Einsatz von Marktbearbeitungsinstrumenten auf der Basis der durch Marktforschung gewonnenen Informationen über den Markt, die Konkurrenz, das Verhalten der Konsumenten und die Wirkung der Marktbearbeitungsinstrumente. Für diese pragmatische Sichtweise steht beispielsweise eine weitverbreitete Definition des Marketing im Sinn von „Analyse, Planung und Kontrolle aller auf aktuelle und potentielle Märkte ausgerichteten Unternehmensaktivitäten, die zum Ziel haben, durch die dauerhafte Befriedigung der Kundenbedürfnisse die Unternehmensziele zu realisieren" (Meffert 1986, zit. in Bruhn/Tilmes 1994: 15).

Damit wird deutlich, daß der Kern des Marketingbegriffs auf der operationalen Ebene liegt. Die Fülle von Instrumenten und Methoden dient Zwecken, die auf der taktischen und vor allem auf der strategischen Ebene unterschiedlich formuliert werden. Je abstrakter der Begriff benutzt wird, desto mehr wird er mit Ideologie aufgeladen und mit Vokabeln umschrieben, die suggerieren, daß das „Prinzip Fürsorglichkeit" in bezug auf Kunden und Gesellschaft Einzug gehalten hat in die Unternehmensetagen und eine „Abkehr von der Stimulierung egoistischer Bedürfnisse zu Gunsten der Förderung gesellschaftlicher Belange" schon vollzogen ist (Nieschlag/Dichtl/Hörschgen 1994: 22) [13].

Marketing als eine wissenschaftliche Disziplin hat sich aus der Praxis des Verkaufens heraus entwickelt (vgl. Kapitel 2 in diesem Teil der Arbeit). Damit ist eine Eigendynamik in Gang gesetzt worden, die zwar zahlreiche Instrumente und Methoden für das Verkaufen hervorgebracht hat, gleichzeitig aber auch zu einer Fülle von Abstrahierungen und Theorien geführt hat. Diese sind manchmal nicht mehr auf den Ursprung dieser Entwicklungsdynamik zurückzuverfolgen.

Allen sprachlichen Umschreibungen zum Trotz, sind die Absatzförderung und damit das Gewinnstreben nach wie vor das Ziel und die Triebfeder des Marketing. Dieses Ziel läßt sich jedoch nicht mehr mit Mitteln und Methoden wie vor einhundert Jahren erreichen. Die Anforderungen an die Absatzförderung sind aus vielen Gründen komplexer geworden, aber das Ziel ist im Kern unverändert. Gute Geschäfte lassen sich jedoch nicht mehr nur mit guten Produkten machen, sondern es sind darüber hinaus unter anderem gute Beziehungen zu relevanten gesellschaftlichen Gruppen, gute Strategien und gute „Philosophien" zu Erfolgsfaktoren geworden.

Damit werden weder prinzipiell das Verkaufen und davon Profitieren noch das Marketing als Mittel zum Zweck diskreditiert. Der Marketingbegriff wird jedoch mit dieser Rückführung auf seinen Kern gleichsam entschlackt: Marketing ist die Gestaltung von Austauschprozessen. Der Anbieter will aktiv auf diesen Austauschprozeß einwirken mit dem Ziel, einer anderen Person eine bestimmte Verhaltensreaktion zu entlocken: Ein Wirtschaftsunternehmen wünscht sich eine Reaktion namens „Kauf", ein Politiker will eine Reaktion die sich „Wählerstimme" nennt, eine Kirche will „Mitglieder" und eine Interessengruppe oder Bürgerinitiative will die „Akzeptanz einer Idee" (vgl. Kotler/Bliemel 1995: 12). Diese Konzentration des Marketing auf die Gestaltung von Transaktionsprozessen ermöglicht gleichzeitig auch eine Übertragung auf die Erfordernisse von NPO.

---

13 Die Forderung danach mag auch mit Selbstzweifeln der Disziplin zu tun haben, wie sie ebenfalls von den genannten Autoren formuliert werden: „Stellt es im Hinblick auf die ungelösten gesellschaftlichen Fragen eine vordringliche Aufgabe dar, den Anzeigen der berühmt-berüchtigten ‚soapers' (Herstellern von Waschmitteln) zu noch mehr Durchschlagskraft zu verhelfen?" (Nieschlag/Dichtl/Hörschgen 1994: 30). Auf die aggressiven Töne im Marketingfachjargon sei hier nur am Rande kritisch verwiesen: Vokabeln wie „Durchschlagskraft, Schlagkraft, Stoßrichtung, Schnellschüsse" etc. prägen häufig die Darstellung.

1.2 Zur Übertragbarkeit des Marketing auf das Fundraising

Die in der Nonprofit-Literatur rezipierten Marketingsichtweisen und -ansätze sind an einem im wesentlichen von Kotler entwickelten und inzwischen dominierenden „Marketing-Management-Modell" sowie dem darin enthaltenen Modell des „Marketing-Mix" (McCarthy 1975 [1960]) [14] orientiert und modifizieren diese Modelle lediglich ansatzweise für die Situation von NPO [15]. Sie sind damit dem transaktionsorientierten Paradigma innerhalb der Marketingwissenschaft und -praxis verpflichtet. Die Bedeutung des Relationship Marketing bzw. Beziehungsmanagements wird zwar betont, taucht jedoch eher als Modifikation, Ergänzung oder Besonderheit auf und nicht als prinzipielle theoretische und handlungsleitende Perspektive, wie sie beispielsweise von Grönross (1994) propagiert wird.

Die Diskussion innerhalb der Marketingwissenschaft um die zwei konkurrierenden paradigmatischen Ansätze des transaktionsorientierten, im Gegensatz zum beziehungsorientierten Marketing, scheint in der Literatur zum Marketing von NPO bisher kaum rezipiert worden zu sein. Ich halte den Relationship Marketing-Ansatz jedoch aus mehreren Gründen sowohl theoretisch als auch praktisch für produktiv zur Beschreibung und Gestaltung der Fundraising – Fundgiving – Beziehung zwischen Ressourcengebern und NPO.

Erstens läßt sich Fundraising als eine Dienstleistung für den Ressourcengeber beschreiben (vgl. Teil IV dieser Arbeit). Von der Qualität dieser von NPO angebotenen Dienstleistung profitieren im günstigsten Fall nicht nur die beiden Partner des Ressourcentransfers (z.B. ein Spender und eine NPO), sondern darüber hinaus auch die Nutzer von Leistungen der Nonprofit-Organisationen im engeren Sinne sowie die Gesellschaft insgesamt. Das Marketing für diese Leistungen läßt sich mit Hilfe des Relationship Marketing-Ansatzes gestalten. In diesem Sinn bietet er auch einen theoretischen Rahmen für die in der Fundraising-, Marketing- und Public Relations-Literatur häufig geforderte Dialog- oder Beziehungsorientierung.

---

14 Inhalt und Entstehungszusammenhänge dieser Modelle werden im Kapitel 2 dieses Teils der Arbeit dargestellt.

15 vgl. beispielsweise Kreitz 1988, Di Sciullo 1992, Burla 1992, Bardout 1992, Bruhn/ Tilmes 1994, Heister 1994, Cooper 1994, Purtschert 1989.

Zweitens wird Fundraising primär als operative Aufgabe im Sinne eines „how to do" von NPO angesehen und organisiert. Auf der Handlungsebene wird das Postulat des beziehungsorientierten Fundraising bzw. „Relationship Fundraising" (Burnett 1992) von vielen NPO akzeptiert und praktiziert. Die eher praxisorientierte Einführung dieses Begriffs in die Fundraising-Diskussion und die Diskussion des Relationship-Ansatzes innerhalb der Marketingwissenschaft stehen jedoch weitgehend unverbunden und damit unproduktiv nebeneinander. Eine Verknüpfung beider Entwicklungen erscheint mir für die Weiterentwicklung des Fundraising sinnvoll.

Drittens ist die Qualität von Beziehungen zu den Ressourcengebern nicht zuletzt ein wichtiger Erfolgsfaktor für das Fundraising. Der Relationship Marketing-Ansatz liefert neben einer theoretischen Orientierung darüber hinaus auch Verweise auf Methoden, mit denen die Entwicklung und Messung von Beziehungsqualität im Fundraising – Fundgiving – Prozeß beschrieben werden kann [16]. Diese Evaluationsmethoden lassen sich sowohl für die Arbeit an einer verstärkten Nutzerorientierung und -beteiligung als auch für die Qualitätssicherung und Qualitätsmessung in NPO nutzen.

Aus diesen Gründen erscheint eine intensive Auseinandersetzung mit Ansätzen und Diskussionen innerhalb der Marketingwissenschaft konstruktiv für das Fundraising. Dieser Sichtweise stehen jedoch auch kritische Stimmen gegenüber, die bei der Erörterung der Relevanz des Marketing für das Fundraising nicht unterschlagen werden sollen.

1.2.1 Marketing als Kolonialisierung?

Für Kelly (1991) unterliegt der Transfer von Marketingansätzen auf das Fundraising einer Fehlinterpretation und kolonialisiert das Fundraising durch kommerzielle Imperative. Es handelt sich zwar sowohl beim kommerziellen Verkauf von Produkten als auch beim freiwilligen Geben von Ressourcen um ein Austauschverhältnis, dennoch verbietet es sich ihrer Meinung nach, im Zusammenhang mit dem Fundgiving vom Verkaufen von Dienstleistungen, Botschaften, Missionen zu sprechen. Der Austauschprozeß beim Fundgiving – Fundraising weist ihrer Meinung nach drei wesent-

---

16 beispielsweise die „Critical Incident Technique" (Stauss 1994); Methoden der „Kontaktpunktanalyse" (Stauss 1991 a); Verfahren zur „multiattributiven Messung von Dienstleistungs-Qualität" (Hentschel 1991 b) sowie das „Gap-Modell" (Zeithaml/Berry/Parasuraman 1991).

liche Unterschiede zu kommerziellen Transaktionen auf (vgl. Kelly 1991: 158f.).

Erstens beziehen sich Marketingansätze auf Austauschbeziehungen zu Konsumenten; Spender sind jedoch nicht immer auch Konsumenten der NPO. *Zweitens* hat Marketing die Veränderung von Produkten zu Gunsten eines höheren Umsatzes zum Ziel. Fundraising basiert jedoch auf feststehenden Organisationszielen und Leistungen, die nicht einfach den Wünschen von Spendern angepaßt werden sollen. Unter Marketinggesichtspunkten würde beispielsweise ein Fundraiser zu Gunsten von Großspenden die Institution und ihr Angebot ändern (wollen). *Drittens* wird bei Austauschbeziehungen auf einem Markt davon ausgegangen, daß ein Käufer mindestens soviel bekommt wie er gibt. Das was er bekommt, dient ausschließlich seinem Vorteil bzw. Konsum. Austauschbeziehungen zwischen Spendern und NPO beinhalten jedoch immer auch eine Art von „Überschuß", einen Nutzen für die Gesellschaft, der weder ausschließlich dem Geber noch der NPO zu Gute kommt. Ein Tausch von Ressourcen für einen Gegenwert, bei dem dieser „Überschuß" nicht vorhanden ist, wäre nach ihrem Verständnis kein Fundgiving. Spenden bzw. andere freiwillig gegebene Ressourcen an NPO zeichnen sich für Kelly durch zwei Wesensmerkmale aus: Sie müssen dem Gemeinwohl und den Eigeninteressen sowohl der Geber als auch der NPO als Empfänger dienen. Entfällt das erste Kriterium, handelt es sich um eine normale Austauschbeziehung auf einem Markt; entfällt das zweite Kriterium, handelt es sich um einen altruistischen Akt, eine freiwillige „one-way" Beziehung, bei der nur gegeben, aber nichts genommen wird (vgl. a.a.O.: 160).

Die von Kelly angeführten Argumente gegen eine Anwendung des Marketing für die Zwecke des Fundraising können jedoch vor dem Hintergrund der bisher in dieser Arbeit entwickelten Argumentation widerlegt bzw. relativiert werden. Fundgiver sind zwar in der Regel nicht die Konsumenten der Leistungen von NPO im engeren Sinn (z.B. Hilfe, Beratung, Unterstützung etc.); Fundraising konnte jedoch als eigenständige Leistung von NPO charakterisiert werden. Insofern „konsumieren" Fundgiver die im Rahmen des Fundraising profilierten Produkte von NPO, beispielsweise die angebotene Partizipation, Identifikation und die Funktion der NPO als Stellvertreter und Makler von Interessen.

Ihr zweites Argument bezieht sich auf die Gefahr, daß ein marketingorientiertes Fundraising die Organisationsziele und Leistungen von

NPO negativ beeinflussen könnte. Diese Gefahr besteht und wird von ihr mit zahlreichen Beispielen aus der us-amerikanischen Fundraising-Praxis belegt. Allerdings müssen auch die Ziele und Leistungen von NPO auf sich verändernde Nachfragen reagieren. Dies ist in der Tat ein permanenter und schwieriger Balanceakt zwischen der Aufrechterhaltung der Organisations-Identität und den Anpassungsleistungen an die Umwelten von Organisationen. Er läßt sich jedoch nicht durch eine Ausgrenzung des Marketing vermeiden; im Gegenteil kann ein Verständnis von Marketingprinzipien diesem Prozeß des Ausbalancierens durchaus förderlich sein. Wichtig an diesem Argument ist allerdings der implizit darin enthaltene Hinweis auf die zentrale Bedeutung, die die Arbeit an der Formulierung und Aufrechterhaltung der Organisationsidentität hat. Diese Identität ist jedoch kein statischer Zustand, sondern ein dynamischer Prozeß, der immer auch Einflüssen von außen unterliegt und diese integrieren muß.

In bezug auf das dritte von Kelly vorgetragene Argument wurde im Teil II dieser Arbeit ausgeführt, daß Fundgiving und Fundraising durchaus im Rahmen eines Austauschprozesses stattfinden. Dieser Austausch ist in der Regel komplexer und voraussetzungsvoller als die Transaktion, die beim Kauf eines Produktes stattfindet. Zu Recht wird auf den immateriellen Nutzen des Fundgivers und auf den Nutzen für die Gesellschaft insgesamt verwiesen. Das „quid pro quo" enthält jedoch auch diese Aspekte und nicht nur die materiellen Leistungen und Gegenleistungen. Anders formuliert: Fundgiving findet nicht statt, wenn nicht ein aus Sicht des Gebers ausgewogenes Geben und Nehmen möglich ist. Diese Einschätzung unterliegt allerdings in hohem Maße individuellen, häufig unbewußten und verborgenen Bewertungen, die von außen betrachtet nicht immer einfach nachvollziehbar sind. Informationen über diese Aspekte des Austausches zu gewinnen, ist daher eine der zentralen Aufgaben des Marketing.

Kellys Kritik an der Anwendung von Marketingdenkweisen und -instrumenten auf das Fundraising basiert auf einem Marketingverständnis, das ausschließlich die Absatzförderung um jeden Preis im Blick hat. Dies resultiert möglicherweise aus der Tatsache, daß in den USA neben den beeindruckenden Erfolgen von Fundraisingaktivitäten auch Effekte einer „Kolonialisierung" durch kommerzielle Imperative und Methoden deutlicher zu Tage treten und entsprechende Abwehrreaktionen hervorrufen: „Aus meiner Sicht haben die fund raiser ihre Seele an computergesteuerte Marketingverfahren verkauft. Ich glaube den guten Absichten, aber ihre

Methoden erinnern mich an das Melken der Kuh ‚Öffentlichkeit'. Wenn ich in irgendeiner Weise repräsentativ bin für die öffentliche Meinung, dann prognostiziere ich eine schwarze Zukunft für die fund raising-Aktivitäten von Nonprofits" (vgl. Bourque 1989, zit. in Kelly 1991: 502).

Diese Haltung gegenüber dem Marketing wird in der deutschsprachigen Literatur jedoch nicht vertreten. Einen grundsätzlichen Zweifel an der Übertragbarkeit des Marketing auf NPO benennt zwar auch Cooper (1994), indem sie auf die Schwierigkeit einer Orientierung an den Wünschen der Kunden verweist: „NPO stehen vor dem Problem, Güter anzubieten, die zwar für einen Teil der Gesellschaft nützlich sind, von den anzusprechenden Individuen jedoch nicht immer gewünscht werden" (a.a.O.: 16). Insgesamt bezweifelt die Autorin jedoch nicht die Relevanz des Marketing für die Arbeit von NPO bzw. speziell für das Fundraising. Sie sieht aber komplexere Aufgaben und einen damit verbundenen Modifikationsbedarf bei der Übertragung von Marketingansätzen auf den gemeinnützigen Bereich. Die Analyse und Segmentierung der Märkte, die Profilierung von Produkten, die Erfolgskontrolle, die Festlegung von Preisen bzw. Gegenleistungen sowie die Finanzierung und Kommunikation der Leistungen von NPO hält sie für schwieriger zu bearbeiten als in erwerbswirtschaftlichen Organisationen.

Zu einem ähnlichen Schluß kommt auch Heister (1994), der ebenfalls prinzipiell vom Nutzen des Marketing für spendensammelnde Organisationen ausgeht. Zahlreiche andere Autoren sehen dies ähnlich [17]. Im Detail stecken jedoch hinter der prinzipiellen Anerkennung der Relevanz des Marketing für die Arbeit von NPO und insbesondere für das Fundraising durchaus unterschiedliche und teilweise problematische Verständnisse und Übertragungen des Marketingbegriffs.

---

[17] vgl. exemplarisch: Mahnke 1987, Prochazka 1988, Conrads 1988, Kreitz 1988, Pfannendörfer 1989, Manderscheid 1991, Küffner 1991, Jeschke/Berganus 1991, Schneider/Tomasch 1992, Stemmle 1992, Leif/Galle 1993, Zimmer/Nährlich 1993, Purtschert/Schwarz 1994, Krzeminski/Neck 1994, Kammerlander 1994, Schneidereit o. J.(1994).

1.3 Zusammenfassung

Es wurde gezeigt, daß einerseits *Marketing als Management der Absatzförderung* verstanden und der Objektbereich des Marketing damit sehr eingegrenzt wird. Andere Autoren propagieren eine Sichtweise, die das *Management als Marketing* im Sinn einer markt- und kundenorientierten Unternehmensführung auffaßt. Bei diesem weitgefaßten Verständnis zentrieren sich alle Aufgaben der Unternehmensführung um das Marketing herum. Dieses Marketing-Management-Konzept unterscheidet sich vom verkaufsorientierten Absatzmarketing, weil nicht zuerst das Produkt bzw. die Produktion im Vordergrund stehen und dann erst versucht wird, Produkte zu vermarkten, sondern zuerst die Frage beantwortet werden muß: „Was will der Kunde"? Auf diese Weise gestalten die ermittelten Kundenbedürfnisse das Produkt, seinen Preis und seine Vertriebskanäle.

Der Begriff des Marketing wird auf einer *normativ-appellativen* Ebene als „Philosophie" und „Handlungsmaxime" benutzt und (ver)kleidet sich häufig in einen „Jargon der Fürsorglichkeit" in bezug auf Kunden und Gesellschaft. Erst auf einer *operativ-methodischen* Ebene gewinnt der Begriff Konturen. Marketing ist dann Informationsbeschaffung und -auswertung, Differenzierung und Segmentierung und hat die Sicherung von Qualität bei der Produkt- oder Dienstleistungserstellung, die Sicherstellung von Angebot und Nachfrage sowie die Aktions- und Reaktionsfähigkeit in bezug auf Wandlungen des Umfeldes zum Ziel. Ferner gestaltet Marketing den Aufbau, die Aufrechterhaltung und den Ausbau von Kundenbindungen, die Finanzierung der Organisationsaktivitäten sowie die Kommunikation mit allen relevanten Bezugsgruppen. Bei der Übertragung auf das Fundraising deuten sich Zielkonflikte an: Beispielsweise müssen die Orientierungen an den Zielen der Fundgiver, die Organisationsziele sowie die Interessen der unmittelbaren Nutzer von Leistungen der NPO ausbalanciert werden.

Indem in der Marketingliteratur – meistens nur implizit – sowohl Unternehmen als auch NPO als soziale Systeme mit einem hohen Maß an Eigendynamik und gleichzeitiger Einbindung in verschiedene Umwelten aufgefaßt werden, bleibt der Marketingbegriff nicht reserviert für den kommerziellen Bereich, sondern gilt für Organisationen im Profit- wie im Nonprofitbereich gleichermaßen.

Die Einschätzung von Kelly (1991), daß Marketing zwangsläufig zur Kolonialisierung von NPO und insbesondere des Fundraising beiträgt, wurde kritisch erörtert. Obwohl ich ihre Sichtweise nicht teile, sehe ich durchaus die Gefahren, die bei einer unreflektierten Übernahme von Sichtweisen, Methoden und Instrumenten bestehen; insofern sind kritische Einwände wie die von Kelly (1991) wichtig. Wird der Begriff des Marketing jedoch auf seinen Kern als Gestaltung von Austauschprozessen zurückgeführt, zeigt sich, daß auch NPO sich nicht nur damit konfrontieren müssen, sondern davon profitieren können: Sie bieten Leistungen an, müssen sie auf dem Fundraising-Markt profilieren, befinden sich in Konkurrenz zu anderen Anbietern, sind mehr oder weniger deutlich formulierten Nachfragen ausgesetzt und wollen darauf reagieren bzw. sie aktiv stimulieren. Insbesondere im Zusammenhang mit der Gestaltung des Fundraising kann also nicht nur von einer Relevanz, sondern auch von potentiell konstruktiven Auswirkungen des Marketing ausgegangen werden.

Der Begriff des Marketing bleibt dennoch insgesamt unscharf. Mit seiner Kopplung an den Begriff des Marktes unterliegt er in besonderer Weise der Denkstilgebundenheit und ideologischen Einschätzungen. Der Begriff wird sowohl auf der normativen wie auf der methodischen Ebene im Kontext von Vorannahmen benutzt und ist nur vor diesem Hintergrund erklärbar. Diese Vorannahmen betreffen das Verständnis und die Einschätzung des marktwirtschaftlich organisierten Gesellschaftssystems ebenso wie die systematische Einordnung des Marketing innerhalb des Verständnisses der Betriebswirtschaftslehre. Um diese Hintergründe transparenter zu machen, werden im folgenden Kapitel zentrale Entwicklungslinien des Marketing verdeutlicht.

2 Entwicklungslinien innerhalb der Marketingwissenschaft

Marketingpraxis und Marketingwissenschaft weisen zunächst für die USA und den deutschsprachigen Raum zwei getrennte Entwicklungslinien auf, die erst zu Beginn der 1950er Jahre mit dem managementorientierten Ansatz des Marketing zusammengeführt wurden. Marketing präsentiert sich seither als Marketing-Management bzw. als „Mix" verschiedener Marketinginstrumente. Im Rahmen dieses Kapitels wird deutlich, daß es sich dabei um ein Paradigma handelt, das innerhalb der Marketingwissenschaft zunehmend an Grenzen stößt und kritisiert wird. Dennoch wird beim Transfer von Marketingwissen vom Profit- auf den Nonprofit-Bereich „das Marketing" mit diesem Paradigma gleichgesetzt. Dieses Kapitel illustriert einige Hintergründe für die Entstehung und Dominanz des Marketing-Management-Ansatzes und begibt sich damit gleichsam auf eine Spurensuche nach den Wurzeln der Dominanz dieses Ansatzes, der häufig mit dem Marketing insgesamt gleichgesetzt wird.

Marketing läßt sich heute immer schwerer von anderen Managementaufgaben abgrenzen: Corporate Identity, Integrierte Kommunikationspolitik, Social Marketing, Public Relations und auch das Fundraising haben zahlreiche gemeinsame Schnittmengen. Weder in der Theorie noch in der Praxis herrscht ein Konsens darüber, wo das eine anfängt und das andere aufhört. Die im folgenden dargestellten Entwicklungslinien innerhalb der Marketingwissenschaft illustrieren diese Abgrenzungsschwierigkeiten. Gleichzeitig wird deutlich werden, daß ein Perspektiven- oder sogar Paradigmenwechsel zu einem an „Relationships" orientierten Marketing sich ankündigt und auch sinnvoll erscheint.

2.1 Von der Absatzförderung zum Marketing-Management

Der Begriff Marketing für die Gestaltung von Austauschprozessen etablierte sich Anfang dieses Jahrhunderts, als in den USA zwischen 1902 und 1910 die ersten Lehrstühle für Marketing bzw. Distribution eingerichtet wurden (vgl. Krulis-Randa 1993: 151). Diese Entwicklung führte gleichzeitig zur Begründung eines eigenständigen Forschungsgebiets innerhalb der Wirtschaftswissenschaften. Marketing war in dieser Anfangsphase konzentriert auf den Tauschprozeß für Rohstoffe und landwirtschaftliche Produkte. Frederick E. Webster (1992) sieht die Entwicklung der Marketingwissenschaft, die in ihrer ersten Phase vornehmlich von Universitäten des mittleren Westens der USA forciert wurde, eng mit der Suche nach Antworten auf die spezielle Situation von Rohstofflieferanten verbunden: „The analysis was centered around commodities and the institutions involved in moving them from farm, forest, sea, mine, and factory to industrial processors, users, and consumers" (Webster 1992: 1 f.). In den USA stand aufgrund der dortigen Marktsituation die Fragestellung im Vordergrund: Wie kommen die Rohstoffe, Agrarprodukte und Industriegüter zu den Märkten und zu welchen Preisen lassen sie sich verkaufen? Das Erkenntnisinteresse konzentrierte sich also primär auf die Waren („commodities") und die Lösung von Problemen für deren Absatz, Distribution und Preisgestaltung.

Dagegen läßt sich für den deutschsprachigen Raum eine andere Entwicklung nachzeichnen. Hier wird zunächst der Begriff Marketing nicht verwendet und auch keine eigenständige Professionalisierung betrieben. Aus der Handelswissenschaft ging die Betriebswirtschaftslehre hervor, die sich wiederum auf einem speziellen Arbeitsgebiet mit der Absatzlehre beschäftigte [1]. „Das Erkenntnisobjekt der Handelswissenschaft [...] war der Handelsbetrieb, seine Wirtschaftlichkeit, das Rechnungswesen und die betriebswirtschaftliche Dokumentation" (Krulis-Randa 1993: 151). Der erste deutschsprachige Lehrstuhl für Betriebswirtschaftslehre wurde 1903 an der Universität Zürich eingerichtet. Während ein am Absatz bzw. an der Distribution orientiertes Marketing sich an us-amerikanischen Universitäten als eigenständige Disziplin entwickelte, wurde im deutschprachigen Raum dieses Interesse zunächst lediglich als ein Arbeitsgebiet innerhalb der Betriebswirtschaftslehre formuliert [2].

Der Unterschied zwischen dem zunächst eher an Fragen der Verteilung orientierten Marketingverständnis in den USA und der Entwicklung im deutschsprachigen Raum läßt sich auch damit illustrieren, daß der Inhaber des 1977 eingerichteten ersten eigenständigen Lehrstuhls für Marketing an

---

1   Die erste (1968) bis dritte Auflage eines der deutschsprachigen Standardwerke zum Marketing wurden noch unter dem Titel „Einführung in die Lehre von der Absatzwirtschaft" publiziert (Nieschlag/Dichtl/Hörschgen 1994).

2   Zur Entwicklung der Betriebswirtschaftslehre vgl. auch die Ausführungen im Abschnitt 2.3 dieses Kapitels.

der Universität Zürich vier Lehrgebiete zu betreuen hatte: Personalwesen, Logistik, Handelsbetriebslehre und Marketing (vgl. a.a.O.: 154). Alle vier Arbeitsfelder haben sich seitdem dynamisch fortentwickelt und ausgeweitet; für das Marketing lassen sich die folgenden Entwicklungsschritte feststellen: Auf der theoretischen Ebene wurden nacheinander drei Ansätze formuliert: Der „commodity approach" (Warenansatz) war auf die Rohstoffe, Waren bzw. Produkte konzentriert; der „institutional approach" betrachtete primär die für den Warenaustausch erforderlichen Institutionen und der „functional approach" analysierte die Funktionen, die von den warenproduzierenden und -verteilenden Institutionen erfüllt werden mußten (vgl. Webster 1992: 2; Wehrli 1981: 14 ff.).

Diese relativ isoliert erforschten einzelnen Aspekte des Marketing wurden von Beginn der 50er Jahre an im „managerial approach" zusammengeführt. Dabei verlagerte sich der Schwerpunkt des Interesses auf die sich aus den unterschiedlichen Aspekten ergebenden Anforderungen an das Management von Unternehmen. Die *American Marketing Association* definierte 1948 Marketing als „the performance of business activities directed toward, and incident to, the flow of goods and services from producer to consumer or user" (zit. in Webster 1992: 2) [3]. Marketing auf der Basis dieses managementorientierten Ansatzes wird seitdem als ein praxisbezogenes Hilfsmittel für die Entscheidungsfindung und Problemlösung auf der mikroökonomischen Ebene angesehen. Der „managerial approach" wird daher auch entscheidungsorientierter Ansatz genannt und entwickelte sich zum dominierenden und bis heute vorherrschenden Marketingansatz (vgl. Krulis-Randa 1993: 154 f.). Diese Dominanz blieb nicht auf die USA beschränkt; mit seinem Einzug in die Marketingwissenschaft nähern sich auch die zunächst unterschiedlichen Entwicklungsstränge in den USA und dem deutschsprachigen Raum einander an.

Im Kontext der Entwicklung von komplexeren gesellschaftlichen und wirtschaftlichen Rahmenbedingungen sind die Ansprüche an die Gestaltung von Tauschprozessen gestiegen. Die Varianten des Tauschens und die damit verbundenen Marketingorientierungen sind in diesem Sinn immer ein Spie-

---

3   Vgl. die 1985 von der *American Marketing Association* gebilligte und ausgeweitete Kennzeichnung des Marketing(-Management) als „Planungs- und Durchführungsprozeß der Konzipierung, Preisfindung, Förderung und Verbreitung von Ideen, Waren und Dienstleistungen, um Austauschprozesse zur Zufriedenstellung individueller und organisationeller Ziele herbeizuführen" (zit. in Kotler/Bliemel 1995: 17).

gelbild der jeweiligen Umweltbedingungen. Auf einem sogenannten Verkäufer- oder Anbietermarkt existieren beispielsweise eine große Nachfrage und ein geringeres Angebot an Waren bzw. Dienstleistungen; folglich dominieren die Verkäufer oder Anbieter den Markt. Diese Situation war tendenziell in den 1920er und 1930er Jahren vorherrschend und erklärt das Interesse der Unternehmen an einer Produktions- bzw. Distributionsorientierung. Marketing auf Verkäufermärkten ist interessiert an Antworten auf die Frage, wie eine größere Menge von nachgefragten Produkten produziert und verteilt werden kann.

Ende der 50er Jahre änderte sich diese Marktsituation für die meisten Anbieter. Es entwickelten sich Käufer- oder Nachfragermärkte, auf denen das Angebot größer ist als die Nachfrage. Folglich dominieren die Käufer oder Nachfrager den Markt; sie können wählen. Kriterien für die Wahl sind zunehmend sogenannte externe Faktoren wie beispielsweise das Image und der Service des Anbieters. Dem Effekt, daß industriell gefertigte Massenprodukte sich vom Gebrauchswert her betrachtet immer ähnlicher werden, wurde mit einer verstärkten Produktorientierung begegnet, um die angebotenen Güter und Dienstleistungen für den Kunden zu differenzieren.

Nach der Produktions- bzw. Distributionsorientierung und der Produktorientierung hielt in den 70er Jahren eine verstärkte Orientierung an den Bedürfnissen der Kunden Einzug in die Marketingwissenschaft und -praxis. Diese Bedürfnisorientierung spiegelt sich auch in den heute gängigen Marketingdefinitionen wider: Demnach ist Marketing die „Analyse, Planung und Kontrolle aller auf aktuelle und potentielle Märkte ausgerichteten Unternehmensaktivitäten, die zum Ziel haben, durch die dauerhafte Befriedigung der Kundenbedürfnisse die Unternehmensziele zu realisieren" (Meffert 1986, zit. in Bruhn/Tilmes 1994: 15).

Durch die Veränderungen der skizzierten Orientierungen sind die jeweils vorhergehenden selbstverständlich nicht obsolet geworden. Die Produktentwicklung und Absatzförderung sind heute jedoch auf den meisten Märkten nicht mehr hinreichende, sondern lediglich notwendige Erfolgsfaktoren. Damit ist Marketing zu einer unternehmerischen Denkhaltung und Gestaltungsaufgabe geworden, die alle Aufgabenbereiche des Managements umfaßt. Die geschilderte Entwicklung auf der Ebene der Marketingtheorie hin zum „managerial approach" steht zudem in enger Verbindung mit den skizzierten Veränderungen auf der Ebene der Marketingpraxis.

Mit der Kundenorientierung hat sich ein weiterer Wandel innerhalb der Marketingtheorie vollzogen. Während sich eine Orientierung am Tausch auf den Moment der Übertragung des Wertes von Gütern bzw. Dienstleistungen konzentriert, ist mit der Einbeziehung der Kundenbedürfnisse aus dem bloßen Austausch eine auch von individuellen, subjektiven Faktoren geprägte Transaktion geworden. Sie ist als Prozeß zu verstehen, der auch die Zeit vor und nach dem unmittelbaren Tausch beeinhaltet. Dadurch steht beispielsweise nicht mehr nur der Preis im Mittelpunkt, sondern auch die für beide Seiten entstehenden Transaktionskosten werden relevant: Dies sind materielle oder immaterielle Anbahnungs-, Vereinbarungs-, Kontroll- und Anpassungskosten. Diese Kosten in Form von Geld und Zeit entstehen beispielsweise bei der Informationssuche nach potentiellen Anbietern bzw. Nachfragern und deren Konditionen, durch Verhandlungen über Preise und Bedingungen und nicht zuletzt aufgrund von eventuell erforderlichen Veränderungen des Leistungsumfangs oder Reklamationen. Im Zuge der verstärkten Integration von Kundenbedürfnissen wurden verhaltenswissenschaftliche Erkenntnisse aus der Psychologie und der Soziologie auf die Marketingwissenschaft angewandt und sind, beispielsweise im Rahmen der Konsumentenforschung, zu Bezugswissenschaften dieser Disziplin geworden.

2.2 Ausweitung und Vertiefung des Marketing

Das Marketingkonzept bezog sich als „Business Marketing" zunächst ausschließlich auf Unternehmen und deren Güter bzw. Dienstleistungen. Eine erste *Ausweitung* des Marketing-Management-Konzeptes schlugen Kotler/Levy (1969) vor. Sie propagierten darin ein „Broadening the Concept of Marketing" (Kotler/Levy 1969) im Sinn einer Anwendung des Marketing-Konzeptes auch auf „Non-Business-Organizations": Kommunen, Schulen, gemeinnützige Krankenhäuser und andere Nonprofit-Organisationen. Von einige Autoren wird diese Tendenz mit dem Begriff *Social Marketing* gekennzeichnet.

Die *Vertiefung* des Marketing-Ansatzes bezieht sich auf die Tendenz, nicht nur die Austauschbeziehungen zwischen Unternehmen bzw. Organisationen und deren Kunden zu berücksichtigen, sondern auch Lieferanten, Konkurrenten und andere Zielgruppen unter Marketingaspekten zu betrachten. Diese Tendenz wird von einigen Autoren mit dem Begriff *Societal Marketing* gekennzeichnet (vgl. Wehrli 1981: 49 ff.). Dieses Marketing auf einer Makro-Ebene ist charakterisiert durch den Versuch einer Integration ökologischer und sozialer Aspekte: „Das Societal-Marketing-Konzept anerkennt den Tatbestand der vernetzten Situation jeder Organisation: jede organisatorische Leistung nimmt mittelbar und unmittelbar Einfluß auf die Gesellschaft und die Umwelt" und empfiehlt sich damit gleichermaßen als Konzept für das Marketing von Profit- und Nonprofit-Organisationen (Gabler Verlag 1993: 2982).

Marketing hat sich inzwischen als Denkhaltung und Managementinstrument auch für Nonprofit-Organisationen etabliert. Sowohl Unternehmen als auch NPO stehen nicht nur in Austauschbeziehungen mit ihren direkten Kunden bzw. Nutzern, sondern auch andere Zielgruppen sowie gesellschaftliche Entwicklungen haben Einflüsse auf das Marketing. Relevant sind dabei ökonomische, sozio-demographische, ökologische, politisch-rechtliche, technologische und kulturelle Entwicklungen und Veränderungen. Die Perspektive, „mit dem Kopf des Kunden zu denken", läßt sich auf verschiedene Aufgabenbereiche von Organisationen übertragen: beispielsweise in Gestalt des Personalmarketing als Konzentration auf die Austauschbeziehungen zu und Bedürfnisse von Mitarbeitern; Spenden- oder Erbschaftsmarketing als Spezialisierung des Beschaffungsmarketing von NPO; Öko-Marketing von Unternehmen als Reflex auf den gesellschaftlichen Bedeutungswandel ökologischer Probleme.

Die Ausweitung und Vertiefung des Marketingansatzes haben jedoch auch zu zahlreichen Irritationen geführt. Während der Begriff des Societal Marketing kaum benutzt wird, hat das Social Marketing inzwischen verschiedene Bedeutungen. Der Begriff wurde von Kotler/Zaltman erstmals 1971 verwendet und bezog sich auf die Anwendung des Marketing-Management-Konzepts im Rahmen von Programmen zur Verbreitung sogenannter sozialer Ideen und Ziele: „Social Marketing is the design, implementation and control of programmes calculated to influence the acceptability of social ideas and involving conciderations of product planning, pricing, communication, distribution and marketing research" (Kotler/Zaltman 1971: 5). Social Marketing ist somit „eine Strategie zur Veränderung von Verhaltensweisen" (Kotler/Roberto 1991: 37); dabei werden angestrebte Vorstellungen und Verhaltensweisen als zu vermarktende Produkte angesehen [4].

In der Definition eines deutschsprachigen Standardwerks wird Social Marketing beschrieben als „die Planung, Organisation, Durchführung und Kontrolle von Marketingstrategien und -aktivitäten nichtkommerzieller Organisationen, die direkt oder indirekt auf die Lösung sozialer Aufgaben gerichtet sind" (Bruhn/Tilmes 1994: 23). Damit umfaßt Social Marketing nicht nur Aktivitäten für die Veränderung von Verhaltensweisen, sondern wird als Begriff auch für das Marketing von NPO verwendet [5]. Krzeminski/ Neck (1994) weisen darauf hin, daß die Entstehung des Begriffs einem Aufsatz des amerikanischen Kommunikationsforschers Gert D. Wiebe zugeschrieben wird. Wiebe untersuchte 1952 mit der provozierenden Fragestellung: „Why can't you sell brotherhood and rational thinking like you sell soap?", welche Möglichkeiten die Medien Funk und Fernsehen bei der gezielten Vermittlung gesellschaftlicher Zielvorstellungen bieten. Wiebe war Mitglied der Forschungsabteilung von *CBS Radio* und wollte herausfinden, ob und unter welchen Bedingungen bestimmte Instrumente der Absatzförderung erfolgreich für die Popularisierung sozialer Wertvorstellungen wie Bürgersinn und nachbarschaftliches Engagement eingesetzt werden können (vgl. Krzeminski/Neck 1994: 12 f.; Kotler/Zaltman 1971: 6 ff.).

Social Marketing wird also erstens benutzt als Synonym für die Informationstätigkeit von Behörden und/oder NPO, beispielsweise im Zusammenhang mit Aufklärungskampagnen; zweitens als Werbung von Unternehmen und Interessenverbänden zur Förderung ihrer wirtschaftlichen Ziele und drittens als kunden- und dienstleistungsorientiertes Verhalten von NPO.

---

4   Kotlers Beispiele von „Sozialkampagnen" beziehen sich in der Regel auf das Marketing von Kampagnen zur Veränderung von Vorstellungen und Verhaltensweisen: beispielsweise die Kampagne zur Umstellung der Straßenverkehrsordnung von Links- auf Rechtsverkehr in Schweden 1967 (vgl. Kotler/Roberto 1991: 21 f.); Kampagnen zur Vorbeugung von Herzerkrankungen (vgl. a.a.O.: 20 f.); Anti-Raucher-Kampagnen; die Kampagne für den Verkauf von Staatsanleihen in den USA; eine Kampagne der *US Agency for International Development* zur oralen Rehydrationstherapie bei Säuglingen auf den Philippinen (vgl. a.a.O.: 83 ff.) sowie Social-Marketing-Programme zur Familienplanung.

5   Der Begriff wird außerdem noch im Sinn von „sozialem Marketing" für Marketingaktivitäten von Unternehmen benutzt, die mit Hilfe von gesellschaftlichem Engagement ihre Marktposition ausbauen wollen.

2.3 Exkurs: Marketing im Kontext der Betriebswirtschaftslehre

Die Einordnung des Marketing in diesen Kontext soll einerseits den denkstilgebundenen historischen Hintergrund im deutschsprachigen Raum deutlicher machen; andererseits wird der innerhalb der Betriebswirtschaftslehre durchaus kontrovers diskutierte Stellenwert des Marketing beleuchtet [6].

Aus praktischen Ausbildungsbedürfnissen heraus und in Abgrenzung zu dem als unternehmerfeindlich empfundenen Selbstverständnis der universitären Volkswirtschaftslehre wurden in Deutschland ab 1898 Handelshochschulen errichtet (vgl. Schneider, Dieter 1993 a: 1326). Aus Schneiders Sicht entwickelt sich jedoch „erst nach 1908 [...] jene wissenschaftliche Gemeinschaft [...], die heute ‚Betriebswirtschaftslehre‘ heißt. Sie führt zunächst noch den Namen *Privatwirtschaftslehre* oder *Handelswissenschaft*. Sie verselbständigt sich als akademische Disziplin ab 1912 durch Abgrenzung, ja Einigelung gegenüber der Nationalökomomie" (ebd.). Die Privatwirtschaftslehre galt damals als profitorientierte Unternehmerwissenschaft: „Der gesellschaftspolitisch neutrale Klang des Namens *Betriebswirtschaftslehre* gegenüber der als Profitlehre verdächtig gewordenen ‚Privatwirtschaftslehre‘ gibt für die Umbenennung der wissenschaftlichen Gemeinschaft [...] in ‚Betriebswirtschaftslehre‘ den Ausschlag" (a.a.O.: 1327).

Die Entwicklung der Disziplin nach dem zweiten Weltkrieg ist von einer Tendenz zur Spaltung gekennzeichnet. Einerseits wird die Einbindung der Betriebswirtschaftslehre in die Sozialwissenschaften von den Vertretern einer interdisziplinären und anwendungsbezogenen Managementwissenschaft weiterverfolgt, andererseits profiliert sich die Betriebswirtschaftslehre als markwirtschaftlich orientierte Wirtschaftstheorie. In der „zweiten Generation betriebswirtschaftlicher Hochschullehrer wird der methodo-

---

6 Die Kontroversen und unterschiedlichen Sichtweisen innerhalb dieser wichtigen Bezugswissenschaft für die Arbeit von NPO wahrzunehmen und zu reflektieren, erscheint mir außerordentlich wichtig. Bevor ein Transfer von Sichtweisen und Methoden vom Profit- zum Nonprofit-Bereich stattfindet, und bevor einzelne „Ansätze" für das Ganze gehalten werden, ist ein kritischer Blick angebracht. Jeder angeblich neue sogenannte Ansatz ist eben nicht „der Weisheit letzter Schluß", sondern lediglich, ganz im Sinn des Wortes, ein immer neues Ansetzen zur Erklärung oder Begründung von Phänomenen.

logische Gegensatz zwischen einem sozialwirtschaftlichen Basiskonzept und einem grundsätzlich wirtschaftstheoretischen Denken nach und nach offenkundig – ein Gegensatz, der in der jetzigen dritten Generation [...] (d.h. nach 1970) zur nur noch hochschulorganisatorisch verdeckten Spaltung in konkurrierende Denkstilgemeinschaften geführt hat" (a.a.O. 1328). Betriebswirtschaftslehre wird somit einerseits als Wirtschaftstheorie im Kontext der Wirtschaftswissenschaft verstanden, andererseits als interdisziplinäre und anwendungsbezogene Managementwissenschaft (vgl. Schneider, Dieter 1993 b: 493). Es läßt sich also ein ökonomisches bzw. wirtschaftstheoretisches Konzept der Betriebswirtschaftslehre von einem sozialwissenschaftlichen und managementorientierten Konzept abgrenzen (vgl. auch Notheis 1995: 198).

Dieter Schneider (1993 b), als Vertreter der ersten Variante, stellt mit Blick auf die konkreten Funktionen, für deren Erfüllung die Betriebswirtschaftslehre handlungsleitend sein soll, das Marketing im Sinn von Absatzförderung auf eine Stufe neben die Funktionen Unternehmensführung, Beschaffung, Investition/Finanzierung, Produktion, Forschung/Entwicklung, Verwaltung und Rechnungswesen und plädiert für eine systematische Trennung dieser unterschiedlichen Funktionen. In bezug auf die Absatzfunktion weist er kritisch darauf hin, daß in der Literatur eine weite Auslegung des Absatzbegriffs üblich ist, die „unter dem Namen Marketing teilweise beansprucht, marktorientierte Unternehmensführung schlechthin zu sein" (a.a.O.: 500). Die Funktion und Bedeutung des Marketing wird also im Kontext dieser Sichtweise relativiert und lediglich auf eine absatzunterstützende Aufgabe reduziert.

Demgegenüber wird von Vertretern des sozialwissenschaftlichen Basiskonzepts innerhalb der Betriebswirtschaftslehre dem Marketing ein weitaus größerer Stellenwert eingeräumt. Die Betriebswirtschaftslehre, die sich als anwendungsbezogene Managementwissenschaft versteht, kann ein über die Bearbeitung der Absatzfunktion weit hinausgehendes Verständnis des Marketing als Managementkonzept relativ problemlos integrieren. Die Einschätzungen und Bewertungen zum Stellenwert des Marketing und zu den oben skizzierten Ausweitungen und Vertiefungen des Objektbereiches finden also nicht zuletzt auch vor dem Hintergrund von kontroversen Denkstilen innerhalb der Betriebswirtschaftslehre(n) statt. Mit welcher Vehemenz diese Auseinandersetzungen geführt werden, zeigt Schneiders pointierte Kritik:

„In ihren Schwerpunktbereichen: Unternehmensführung, Organisation und Marketing gebärdet sich die interdisziplinäre, anwendungsbezogene Managementwissenschaft als Vermarktungstechnologie von Rezepten ohne wirtschaftstheoretische Fundierung. Die Rezepte werden überwiegend aus der US-amerikanischen Managementlehre importiert. Dieser folgend, ist die anwendungsbezogene Managementwissenschaft genötigt, dem dort üblichen raschen Wechsel wissenschaftlicher Moden zu folgen. Diese Moden werden gemeinhin als Managementphilosophien angepriesen: Einem entscheidungsorientierten ,Ansatz' (decision approach), einem systemtheoretischen (kybernetischen oder systems approach) und einem marktorientierten ,Ansatz' (marketing approach) folgte in den 80er Jahren nach der Angestellten-Gemeinschaftsideologie der corporate identity die Unternehmenskultur, der die Unternehmensethik für die 90er Jahre zu folgen droht. Solche managementphilosophischen ,Ansätze' sollen Managern die Angst vor dem unternehmerischen Versagen [...] nehmen. Management- oder Unternehmensphilosophien sind jedoch nicht mehr als verbale Streicheleinheiten, mit denen den in der Hektik täglicher Geschäfte überlasteten Managern Unbehagen genommen werden soll [...]. Mit solchen `Denkhaltungen`, vermarktet unter dem Namen einer neuen Managementphilosophie, werden nur Beschwörungsformeln in einer Dompteursprache für Manager geliefert" (Schneider 1993 b: 496).

Die Frage, ob diese Kritik an Managementansätzen und damit auch an der Fülle von Bindestrich-Marketingansätzen, zutreffend ist oder nicht, kann hier nicht abschließend beantwortet werden. Sie macht aber einmal mehr die Schwierigkeiten deutlich, mit denen Transfers vom Profit- auf den Nonprofitbereich konfrontiert sind. Schneiders Sichtweise gibt zudem einen Eindruck wider, der sich bei einer intensiven und kritischen Beschäftigung mit dem Marketing-Management fast zwingend einstellt: Marketing und Managementwissenschaft scheinen gleichermaßen zur Hypertrophie zu neigen. Bei manchen Autoren werden sie aus ihren Kernbereichen heraus, ausufernd und stellenweise überspannt wirkend, zur Allzuständigkeit weiterentwickelt[7].

---

7 Beinahe folgerichtig hat beispielsweise Gerken (1990) auch schon den „Abschied vom Marketing" verkündet.

2.4 Marketing-Management und Marketing-Mix als Paradigma

Seit Beginn der 60er Jahre hat sich das sogenannte Marketing-Management-Konzept als vorherrschendes Paradigma in der Marketingwissenschaft etabliert. Marketing wird damit zu einer Hauptfunktion jedes Unternehmens (vgl. Krulis-Randa 1993: 155). Idealtypisch werden alle Managemententscheidungen an den Erfordernissen des Marktes und den Bedürfnissen und Wünschen der Kunden ausgerichtet. Innerhalb des Marketing-Management-Modells wird von vier aufeinander folgenden Entscheidungsebenen ausgegangen [8]:

Analyse: Mit Hilfe von Marktforschung als Instrument für die Informationsbeschaffung über das Verhalten von Konkurrenten und Konsumenten, wird zunächst eine möglichst breite Informationsbasis für Marketingentscheidungen geschaffen.

Planung: In dieser Phase werden Entscheidungen über die Kernstrategie des Marketing getroffen. Diese sind langfristig und auf das ganze Unternehmen bezogen. Auf dieser Basis sind kurz- und mittelfristig wirksame operative Entscheidungen über die Formen der Marktbearbeitung notwendig. Als Marketinginstrumente gelten innerhalb des Marketing-Management-Modells die vier Variablen „Product, Price, Place und Promotion" [9]. Aus diesen vier „P's" ergeben sich jeweils eine Fülle von einzelnen Aufgaben. Mit dem Produkt sind beispielsweise Entscheidungen über dessen Qualität und Gestaltung sowie das weitere Sortiment des Anbieters verknüpft; im Zusammenhang mit dem Preis sind Fragen der Geschäfts- und Lieferbedingungen sowie Zahlungskonditionen zu klären; „Place" steht als Kürzel für Entscheidungen über Distributionskanäle, Verkaufsstandorte und damit verbundene logistische Fragen; mit „Promotion" ist nicht nur die Werbung für ein Produkt gemeint, sondern darüber hinaus alle weiteren Formen der Ver-

---

8   Vgl. auch die Unterteilung von Nieschlag/Dichtl/Hörschgen (1994) im Zusammenhang mit dem Verständnis des Marketing als operationales Instrument im Kapitel 1 dieses Teils der Arbeit.

9   Unter „Product" werden „Quality, Features, Options, Style, Brand name, Packaging, Sizes, Services, Warranties, Returns" subsummiert; „Price" umfaßt „List price, Discounts, Allowances, Payment period, Credit terms"; „Place" umfaßt „Channels, Coverage, Locations, Inventory, Transport" und „Promotion" bezieht sich auf „Advertising, Personal selling, Sales promotion, Publicity" (vgl. Kotler/Armstrong 1988: 67).

kaufsförderung und Öffentlichkeitsarbeit. Aus der Abstimmung und Optimierung der sich aus diesen sogenannten „4 P's" ergebenden Aktionsfelder entsteht der sogenannte Marketing-Mix.

Organisation: Auf dieser Ebene sind Entscheidungen über die Aufbau- und Ablauforganisation innerhalb des Unternehmens zu treffen. Im Rahmen der Aufbauorganisation werden alle das Marketing betreffenden Fragen einer Marketingabteilung zugeordnet und dort organisiert. Marketingaufgaben werden damit spezialisiert, Experten übertragen und delegiert.

Kontrolle: Auf dieser Ebene sollen Entscheidungen getroffen werden über die Gestaltung, Implementierung und Wirksamkeit von Kontrollmechanismen, die nicht nur quantitativ, sondern auch auf einer qualitativen Ebene alle Marketingentscheidungen überprüfen und gegebenenfalls zu Korrekturen führen.

Dem auf der Ebene der Planung skizzierten Marketing-Mix kommt eine besondere Bedeutung zu. „Marketing-Mix ist die Kombination kontrollierbarer Marketing-Variablen, die ein Unternehmen aufeinander abgestimmt einsetzt, um die gewünschte Wirkung bei der Zielgruppe zu erreichen" (Kotler/Armstrong 1988: 67). In der Literatur werden zwar unterschiedliche Varianten benutzt; grundsätzlich hat sich jedoch an den für relevant gehaltenen Variablen seit ihrer Einführung durch McCarthy (1975 [1960]) kaum etwas geändert. Die Variationen beziehen sich entweder auf je nach Autor unterschiedliche Bezeichnungen für die von McCarthy benutzten „vier P's" oder auf eine unterschiedliche Zahl von zusätzlichen Variablen [10].

---

10 Dabei werden beispielsweise die Begriffe „Produktmix, Kontrahierungsmix, Distributionsmix und Kommunikationsmix" benutzt (N. N. 1988: 471 f.). Berndt (1993) nennt als Marketing-Instrumente die „Produktpolitik, inclusive der Sortiments- und Servicepolitik sowie die Kontrahierungs-, Kommunikations- und Distributionspolitik" (Berndt 1993: 10). Nieschlag/Dichtl/Hörschgen (1986) bezeichnen die vier Bereiche als „Programmpolitik, Entgeltpolitik, Distributionspolitik und Kommunikationspolitik"; synonym auch als „Produktpolitik, Preispolitik, Distributionspolitik und Kommunikationspolitik" (Nieschlag/Dichtl/Hörschgen 1994: 21).

Modell des Marketing-Mix:

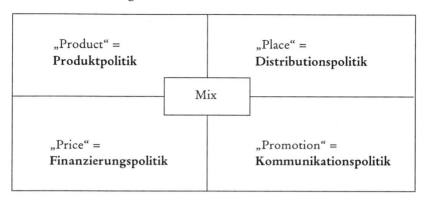

„Product" = Produktpolitik	„Place" = Distributionspolitik
Mix	
„Price" = Finanzierungspolitik	„Promotion" = Kommunikationspolitik

Während zahlreiche Autoren von dieser „Vierfeldersystematik" des Marketing-Mix ausgehen, wird von anderen die Meinung vertreten, daß neben den Faktoren Produkt, Preis, Distribution und Kommunikation, weitere zu berücksichtigen seien. Kotler hat die Liste der „P's" um „Politics" und „Public Relations" ergänzt (Kotler 1986). Bruhn schlägt im Kontext des Marketing für Dienstleistungen eine Erweiterung um die Bereiche „Servicepolitik" und „Personalpolitik" vor (Bruhn 1993: 786). Meffert weist darauf hin, daß für das Dienstleistungsmarketing eine Ergänzung um drei weitere „P's" diskutiert wird: „Personnel", „Physical Facilities" und „Process Management" (Meffert 1994: 320 f.) [11]. Grönroos macht auf weitere Variationen anderer Autoren aufmerksam, die sich seiner Meinung nach jedoch alle nicht wesentlich voneinander unterscheiden, sondern demselben „underlying paradigm" verhaftet sind (vgl. Grönroos 1994: 16).

Das Konzept des Marketing-Mix wurde in den 50er Jahren von Neil Borden entwickelt und umfaßte zunächst 12 Variablen (vgl. Grönroos 1994: 5). Diese wurden von anderen Autoren noch ergänzt, von McCarthy 1960 jedoch – primär aus didaktischen Gründen – zu den sogenannten „4 P's" zusammengefaßt und sind seither fester Bestandteil fast

---

11 In bezug auf das Marketing für NPO plädiert Purtschert ebenfalls für eine Ausweitung auf „sieben P's" und ergänzt die Standardinstrumente Produkt, Preis, Promotion (Werbung) und Place (Distribution) um „Public Relations (Öffentlichkeitsarbeit)", „Politics" und „Anreiz-Beitragssysteme" (Purtschert 1989: 414 f.; vgl. auch Kapitel 2.1 im Teil I dieser Arbeit).

aller Marketinglehrbücher. In den letzten Jahren scheint jedoch die Reduktion auf die vier inzwischen schon „klassischen" Instrumente (vgl. Purtschert 1989: 415) an ihre Grenzen zu stoßen. Grönroos sieht die Ursache darin, daß an einem Modell festgehalten wurde und wird, das gar nicht als solches gedacht war: „In fact, the Four Ps represent a significant oversimplification of Borden's original concept, which was a list of 12 elements not intended to be a definition at all" (Grönroos 1994: 5).

Der Marketing-Management-Ansatz ist von der Tendenz her auf eine Sichtweise konzentriert, die das einzelne Unternehmen und dessen Interesse an Profitmaximierung berücksichtigt. Webster nennt dies die Fixierung auf das „microeconomic paradigma". Auf der Basis dieser Sichtweise sind die relevanten Faktoren die Produkte, Preise und Transaktionen zwischen Produzenten und Konsumenten (vgl. Webster 1992: 13). Diese Betrachtung des Marketing basiert auf einer in der Betriebswirtschaftslehre dominanten Sichtweise. Sie spiegelt sich in der von Erich Gutenberg (1897 – 1984) formulierten „Faktorenlehre" wider, die die Entwicklung der deutschprachigen Betriebswirtschaftslehre nach dem zweiten Weltkrieg entscheidend geprägt hat (vgl. Gabler Verlag 1993: 1096). Im Mittelpunkt steht dabei die Vorstellung, daß die einzig relevanten „Elementarfaktoren" Arbeit, Werkstoffe und Betriebsmittel vom „dispositiven Faktor" Management möglichst optimal miteinander kombiniert werden müssen, um einen betriebswirtschaftlichen Erfolg zu erzielen. Obwohl seit Mitte der 60er Jahre auch innerhalb der Betriebswirtschaftslehre andere Ansätze und Sichtweisen formuliert wurden (entscheidungsorientierte, systemorientierte und andere Ansätze), und obwohl volkswirtschaftlich, ökologisch oder sozial relevante Aspekte von dieser Faktorenlehre nicht berücksichtigt werden, gilt dieser „faktortheoretische Ansatz", zumindest von seiner Philosophie her, nach wie vor als eine sowohl die Ausbildung als auch die Unternehmenspraxis prägende Sichtweise.

Marketing ist auf dieser Basis lediglich ein Bestandteil des „dispositiven Faktors" Management (vgl. Webster 1992: 5). So verstandenes Marketing kommt mit den „4 P's" des Marketing-Mix aus. Es ist orientiert an der Optimierung von Transaktionen und einzelwirtschaftlichem Profit und kann den Aufbau und die Pflege langfristiger Beziehungen zu Kunden und anderen Partnern des Unternehmensumfeldes weitgehend ausblenden: „There is no need to consider people or social processes when the units of analysis are products, prices, costs, firms, and transactions" (a.a.O.: 6).

Die Kritik am Paradigma des Marketing-Management und die damit verbundene Forderung, diese dominante Sichtweise in Frage zu stellen bzw. zu Gunsten einer beziehungsorientierten Betrachtung des Marketing aufzugeben, wird vor allem von skandinavischen Autoren vorgetragen. Grönroos als profiliertester Vertreter plädiert für einen „Paradigm Shift in Marketing" (Grönroos 1994) dessen zentrale Aussagen im folgenden Kapitel vorgestellt werden.

3 Relationship Marketing als neues Paradigma?

In diesem Kapitel wird das Marketing-Management-Modell zunächst zusammenfassend kritisiert, um anschließend drei Varianten einer beziehungsorientierten Sichtweise zu erörtern. Von den Vertretern eines Relationship Marketing im engeren Sinn wird eine Integration in das Konzept des Marketing-Management befürwortet, während insbesondere von skandinavischen Autoren beziehungsorientiertes Marketing als neues Paradigma diskutiert wird. Daran schließt sich eine organisationstheoretische Begründung für beziehungsorientiertes Marketing an. Unabhängig von der Frage, ob es sich nun um ein neues Paradigma handelt oder nicht, geraten mit dem an Beziehungen orientierten Marketing Aspekte in den Blick, die auch für NPO und speziell für deren Fundraising von Bedeutung sind. Während in diesem Kapitel die Skizzierung des Relationship Marketing im Vordergrund steht, wird im nächsten Kapitel exemplarisch eine Übertragung dieses Ansatzes auf die Erfordernisse des Fundraising von NPO erörtert.

Vorab sei jedoch noch einmal darauf verwiesen, daß Marketingwissenschaftler selbst ihre Wissenschaft mit einer Tendenz zur „Hyperspezialisierung und Filigranisierung" (Bruhn/Bunge 1994: 45) konfrontiert sehen, die sich beispielsweise in zahlreichen Neologismen äußert, d.h. sprachlichen Neubildungen, die nur selten eine inhaltliche Neu- oder Weiterentwicklung des Marketing beinhalten. Sie sind oft schon „für sich genommen wenig zweckdienlich" und werden von der Marketingpraxis häufig für irrelevant gehalten (vgl. ebd.) [1]. Diesem Vorbehalt unterliegt grundsätzlich auch die Literatur zum Relationship Marketing bzw. Beziehungsmarketing oder Beziehungsmanagement [2]. Da Marketing als Konzept markt- bzw. kundenorientierter Unternehmensführung schließ-

---

1 Exemplarisch sei auf einige dieser Wortschöpfungen verwiesen: „Megamarketing" (Kotler 1986); „Ökomarketing, Global Marketing, Lean Marketing, Turbo Marketing, Evolutionäres Marketing, Retention Marketing, Aftermarketing" (vgl. Bruhn/Bunge 1994); „Vertrauensmarketing" (Belz et. al. 1994: 53 ff.); Balanced Marketing (Nieschlag/Dichtl/Hörschgen 1994: 24) und sogar „Demarketing" als Begriff für Kampagnen von Unternehmen (z.B. Stromkonzerne) für einen *reduzierten* Konsum ihrer Produkte.

2 Die Begriffe werden in der Literatur synonym verwendet. Vgl. auch Bruhn/Bunge 1994: 49.

lich schon immer die Beziehungsgestaltung und -pflege als originäre Aufgabe hatte, stellt sich die Frage, ob es sich tatsächlich um eine grundsätzlich neue Ausrichtung des Marketing handelt oder lediglich um „des Marketingkaisers neue Kleider".

3.1 Kritik am Marketing-Management-Konzept

Grönroos (1994) beschreibt das im vorhergegangenen Kapitel skizzierte Marketing-Management-Modell mit dem Marketing-Mix der sogenannten „4 P's" als „Zwangsjacke", die sowohl die Marketingtheorie als auch die -ausbildung prägt; die Nützlichkeit des Mix-Modells als generelle Marketingtheorie erscheint ihm höchst fragwürdig. Die „Opfer" des Marketing-Management-Modells sind für Grönroos weniger die Marketing-Praktiker, sondern die Marketingtheorie und nicht zuletzt die Kunden (vgl. a.a.O.: 14). Das transaktionsorientierte Marketing-Modell „is obsolete and has to be replaced by some other way of organizing the marketing function" (a.a.O.: 7) [3]. Seine Kritik am Modell des Marketing-Management-Mix läßt sich schlagwortartig wie folgt zusammenfassen. Das Marketing-Management-Paradigma ist:

- produktions- und nicht kundenorientiert;
- produkt- und weniger problemlösungsorientiert;
- linear von innen (vom Produkt beziehungsweise vom Unternehmen her betrachtet) nach außen gerichtet;
- struktur- statt prozeßorientiert;
- transaktions- und nicht interaktionsorientiert;
- auf Massenmärkte für Konsumgüter ausgerichtet;
- als instrumenteller „Werkzeugkasten" konzipiert und weniger dem Verständnis von Interaktionen und Prozessen dienend.

Zudem wird kritisiert, daß die interne Dynamik von Organisationen vernachlässigt und eine Planbarkeit und Vollständigkeit des Marketing suggeriert wird, die es gar nicht geben könne. Der subjektive Faktor und dessen tendenzielle Unkalkulierbarkeit werden vom Mix-Modell ausgeschlossen; es weist zudem dem Verkäufer eine aktive und dem Käufer eine eher passive

---

3   Die Funktion des Marketing sieht Grönroos in der Gestaltung des Prozesses „of taking care of the fulfilment of customer needs and desires" (Grönroos 1994: 14).

Rolle zu. Indem die Marketingfunktion in Marketingabteilungen separiert wird, anstatt die Bedeutung des Marketing in der gesamten Organisation zu verbreiten, wird die Beziehungsgestaltung als Erfolgsfaktor nicht in vollem Umfang genutzt.

„Das Konzept des Marketing-Mix war die Frucht eines linear von innen nach außen gerichteten Denkens und Handelns" (Sutrich 1994: 118). Im Zentrum dieser Sichtweise standen und stehen das Unternehmen, der Produktionsprozeß und das Produkt; das Modell paßt in Verkäufermärkte, auf denen die Anbieter aufgrund der nicht zu befriedigenden Nachfrage eine Vormachtstellung haben. Schon auf von Käufern dominierten Märkten erweist sich diese Orientierung als problematisch; wenn jedoch statt standardisierter Produkte individuelle und komplexe „Problemlösungen" angeboten werden sollen, stößt das Marketing-Management-Modell an seine Grenzen, da der „Interaktionsgrad und Individualisierungsgrad" (Meffert 1994) dabei ungleich höher sind als beim Verkauf standardisierter Produkte. Nicht zufällig wurde das Marketing-Management-Modell zunächst in den USA favorisiert. Es bot sich als Instrument für Märkte an, auf denen ein Produkt für große heterogene Zielgruppen angeboten wurde und berücksichtigte primär die Marktsituation in Nordamerika mit 240 Mill. Konsumenten auf einem relativ einheitlichen Markt mit einem großen Einfluß kommerzieller Medien (vgl. Gummesson 1987: 10).

3.2 Zur Entwicklung des Relationship Marketing

Im Dienstleistungs-Marketing und im Investitionsgüter-Marketing entstand schon in den 70er Jahren eine Aufmerksamkeit für die Bedeutung von „Relationships" zwischen Kunden und Verkäufern. Im Zentrum stand dabei beispielsweise die Komplexität von Käufer-Verkäufer-Beziehungen. Beim Kauf von Investitionsgütern agiert nicht ein einzelner Entscheider oder Käufer; in den Entscheidungsprozeß sind vielmehr zahlreiche Einzelpersonen bzw. Gremien eingebunden. Dies gilt in der Regel auch für die Verkäufer; Evert Gummesson (1987) spricht deshalb vom „many-headed customer and seller" (Gummesson 1987: 13).

Der in den 60er Jahren an der *Universität Uppsala* entwickelte „Interaction/Network Approach" gab einen wesentlichen Anstoß für das Relationship Marketing (Grönroos 1994: 7). Dabei wird jede Art von Austausch und Interaktion mit jedem Partner beachtet. Dies gilt für Güter und

Informationen ebenso wie für finanzielle und soziale Austauschbeziehungen; für die Beziehungen zu Kunden ebenso wie zu Lieferanten, Mitarbeitern und anderen Personen und Gruppen. Die Gesamtheit dieser Beziehungen beeinflußt das bei dieser Sichtweise in den Blick genommene Netzwerk auf vielfältige und komplexe Weise. Dieser Ansatz bezieht sich also sowohl auf interne wie auf externe Beziehungen, schließt auch die auf manchen Märkten zentralen Beziehungen zu Partnern ein, die gar nicht selber Kunden sind (z.b. politische Instanzen) und bezieht sich auf einen langfristigen Zeithorizont (vgl. auch Gummesson 1987: 11 f.).

Relationship Marketing hat als Begriff inzwischen Einzug gehalten in die Marketingliteratur; das der Verwendung dieses Begriffs zugrunde liegende Verständnis variiert jedoch. Die Orientierung an Beziehungen wird in einem engeren und in einem weiteren Sinn benutzt: Während einige Autoren sich auf Aspekte des Beziehungsgefüges zwischen Anbieter und Kunde konzentrieren (vgl. Hentschel 1991 a, Peter/Schneider 1994, Tomczak 1994, Belz et. al. 1994, Bruhn/Bunge 1994), favorisieren andere ein sehr weit gefaßtes Verständnis des Relationship Marketing, indem sie nicht nur die Kunden-Anbieter-Beziehung, sondern alle internen und externen Beziehungen und Bezugsgruppen einbeziehen (vgl. Grönroos 1994, Gummesson 1987).

3.2.1 Management von Geschäftsbeziehungen

Relationship Marketing im engeren Sinn wird als Management von Geschäftsbeziehungen diskutiert: „Unter Relationship-Marketing ist die explizite Orientierung an langfristigen Geschäftsbeziehungen und nicht lediglich am Zustandekommen einzelner Transaktionen (Akquisitions-Marketing) zu verstehen" (Tomczak 1994: 195). Nach Meinung von Torsten Tomczak handelt es sich dabei jedoch nicht um einen grundlegend neuen Ansatz des Marketing; im Investitionsgüterbereich wurde unter der Maxime „Kundenbindung ist potentiell rentabler als Neukundenakquisition" der Gestaltung von Beziehungen zwischen Anbietern und Kunden schon immer große Aufmerksamkeit geschenkt. „Neu und wichtig ist sowohl in der Praxis als auch in der Wissenschaft lediglich die Erkenntnis, daß es notwendig ist, sich stärker mit Fragen des Relationship-Marketing auseinanderzusetzen" (ebd.).

Im Zentrum von Tomczaks Betrachtungsweise steht das Produkt; es ist jedoch eingebettet in weitere Leistungsangebote des Anbieters: in ein Sorti-

ment bzw. Programm, in Kern- und Zusatzleistungen, Management-
leistungen und nicht zuletzt in die Reputation und persönlichen Beziehungen, für die die Faktoren „Image, Vertrauen und Erlebnis" relevant sind. Jedes Produkt ist also von „Leistungskombinationen" umgeben, die dem
Kunden insgesamt angeboten werden und seine Kaufentscheidung beeinflussen (vgl. a.a.O.: 198). Aufgabe des Relationship-Marketing ist unter dem
Blickwinkel des Managements von Geschäftsbeziehungen die „Gestaltung
und Steuerung derartig komplexer Leistungs-Gegenleistungs-Relationen"
(ebd.) [4].

Andere Autoren propagieren mit einer ähnlichen Argumentation sogar
eine Trendwende zur „Relationship Economy": Damit ist eine Abkehr von
der Fixierung auf einzelne Kaufabschlüsse zugunsten des Aufbaus intensiver, langfristiger Beziehungen zu jedem Geschäftspartner gemeint und es
„zeichnet sich eine Trendwende von der ‚transaction economy' zur
‚relationship economy' ab, die von einigen Fachvertretern gar als Paradigmawechsel im Marketing propagiert wird" (Dichtl/Schneider 1994, zit. in
Belz et. al. 1994: 25). Auch Sibylle Peter und Willy Schneider sehen die Produktivität des Relationship Marketing lediglich in einer Intensivierung des
kontinuierlichen Dialogs mit den Abnehmern. Die dadurch entstehende
Kundennähe erscheint ihnen als wichtiger „Strategiefaktor", der jedoch
schon immer Gegenstand des Marketing in all seinen Facetten war. Folglich
erscheint es ihnen auch „eher zweifelhaft, daß sich mit dem Relationship-
Ansatz ein Paradigmawechsel im Marketing ankündigt" (Peter/
Schneider 1994: 11).

Beziehungsmanagement, Ausbau und Pflege der Kundennähe und -bin-
dung, Management von Geschäftsbeziehungen, Individual- und Dialogmar-
keting – mit diesen Begriffen wird ein Verständnis des Relationship Marketing im engeren Sinn gekennzeichnet (vgl. Belz 1995: 72). „Individualität,
Kundenbegleitung vor und nach einem Kauf, Interaktivität und Integration" werden als Differenzierungen der Kundenorientierung von Unternehmen angesehen; die Intensivierung dieser Kundenorientierung erfordert
jedoch keineswegs einen Paradigmawechsel: „Wir plädieren dafür, sich im
Rahmen des Beziehungsmanagements auf längerfristige und persönliche Be-

---

4   Ähnlich argumentieren auch Belz et. al.: „Besonders ergiebig ist das Beziehungsma-
     nagement im Business-to-Business-Marketing oder in komplexeren Verkaufs- und
     Kaufsituationen und Projekten" (Belz et. al. 1994: 15).

ziehungen zu beschränken und nicht das gesamte Marketing unter neuem Blickwinkel aufzurollen" (a.a.O.: 74).

Auch Kotler betrachtet die Beziehungsgestaltung lediglich als einen Aspekt des Managements von Geschäftsbeziehungen. Er ist einerseits einer der Begründer des Marketing-Management-Konzepts; andererseits hat er selbst immer wieder die Grenzen dieses Modells zur Disposition gestellt, vertieft und erweitert (Kotler 1972, Kotler/Zaltman 1971, Kotler/ Levy 1969). In der inzwischen achten Auflage seines Standardwerks „Marketing-Management" (1995) macht er deutlich, daß Marketing nicht nur auf Transaktionen beschränkt ist (Transaktionsmarketing), sondern der Austausch zwangsläufig immer im Rahmen von möglichst zufriedenstellenden Beziehungen zwischen den Parteien stattfindet (Beziehungsmarketing): „In immer stärkerem Maße entwickelt sich das Marketing vom Instrument der Gewinnmaximierung bei jeder Einzeltransaktion zum Instrument der Maximierung nutzbringender Beziehungen mit externen Partnern" (Kotler/ Bliemel 1995: 13). Die Autoren haben jedoch das von ihnen favorisierte Marketing-Mix-Modell (a.a.O.: 142) lediglich programmatisch um den Aspekt der Beziehungsorientierung ergänzt; Beziehungsmarketing dient ihnen weiterhin als absatzorientiertes „Management von Kundenbeziehungen" (a.a.O.: 1081) bzw. als „Werkzeug" für die Kundenbindung (a.a.O.: 74 ff.) und nicht als grundlegende Neuorientierung für das Marketing [5].

Manfred Bruhn und Bettina Bunge (1994) kommen in ihrer ausführlichen Auseinandersetzung und Bewertung des Beziehungsmarketing zu einem ähnlichen Schluß. Ihre Argumentation erscheint jedoch ambivalent. Während sie auf der Ebene der Marketing*theorie* dem Relationship-Marketing-Ansatz seine Relevanz absprechen, halten sie ihn auf der Ebene der Marketing*praxis* für durchaus erfolgversprechend. Darüber hinaus nehmen sie eine Modifikation des Marketing-Management-Konzepts und dessen Marketing-Mix-Modells vor, um die Inhalte des Beziehungsmarketing in das von ihnen favorisierte Marketing-Management-Modell integrieren zu können. Der „klassische" Marketing-Mix wird erweitert, und damit erscheinen die Anforderungen des „Managements von Geschäftsbeziehun-

---

5 An anderer Stelle hat Kotler im Zusammenhang mit dem „Social Marketing" das Mix-Modell um die Felder „Personal, Präsentation und Prozeß" auf sieben „P's" erweitert (Kotler/Roberto 1991: 58 f.).

gen" bzw. des Beziehungsmanagements integrierbar. Die „vier P's" des Marketing-Mix – Produktpolitik („Product"), Kommunikationspolitik („Promotion"), Preispolitik („Price") und Distributionspolitik („Place") – werden ergänzt um den Aspekt „Service" im Aufgabenfeld Produktpolitik und um ein separates fünftes „P" in Form von „Personalpolitik". Eine dritte Modifizierung nehmen sie vor, indem nicht nur bei der Kommunikationspolitik, sondern auch bei den anderen Marketing-Mix-Instrumenten sowohl auf eine externe als auch auf eine interne Perspektive verwiesen wird (vgl. a.a.O.: 65 ff.). In ihrer abschließenden Würdigung des Beziehungsmarketing kommen sie folglich zu dem Schluß, daß es sich dabei nicht um eine eigenständige Theorie mit einem eigenen Paradigma handelt, sondern um die „Integration verschiedener Theorie- und Forschungsrichtungen": „Eine Theorie des Beziehungsmarketing ist kaum – auch nicht in Ansätzen – zu erwarten" (a.a.O.: 73).

Für die praktische Ebene des Marketing wird jedoch hervorgehoben, daß zwar die Bedeutung langfristiger Kundenbindungen seit langem bekannt sei, das Konzept des Beziehungsmarketing jedoch in der Lage ist, stärker als bislang den Blick für die Bedeutung anderer Beziehungen, beispielsweise der Relationships zu den Mitarbeitern, zu schärfen (a.a.O.: 74): „Offensichtlich ist es trotz fehlender theoretischer Fundierung des Konzeptes möglich, Unternehmen operable Leitlinien und Orientierungshilfen zur Gestaltung ihrer außen- und innengerichteten Geschäftsbeziehungen zu bieten. Konzepte wie Total Quality Management, Lean Marketing, Gesellschaftsorientiertes Marketing, Internes Marketing u.a.m. nehmen starke Anleihen an das Beziehungsmarketing und stellen ausgewählte Bausteine für eine konsequente Kundenorientierung dar" (a.a.O.: 75). Dennoch halten Bruhn/Bunge dies lediglich für eine Akzentuierung einzelner Marketingaspekte und nicht für eine grundsätzliche Neuorientierung.

3.2.2 Beziehungsorientierung als neues Paradigma

Das erste Plädoyer für ein Relationship Marketing in einem weit gefaßten Sinn ist implizit in Kotlers „Generic Concept of Marketing" (Kotler 1972) enthalten. Darin betrachtet er Marketing als zielorientierte Gestaltung von Austauschprozessen, wobei Transaktionen nicht auf Sachgüter oder Geld beschränkt sind, sondern auch Ressourcen wie Zeit, Energie oder Verhalten umfassen (vgl. Stauss/Schulze 1990: 149). Diese Ausweitung des Marketing beinhaltet gleichzeitig die Aufforderung, „systeminterne, vor allem auch innerbetriebliche Austauschprozesse und ihre Gestaltung als Marketingprozesse zu interpretieren" (ebd.). Damit werden also alle (Austausch-) Beziehungen offenbar: sowohl die internen Beziehungen zu Organisationsmitgliedern, Mitarbeitern etc. als auch alle externen Beziehungen und nicht nur die Kundenbeziehungen [6].

Ausgehend von der Überzeugung, daß „personal relationships are more lasting than product or brand loyalities" (McKenna 1985, zit. in Gummesson 1987: 12), kommt der langfristig orientierten Beziehungsgestaltung innerhalb des Marketing ein höherer Stellenwert zu als niedrigen Preisen, der Werbung und sogar der fortschrittlichen Technologie eines Produktes (vgl. ebd.). Der Objektbereich des Marketing wird somit auf alle Unternehmensfunktionen ausgeweitet: Marketing ist als zentrale Unternehmensfunktion verknüpft mit allen anderen Funktionen und nimmt folglich einen dominierenden Stellenwert ein [7]. Das Marketing-Management-Konzept kann dieser Aufgabe jedoch nicht gerecht werden: „the present Marketing Concept, as it appears in research, textbooks and seminars, is unrealistic and needs to be replaced" (Gummesson 1987: 10).

Für Gummesson ist auch die Leistungserstellung innerhalb einer Organisation mit den Begriffen und Instrumenten des Marketing zu gestalten. Für diese Sichtweise verwendet er den Begriff „Internal Marketing", d.h. die einzelnen Abteilungen innerhalb einer Organisation werden ebenfalls unter dem Aspekt von „Lieferanten-Kunden-Beziehungen" betrachtet (a.a.O.: 17; vgl. auch Stauss 1991). Ähnlich dem Netz von Beziehungen zwischen der Organisation und allen externen Partnern, handelt es sich auch beim internen Marketing um ein ebenso komplexes Netz von formellen und informellen Verbindungen.

Vor dem Hintergrund dieser Argumentation „schwindet die Relevanz des Marketingmix" (Sutrich (1994: 118). Ebenfalls konzentriert auf die mit dem Relationship Marketing ins Blickfeld geratene Bedeutung des internen

---

6   Die Übertragung des herkömmlichen Marketingverständnisses auf Nonprofit-Organisationen wird inzwischen weitgehend akzeptiert; die in Kotlers Konzept ebenso enthaltene Ausweitung auf organisationsinterne Austauschprozesse wird jedoch kaum praktiziert (vgl. Stauss/Schulze 1990: 149).

7   „Marketing cannot live an isolated life, it is intertwined with all other functions of the firm" (Gummesson 1987: 17).

Marketing, argumentiert Othmar Sutrich, daß alle Mitarbeiter einer Organisation und nicht nur die Verantwortlichen für das Marketing, in Beziehungen zu Kunden, Lieferanten, etc. involviert sind. Die Mitarbeiter betreiben „das wahre Marketing [...], indem sie mit Ideen und Emotionen die Qualität der internen Leistungsprozesse verantworten. Sie sind es, die am Ende für den Unterschied sorgen [...]. Erfolgreiche Marktkommunikation hängt zu 70 Prozent von begeisterten Mitarbeitern [...] ab" (ebd.). Idealerweise ist in *jede* Tätigkeit eines *jeden* Organisationsmitglieds eine permanente Orientierung an den externen und internen Märkten eingewoben; in diesem Sinn ist Marketing eine Querschnittaufgabe. Diese von Sutrich „Prozeßmarketing" genannte Sichtweise hält er für eine Neuauflage der Grundidee des Marketing, „Unternehmen vom Markt her zu führen" (a.a.O.: 121).

Grönroos (1994) hält den Relationship Marketing Ansatz für eine wesentliche Ergänzung der bisherigen Ansätze. Er wendet sich gegen eine Addition zusätzlicher Faktoren wie beispielsweise „people, politics, public relations bzw. anderer P's" und insbesondere gegen die Addition von „Service" oder „Relationships". Er plädiert vielmehr für ein strategisches Marketing-Kontinuum: „Relationship marketing is placed at one end of the continuum. Here the general focus is on building relationships with customers (and other parties as well). At the other end of the continuum is transaction marketing where the focus of marketing is on one transaction at a time" (Grönroos 1994: 10).

Je nach Absatzobjekt betreibt eine Organisation also mehr kurzfristiges transaktions- oder mehr langfristiges beziehungsorientiertes Marketing. Damit wird die Trennung des Marketing nach Absatzobjekten (Industrie-, Investitionsgüter- und Dienstleistungsmarketing) aufgehoben. Im Zentrum steht – in Abhängigkeit von den angebotenen Produkten bzw. Leistungen – die Frage: Wieviele Dienstleistungsanteile und damit verbundene Beziehungsanteile sind sinnvoll und notwendig? Auch die Trennung von Profit- und Nonprofit-Marketing erscheint vor diesem Hintergrund irrelevant. Selbstverständlich bleiben charakteristische Unterschiede bestehen. Sie ergeben sich jedoch aus der Unterschiedlichkeit der „Leistungsbündel" und weniger aus formalen Abgrenzungen. Mit dieser Sichtweise behält das Marketing-Mix Modell seine Gültigkeit für Unternehmen bzw. Organisationen, die relativ wenig direkte Kundenkontakte haben, Sachgüter anbieten und auf Massenmärkten agieren. Grönross verweist darauf, daß das Modell für dieses transaktionsorientierte Marketing auch konzipiert wurde (ebd.). Alle interaktiven Elemente, d.h. der direkte Kontakt der Kunden mit den Organisationsmitgliedern sowie dem von der Organisation gestalteten technologischen und sonstigen Umfeld, liegen jedoch trotz ihrer zentralen Bedeutung außerhalb der „Vierfeldersystematik" des konventionellen Marketing-Mix. Interaktives Marketing spielt im Relationship Marketing dagegen eine dominierende Rolle. Elemente des Marketing-Mix sind zwar bedeutsam, haben aber lediglich eine unterstützende Funktion; Relationship Marketing nutzt – je nach Absatzobjekt – Werbung, Public Relations, Logistik etc., und die entsprechenden internen oder externen Experten dafür sind zweifellos wichtig; der Orientierungsrahmen für ihre Aufgaben und Aktivitäten ist jedoch das an der Gestaltung von Beziehungen ausgerichtete Marketing und nicht die eigene Expertenkultur.

Vor dem Hintergrund dieser Argumentation könnte man jedoch, ähnlich wie Bruhn/Bunge (1994), das Mix-Modell entsprechend um die Dimension „Relationships" ergänzen. Unter das Aufgabenfeld „Kommunikationspolitik" ließe sich im Prinzip auch der interaktive Aspekt subsummieren. Damit würde jedoch vernachlässigt, daß Kommunikation oder Beziehungsgestaltung auch in allen anderen Feldern nicht nur wirksam ist, sondern einen zentralen Erfolgsfaktor darstellt. Ebenso erscheint es nicht sinnvoll, das Mix-Modell um ein Feld „Service" zu ergänzen, da es die Serviceorientierung im Sinn einer Beziehungsorientierung zu Kunden und anderen Partnern lediglich als isolierte Aufgabe erscheinen ließe.

Das Management von Relationships stellt sich in der Argumentation von Grönroos als eine Querschnittaufgabe dar, die sich auf *alle* internen und externen Beziehungen und auf *alle* Felder des Mix-Modells bezieht. Weder eine Addition von zusätzlichen „P's" noch eine Veränderung der Begriffe, z.B. in Gestalt von „Produktionsbeziehungen, Distributionsbeziehungen, Kommunikationsbeziehungen, Finanzierungsbeziehungen", erscheinen sinnvoll. Der Erfolg einer Organisation basiert nur zum Teil auf der Kommunikationsarbeit der „full-time marketers"; besonders für alle Anbieter von Leistungen mit hohem Interaktions- und Individualisierungsgrad und damit auch für NPO, sind das Bewußtsein und die Arbeit der „part-time marketers", d.h. aller Beschäftigten in allen Abteilungen und auf allen Hierarchiestufen bedeutsamer (vgl. Grönroos 1994: 8).

Damit geht jedoch die „Übersichtlichkeit" des Marketing-Mix Modells verloren. Gummesson weist auf die Schwierigkeit hin, den Relationship Marketing Ansatz zu visualisieren: „An attempt to integrate the relational aspects into a ‚metafigure', has not surprisingly failed" (Gummesson 1987: 19) [8]. Mit der Einbeziehung *aller* Beziehungen zu *allen* Partnern und Bezugsgruppen wird sowohl der Objektbereich des Marketing, als auch der Einsatz von Instrumenten auf der operationalen Ebene unübersichtlich und wenig praktikabel. Gleichzeitig wächst der Bedarf an Informationen und Kriterien zur Segmentierung der unterschiedlichen Bezugsgruppen und - personen. Dies mag einer der Gründe sein, warum die Bedeutung von Relationships zwar beinahe einhellig anerkannt, dem Relationship Marketing als neuem theoretischen Paradigma in der Marketingliteratur die Anerkennung jedoch mehr oder weniger verweigert wird.

Dennoch erweist sich vor dem Hintergrund der bisherigen Erörterungen Grönroos' Definition des (Relationship) Marketing als plausibel: Marketing dient dem erfolgreichen Aufbau, der Aufrechterhaltung und Verbesserung von Beziehungen zu Kunden und anderen Partnern unter Berücksichtigung der Ziele der beteiligten Parteien. Dies wird erreicht durch gegenseitigen Austausch und die Erfüllung von Versprechen. In diesem Sinn ist Relationship Marketing ein Kürzel für „the relationship building and management approach to marketing" (Grönroos 1994: 14) [9]. Ein weiteres Schlüsselelement, neben der Erfüllung von Versprechen, ist Vertrauen: „Marketing is a process including several parties of actors, the objectives of which have to be met. This is done by a mutual exchange and fulfilment of promises, a fact that makes *trust* an important aspect of marketing" (a.a.O.: 13) [10].

---

8 Vgl. jedoch die Visualierung von Beziehungen einer Organisation in Morgan/ Hunt 1994: 21. Sie differenzieren in „Supplier Partnerships, Internal Partnerships, Buyer Partnerships und Lateral Partnerships". Zu den „lateralen" Beziehungspartnern gehören nach ihrem Verständnis neben dem „Government" auch „Nonprofit-Organizations". Diese vier Beziehungsfelder liefern einen ersten Anhaltspunkt zur Segmentierung des komplexen Beziehungsnetzes einer jeden Organisation. Vgl. auch Fischer 1995, der das Modell von Morgan/Hunt auf die Marketingpraxis innerhalb einer Abteilung eines Wohlfahrtsverbandes übertragen hat.

9 „Marketing is to establish, maintain, and enhance relationships with customers and other partners, at a profit, so that the objectives of the parties involved are met. This is achieved by a mutual exchange and fulfilment of promises" (Grönroos 1994: 9).

Als universeller Marketingansatz verliert somit das Marketing-Mix Management mit seinen vier „P's" an Bedeutung. Das heißt nicht, daß Produkt-, Distributions-, Finanzierungs- und Kommunikationspolitik bedeutungslos geworden sind. Beziehungen funktionieren schließlich nicht um ihrer selbst willen, sondern nur auf der Basis von Produkten oder Dienstleistungen: „The existence of a market relation is the foundation of exchange not a substitute for it" (McInnes 1964, zit. in Grönroos 1994: 14). Mit anderen Worten: Die Beziehungsarbeit ist der „rote Faden" der sich durch alle Aspekte des Marketing zieht. Sie kann nicht separiert betrachtet werden im Aufgabenfeld „Kommunikationspolitik" oder in hinzugefügten Aufgabenfeldern „People" bzw. „Service". Dies gilt analog auch für die organisatorische Ebene, auf der die Beziehungsarbeit nicht den „full-time marketers" in der Marketingabteilung allein überlassen bleiben kann.

3.2.3 Eine organisationstheoretische Begründung

Frederick E. Webster (1992) wählt einen eher organisationstheoretischen Zugang zum beziehungsorientierten Marketing und plädiert daher nicht explizit im Sinn von Grönroos oder Gummesson für ein Relationship Marketing als neues Paradigma. Ihm geht es eher um eine Ergänzung der traditionellen Marketing-Management Sichtweise: „In the new world of marketing management, we must also look at people, processes, and organizations" (Webster 1992: 13). Dies wird deutlich, wenn er auf der operationalen bzw. taktischen Ebene des Marketing die vier „P's" nach wie vor für relevant hält: „At the operating level, marketing managers must focus on marketing tactics, the ‚4 P's' of product, price, promotion, and place/distribution, the elements of the marketing mix" (a.a.O.: 10).

Er begründet die veränderte Rolle des Marketing mit den praktischen Anforderungen, die sich aus veränderterten Organisationsformen ergeben

---

10 „Inherent in this definition is a view of the suppliers or service providers interacting in a network with, among others, customers, suppliers, intermediaries, and environmental actors. It is possible to include the behaviour of the actors on a marketplace and in the nonmarket environment and to analyse the interactions and processes of the relationships in this system" (Grönroos 1994: 13 f.). Als „nonmarket environment" gelten dabei alle Beziehungen zu externen Partnern, die nicht direkte Kunden sind, aber als „stakeholder" (Unterstützer) agieren oder „enabling linkages" (vgl. Kelly 1991: 308) bereitstellen.

und weniger vor dem Hintergrund der Diskussionen um die Theorie des Marketing. Das wird auch daran deutlich, daß er die drei „klassischen" Dimensionen des Marketing: „culture", „strategy" und „tactics" beibehält [11]. Marketingkultur meint in diesem Zusammenhang „a basic set of values and beliefs about the central importance of the customer that guide the organization"; die Dimension Marketingstrategie konzentriert sich auf Zielformulierung, Marktsegmentierung und Positionierung der Organisation, während sich die taktische oder operationale Dimension des Marketing-Mix mit seinen vier „P's" bedient (ebd.). Auch wenn Webster also lediglich eine veränderte Rolle des Marketing und keinen Paradigmenwechsel fordert, enthält seine Argumentation zahlreiche Elemente des Relationship Marketing im Sinne von Grönroos.

Im Zentrum von Websters Interesse stehen zunächst die Kunden- und Qualitätsorientierung des Marketing. Pragmatisch betrachtet, verkauft sich Qualität nicht nur besser; sie ist aus Sicht des Unternehmens letztlich auch kostengünstiger: „Doing it right for the first time" ist preiswerter, als Fehler nachträglich zu suchen und zu beheben (Gummesson 1987: 18). Darüber hinaus wird die Bedeutung des Marketing vor dem Hintergrund der Veränderung von Organisationsstrukturen begründet. Webster beschreibt neue Organisationsformen von Unternehmen: „[...] the bias has shifted from ‚make' to ‚buy', from ‚ownership' to ‚partnership', from fixed cost to variable cost, but in the context of stable, long-term relationships" (Webster 1992: 9). Unternehmensstrukturen haben sich von horizontalen zu vertikalen Organisationsformen gewandelt. Netzwerkorganisationen bestehen aus einem Beziehungsgeflecht mit Verbindungen zu selbständigen Abteilungen, Zwischenhändlern, partnerschaftlichen Beziehungen zu Kunden und Lieferanten, strategischen Allianzen und Joint Ventures (vgl. a.a.O.: 9). Marketing als Management von Beziehungen erhält somit einen höheren Stellenwert als in traditionellen Organisationsformen: „In the context of a network organization, marketing is the function responsible for keeping all of the partners focused on the customer and informed about competitors product offerings and changing customer needs and expectations" (ebd.).

---

11 Diese entsprechen der im zweiten Kapitel dieses Teils der Arbeit vorgestellten Differenzierung des Marketingbegriffs auf der normativen Ebene der Marketingphilosophie, auf der methodischen Ebene des Marketing als Konzeption der Unternehmensführung und der operativen Ebene des Marketing als absatzpolitisches Instrument.

Websters Argumentation in bezug auf externe Netzwerkbeziehungen läßt sich auch auf interne Beziehungen anwenden: Der Produktionsprozeß einer Organisation läßt sich dann als Austauschbeziehung zwischen allen beteiligten Abteilungen beschreiben; die Produktion selbst wird zur Dienstleistung. Die Beziehungen von einzelnen Abteilungen innerhalb eines Unternehmens lassen sich als Kunden- oder Dienstleistungsbeziehungen betrachten: Abteilung A liefert, mit allen Verantwortlichkeiten für Reklamationen, Zeitverzögerungen und damit verbundenen Kosten, an Abteilung B usw. Diese um Qualitätsstandards zentrierte Neuorganisation innerhalb eines Unternehmens definiert das Verhältnis von abgebender und annehmender Stelle völlig neu. Auch erscheint in dieser Organisationsform der Begriff des internen Marketing plausibel: Jede einzelne Abteilung wird sowohl zum „Kunden" als auch zum „Verkäufer" für andere Abteilungen, muß sich um ihren guten Ruf sorgen und die Kosten für mangelhafte Qualität tragen. Damit steigen natürlich auch die Anforderungen in bezug auf Motivation und Verantwortung an jeden einzelnen Mitarbeiter. Gleichzeitig wird Marketing ein Thema für alle Beschäftigten, nicht nur für die Verkäufer des Endprodukts bzw. die Angestellten in der Marketingabteilung [12].

Insgesamt stellt Websters Ansatz ein Plädoyer für die Entwicklung einer ressourcenorientierten Theorie der Unternehmung dar. Weil die meisten Marketing-Transaktionen in langfristige Beziehungen eingebettet sind, steigen die Bedeutung von Verhandlungen, Koordinationen und Kooperationen sowie der Bedarf an Modellen, die die Beziehungen selbst in den Mittelpunkt stellen. Anzahl und Qualität dieser Beziehungen gehen weit über das hinaus, was vom herkömmlichen betriebswirtschaftlichen Transaktionsmodell erfaßt wird. Seine Argumentation bezieht sich primär auf die Gestaltung und das Management von Beziehungen im Rahmen der Organisation von komplexen Unternehmen. Für ein so verstandenes „relationship management" erhält das Marketing eine Schlüsselfunktion sowohl für die internen wie für die externen Beziehungen. Organisationen, die als Netzwerk von strategischen Allianzen mit unterschiedlichen Partnern funktionieren, bedienen sich des Marketing, um die aus den verschiedenen Partner-

---

12 Ein Zitat von Henry Ford macht deutlich, daß der Gedanke der „long-term relationships" nicht neu ist: „A manufacturer is not through with his customer when a sale is completed. He has then only started with his customer. In the case of an automobile the sale of the machine is only something in the nature of an introduction" (Ford 1922, zit. in Webster 1992: 6).

schaften resultierenden Beziehungen zu gestalten. Marketing ist als Bestandteil der Unternehmenskultur im Sinn von Kundenorientierung, als Strategie und als Taktik das flexible Band, mit dessen Hilfe die als Netzwerk funktionierende Organisation zusammengehalten wird. Sein so verstandenes „Relationship Management" bedient sich zentraler Elemente des „Relationship Marketing"; es ist jedoch nicht damit identisch.

3.3 Zusammenfassung

Der Ansatz des Relationship Marketing präsentiert sich einerseits als Grundstein für eine Theorie des Marketing, andererseits werden die Chancen für einen Paradigmenwechsel eher verhalten eingeschätzt. Die Marketingwissenschaft hat bisher keine eigenständige „general theory" entwickelt; ersatzweise hat das Marketing-Management Konzept mit seinem Mix-Modell die Funktion einer generellen Theorie übernommen. Der Ansatz des Relationship Marketing ist nach Ansicht von Grönroos jedoch besser für die Entwicklung einer generellen Marketingtheorie geeignet: Als „Theorie mittlerer Reichweite" wird er schon jetzt akzeptiert (Grönroos 1994: 13); er enthält darüber hinaus alle wesentlichen Elemente einer „General Theory". Auch das Marketing-Management-Modell sowie andere Ansätze haben darin ihren Platz (a.a.O.: 14).

Es wurde gezeigt, daß das Relationship Marketing noch immer nicht als eigenständiges und akzeptiertes Marketingkonzept gilt, aber gleichwohl insbesondere im Dienstleistungs- und Industrie-Marketing als „underlying paradigma" weitgehend akzeptiert wird. Auch führende us-amerikanische Autoren teilen diese Ansicht: „Companies must move from a short-term transaction-oriented goal to a long-term relationship-building goal" (Kotler 1992, zit. in Grönroos 1994: 9); dabei handelt es sich um einen „genuine paradigma shift" (Kotler 1991, zit. in Morgan/Hunt 1994: 20). Auch Webster argumentiert vor dem Hintergrund seines Plädoyers für die Bildung strategischer Allianzen in diesem Sinn: Ziel jeder Organisation sei es, „long-term customer relationships" aufzubauen (Webster 1992: 10). Folglich sei ein „fundamental reshaping of the field" des Marketing erforderlich (a.a.O.: 1).

Bei Robert M. Morgan und Shelby D. Hunt (1994) präsentiert sich das Relationship Marketing ebenfalls als „establishing, developing, and maintaining successful relational exchanges" und als „major directional change in both marketing theory and practice" (Morgan/Hunt 1994: 20). Da die meisten Partner für Relationships keine Kunden im klassischen Sinn sind, sondern Partnerschaften beispielsweise auch zu den Mitarbeitern, staatlichen Gremien oder – aus der Sicht von Unternehmen – auch zu Nonprofit-Organisationen bestehen, benutzen die Autoren folgende Definition: „Relationship marketing refers to all marketing activities directed toward establishing, developing, and maintaining successful relational exchanges" (a.a.O.: 22).

Die Chancen für einen von ihm und anderen Autoren propagierten Paradigmenwechsel beurteilt Grönroos jedoch eher pessimistisch. Der Begriff wird in Marketingfachbüchern noch immer eher additiv benutzt und kaum integriert (Grönroos 1994: 14). Dies demonstrieren auch die im Abschnitt 3.2.1 dieses Kapitels genannten Autoren, die den Begriff zwar nutzen, ihn aber lediglich dem traditionellen Marketing-Denken subsummieren. Grönross gibt einige Hinweise auf Erklärungen für die Beharrlichkeit des Marketing-Managment-Konzepts. Seit der Etablierung der „4 P's" als integralem Bestandteil des „Managerial Approach" gab es immer wieder Ansätze, die Zahl der Variablen zu erweitern; sie haben sich jedoch allesamt nicht durchsetzen können. Er macht dafür weniger eine möglicherweise fehlende Plausibiliät dieser Ansätze verantwortlich, sondern die Beharrlichkeit des Wissenschaftsbetriebes und die Denkstilgebundenheit der Akteure. Seiner Meinung nach rezipiert beispielsweise Webster, als einer der us-amerikanischen „opinion leader" in Sachen Marketing, nicht die Publikationen, die in Europa dazu erscheinen. Während die *Nordic School of Services* mit ihren Wurzeln an der *Universität Uppsala* intensiv die Entwicklungen der Marketingtheorie und -praxis in den angelsächsischen Ländern verfolgt, findet eine umgekehrte Rezeption der skandinavischen Forschungsergebnisse bei englischsprachigen Autoren nur selten statt (Gummesson 1987: 11). Im Zusammenhang mit dem geforderten paradigmatischen Perspektivenwechsel kritisiert Grönroos, stellvertretend für andere Autoren der *Nordic School of Services*, daß die scientific community der Marketingwissenschaftler hartnäckig an dem auf Kotler und McCarthy zurückzuführenden Marketing-Management-Modell festhält: „To challenge marketing mix management as the basic foundation for all marketing thinking has been as heretic as it was for Copernicus to proclaim that the earth moved" (Grönroos 1994: 4).

Im Licht der Diskussionen um den Stellenwert des Relationship Marketing innerhalb der Marketingwissenschaft und -praxis ist deutlich geworden, daß das in den sechziger Jahren begründete Marketing-Management-Modell nach wie vor das dominierende Konzept innerhalb des Marketing ist. Die Grenzen dieses Ansatzes werden in der Literatur nicht nur diskutiert, sondern führen auch zu Erweiterungen dieses Modells. Exemplarisch wurde das an den verschiedenen Versuchen deutlich, das Marketing-Mix-Modell um inzwischen als relevant erachtete Aspekte zu erweitern. Immanent betrachtet, erscheinen die erörterten Erweiterungsansätze zwar durchaus plausibel; die Argumentation von Grönross und anderen Autoren läßt diese Ergänzungs- und Erweiterungsversuche jedoch in einem anderen Licht erscheinen. Deutlich wird dabei, daß – aus welchen Gründen auch immer – an einem Paradigma festgehalten wird, was insgesamt in Frage gestellt werden kann.

Relationship Marketing als neues Paradigma ist gekennzeichnet durch einen systemischen Ansatz, der Organisationen mit ihren vielfältigen internen und externen Beziehungen betrachtet. Damit werden nicht nur bilaterale Transaktionen, beispielsweise zwischen Herstellern und Konsumenten oder Management und Mitarbeitern, analysiert. Dem Marketing stellt sich darüber hinaus die Aufgabe, *die Gesamtheit aller Beziehungen* mit Konsumenten, Lieferanten, Kooperationspartnern, Konkurrenten, Kapitalgebern, Mitarbeitern und weiteren Bezugsgruppen in den Blick zu nehmen und aktiv zu gestalten. Für diesen Blickwinkel plädieren verschiedene Autoren; einige davon nutzen das Beziehungsparadigma eher implizit und bauen es in ihre am Marketing-Management-Modell orientierte Argumentation mit ein (Kotler/Bliemel 1995; Bruhn/Bunge 1994; Tomczak 1994, Belz 1995, Belz et. al. 1994); andere halten das Beziehungsmanagement für den Grundstein einer neuen Marketingtheorie und favorisieren einen Paradigmenwechsel (Sutrich 1994; Grönroos 1994; Gummesson 1987). Zugespitzt formuliert: Die prinzipiell am Marketing-Management-Modell festhaltenden Autoren benutzen *Beziehungsmanagement als Instrument des Marketing*, während die Verfechter eines Paradigmenwechsels das *Marketing als Instrument des Beziehungsmanagements* nutzen.

Die Diskussion über den Stellenwert von Beziehungen innerhalb des Marketing ist also innerhalb der Marketingwissenschaft kontrovers. Während Beziehungsmarketing „zum einen als neues theoretisches Paradigma zur Erklärung von Koordinationsprozessen in der Wirtschaft" betrachtet wird, verstehen es andere Autoren lediglich als „Anwendungsfeld für bestimmte Managementtechniken" und als Rückbesinnung auf den Kern eines markt- oder kundenorientierten Marketing (Bruhn/Bunge 1994: 53). Für einen modifizierten Transfer auf die Arbeit an der Beziehungsgestaltung von NPO erscheint mir jedoch nach dieser Darstellung verschiedener Varianten des Relationship Marketing die Betrachtungsweise von Grönroos und anderen konstruktiver.

4 Vertrauen und Engagement – Ein Schlüsselfaktoren-Modell für die Beziehungen von NPO

Im vorangegangenen Kapitel wurden Argumente für eine beziehungsorientierte Gestaltung des Marketing auf einer theoretischen Ebene vorgestellt. In diesem Kapitel kann nun der Stellenwert von Beziehungen im Kontext des Fundraising von NPO präzisiert werden. Mit einem Schlüsselfaktoren-Modell für die Beziehungen von NPO sollen Elemente für „Relationships" benannt und in Beziehungen zueinander gesetzt werden. In der Literatur zum beziehungsorientierten Marketing wird in der Regel nur am Rande darauf eingegangen, welche Faktoren denn ein erfolgreiches Beziehungsmanagement kennzeichnen. So weist beispielsweise Christian Belz (1995) auf die Bedeutung von Sympathie, Anerkennung, Vertrauen, Gegenseitigkeit, Intensität und Kompetenz hin und hält ein ausgewogenes Verhältnis dieser Variablen für erforderlich: Viel Kompetenz und wenig Sympathie sind ebenso ineffektiv wie andere Unausgewogenheiten dieser Merkmale (vgl. Belz 1995: 74).

Bruhn/Bunge (1994) nennen im Zusammenhang mit der Qualität von Beziehungen einige Faktoren, die sich auf die Dauer und Intensität von Geschäftsbeziehungen bzw. auf ihre Symmetrie oder Asymmetrie beziehen. Nach dem „Level of Partnership" werden Bezugspersonen differenziert als „voraussichtlicher Kunde oder Interessent, Konsument bzw. Verbraucher, enger Kunde bzw. Mandant, treuer Anhänger bzw. Förderer sowie Fürsprecher bzw. Anwalt des Unternehmens" (Bruhn/Bunge 1994: 58). Asymmetrische oder einseitige Bindungen manifestieren sich beispielsweise in Macht- und Abhängigkeitsverhältnissen zwischen Anbietern und Nachfragern.

Kennzeichnend für diese und andere Ausführungen ist jedoch, daß sie zwar unbestreitbare Faktoren für erfolgreiche Beziehungen nennen, ihnen jedoch nicht auf den Grund gehen. Dies gilt insbesondere für die komplexe sozialpsychologische Variable Vertrauen. Was als Vertrauen angesehen wird, wie es entsteht und wie voraussetzungsvoll das Aufrechterhalten von Vertrauen ist, bleibt in der Regel weitgehend dem Alltagssprachgebrauch verhaftet. Um diesem Defizit zu begegnen, wird im folgenden exemplarisch der Erfolgsfaktor Vertrauen als elementare Kategorie für Beziehungen, insbesondere für Fundraising-Fundgiving-Beziehungen, auf der Basis von Niklas Luhmanns Ansatz (1973) erörtert. Vor diesem Hintergrund stelle ich anschließend ein Schlüsselfaktoren-Modell vor, das einer theoretischen Analyse relevanter Elemente des Relationship Marketing ebenso wie des Relationship Fundraising dienen soll.

4.1 Vertrauen als Schlüsselfaktor

Ähnlich wie bei den Begriffen Hilfeleistung, Empathie und prosoziales Verhalten, die an anderen Stellen dieser Arbeit schon erörtert wurden, handelt es sich auch beim Vertrauen um einen komplexen sozialpsychologischen Begriff. In Analogie zu den genannten Begriffen kann auch hier weder von einem puren Vertrauen noch von reinem Mißtrauen ausgegangen werden, sondern es handelt sich vielmehr um „symbolisch vermittelte, generalisierte Haltungen [...], die nicht mit spezifisch angebbaren objektiven Ursachen variieren, sondern durch subjektive Prozesse der vereinfachenden Erlebnisverarbeitung gesteuert werden" (Luhmann 1973: 83). Vertrauen hat somit die Funktion, die Komplexität in einer tendenziell unüberschaubaren Welt zu reduzieren. Der einzelne kann die gesellschaftliche Komplexität nur nutzen, indem er sie mit Hilfe von Wahrnehmungsfiltern und Einstellungen selber reduziert [1] oder wenn er sich auf die Informationsverarbeitung durch andere Personen, Medien oder Organisationen zur Reduktion und Sortierung der Informationsfülle stützen und verlassen kann. Dadurch wird Komplexität zwar reduziert, gleichzeitig entsteht aber ein Informationsdefizit im Sinn einer Ausgrenzung von weiteren potentiell relevanten Fakten. Luhmann macht dieses Problem des Informationsdefizits und die Notwendigkeit von Vertrauen zur Überbrückung dieses Defizits mit dem Verweis auf eine Studie deutlich, in der die Beziehungen zwischen us-amerikanischen Kongreßabgeordneten und Verwaltungsangehörigen analysiert wurden: „Die Wirklichkeit der Staatsverwaltung ist viel zu komplex, als daß Kongreßmitglieder sie überblicken und bewerten könnten. Sie kommen ohne Vertrauen in die persönliche Aufrichtigkeit der die Details beherrschenden Verwaltungsangehörigen nicht aus. Die Abgeordneten kontrollieren daher praktisch nicht die Fakten, sondern ihr Vertrauen, und nur mittelbar dadurch die Fakten. Und sie reagieren in dieser Zwangslage auf das leise-

---

1 Vgl. auch Abschnitt 3.2 im Teil II dieser Arbeit.

ste Zeichen einer Unredlichkeit mit emotionaler Schärfe durch Vertrauensentzug und andere Sanktionen" (a.a.O.: 30 f.).

Vom Prinzip her ist auch ein Fundgiver mit diesem Problem konfrontiert. Auch er kann niemals eine von ihm unterstützte NPO vollständig kontrollieren. Vertrauen ist also eine unabdingbare Voraussetzung für das Fundgiving. Ein Spender vertraut jedoch weder der Person eines Fundraisers noch einer NPO bedingungslos, sondern nur nach Maßgabe bestimmter vernünftiger Erwartungen. Die Kontrolle seines Vertrauensvorschusses geschieht dadurch, „daß er sich sein Objekt mit Hilfe von Symbolen der Vertrauenswürdigkeit nahebringt" (a.a.O.: 31): „Vertrauen wird, weil die Wirklichkeit für eine reale Kontrolle zu komplex ist, mit Hilfe symbolischer Implikationen kontrolliert, und dazu dient ein grob vereinfachtes Gerüst von Indizien, die nach Art einer Rückkopplungsschleife laufend Informationen darüber zurückmelden, ob die Fortsetzung des Vertrauens gerechtfertigt ist oder nicht" (ebd.). Als Indizien für die Vertrauenswürdigkeit von NPO können beispielsweise gelten: regelmäßige Informationen; transparente Jahresberichte; Testate von Wirtschaftsprüfern, Aufsichtsbehörden, Kontrollgremien; die Einschätzungen von Mitarbeitern und Nutzern sowie die Berichterstattung in den Medien.

Vertrauen erschließt „durch die Reduktion von Komplexität Handlungsmöglichkeiten, die ohne Vertrauen unwahrscheinlich und unattraktiv geblieben, also nicht zum Zuge gekommen wären" (a.a.O.: 25 f.). Vertrauen ist also Chance und Risiko zugleich und bleibt immer ein Wagnis. Es wird als Vorschuß auf den Erfolg auf Zeit und auf Widerruf gewährt und ist letztlich immer unbegründbar; es kommt durch Überziehen der vorhandenen Information zustande; es ist „eine Mischung aus Wissen und Nichtwissen" (Simmel 1922, zit. a.a.O.: 26).

Für das Fundgiving kann die Existenz eines – je nach Art und Umfang des Gebens – mehr oder weniger stark ausgeprägten Vertrauens als Basis angesehen werden. Dessen Merkmale sind Affektivität, d.h. eine Mischung aus Informationen und Gefühlen sowie Partikularität, d.h. das Vertrauen ist auf spezielle Nonprofit-Organisationen oder Zwecke gerichtet. Zwar sind die konkret nachprüfbaren Leistungen der Organisation relevant; für eine vertrauensvolle Beziehung sind jedoch die charakteristischen „Eigenschaften" der Organisation dominant, ihr Image oder ihre „Corporate Identity", aber auch die Persönlichkeiten der Fundraiser. Information und Leistungen sind die rationale Basis; ausschlaggebend ist jedoch immer ein zusätzliches

Maß an Affektivität, was durch spezifische und möglichst unverwechselbare Eigenschaften vermittelt wird.

Vertrauen als eine wesentliche Substanz von Beziehungen zwischen Fundgivern und NPO ist auf diese Weise jedoch immer tendenziell prekärer Natur, störanfällig und in hohem Maße mit Symbolgehalten aufgeladen: „Menschen und soziale Einrichtungen, denen man vertraut, werden dadurch zu Symbolkomplexen, die besonders störempfindlich sind und gleichsam jedes Ereignis unter dem Gesichtspunkt der Vertrauensfrage registrieren. Im Umkreis des Vertrauensproblems bekommt dadurch alles Geschehen eine symptomatische Relevanz. Einzelereignisse gewinnen wie Stichproben ausschlaggebende Bedeutung für das Ganze: Eine Lüge kann das gesamte Vertrauen zerstören, und gerade die kleinen Mißgriffe und Darstellungsfehler entlarven durch ihren Symbolwert oft mit unerbittlicher Schärfe den ,wahren Charakter'" (a.a.O.: 30).

Vertrauen gilt als das Produkt von Lernprozessen und Erfahrungen und basiert auf einer Willensleistung. Der Vertrauende setzt sich über die Tatsache hinweg, daß er nicht ausreichende Informationen hat, um erfolgssicher handeln zu können. Er schenkt Vertrauen und hat, mehr oder weniger bewußt, bestimmte Schwellen, bis zu denen er Irritationen toleriert. Vertrauensbeziehungen sind damit prinzipiell gefährdet durch Unklarheit und Vieldeutigkeit. Unter welchen Umständen kann also jene Ergänzung von Information durch Willen und Risikobereitschaft stattfinden? Die Vertrautheit mit einer möglicherweise vorhandenen Vertrauensperson ist ein wesentlicher Faktor zur Reduktion von Unsicherheit. Ersatzweise werden Überlegungen zur Motivationsstruktur des Partners bzw. der NPO angestellt. Der Prozeß der Vertrauensbildung beginnt mit einer „riskanten Vorleistung" des Vertrauenden: „Man kann Vertrauen nicht verlangen. Es will geschenkt und angenommen sein. Vertrauensbeziehungen lassen sich daher nicht durch Forderungen anbahnen, sondern nur durch Vorleistung – dadurch, daß der Initiator selbst Vertrauen schenkt oder eine zufällig sich bietende Gelegenheit benutzt, sich als vertrauenswürdig darzustellen" (a.a.O.: 46).

Zur Entwicklung und zum Ausbau vertrauensvoller Beziehungen skizziert Luhmann einen Prozeß, wie er auch beim Aufbau von Beziehungen zwischen Fundgivern und NPO relevant ist: „Eine persönliche Beziehung auf der Basis wechselseitiger Wohltaten wird typisch mit klein dosierten Leistungen eröffnet. Es werden Nettigkeiten, Hilfeleistungen, kleine Gaben, die nichts kosten, offeriert in einer Form, die für taktvolle Zurückweisung Raum läßt. Erst wenn die Freundlichkeiten erwidert werden, dankbare Anerkennung aufleuchtet und die Beziehung sich im Hin und Her bewährt hat, kann das Verhältnis vertieft werden. Sie trägt dann auch größere Gaben und auch ein langfristiges Ungleichgewicht, weil jeder dem anderen vertraut" (a.a.O.: 48).

4.1.1 Vertrauen in Personen und in Systeme: Die Arbeit an der Selbstdarstellung

Luhmann differenziert „persönliches Vertrauen" zwischen Menschen und „Systemvertrauen", wie es sich beispielsweise im Vertrauen auf das Funktionieren von Hilfsorganisationen manifestieren kann. Da sowohl beim Marketing als auch beim Fundraising die Möglichkeiten von persönlichen Kontakten begrenzt sind, bekommen die zahlreichen Varianten indirekter, vermittelter Formen des Kontakts einen hohen Stellenwert. Das Vertrauen in Hilfsorganisationen beispielsweise muß in der Regel ohne die Vergewisserung über persönlichen Kontakt, d.h. persönliches Vertrauen, auskommen. Dabei kommt Mittlerpersonen eine wichtige Funktion zu: Schirmherrschaften oder Patenschaften, Zeugnisse oder Referenzen prominenter Persönlichkeiten, die man zwar auch nicht persönlich kennt, mit denen man sich aber identifizieren kann, werden aus diesem Grund genutzt. Dennoch gilt, daß Kommunikationen dieser Art zwar von Menschen gemacht werden und auf Menschen wirken, aber ohne persönliche Beziehungen gesichert werden müssen. Die Entstehung und Aufrechterhaltung von persönlichem Vertrauen ist also schon ein voraussetzungsvoller Prozeß. Noch komplexer sind die Anforderungen an ein Vertrauen in Soziale Systeme. In diesem Zusammenhang wird sowohl eine einzelne NPO als auch die Summe aller Fundraising betreibenden NPO, als System im Luhmann'schen Sinn aufgefaßt (vgl. Luhmann 1987). Wie entsteht „Systemvertrauen" bzw. wie verdient sich eine Organisation Vertrauen? Beim Entwickeln von Systemvertrauen handelt es sich nicht einfach um Vertrautheit mit Systemen, sondern um eine Teilverlagerung der Vertrauensproblematik von außen nach innen. Was in der Umwelt aufgrund der Komplexität nicht kontrollierbar ist, wird reduziert und nach innen verlagert, in die Person hinein, die vertrauen möchte. Vertrauen oder Mißtrauen wird damit zum individuellen

Problem, wird damit aber auch individuell handhabbar gemacht. Eine NPO als Objekt des Vertrauens wird auf diese Weise symbolisch kontrolliert [2]. Diese Form der Kontrolle bedient sich verschiedener Indikatoren. Einerseits gibt es Personen oder Sozialsysteme, die Vertrauen verdienen einfach dadurch, daß sie starr und unbeweglich bleiben, was sie sind (vgl. Luhmann 1973: 67). Andererseits sind Systeme „elastischer, komplexer, bestandsfähiger [...], die das Vertrauen, das sie in ihrer Umwelt genießen, als Problem erleben und sich darum bemühen können. Sie verlieren an Spontaneität und gewinnen Reflexivität. Ihre Selbstdarstellung wird bewußter und auf komplexere Bedingungen einstellbar" (ebd.). Das Vertrauen in diese Systeme bezieht sich dann darauf, daß sie ihre Selbstdarstellung fortsetzen und sich durch ihre „Selbstdarstellungsgeschichte" gebunden fühlen.

Wer als Person wie als Organisation Vertrauen erwerben will, muß in der Lage sein, fremde Erwartungen in die eigene Selbstdarstellung einzubauen. Diese Grundregel darf jedoch nicht mit reinem Konformismus verwechselt werden: „Wer sich nur anpaßt, wird als Selbst überhaupt nicht sichtbar, und schon deshalb kann man ihm ebensowenig vertrauen, wie dem, der vorbeiläuft. Der Weg zum Vertrauen führt über ein umformendes Eingehen auf fremde Erwartungen" (a.a.O.: 68). Diese Formulierung verweist auf eine zentrale Aufgabe jeder Organisation: Einerseits müssen Organisationsziele und -werte kontinuierlich verfolgt werden; andererseits unterliegen sie im Zeitverlauf immer sowohl internen wie externen Beeinflussungen. „Umformendes Eingehen auf fremde Erwartungen" heißt also ein an der Organisationsidentität orientiertes konstruktives Umgehen mit äußeren Einflüssen: „Man muß so bleiben, wie man sich gezeigt hat. In einzelnen Hinsichten mag es gelingen, gute Gründe für ein Abweichen zu finden oder die Selbstdarstellungsgeschichte so umzudeuten, daß das Neuartige als Konsequenz des Gewesenen erscheint. Doch solche Reformen sind nur an einem, im übrigen konstant und integer bleibenden Selbst durchführbar" (a.a.O.: 69).

Auf diese Weise sammelt sich Vertrauen an „als eine Art Kapital, daß mehr Möglichkeiten zu weiterreichendem Handeln eröffnet, aber auch laufend benutzt und gepflegt werden muß und den Benutzer auf eine vertrauenswürdige Selbstdarstellung festlegt, von der er nur schwer wieder herun-

---

2 Darüber hinaus schließt das Vertrauen in die Funktionsfähigkeit von Systemen immer ein Vertrauen in die Funktionsfähigkeit ihrer immanenten Kontrollen ein (vgl. Luhmann 1973: 65).

terkommt" (a.a.O.: 71). Anders formuliert: „Alle Selbstdarstellung verpflichtet" (a.a.O.: 69). Man kann Vertrauen zwar auch durch täuschende Selbstdarstellung oder Manipulation erwerben, aber man kann es sich nur erhalten und als laufend verfügbares Kapital nur nutzen, wenn man die Täuschung auch permanent fortsetzt; das wird jedoch auf Dauer unmöglich sein.

Luhmann geht davon aus, daß Personen und Soziale Systeme in ihrer Selbstdarstellung danach streben, „ein konsistentes Bild von sich selbst zu entwerfen und zu sozialer Geltung zu bringen" (a.a.O.: 90 f.). Gleichzeitig weist er auf die damit verbundenen Widersprüche und Probleme hin: „Selbstdarstellung ist schwierig, von inneren Widersprüchen, Fehlern, nicht darstellbaren Fakten und Informationen bedroht; sie bedarf daher erheblicher Ausdrucksvorsicht auf der einen und taktvoller Kooperation des Zuschauers auf der anderen Seite. Nicht selten kommt es zu heiklen oder gar peinlichen Situationen, in denen es offenkundig zu werden droht, daß das dargestellte Selbst nicht das wirkliche Selbst ist. Wer dann die Fassung verliert, ist verloren" (a.a.O.: 91). Als eine Folgerung ergibt sich daraus, daß NPO mißtrauische Handlungen zulassen, mißtrauische Einstellungen jedoch verhindern oder verändern müssen. Gemachte Fehler müssen zugeben werden, extern bedingte Störungen oder aufgetragene Rollenverpflichtungen müssen den Bezugspersonen und -gruppen transparent gemacht werden (vgl. a.a.O.: 85).

4.1.2 Vertrauen in Vertrauen

Eine Steigerungsform des Vertrauens ist das „Vertrauen in Vertrauen" (a.a.O.: 72 ff.). Damit bezieht sich Luhmann darauf, daß in manchen gesellschaftlichen Zusammenhängen die bisher skizzierte Herstellungsweise von Vertrauen nicht ausreicht. Sie ist immerhin auf ein Mindestmaß an Kontakt, Information und Überprüfbarkeit angewiesen. Vertrauen in die Funktion des Vertrauens zu haben heißt, darauf verzichten zu können, daß die Wahrheit über einen Gegenstand in ihren Grundzügen bekannt ist. Vielmehr steht im Mittelpunkt die Erfahrung, daß mit Hilfe des Vertrauens die Komplexitätsreduktion gelingt, und die Übernahme des darin beschlossenen Risikos sich im sozialen Leben bewährt hat. In dieser Steigerungsform bezieht sich das Vertrauen auf sich selbst, darauf nämlich, daß es in der Lage sein wird, seine Funktion weiter zu erfüllen. Und in dieser Form kann es noch mehr leisten, kann es mit weniger Einsatz an Wagnis noch mehr Unsicherheit absorbieren (vgl. a.a.O.: 76).

Luhmann weist auf verschiedene Abstraktionsformen des Vertrauens in Vertrauen hin: „Der einzelne kann einmal seinem eigenen Vertrauen vertrauen, sowie er auch seine Gefühle fühlen oder über sein Denken nachdenken kann; er kann ferner darauf vertrauen, daß andere ihm vertrauen, und schließlich darauf, daß andere in gleicher Weise wie er Dritten vertrauen.(ebd.)" Als Beispiel verweist er in diesem Zusammenhang auf das komplexe Systemvertrauen in das Medium Geld. Niemand kann realistischerweise die Stabilität seines Bankguthabens kontrollieren, er kann ihr lediglich vertrauen. Indem alle Bankkunden dieses Vertrauen aufbringen, funktioniert das Geld als abstraktes Medium: „The rational ground for confidence in money is that others have confidence in money" (Parsons 1964, zit. a.a.O.: 76).

Das Vertrauen in Vertrauen macht im Zusammenhang mit dem Fundraising möglicherweise zwei Phänomene erklärbar. Es kann einerseits einen Anhaltspunkt liefern, warum Personen oder Organisationen in betrügerischer Absicht „Erfolg" auf dem Spendenmarkt haben können. Spendensammelnden Organisationen wird dabei insgesamt als System von hilfeleistenden Organisationen Vertrauen entgegen gebracht; die Überprüfung im Einzelfall findet dagegen nicht statt. Dies wäre eine negative Auswirkung von überzogener Komplexitätsreduktion durch Vertrauen in Vertrauen.

Andererseits ermöglicht diese Steigerungsform des Vertrauens auch Handlungen, die durch einfaches Vertrauen allein nicht zustandekommen könnten. Dies gilt aus meiner Sicht beispielsweise für die spontane Überweisung von Geld im Rahmen von Fernsehsendungen, in denen zum Spenden aufgefordert wird. Eine Überprüfung der konkreten Organisation, der das Geld zugute kommt, kann in diesen Fällen in aller Regel nicht stattfinden und wird auch im Vorfeld kaum stattgefunden haben. Solche Fundraising-Aktivitäten profitieren – neben zahlreichen anderen Erfolgsfaktoren – auch vom Phänomen des Vertrauens in Vertrauen: in das System der freiwilligen

---

3   So wurde beispielsweise im Rahmen einer Fernsehgala am 22.12.1995 in der *ARD* die Summe von insgesamt ca. 12 Mill. DM für die *José Carreras Leukämie Stiftung* gespendet, obwohl davon auszugehen ist, daß diese Organisation in Deutschland weitgehend unbekannt war. Das Geld wurde gespendet, *obwohl* den Spendern keine Informationen über konkrete Verwendungszwecke bzw. die Organisationsform, Arbeitsweise und Erfolge dieser Stiftung vorlagen (vgl. auch Müllerleile 1996: 10 f.).

Hilfeleistungen insgesamt sowie in die Tatsache, daß offensichtlich auch zahlreiche andere Menschen zu diesem Vertrauen, d.h. zum Spenden aktuell bereit sind [3].

4.1.3 Mißtrauen und Vertrauenskrisen

Die Funktion des Vertrauens wurde als die Reduktion von Komplexität durch Übernahme eines Risikos bezeichnet. Wer zu diesem Risiko nicht bereit ist, belastet sich mit der Komplexität; sie reduziert sich nicht von selbst und die Funktion des Vertrauens bleibt unerfüllt. Deshalb muß zwischen Vertrauen und Mißtrauen gewählt werden (vgl. a.a.O.: 78). Mißtrauen ist in diesem funktionalen Sinn das Äquivalent des Vertrauens, da es ebenfalls die Funktion der Komplexitätsreduktion erfüllen kann. Bei der „mißtrauischen Lebensführung" geht jedoch häufig das Bewußtsein des Mißtrauens verloren; die Reduktionsstrategie Mißtrauen wird als gewohnte Lebensauffassung, als Routine verselbständigt (vgl. a.a.O.: 79).

In einer Vertrauenskrise wird die Situation einerseits problematischer, komplexer und reicher an Möglichkeiten; andererseits „treten vereinfachende Prozesse der Reduktion, der Orientierung an wenigen prominenten Schlüsselerlebnissen in Funktion. Gegenstände und Ereignisse, die symptomatischen Wert zu haben scheinen, gewinnen besondere Relevanz und beherrschen die Auslegung anderer Umstände. Sie werden zu ,Gründen', zu ,Beweisen' dafür, daß Vertrauen bzw. Mißtrauen gerechtfertigt sind. Da die objektive Situation zumeist Ansatzpunkte für beide Einstellungen enthält, entscheidet zunächst eine unbestimmte Vormeinung über die selektive Tendenz und die Richtung der symbolischen Fixierung – nicht selten der Zufall eines ersten Eindruckes" (a.a.O.: 83).

Wenn Vertrauen enttäuscht wird, wendet sich der Enttäuschte nicht nur im konkreten Einzelfall ab, sondern seine vertrauensvolle Einstellung wird prinzipiell von ihm selbst und von anderen zur Disposition gestellt: „Wer vertraut, stellt sich als einer dar, der seinem Wesen nach geneigt ist, Vertrauen zu schenken. Wenn sich nun das Vertrauen als deplaciert herausstellt, ist der Vertrauende nicht nur enttäuscht, sondern unter Umständen auch blamiert" (a.a.O.: 91). Diese Angst vor Blamage und Enttäuschung kann – je nach Einstellung des Fundgivers – sein Vertrauen nicht nur in eine konkrete NPO, sondern in bezug auf das Fundgiving insgesamt limitieren oder gar zerstören.

In der zentralen Funktion des Vertrauens als Vereinfachung bzw. Reduktion von Komplexität liegt neben den beiden genannten Gefahren ganz prinzipiell immer ein sprunghaftes und unberechenbares Moment (vgl. a.a.O.: 83). Aufgrund der komplexen Charakteristik des Vertrauens werden Grenzen des Relationship-Marketing und -Fundraising deutlich: Beziehungen sind, nicht zuletzt wegen ihres unverzichtbaren Anteils von Vertrauen, nicht technisch steuer- oder gar kontrollierbar. Fundraising betreibende Organisationen können die Formen ihrer Kommunikationen in vielfältiger Weise optimieren; dies bleibt jedoch nur eine notwendige, aber nicht hinreichende Bedingung für eine dauerhafte Bindung. Vertrauen ist auf beiden Seiten immer ein riskanter Prozeß.

4.1.4 Zusammenfassung

Bei allen Unwägbarkeiten in bezug auf die Entstehung und Aufrechterhaltung von Vertrauen lassen sich abschließend jedoch einige zentrale und unverzichtbare Voraussetzungen identifizieren. NPO haben *erstens* die Funktion und Aufgabe, Komplexität zu reduzieren. Ein gestaffeltes Angebot an Informationen – von einer kurzen Skizze der Ziele und Leistungen bis hin zu ausführlichen Jahresberichten und regelmäßigen Nachrichten und Hintergründen – liefert diese Komplexitätsreduktion. Da Vertrauen gleichermaßen auf Fakten und Symbolen beruht, müssen sowohl sachliche Informationen als auch Möglichkeiten einer affektiven Verbindung angeboten werden. So ist die Symbolik von kurzen Reaktionszeiten bei der Bitte um schriftliche Informationen ebenso wie die Art und Weise von telefonischer Kommunikation im Rahmen des Fundraising bekannt, gewinnt jedoch vor dem Hintergrund der Erörterungen zur Produktion von Vertrauen noch zusätzlich an Bedeutung.

Zweitens ist deutlich geworden, daß Vertrauen auf der Basis von Selbstdarstellungen entsteht. Die konkreten Leistungen einer spendensammelnden Organisation sind dabei selbstverständlich der unverzichtbare Boden. Vertrauen kann jedoch nicht auf der akribischen Nachprüfung dieser Fakten entstehen, sondern auf deren konzentrierter Präsentation; dem Fundgiver müssen dabei „symbolische Anker" angeboten werden. Diese Selbstdarstellungsarbeit ist ein fortwährender Prozeß im Kontakt mit den Fundgivern. Darüber hinaus ist *drittens* ein „umformendes Eingehen" auf die Erwartungen und Reaktionen der Kommunikationspartner ein weiteres Erfordernis für die Entstehung und Aufrechterhaltung von Vertrauen. Die Selbstdarstellung ist also kein einseitiger Akt der NPO, sondern kann nur im Kontakt mit den Beziehungspartnern eine verbindende Kraft entfalten.

Da der Kontakt zu einer großen Zahl von Fundgivern nur in geringem Maße über Personen, d.h. von Angesicht zu Angesicht, stattfinden kann, kommt dem Systemvertrauen eine besondere Bedeutung zu. NPO profitieren also – *viertens* -nicht nur von dem in ihre konkrete Organisation gesetzten Vertrauen, sondern gleichermaßen von dem Vertrauen, das in das System der Fundraising betreibenden Organisationen insgesamt gesetzt wird. Je akzeptierter und anerkannter sowohl das freiwillige Geben oder prosoziale Verhalten als auch NPO innerhalb einer Gesellschaft sind, desto förderlicher erscheinen die Rahmenbedingungen für das Systemvertrauen.

Fünftens wurde der Charakter als Risikoleistung deutlich, der jedem Vertrauen geben und Vertrauen bekommen auf beiden Seiten innewohnt. Dieser Aspekt der Arbeit an Beziehungen ist nur in Grenzen plan- und steuerbar; er unterliegt permanent der Gefahr von Irritationen und Gefühlen. Dies erscheint jedoch gleichzeitig auch als Chance. Vertrauen entsteht nicht als sozial- oder marketingtechnologisches Produkt, sondern, bei aller Abstraktion und symbolischer Vermittlung, immer im Kontakt zwischen Menschen. In deren Individualität liegen also Grenzen und Chancen gleichermaßen. Dies zeigt sich insbesondere bei Vertrauenskrisen und Mißtrauen. In diesen Fällen werden die Aktionsmöglichkeiten von NPO häufig unterschätzt bzw. kaum genutzt. In die Selbstdarstellungsgeschichte gehört jedoch beispielsweise auch das Eingeständnis von Krisen und Fehlern.

4.2 Ein Faktoren-Modell für Beziehungen

Nachdem der Begriff des Vertrauens mit seinen Implikationen ausführlich vorgestellt wurde, kann auf dieser Basis ein Faktoren-Modell für Beziehungen von NPO erörtert werden [4]. Es werden dabei neben den Schlüsselfaktoren Vertrauen und Engagement weitere Elemente von Beziehungen einer NPO zu unterschiedlichen Partnern aufgelistet, deren unterschiedlicher

---

4 Dieses Modell basiert auf dem von Morgan/Hunt (1994) im Rahmen ihrer „Commitment-Trust Theory of Relationship Marketing" entwickelten „key mediating variable model of relationship marketing" (a.a.O.: 22 ff.).

Stellenwert bzw. ihre Funktion deutlich gemacht und Beziehungen zwischen den einzelnen Elementen dargestellt. Als ein allgemeines Modell für Beziehungen ist es prinzipiell anwendbar auf alle Beziehungen, die eine Organisation unterhält [5]. Es lassen sich damit also Beziehungen einer NPO zu ganz unterschiedlichen Bezugsgruppen und Partnern analysieren, beispielsweise zum Personal, zu öffentlichen Ressourcengebern, Kunden, Lieferanten etc. Im Kontext dieser Arbeit dient es insbesondere der Analyse von Faktoren, die im Rahmen der Beziehungen zu Fundgivern relevant sind.

Ein Faktoren-Modell für die Beziehungen einer Organisation
(in Anlehnung an Morgan/Hunt 1994: 22):

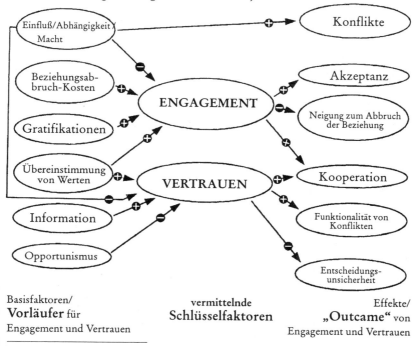

Basisfaktoren/	vermittelnde	Effekte/
Vorläufer für	**Schlüsselfaktoren**	„Outcame" von
Engagement und Vertrauen		Engagement und Vertrauen

---

5 Morgan/Hunt (1994) haben das Modell im Kontext des Business-Marketing entwickelt und empirisch überprüft. Dabei wurden mit einem nationalen Sample von Autoreifen-Händlern in den USA deren Beziehungen zu Kunden, Lieferanten etc. untersucht. Die Autoren halten ihr Modell derzeit für (noch) nicht generalisierbar (Morgan/Hunt 1994: 34). Eine empirische Überprüfung im Nonprofit-Bereich bzw. speziell in bezug auf Fundgiving-Fundraising Beziehungen liegt bisher nicht vor. An dieser Stelle wird eine theoretische Übertragung versucht.

Beleuchtet werden in dem Modell die beziehungsgestaltenden Faktoren und ihre indirekten Relationen zwischen den Basisfaktoren und den Effekten; einzige Ausnahme ist die direkte positive Beziehung zwischen Einfluß/Abhängigkeit/Macht und Konflikten (d.h. das Vorhandensein dieser Basisfaktoren ist immer der Entstehung von Konflikten förderlich) [6]. Das Modell formuliert Hypothesen im folgenden Sinn: Es existiert eine positive Beziehung zwischen Beziehungs-Abbruchkosten und Engagement. Das heißt: Sind die Beziehungs-Abbruchkosten hoch, steigt die Wahrscheinlichkeit, daß der Grad des Engagements innerhalb der Beziehung hoch ist. Es existiert eine positive Beziehung zwischen Information und Vertrauen. Das heißt: Ein großes Maß an relevanter Information und damit verbundener Transparenz ist einer vertrauensvollen Beziehung förderlich. Bei der Kennzeichnung der Relationen mit „positiv = +" und „negativ = -" geht es um die Auswirkungen im Sinn von fördernd (+) bzw. reduzierend (-). Das Element x fördert bzw. reduziert also jeweils das Element y.

Im Zentrum dieses Modells stehen die vermittelnd wirkenden **Schlüsselfaktoren** Engagement und Vertrauen. Engagement („Relationship Commitment") innerhalb einer Beziehung bedeutet, daß beide Partner überzeugt davon sind, daß die Fortsetzung der Beziehung ein Maximum an Anstrengungen und Verpflichtungen rechtfertigt. Ein alternativer Begriff könnte „Involvement" sein. Mit Engagement ist nicht nur die bloße Aktivität innerhalb einer Beziehung gemeint, sondern ein auf partnerschaftliches Gelingen hin gerichtetes Agieren. Vertrauen als sozialpsychologische Kategorie wurde vorab ausführlich dargestellt. Im Ergebnis hat Vertrauen die Überzeugung zur Folge, daß der andere Partner integer, zuverlässig, seriös und verläßlich ist.

Ihre Bedeutung als Schlüsselelemente ergibt sich aus der Überlegung, daß *erstens* das Vorhandensein beider Faktoren für erfolgreiche Beziehungen unverzichtbar ist; je größer ihr Ausmaß, desto förderlicher ist das für die Produktivität, Effizienz und Effektivität von Beziehungen. *Zweitens* lassen sie als vermittelnde Variablen die Effekte bzw. „Outcome-Variablen" über-

---

6   Eine Variante dieses Modells ohne die vermittelnden Schlüsselfaktoren (sie würden dann den Basisfaktoren zugeordnet) könnte zwar alle relevanten direkten Beziehungen zwischen Basisfaktoren und Effekten darstellen (vgl. Morgan/Hunt 1994: 27); daraus ergäbe sich jedoch eine Reduktion auf eine „Input-Output-Sichtweise", die ich auf Grund der herausragenden Bedeutung der Faktoren Engagement und Vertrauen für nicht sinnvoll halte.

haupt erst entstehen bzw. verstärken sie und *drittens* sind sie gleichzeitig sowohl Voraussetzung für als auch Ergebnis von erfolgreichen Beziehungen. Engagement und Vertrauen sind also beide konstitutiv für erfolgreiche Beziehungen. Vertrauen hat jedoch eine herausragende Bedeutung: es ist die unverzichtbare Voraussetzung für Engagement, bzw. Engagement innerhalb einer Beziehung entsteht nur auf der Basis von Vertrauen.

Die **Basisfaktoren** sind Vorläufer bzw. beeinflussende Elemente für die Faktoren Engagement und Vertrauen. Im einzelnen handelt es sich dabei um:

- *Einfluß/Abhängigkeit/Macht*
  Jeder Ressourcengeber bekommt in Abhängigkeit zu dem Stellenwert und Umfang, den die Ressourcen für die NPO haben, einen Einfluß auf die Organisation. Dieser Einfluß kann positiv oder negativ sein, d. h. Einflußnahme bzw. -gewährung werden in diesem Modell nicht per se als negativ angesehen. Ist jedoch der Einfluß groß, entsteht auf jeden Fall Abhängigkeit. Auch Abhängigkeiten sind häufig unvermeidbar für NPO und müssen sich ebenfalls nicht zwangsläufig negativ auswirken. Die Fähigkeit eines einzelnen Ressourcengebers bzw. einer Ressourcenquelle oder -art, einen großen Einfluß ausüben zu können, führt zu großer Abhängigkeit der NPO. Daraus resultiert für den Ressourcengeber Macht. Ob sie ausgeübt wird, mit welchen Zielen und Methoden, bleibt zunächst offen. Ein machtvoller Einfluß einer Ressourcenquelle oder -art bzw. eines einzelnen Ressourcengebers kann durchaus positiv auf eine NPO wirken. Eine negative Wirkung entfalten Einfluß und Abhängigkeit in den Fällen, in denen Zwang ausgeübt wird. Wenn die Macht des einen Partners benutzt wird, um den anderen Partner zu Aktivitäten zu zwingen, die von diesem nicht erwünscht sind, wird Macht zwangausübend und damit für eine NPO autonomiegefährdend.
  Die aus Einfluß entstehende und zu Abhängigkeiten führende Macht wird also in diesem Modell differenziert in „zwangausübende" und „nicht-zwangausübende" Macht. Diese Unterscheidung erscheint unter anderem deshalb unkonventionell, weil Macht in der Regel mit einem negativen Vorzeichen versehen wird. Eine differenzierte Betrachtung der Basisfaktoren Einfluß, Abhängigkeit und Macht ist jedoch notwendig, weil sie, in unterschiedlichem Ausmaß, immer auftreten und somit nicht vermeidbar sind. Die Aufgabe, die sich NPO vor diesem Hintergrund stellt, besteht darin, die Ressourcenbasis dahingehend zu verbreitern und

zu vertiefen, daß auf möglichst viele Quellen und Arten und somit auch auf möglichst zahlreiche Ressourcengeber zurückgegriffen werden kann. Abhängigkeit von einzelnen Ressourcen läßt sich somit verringern und zwangausübende Macht möglicherweise eingrenzen. Macht als Zwangausübung wirkt also erstens direkt und positiv auf den Faktor Konflikte, d.h. die Wahrscheinlichkeit des Auftretens von Konflikten wird erhöht; zweitens hat sie negative Auswirkungen auf Engagement und Vertrauen und drittens wirkt sie aufgrund ihrer negativen Wirkung auf beide Schlüsselfaktoren indirekt auch negativ auf die Effekte von Engagement und Vertrauen. Einfluß, Abhängigkeit und Macht haben folglich unter den Basisfaktoren eine herausragende Stellung.

- *Beziehungs-Abbruchkosten*
  Mit den „relationship termination costs" sind materielle und immaterielle Kosten gemeint, die durch den Abbruch einer Beziehung oder den Wechsel zu einem anderen Partner entstehen. Je höher diese Kosten sind, desto mehr werden die Partner an einer Aufrechterhaltung der Beziehung interessiert sein. Beim Fundgiving bzw. Fundraising handelt es sich dabei um den materiellen und immateriellen Aufwand zur Beschaffung von Informationen über alternative Verwendungsarten. Darüber hinaus müssen bisherige Vereinbarungen aufgelöst und die Fragen nach dem Grund für den Abbruch der Beziehung vom Fundgiver – zumindest sich selbst gegenüber – beantworten werden. Möglicherweise entsteht ein weiterer Aufwand dadurch, daß auch Ärger oder Enttäuschungen verarbeitet werden müssen. Die Beziehungs-Abbruchkosten beeinflussen den Faktor Engagement positiv.

- *Gratifikationen*
  Dies sind „Gegenleistungen" die der Fundgiver beispielsweise in Form von Dank, einer Spendenquittung, einer Einladung, einer öffentlichen Nennung seines Namens erhält. Der Auswahl und Gestaltung von „Benefits" oder „Zusatznutzen" für die Fundgiver kommt eine große Bedeutung zu. Gesucht wird auf Seiten der Fundgiver, was zu den eigenen Interessen und Bedürfnissen paßt bzw. eigene Aktivitäten ergänzt. Aufgrund der Heterogenität dieser Beweggründe ist aus Sicht der NPO folglich ein ausgewogenes Verhältnis von notwendiger und kostenreduzierender Standardisierung und gradueller, mit der Bedeutung der Ressourcen steigender, Individualisierung erforderlich [7]. Gratifikationen beeinflussen den Faktor Engagement positiv.

- *Übereinstimmung von Werten*
  Die von der NPO angebotenen bzw. propagierten Werte, sowohl im materiellen, vor allem aber im immateriellen Sinn, müssen anschlußfähig sein an die Werte des Fundgivers. Diese gemeinsam geteilten Werte beeinflussen als einzige innerhalb dieses Modells beide intermediären Variablen. Übereinstimmung entsteht auf zwei Wegen: Ein Partner hat sich mit den Werten einer NPO identifiziert bzw. hat sie internalisiert oder kommt zu einer Übereinstimmung auf der Basis von kognitiven Zweck-Mittel Analysen, auch unter Einbeziehung von Überlegungen in bezug auf die Kosten, die ein Nicht-Engagement zur Folge hätte. „Shared Values" kommen also entweder eher emotional oder eher kognitiv zustande. Gleichgültig wie sie zustande kommen: Geteilte Werte erhöhen das Ausmaß an Vertrauen und Engagement.
- *Information*
  Information ist eine notwendige Voraussetzung für die Entstehung und Aufrechterhaltung von Vertrauen. Informationen sind wesentlicher Bestandteil von Kommunikationsprozessen und werden an dieser Stelle verstanden als sachliche Mitteilung von Fakten. Fundgiver nehmen das sachliche Informiertwerden mit der Folge einer erhöhten Transparenz der Austauschbeziehung als sehr bedeutsam wahr und reagieren tendenziell negativ auf rein emotionale, wenig sachliche Informationen enthaltende Kommunikation (vgl. Schneider, W. 1993 sowie die Ausführungen im Kapitel 5 des ersten Teils dieser Arbeit). Informationen wirken positiv auf den Faktor Vertrauen.
- *Opportunistisches Verhalten*
  Opportunistisches Verhalten im Sinn einer ausschließlichen, auch mit Arglist und Täuschung operierenden, Verfolgung und Maximierung von Selbstinteressen, reduziert das Vertrauen in den Partner. Dies gilt auch für die bloße Unterstellung, daß der Partner sich auf diese Weise verhält. Bedeutsam an dieser Variablen ist, daß nicht davon ausgegangen wird, daß der Mensch sich ausschließlich eigennützig und in Folge dessen opportunistisch verhält. Erst durch diese Sichtweise wird dieser Faktor

---

7 Die Bedeutung von Gratifikationen sollte jedoch auch nicht überschätzt werden. Beispielsweise weist Schneider, W. (1993) darauf hin, daß bei Kleinspendern die Möglichkeit der Steuerreduktion nur von marginalem Interesse ist. Freiwillig Engagierte (Ehrenamtliche) wollen in der Regel keine materiellen Gratifikationen im Sinn einer Bezahlung, sondern sind an immateriellen Transfers interessiert (vgl. Jakob 1993).

überhaupt zu einer Variablen. Opportunistisches Verhalten wirkt reduzierend auf den Faktor Vertrauen.

Als **Effekte** oder „Outcome" von Engagement und Vertrauen können die folgenden Faktoren gelten:

- *Konflikte*
  Jede Beziehung beinhaltet das Potential für die Entstehung von Konflikten; sie können somit als elementarer Bestandteil jeder Beziehung angesehen werden. Im Rahmen einer vertrauensvollen Beziehung können Konflikte in der Regel konstruktiv für beide Seiten bearbeitet werden; die Störung die dadurch entsteht, kann positive Wirkungen haben (vgl. den Effekt: Funkionalität von Konflikten). Ohne die vermittelnde Wirkung von Vertrauen und Engagement werden Konflikte jedoch in der Regel dysfunktional sein und den Erfolg der Beziehung mindern. Dies gilt insbesondere für die Wirkung von Einfluß, Abhängigkeit und Macht. Deshalb ist die Relation zwischen diesem Basisfaktor und dem Effekt Konflikt (in der dysfunktionalen Variante) auch als direkte Verbindung dargestellt. Einfluß/Abhängigkeit/Macht fördern die Dysfunktionalität von Konflikten.

- *Akzeptanz*
  Damit ist das Ausmaß der Übereinstimmung mit dem konkreten Verhalten und Entscheiden des anderen Partners gemeint. Akzeptanz führt als Einwilligung und Fügung immer auch zu Anpassung. Im Gegensatz zur Kooperation ist Übereinstimmung eher passiv bzw. reaktiv. Akzeptanz entsteht freiwillig; die Partner wollen bzw. suchen Übereinstimmungen und Anpassung die sie akzeptieren können, d.h. sie entsteht nicht auf der Basis von Zwang oder Machtausübung. Engagement wirkt fördernd für gegenseitige Akzeptanz.

- *Neigung zum Abbruch der Beziehung*
  Die Annahme, daß der Partner in naher Zukunft die Beziehung beenden wird, führt zur Instabilität der Beziehung. Umgekehrt ist bei einem hohen Maß von Engagement innerhalb der Beziehung die Neigung zum Beziehungsabbruch gering. Engagement reduziert die Neigung zum Abbruch einer Beziehung.

- *Kooperation*

  Als Kooperation gilt die aktive Zusammenarbeit, um gemeinsam Ziele zu erreichen, die für beide Partner wichtig sind. Kooperation meint nicht die Abwesenheit von Konflikten. Im Gegensatz zur Entstehung von Akzeptanz setzt Kooperation aktives Agieren voraus und ist gleichzeitig mehr als ein bloß koordinierendes Vorgehen. Auf der Basis von Engagement und Vertrauen sind Partner auch zu riskanten Aktivitäten bereit. Die Wahrnehmung von Risiko ist dabei immer individuell in Abhängigkeit von den eigenen Ressourcen. Obwohl beispielsweise ein Großspender auch nach seiner Spende keine Abstriche bei seiner persönlichen Lebensführung machen wird, setzt er sich dennoch einem hohen Risiko aus: zum Beispiel blamiert er sich möglicherweise in seiner peer group bzw. in der Öffentlichkeit und muß auch ein Scheitern bzw. Dilettantismus auf Seiten der Empfänger in Kauf nehmen [8]. Als einzige Effektvariable wird Kooperation von beiden intermediären Faktoren positiv beeinflußt.

- *Funktionalität von Konflikten*

  Auf der Basis von ausgeprägtem Vertrauen lassen sich Konflikte als funktional im positiven Sinne nutzen. Ihre konstruktive Bearbeitung kann zur Ausweitung, Neubelebung, Bereicherung von Beziehungen führen. Vertrauen fördert diese Funktionalität von Konflikten.

- *Entscheidungsunsicherheit*

  Wenn einer der Partner nur unzulängliche Informationen über zu treffende Entscheidungen hat und die Konsequenzen seiner Entscheidung nur schlecht abschätzen kann, entsteht Entscheidungsunsicherheit. Sie führt zu einem gering ausgeprägten Zutrauen zu seinen konkreten Entscheidungsmöglichkeiten und letztlich zur Unsicherheit. Vertrauen reduziert Entscheidungsunsicherheit.

---

8 Nach Ansicht von Morgan/Hunt entsteht im Zusammenhang mit Kooperationen ein Paradox: Der größte Konkurrent oder Wettbewerber einer Organisation ist gleichzeitig auch der beste Partner für Kooperationen. Kooperation läßt Netzwerke entstehen und verlagert auf diese Weise Konkurrenz auf die Beziehungen zwischen Netzwerken: „Effective cooperation within a network promotes effective competition among networks" (Morgan/Hunt 1994: 26). Dieser Aspekt ist weniger für Beziehungen zu Fundgivern von Bedeutung, als vielmehr für die Beziehungen von NPO zu ihren vermeintlichen Konkurrenten.

Das vorgestellte Modell kommt in seiner ursprünglichen Fassung (Morgan/ Hunt 1994) aus der Diskussion um Konzepte und Ansätze des Relationship Marketing. Es bündelt somit einerseits Aussagen, die im dritten Kapitel dieses Teils der Arbeit zur Relevanz des beziehungsorientierten Marketing gemacht wurden. Andererseits kann es als Baustein für eine Theorie des Relationship Fundraising angesehen werden.

Bei den dargestellten Variablen handelt es sich um notwendige, aber nicht hinreichende Bestandteile von Beziehungen; im konkreten Einzelfall steht einer Ergänzung durch weitere Elemente deshalb nichts im Wege. Die einzelnen Faktoren werden zudem nicht als statische oder absolute Größen angesehen, sondern als Variablen mit einem jeweils unterschiedlich ausgeprägten Ausmaß. Wie jedes Modell reduziert auch dieses die Komplexität von Fundraising-Fundgiving Prozessen und unterliegt der damit verbundenen Gefahr einer übermäßigen Vereinfachung. Dennoch kann damit der bisher verwendete Begriff der Relationships auf eine plausible Weise konkretisiert werden.

5 Zusammenfassung

Als eine wesentliche Quintessenz der Auseinandersetzung mit dem Fundraising im Kontext des Marketing kann nicht nur die grundsätzliche Relevanz von Ansätzen und Sichtweisen aus der Marketingwissenschaft festgehalten werden. Insbesondere das in diesem Teil der Arbeit erörterte Konzept des Relationship Marketing eignet sich für eine modifizierte Übertragung auf die Gestaltung des beziehungsorientierten Fundraising. Darüber hinaus erweist es sich auch als handlungsorientierend für das Management von NPO. Gleichzeitig ist diese Adaption von Ansätzen aus dem Profit- in den Nonprofitbereich jedoch auch ein Beispiel dafür, daß erstens eine intensive Auseinandersetzung und Reflexion – in diesem Fall mit der Marketingwissenschaft – erforderlich sind und zweitens Modifizierungen vorgenommen werden müssen, die sich aus der Anpassung an die speziellen Erfordernisse von NPO ergeben. Die in dieser Arbeit favorisierte Definition des Fundraising als erfolgreicher Aufbau, Aufrechterhaltung und Verbesserung von Beziehungen zu allen relevanten Bezugsgruppen und Personen unter Berücksichtigung der Ziele aller beteiligten Parteien, erweist sich in diesem Sinn anschlußfähig an die Definition und Konzeption des beziehungsorientierten Marketing.

Wenn die Marktführer unter den Fundraising betreibenden Organisationen einmal ausgeklammert werden, dann haben dennoch beispielsweise Marketing und Public Relations in vielen NPO noch immer einen schlechten Ruf bzw. werden nicht oder nur unzulänglich praktiziert. Marketing wird häufig mit „Verkaufen", „Manipulation" oder ähnlichen negativen Assoziationen verbunden und PR-Arbeit mit Werbung gleichgesetzt und damit abgelehnt. Selbst wo diese Vorurteile einer anderen Sichtweise Platz gemacht haben, besteht noch immer eine große Kluft zwischen Profit- und Nonprofit-Bereich. Allein die Herkunft des Marketing aus dem Kontext profitorientierter Unternehmen diskreditiert es in den Augen vieler ansonsten durchaus reformwilliger Nonprofit-Manager. Zum anderen präsentieren sich Marketingwissenschaft und -praxis tendenziell diffus und heterogen. In Theorie und Praxis werden häufig aus im Grunde einfachen Prämissen, tendenziell „geheimwissenschaftlerisch" wirkende Begriffe und Praktiken, die eigene „Schulen" herausbilden, Außenstehenden den Zutritt verwehren oder nur gegen Zahlung hoher Honorare gewähren. Dies führt zur Mystifizierung und nicht zur Implementierung in gesellschaftlichen Bereichen, in denen diese Prämissen durchaus auch ihren Platz haben könnten. Daraus folgt als eine Entwicklungsaufgabe für NPO: Sowohl die negativen Vorurteile als auch deren Gegenstück in Form von „ehrfürchtigem" Respekt sollten überwunden werden zugunsten einer kritischen Aneignung und Modifikation von Marketing- und Managementwissen. Praktika in Unternehmen für Akteure aus NPO und Praktika in NPO für Angehörige von Unternehmen halte ich in diesem Zusammenhang für einen zwar konfliktreichen, aber gangbaren Weg, Vorbehalte auf beiden Seiten zu überprüfen und wenn möglich abzubauen, um zu konstruktiven Kooperationen zu kommen. Solche „Seitenwechsel" könnten zudem einer Fixierung disziplinärer Denkstile vorbeugen.

Bei der Übertragung und Modifikation von Sichtweisen und Erkenntnissen aus dem Profit- in den Nonprofit-Bereich muß reflektiert werden, daß es sich sowohl bei *der* Betriebswirtschaftslehre, als auch *der* Marketingwissenschaft bzw. *dem* Dienstleistungsmarketing nicht um homogene Disziplinen bzw. wissenschaftliche und methodische Ansätze handelt. Bei Übertragungsversuchen beispielsweise des Dienstleistungsbegriffs auf den Nonprofit-Bereich, sollte der jeweils aktuelle Diskussionsstand zu dem Thema zur Kenntnis genommen werden; gleiches gilt für Übertragungen aus der sich sehr dynamisch entwickelnden Marketingwissenschaft. Auch hier erscheinen die disziplinären Differenzen, randständig gebliebenen Ansätze und aktuellen Diskussionen in Fachzeitschriften teilweise wichtiger und produktiver für eine Übertragung auf die Arbeit von NPO als die etablierten Paradigmen und Standardwerke.

Dies ist jedoch kein Plädoyer für eine Übertragung „um jeden Preis": Fundraising unter dem Diktat von ausschließlich quantitativen Erfolgskriterien, der Anwendung von lediglich absatzorientierten Marketinginstrumenten und einer damit verbundenen „Einbahnstraßen-Kommunikation" wird sich mittel- und langfristig in eine Sackgasse manövrieren. So wie die klassische Produktwerbung im kommerziellen Bereich mit immer größerem finanziellen Aufwand immer weniger Erfolg hat und die Zielgruppen eher resistent macht, als zum Kauf animiert, so wird sich auch ein Fundraising als ineffektiv erweisen, das sich einseitig an Mittel und Methoden kommerzieller Werbung und Marketing-Aktivitäten im Sinn einer Verkaufs- und Absatzorientierung orientiert. Eine Fixierung auf ökonomisch motivierte Transfers wird den Nonprofit-Bereich seiner Dynamik und Ausstrahlungskraft tendenziell berauben; sie ergibt sich schließlich auch aus der Kraft des Unkonventionellen, Grenzüberschreitenden und ausdrücklich nicht kommerziell Verwertbaren.

Auf einer Meta-Ebene läßt sich die Fundraising-Praxis vor dem Hintergrund der erörterten Anwendbarkeit von Marketingwissen und -methoden als eine Widerspiegelung von Prinzipien des „Systems" und der „Lebenswelten" beschreiben (Habermas 1985): Wie in anderen gesellschaftlichen Bereichen auch, halten zweckrationale Methoden und Techniken aus dem „System" der Wirtschaft, speziell der Theorie und Praxis des Marketing, Einzug sowohl in die „Lebenswelten" der Fundgiver als auch in die Organisationskulturen von NPO. Die „systemischen Imperative" werden teilweise modifiziert, teilweise direkt angewendet, um innerhalb der „Lebenswelt" von Fundgivern kommunikative Wirkungen zu entfalten, d.h. sie zum freiwilligen Geben zu bewegen. Ähnliches gilt auf der Organisationsebene beim Transfer von Profit-Instrumenten für Zwecke der Nonprofit-Organisationen. Notwendigerweise kommt es dabei immer wieder zu Konfrontationen, Widersprüchen und Brüchen; eine zwangläufige Ablehnung ökonomischer, zweckrationaler oder im Habermas'schen Sinne systemischer Prinzipien ergibt sich daraus nicht. Die Grenzen zwischen Ökonomie und Ökonomismus sind jedoch häufig fließend und können auch im Zusammenhang mit dem Fundraising nur allzu leicht überschritten werden. Marketing und Fundraising werden für unterschiedliche Zwecke benutzt – als Instrumente müssen sie deshalb immer mit Werten und Inhalten gefüllt werden. Wenn bei der Anwendung von Mitteln die Zwecke nur noch als nebensächliche gehandelt und verhandelbar werden, kommt es in der Tat zur Kolonialisierung. Fundraising als beziehungsorientiertes Marketing kann dieser Tendenz jedoch vorbeugen, indem sich die Akteure nicht nur immer wieder sich selbst und anderen ihre eigenen Ziele klarmachen, sondern gleichermaßen auch die Ziele der Fundgiver achten. Diese Klärung und Respektierung muß auf beiden Seiten erfolgen. So entstehende gegenseitige Wertschätzung basiert auf Vertrauen – dies ist nur bedingt und keinesfalls auf Dauer zu instrumentalisieren.

Teil VI

Zusammenfassung

Fundraising wurde mit der vorliegenden Arbeit im wesentlichen als die Produktion von Leistungen und Gestaltung von Tauschprozessen im Rahmen eines beziehungsorientierten Marketing von NPO vorgestellt. Die hier aufgezeigten theoretischen Zugänge können Forschung und Praxis in bezug auf das Fundraising strukturieren und liefern damit Bausteine für weitere Arbeiten. Hervorzuheben sind im wesentlichen drei Schlußfolgerungen, die sich aus dieser Arbeit ergeben.

- **Fundraising ist die Gestaltung von Tauschprozessen**

Die erarbeiteten Grundlagen sprechen dafür, Fundraising als Gestaltung beziehungsorientierter Austauschprozesse zu kennzeichnen. Darin enthalten ist sowohl der Aspekt des sozialen Tausches mit dem Prinzip der Wechselseitigkeit als auch der Aspekt des ökonomischen Tausches mit seinem Äquivalenzprinzip. Beim *sozialen Tausch* stehen die freiwillig eingegangene Beziehungen im Mittelpunkt. Dabei handelt es sich um Fundgiving als freiwilliges Geben von Zeit, Geld und anderen Ressourcen mit den entsprechenden Reziprozitätserwartungen. Beim *ökonomischen Tausch* handelt es sich um das „quid pro quo" von gleichwertigen Leistungen und Gegenleistungen, beispielsweise beim Verkauf von Dienstleistungen und Produkten oder im Rahmen von Sponsoringvereinbarungen. Bei den Öffentlichen Ressourcenquellen und -arten handelt es sich um eine dritte Austauschvariante: In diesen Fällen werden öffentliche Güter gehandelt, d.h. von NPO angeboten und vom Staat auf der Basis von rechtlichen bzw. politischen Normierungen finanziert. Man könnte bezüglich dieser Varianten des Fundraising von einem *politischen Tausch* bzw. politischen Tauschbeziehungen sprechen. Fundraising gestaltet Austauschbeziehungen auf diesen drei unterschiedlichen Ebenen und hat dabei deren jeweils charakteristischen Regulationsprinzipien zu beachten. Eine solche Sichtweise bietet gleich mehrere Vorteile:

Erstens kann damit sowohl das Fundraising in einem weit gefaßten Sinn als Management aller Ressourcenquellen und -arten als auch das Fundraising in einem engeren Sinn als Nutzung privater Ressourcenquellen und freiwillig gegebener Ressourcenarten umfaßt werden: Fundraising ist in beiden Fällen der erfolgreiche Aufbau, die Aufrechterhaltung und Verbesserung von Beziehungen zu allen relevanten Bezugsgruppen und Personen unter Berücksichtigung der Ziele aller beteiligten Parteien.

Zweitens wird einer Fixierung des Fundraising auf seine ökonomischen Varianten und Erklärungsansätze vorgebeugt. Vielmehr haben ökonomische Ansätze zur Erklärung des Spendenverhaltens ihre Relevanz auf der Ebene des Fundraising als ökonomischer Austauschbeziehung; sozialpsychologische und soziologische Ansätze können und müssen zur Erklärung des Fundraising als sozialer Austauschbeziehung herangezogen werden und sozialwissenschaftliche Ansätze, insbesondere Arbeiten zur Nonprofit-Forschung, die sich mit Existenzbedingungen und Funktionen von NPO beschäftigen, dienen zur Analyse des Fundraising auf der Ebene des politischen Austausches. Allerdings existieren weder die Tauschvarianten noch deren idealtypischen Regulationsprinzipien in Reinkultur; im konkreten Fall gibt es immer auch gemeinsame Schnittmengen. Daher sind theoretische Beiträge zum Fundraising ebenso wie Ansätze zur Klärung des komplexen sozialpsychologischen Phänomens Fundgiving, auf interdisziplinäre Erklärungsansätze angewiesen.

Drittens wird bei dieser Sichtweise deutlich, daß nicht nur das Fundraising als Aktivität von NPO analysierbar ist, sondern auch die Perspektiven der jeweiligen Austauschpartner. Dies sind – analog zu den drei Tauschbeziehungen – auf der Ebene des sozialen Tausches die Fundgiver (Privatpersonen, Stiftungen, Unternehmen), auf der Ebene des ökonomischen Tausches die Kunden (Privatpersonen, Unternehmen, aber auch öffentliche Institutionen) und auf der Ebene des politischen Tausches der Staat.

Diese Arbeit hat sich grundsätzlich auf die Ebene des sozialen Tausches und somit auf das Fundgiving als freiwilliges Geben von Ressourcen aus privaten Quellen konzentriert. Fundgiving wurde als Variante prosozialen Verhaltens mit seinen vielfältigen Implikationen dargestellt. Aussagen über die

Beweggründe für ein solches Verhalten der Ressourcengeber sind umso aussagekräftiger, je mehr sie auf qualitativen Methoden der Informationsbeschaffung basieren. Standardisierte Abfragen liefern Material für Trendaussagen und Tendenzen. Welchen persönlichen Nutzen ein Fundgiver aus dem freiwilligen Geben zieht, welche Motivationen ihn bewegen, nach welchen Kriterien er Bewertungen vornimmt, welche bewußten und unbewußten Aspekte eine Rolle im Entscheidungsprozeß für oder gegen das freiwillige Geben spielen – diese Faktoren lassen sich jedoch nur mit Hilfe relativ aufwendiger qualitativer Erhebungsmethoden transparenter machen.

Viertens werden damit die Grenzen der Diskussionen um Altruismus und Egoismus im Zusammenhang mit dem Fundraising deutlich. Während die Existenz bzw. Dominanz von eigennützigen Beweggründen bei allen Formen des ökonomischen und des politischen Austausches unbestreitbar vorhanden ist, muß auch beim Fundgiving von einem jeweils unterschiedlichen Verhältnis von eigennützigen und fremdnützigen Beweggründen ausgegangen werden. Es handelt sich dabei um unterschiedliche Ausprägungen prosozialen Verhaltens auf einem Kontinuum zwischen einem hohen Maß an Eigennutz und einem hohen Maß an Nutzenstiftung für Dritte. Ein ausschließlich eigennütziges Verhalten wäre somit kein Fundgiving, sondern eine Kundenbeziehung im Rahmen eines ökonomischen Austausches; ein ausschließlich und uneingeschränkt fremdnütziges Verhalten ohne eine Reziprozitätserwartung bzw. Wechselseitigkeit der Beziehung ist im Rahmen von Fundraising – Fundgiving – Prozessen kaum vorstellbar.

Tauschprozesse finden innerhalb gesellschaftlicher Rahmenbedingungen statt. In der Bundesrepublik Deutschland als einer Gesellschaft, die historisch eher wohlfahrtsstaatliche Regelungen herausgebildet hat, konzentrierte sich die Ressourcenbeschaffung für gemeinnützige Zwecke im Zuge dieser Entwicklungen primär auf den Staat als Ressourcengeber. Die meisten NPO haben inzwischen – trotz zahlreicher Hürden – Routine und Kompetenz im Umgang mit diesen Ressourcenquellen erworben; teilweise sind sie jedoch auf diese Finanzierungsquelle fixiert und haben Stiftungen, Unternehmen und insbesondere Einzelpersonen als Ressourcengeber dabei vernachlässigt. Während die gemeinnützigen Organisationen ihre Ressourcenbasis verbreitern sollten, müßten staatliche Institutionen Anreize schaffen, die den Transfer von privaten Ressourcen in gemeinnützige Organisationen fördern und unterstützen. Die gesetzlichen und fiskalischen Rahmenbedingungen für Spenden, Stiftungen und anderes freiwilliges Engagement ebenso wie für das Sponsoring, sollten ihrerseits einen Beitrag zur Förderung dieses Ressourcentransfers leisten. Die Arbeit von NPO ist auf eine Mischfinanzierung aus öffentlichen, privatwirtschaftlichen und privaten Mitteln angewiesen. Gleichzeitig darf mehr privates Engagement nicht zwangsläufig weniger staatliche Leistungen zur Folge haben. Fundraising in bezug auf private Ressourcenquellen und -arten ist in den meisten Arbeitsbereichen von NPO ein komplementäres Finanzierungsinstrument und kann die notwendige staatliche Finanzierung nicht ersetzen.

Die gesellschaftliche Bedingtheit des Fundraising wurde auch am Beispiel der Entstehung altruistischer Persönlichkeitsmerkmale gezeigt: Prosoziales Verhalten basiert im Kern auf Sozialisationserfahrungen. Daraus resultiert als eine anspruchsvolle mittel- und langfristige Aufgabe für NPO die Arbeit an der Gestaltung eines gesellschaftlichen Umfeldes, das der Entwicklung bzw. Stabilisierung von Kulturen des Gebens förderlich ist.

- **Fundraising ist beziehungsorientiertes Marketing**

Soziale, ökonomische und politische Tauschbeziehungen basieren auf unterschiedlichen Regulationsprinzipien. Gemeinsam ist ihnen jedoch die Notwendigkeit von Interaktionen und daraus resultierenden Beziehungen zwischen den Akteuren. Im Konzept des Relationship Marketing als handlungsleitende Maxime für das Fundraising bezüglich aller Ressourcenquellen und -arten, finden sich zahlreiche konkrete Anhaltspunkte für den Aufbau, Ausbau und die Gestaltung von Beziehungen. Gleichzeitig erweist sich diese Variante des Marketing auch als theoretischer Baustein für eine Analyse des Relationship Fundraising. Mit der Betrachtung des Fundraising im Kontext des Relationship Marketing werden Nutzen/Kosten-Kalküle und andere kognitiv-rationale Aspekte berücksichtigt; darüber hinaus gelangen jedoch auch die Beziehungsaspekte in den Blick, insbesondere die Bedeutung der Schlüsselfaktoren Vertrauen und Engagement. Das Konzept des Relationship Marketing ergänzt also in sinnvoller Weise Ansätze, die das Fundraising primär als ökonomische Austauschbeziehung ansehen und mit Hilfe ökonomischer Theorien erklären wollen.

Mit Hilfe eines Schlüsselfaktoren-Modells für die Beziehungen von NPO wurde die elementare Bedeutung der Faktoren Vertrauen und Engagement für erfolgreiches Fundraising herausgestellt; *Vertrauen* ist die unverzichtbare Basis für Engagement. Unter den Basisfaktoren für die Entstehung und Aufrechterhaltung vertrauensvoller Beziehungen kommt den glaubwürdigen und nachvollziehbaren _Informationen_ über die Arbeit von NPO ein besonderer Stellenwert zu: Ziele der Informationsarbeit sind Transparenz und Reduktion von Komplexität; ihre Inhalte sind die Werte und Ziele einer Organisation, die Darstellung ihrer Arbeitsweise und Erfolge sowie die Dokumentation der dafür benötigten und eingesetzten Ressourcen.

So verstandene Information versteht sich als sowohl organisationsinterne als auch nach außen gerichtete _Überzeugungs- und Kommunikationsarbeit_. Dieser Aspekt der Ressourcenbeschaffung ist so alt wie Nonprofit-Organisationen; lediglich Methoden und Techniken haben sich gewandelt. Im Kern geht es jedoch nach wie vor darum, so engagiert, selbstbewußt und überzeugend wie möglich, potentielle Ressourcengeber zu identifizieren, zu informieren, den Kontakt mit ihnen aufzubauen und zu pflegen und sie möglichst langfristig an die Ziele und Arbeit der NPO zu binden. Vor dem Hintergrund der aus Umfrageergebnissen ableitbaren skeptischen Sympathie von Fundgivern, steht dabei jedoch nicht nur die Motivationsarbeit im Vordergrund, sondern gleichermaßen die Arbeit am Abbau offensichtlich vorhandener Motivationshemmnisse.

Das Konzept des Relationship Marketing hat weitere Vorteile: Es strukturiert die vielfältigen Managementaufgaben von NPO, da dem Aufbau, der Aufrechterhaltung und Verbesserung von Beziehungen zu allen relevanten Partnern auch theoretisch der zentrale Stellenwert eingeräumt wird, der bei erfolgreichen Organisationen auf der praktischen Ebene nicht nur bekannt ist, sondern auch konsequent praktiziert wird. Ausgehend vom Paradigma der Beziehungsorientierung ist Marketing das Instrument des Beziehungsmanagements in vier unterschiedlichen Feldern:

- Beziehungen zu den direkten und indirekten Nutzern einer NPO,
- Beziehungen zu den unterschiedlichen Ressourcengebern: Staat, Kunden, Fundgiver,
- interne Beziehungen zu den Mitarbeitern, Abteilungen und gegebenenfalls regionalen Gliederungen einer Organisation sowie
- laterale Beziehungen zu den Medien, staatlichen Institutionen, Wettbewerbern, Kooperationspartnern, Unternehmen, Lieferanten und anderen.

Relationship Marketing avanciert somit nicht nur zu einem Ansatz für die Gestaltung des Marketing, sondern darüber hinaus gleichsam zu einem „roten Faden" und konzeptionellen Rahmen für das Management von Organisationen: Öffentlichkeitsarbeit im Sinn von Public Relations, Werbung, Personalführung, Strategieplanung und Organisationsentwicklung, die Arbeit an der Leitbildentwicklung bzw. Corporate Identity, die Produkt-, Finanzierungs-, Distributions- und Kommunikationspolitik und nicht zuletzt auch das Fundraising lassen sich vor diesem Hintergrund als spezielle Aufgabenbereiche kennzeichnen und mit ihren jeweils eigenen Instrumenten bearbeiten. Das Konzept des Relationship Marketing kann als Orientierungsrahmen dienen, wenn es um Einschätzungen und Bewertungen der zahlreichen Marketing- und Managementansätze geht, die sich für die Anwendung im kommerziellen, aber auch im Nonprofitbereich empfehlen.

Als beziehungsorientiertes Marketing führt Fundraising zu Konsequenzen: Selbstdarstellung verpflichtet. Mit mehr öffentlicher Präsenz und größerer Transparenz nach innen und nach außen werden die Türen der Organisation geöffnet; dies gilt für Ressourcengeber und Medienvertreter, engagierte Förderer, Kritiker und Konkurrenten gleichermaßen. Vielleicht liegt darin der Grund, warum das Bild vom Betteln so hartnäckig in den Köpfen vieler Akteure in NPO haften bleibt: Dem Bettler wird gegeben, ohne daß der Geber besondere Anforderungen an ihn stellt: Außer seiner mehr oder weniger devoten Dankbarkeit bietet er weiter nichts an. Wer sich mit den Ritualen des Bettelns begnügt, kann jedoch relativ passiv bleiben und „entlastet" sich von den arbeitsintensiven Voraussetzungen des Fundraising. Die Kennzeichnung der Ressourcenbeschaffung als „Kunst des Bettelns" und das damit verbundene Selbstbild der Akteure sind darüber hinaus problematisch, weil auf diese Weise gesellschaftliche Verhältnisse zementiert und nicht in Bewegung gebracht werden. Eine Festschreibung gesellschaftlicher Positionen in „drinnen" und „draußen" und ein entsprechender, ritualisierter Transfer auf der Basis von Mitleid und Opferhandlung, kann jedoch weder im Interesse der Nutzer von Dienstleistungen der NPO noch im Interesse der NPO selbst liegen. In einem positiven Sinn könnten sich die Konsequenzen eines beziehungsorientierten Marketing und Fundraising dagegen darstellen als Qualitätssteigerungen im Leistungsangebot von NPO zugunsten der Nutzer, als Steigerung der Arbeitszufriedenheit und Effektivität auf Seiten der Beschäftigten und als eine bedarfsgerechtere Differenzierung und Flexibilität von Angeboten der NPO.

Die Einbindung in gesellschaftliche Rahmenbedingungen und die Inanspruchnahme unterschiedlicher Ressourcenquellen und -arten führen zu Einflußnahmen der Ressourcengeber. Diese Beeinflussungen können positiv oder negativ ausfallen – zu verhindern sind sie nicht. Das liegt auch nicht im Interesse von NPO; sie werden schließlich nicht nur selbst permanent beeinflußt, sondern wollen umgekehrt selbst Einfluß nehmen. Insofern muß die Diskussion um die Selbständigkeit von NPO unter der Fragestellung geführt werden: Wie groß ist das jeweils notwendige Maß an Selbst- und Fremdbestimmung? Wo und um welchen Preis können und müssen Zugeständnisse, d.h. Einschränkungen der Autonomie, gemacht werden und in welchen Zusammenhängen nicht? Eine Orientierung am beziehungsorientierten Modell des Marketing fordert gleichsam zu Einflußnahmen auf. Die Frage muß dann vor diesem Hintergrund konkreter lauten: Welche Einflußnahmen wirken förderlich, hinderlich bzw. neutral? Welche Einflüsse will die Organisation forcieren und welche beschränken? Einfluß, Abhängigkeit, Macht und zwangausübende Macht bilden ein Kontinuum, auf dessen Gestaltung und Grenzziehungen auch NPO Einfluß haben. Ob sich beispielsweise die Abhängigkeit von öffentlichen Finanzierungsquellen förderlicher oder hinderlicher auf die Selbständigkeit einer NPO auswirkt als die Abhängigkeit von Unternehmen als Sponsoren oder Spendern als Ressourcengebern, muß im jeweils konkreten Fall geprüft werden; die Antwort darauf steht keineswegs im voraus fest. Insgesamt erscheint eine „Diversifizierung" bei der Nutzung von Ressourcenquellen und -arten ratsam.

Eine weitere Konsequenz des auf Prinzipien des Relationship Marketing basierenden Fundraising ist die Tatsache, daß die Implementierung und Aufrechterhaltung einer strategisch und systematisch betriebenen Ressourcenbeschaffung zunächst einmal in nicht unerheblichem Maße Ressourcen erforderlich macht. In die Entwicklung und Präsentation von Organisationszielen, den Aufbau einer funktionierenden Öffentlichkeitsarbeit, die Pflege von Beziehungen zu unterschiedlichen Bezugsgruppen und nicht zuletzt in die technischen Voraussetzungen im Sinne von Arbeitsmitteln für gelingendes Fundraising, müssen NPO zunächst einmal Geld und Zeit investieren. Diese Kosten erweisen sich jedoch – gleichgültig in welchem Umfang sie aufgewendet werden können – als Investitionen in die Autonomie der Organisation.

- **Fundraising ist die Produktion von Leistungen**

Basis aller Marketingaktivitäten ist das Vorhandensein von Produkten bzw. Leistungen. NPO als „Benefit-Organisationen" bewegen sich in einem Spannungsverhältnis zwischen ihren Zielen und damit verbundenen Eigeninteressen, ihren direkten und indirekten Nutzern und ihren Ressourcengebern. Im Kontext des Fundraising gewinnen zunehmend auch die Medien als vierter Pol dieses Spannungsverhältnisses an Bedeutung. Die Leistungen von NPO bestehen auf einer abstrakten Ebene in Form von gesellschaftlichen Vermittlungsleistungen, die als öffentliche Güter allen Gesellschaftsmitgliedern direkt oder indirekt zur Verfügung stehen. Auf einer konkreteren Ebene handelt es sich um Leistungen für identifizierbare Personen oder Gruppen, die als direkte Nutzer von Beratungs-, Unterstützungs-, Unterbringungs- und anderen Leistungen von der Arbeit der NPO profitieren.

Fundraising erweist sich in diesem Zusammenhang selbst als eigenständige Produktion von Leistungen in bezug auf die Ressourcengeber. Auf der Ebene des sozialen Tausches richtet sich das Fundraising auf die Interessen und Beweggründe der Fundgiver und läßt sich somit auch als Produktion von *Benefits* für diese Zielgruppe betrachten. Die „Leistungsbündel oder -kombinationen" enthalten unterschiedliche Anteile: Zunächst einen je spezifischen *Immaterialitätsgrad*, d.h. ein unterschiedliches Ausmaß an materiellen bzw. immateriellen Anteilen und einen *Integrationsgrad* als jeweils unterschiedliches Ausmaß von Integration des Fundgivers in den Austauschprozeß. Die Integration des Fundgivers in den Prozeß der Leistungserstellung läßt sich weiter differenzieren in einen *Interaktionsgrad* und eine *Individualisierungsgrad*. Die Arbeit hat Argumente dafür geliefert, daß Fundraising also nicht nur als Mittel für die Verwirklichung von Zwecken betrachtet werden kann, sondern sich gleichzeitig selbst als Erstellung von eher sachbezogenen oder eher personenbezogenen Leistungen für die Ressourcengeber erweist. Mit dieser Perspektive kann insbesondere der Inhalt des sozialen Tausches im Rahmen der Beziehung zwischen Fundgiver und NPO konkretisiert werden. Die Verwendung der Begriffe Leistung, Produktion und Produkt dient dabei lediglich der Initiierung eines Perspektivenwechsels und zielt nicht auf eine Ökonomisierung der immateriellen sozialen Anteile der Transfers.

Die Aufhebung der Trennung von Dienstleistungen und Sachgütern bzw. Dienstleistungs- und Sachleistungsmarketing ermöglicht diese Betrachtung des Fundraising als Produktion von Leistungen auf einem strategischen Marketing-Kontinuum. Relationship Fundraising ist insofern kein neues Paradigma des Fundraising, sondern – ähnlich wie in der Diskussion um das Relationship Marketing – die notwendige Orientierung an den Kontinuen der Leistungserstellung auf Seiten der NPO und der zahlreichen Varianten des prosozialen Verhaltens auf Seiten der Fundgiver. Nach wie vor gibt es beim Fundraising Produkte für einen Massenmarkt mit hohem Sachleistungsanteil, geringem Individualisierungs- und Interaktionsgrad und primär eigennützigem Verhalten der Fundgiver. Auf der anderen Seite existieren Leistungen mit einem hohen immateriellen Anteil, ausgeprägtem Individualisierungs- und Interaktionsgrad und in hohem Maße fremdnützigen Verhalten der Ressourcengeber. Relationship Fundraising knüpft an die Strategie des Relationship Marketing an, indem jede Art von Beziehung zu Ressourcengebern immer auch perspektivisch in Richtung eines Ausbaus des darin enthaltenen Potentials betrachtet und bearbeitet wird. Diese Orientierung wird in erfolgreichen Organisationen nicht an Fundraising-Abteilungen oder einzelne Fundraiser delegiert, sondern als Querschnittaufgabe von allen Akteuren praktiziert.

Im Kern geht es sowohl bei den skizzierten theoretischen wie bei den daraus ableitbaren eher praxisorientierten Entwicklungsaufgaben um mehr Zielklarheit, Kommunikationsarbeit und Transparenz, um *Organisations-Entwicklung* im Sinn von Wandlungsfähigkeit und Selbstreflexion. Fundraising ist – unabhängig von der Größe einer NPO – erfolgreich, wenn es als eine kontinuierliche und systematische Arbeit und als Investition in die Autonomie von NPO praktiziert wird. Diese Arbeit kommt im besten Fall allen Beteiligten zugute.

Anhang

Exemplarische Fundraising-Aktivitäten und Instrumente

Es ist selbstverständlich, daß es sich bei den im folgenden genannten Firmen bzw. Organisationen weder um eine Bewertung noch um eine auch nur in Ansätzen vollständige Darstellung handeln kann; die Beispiele illustrieren lediglich einen Ausschnitt aus der Vielfalt von Ressourcenarten und den dafür benutzten Instrumenten.

- Regelmäßige Lohnabhebungen
  Auf der Basis einer Vereinbarung mit einem Unternehmen und dessen Mitarbeiterinnen und Mitarbeitern wird von der monatlichen Gehaltssumme ein fester Betrag von z.b. 5 DM oder, mit einem automatischen Verfahren bei der Gehaltsberechnung, der Rest eines auf volle 5 DM oder 10 DM aufgerundeten Betrages, für eine gemeinnützige Organisation gespendet. Eine Variante dieses Instrumentes wird seit 1977 von der Belegschaft der *Audi AG*, Werk Ingolstadt, praktiziert. Von einer Weihnachtsspende in Höhe von 5 DM pro Person, entwickelte sich die Aktion zu einem eingetragenen Verein *Freiwillige Belegschaftssammlung Unterstützungsfonds der Audi AG, Werk Ingolstadt.* „Bis einschließlich 1992 stieg die verfügbare Gesamtsumme auf knapp 6,9 Mill. DM, die etwa je zur Hälfte von der Belegschaft gespendet bzw. vom Unternehmen zur Verfügung gestellt wurde" (Koch, F. 1993: 52).

- Matching-Funds
Dabei ergänzt ein Dritter (Kommune, Land oder ein Unternehmen) jede Spenden- oder Sponsoringmark um einen eigenen Anteil. Nach diesem Prinzip fördert beispielsweise in Großbritannien der Staat das Sponsoring-Engagement von Unternehmen im Kulturbereich (vgl. Mecklenburg 1992): Aus einem staatlichen Finanzierungsprogramm für Kunst- und Kulturorganisationen namens „Business Incentive Scheme" (BSIS) erhält dort jedes Unternehmen, das erstmals in ein Projekt investiert, im ersten Jahr die gleiche Summe aus dem BSIS-Programm; die Sponsoringsumme des Unternehmens wird also verdoppelt. Im zweiten Jahr reduziert sich der Zuschuß auf 50 Prozent, in den folgenden Jahren auf jeweils 25 Prozent. Pro Unternehmen und Jahr liegt die Obergrenze dieses Zuschusses bei 25.000 Pfund. Ein Effekt dieses Programms: In den letzten Jahren wurden 2.000 neue Sponsoren gewonnen, „die mit einem staatlichen Zuschuß von insgesamt 15 Mill. Pfund, 30 Mill. Pfund in die Kunst investierten" (a.a.O.: 57).
Dem Prinzip der „matching-funds" entspricht auch eine Aktion der *Deutschen Bank*, die am 27./28. Juli 1994 in Anzeigen und Pressemitteilungen versprach, jede Mark, die eine Privatperson bis zum 05.08.94 auf ein Spendenkonto des *Deutschen Roten Kreuzes* für dessen Ruanda-Hilfe einzahlte, zu verdoppeln. Auf diese Weise wurden aus den 9 Mill. DM, die für diesen Zweck auf das Spendenkonto eingingen, 18 Mill. DM (vgl. N. N. 1994 e: 10).
In einem bescheidenerem Umfang fördert beispielsweise die *Kellogg Deutschland GmbH* ein Umweltschutzprojekt. Die Firma bedruckt z.B. die Verpackungen ihrer Produkte mit einem Aufruf zur Unterstützung des *„Projekts Tropischer Regenwald e.V."*, eine Aktivität des *„GEO-Regenwaldvereins"*. Die Firma ergänzt dabei jede Spendenmark (bis zu einem Spendenaufkommen von 300.000 DM) um 50 Pfennig.

- Cause-related Marketing
Eine Variante der „matching funds" sind Aktivitäten von Unternehmen, die im Rahmen ihrer Absatzförderung sogenannte „cause-related" Marketingaktionen organisieren. Dabei steht weniger die Spende, als vielmehr das Umsatzinteresse des Unternehmens im Vordergrund. Beispielsweise hat sich das amerikanische Kreditkartenunternehmen *American Express* 1983 an einer Kampagne zur Renovierung der Frei-

heitsstatue in New York beteiligt. Mit einer großen Anzeigenkampagne kündigte das Unternehmen an, innerhalb eines begrenzten Zeitraums für jede neu verkaufte Kreditkarte einen Dollar und für jede Transaktion, die mit einer *Amexco*-Karte gemacht wurde, einen Penny auf das Spendenkonto für die Renovierung der Freiheitsstatue zu überweisen (vgl. Krentler 1989).

- Sponsoring- oder Spendenpools
  In Aachen haben beispielsweise acht Vereine einen Pool gebildet, an den lokale Unternehmen fünf Prozent ihres Werbebudgets, mindestens 500 DM jährlich, zahlen. Als Gegenleistung dafür gibt es ein Logo als Aufkleber für Post, Schaufenster, Auto etc. Wenige Monate nach dem Start wurden ca. 50.000 DM eingeworben (vgl. N. N. 1994 f: 12 f.). Ein ähnlicher Ansatz liegt auch dem Projekt *Local Motion* in Ann Arbor, Michigan, USA, zugrunde. Dort hat sich eine Genossenschaft als Pool zur Spendenbeschaffung gebildet. Propagiert wird eine zweiprozentige freiwillige „Gemeinwesensteuer" vom Nettoeinkommen bzw. Gewinn, die auf lokaler Ebene bei sympathisierenden Unternehmen und Einzelpersonen gesammelt wird (vgl. Schönfelder u.a. 1991: 473). Überregional betätigen sich in den USA zahlreiche Organisationen als sogenannte „Spendenbroker". Vorbild ist beispielsweise *United Way*, eine Kooperationsorganisation zur Spendenbeschaffung für 37.000 spendenakquirierenden NPO, mit einem jährlichen Umsatz von ca. zwei Mrd. DM (vgl. Notheis 1995: 143 f.).

- Kulturprozent
  Die Firma *Migros*, ein genossenschaftlich organisiertes Groß- und Einzelhandelsunternehmen in der Schweiz, hat sich in seiner Unternehmensverfassung verpflichtet, daß „die zwölf regionalen Migros-Genossenschaften 0,5% ihres Detailhandelsumsatzes und der Migros-Genossenschafts-Bund 1% seines Großhandelsumsatzes jährlich für kulturelle und soziale Zwecke aufzuwenden haben" (Kowner 1994: 74 f.). 1993 standen 105,2 Mill. Franken zur Verfügung. Dieser „Kulturprozent" ist an den Umsatz und nicht an den Gewinn der *Migros* gekoppelt. Die Kulturförderung als Unternehmensziel basiert auf dem 1950 formulierten Ideengut der Gründer, Gottlieb und Adele Duttweiler: „Wir müssen wachsender eigener materieller Macht stets

noch größere soziale und kulturelle Leistungen zur Seite stellen" (zit. ebd.).

- Einnahmen aus dem Verkauf von Produkten/Dienstleistungen
  Die Nutzung dieses Fundraising-Instrumentes bedeutet, daß NPO mit einem wirtschaftlichen Geschäftsbetrieb als Dienstleister oder Verkäufer von Produkten agieren. Die britische Hilfsorganisation *Oxfam* betreibt beispielsweise 860 von insgesamt 6.000 sogenannter Charity Shops in Großbritannien. 75 Prozent der verkauften Produkte sind Spenden (Bekleidung, Haushaltswaren, Bücher), der Rest ist Neuware, vornehmlich aus Entwicklungsländern (N. N. 1995 i: 19 f.). Ein ähnliches Konzept verfolgen die sogenannten „Dritte-Welt-Läden" bzw. „Eine-Welt-Läden" in Deutschland. Auch *Greenpeace* unterhält in verschiedenen Ländern eigene Verkaufsstellen, in denen Produkte mit *Greenpeace*-Logo angeboten werden.

- Lizensierung des Namens
  Bei dieser Form der Ressourcengewinnung wird einem Unternehmen gestattet, unter Einhaltung bestimmter zu verabredender Bedingungen, den Namen und/oder das Logo einer gemeinnützigen Organisation zu nutzen. Auf diese Weise wird z.b. der Pandabär als Logo der *Umweltstiftung WWF-Deutschland* vermarktet (vgl. Umweltstiftung WWF-Deutschland o.J. [1995]). Einnahmen aus der Vergabe von Lizenzen haben den Vorteil, daß sie als Erträge aus der Vermögensverwaltung in der Regel steuerfrei sind. Eine solche Nutzung des Vereinsemblems für die Werbung eines Unternehmens kann gekoppelt werden mit einer Selbstverpflichtung, z.b. pro verkauftem Produkt einen Betrag x an eine NPO zu spenden.

- Kreditkarten
  Ca. 80 NPO nutzen derzeit die Kooperation mit einem Kreditkartenunternehmen bzw. einer Bank, um sogenannte „Affinity-Cards" zu vermarkten. Mitglieder und Förderer werden davon informiert, daß über eine bestimmte Bank z.B. die „*Friedensdorf International* Kreditkarte" [1]

---

1 Die *Aktion Friedensdorf e.V.* in Oberhausen bietet beispielsweise den Mitgliedern und Freunden des Vereins in Kooperation mit der *Quelle Bank* die *Friedensdorf International VISA*-Card an (Aktion Friedensdorf e.V. 1995).

zu beziehen ist. Die Karten enthalten Logo und Namen der NPO und dienen somit auch den eigenen Werbezwecken. Sowohl das Kreditinstitut als auch die partizipierende Organisation profitieren vom Umsatz, der von den Kreditkarteninhabern getätigt wird. Von den durchschnittlich 3.000 bis 4.000 DM Jahresumsatz pro ausgegebener Karte „fließen 0,2 Prozent dem Verband zu, der diese Einnahmen, übrigens als ‚Vermögensverwaltung' steuerfrei, für gemeinnützige Aufgaben verwenden kann" (N. N. 1994 h: 15). Die NPO treten dabei lediglich mit dem Hinweis auf diese „Affinity-Card" in Erscheinung; Abwicklung, Nutzung und Kosten der Karte laufen, wie bei anderen Kreditkarten auch, über das ausgebende Bankinstitut bzw. die Kreditkartenfirma.

- Telefonkarten
  Auch die Gestaltung von Telefonkarten bietet sich sowohl als Werbeinstrument als auch als Einnahmequelle für NPO an. Selbstproduzierte und vermarktete Karten würden im Rahmen des wirtschaftlichen Geschäftsbetriebes der Besteuerung unterliegen; Einnahmen aus fremdproduzierten Karten würden unter die Kategorie Vermögensverwaltung fallen und in der Regel steuerfrei bleiben. Bei dieser Variante bleibt die NPO passiv, da sie lediglich die Nutzung des Organisationsnamens duldet.

- Werbung
  Kooperationen mit Unternehmen sind schon mehrfach als Ressource für NPO genannt worden. Im Unterschied zu Spenden und Sponsoring-Vereinbarungen lassen sich auch Werbeaktivitäten von Unternehmen mit denen von NPO kombinieren. Das Modeunternehmen *Esprit* beispielsweise präsentiert in eigenen Werbeanzeigen freiwillig engagierte Menschen und damit gleichzeitig auch die Organisationen, für die sie aktiv sind (vgl. N. N. 1994 g: 10).

- Secondment
  Dieser Begriff bezeichnet die Überlassung von Personal auf Zeit für spezielle Projekte einer gemeinnützigen Organisation auf Kosten eines Unternehmens und ist hauptsächlich durch entsprechende Engagements von *IBM Deutschland* bekannt geworden (vgl. Notheis 1995: 175).

- Bürgschaften/Darlehen von Förderern und Mitgliedern
  Eine häufig praktizierte Variante der Ressourcengewinnung ist die Ansprache von Förderern und Mitgliedern in bezug auf die Gewährung von zinslosen oder zinsgünstigen Darlehen, die für die Organisation preiswerter sind, als die Beschaffung von Krediten auf dem Kapitalmarkt. Förderer und Mitglieder können ebenso als Bürgen für Bankkredite fungieren.

- *Caritas*plus Sparbrief
  Der Verkauf erfolgt durch die *Bank für Sozialwirtschaft*. Die Käufer dieser Sparbriefe verzichten auf die Hälfte der Verzinsung und spenden diese dem *Deutschen Caritas Verband e.V.* (vgl. N. N. 1995 j: 2).

- Investmentfonds
  Das Prinzip von Investmentfonds für gemeinnützige Zwecke, auch „Ethikfonds" genannt, unterscheidet sich nicht von anderen vergleichbaren Geldanlagen. Die Anleger behalten die volle Verfügungsgewalt über ihr Kapital und stellen die Rendite oder Teile davon gemeinnützigen Organisationen, z.B. den *SOS-Kinderdörfern*, privaten Bildungseinrichtungen oder der *Deutschen Stiftung Querschnittslähmung* zur Verfügung. Manche Anleger spenden ihre Fondsanteile im Todesfall. Die begünstigten Nonprofit-Organisationen können die Mittel abrufen, aber auch für sich zur Vermögensentwicklung nutzen, d.h. anlegen. Nachfolgend zwei Beispiele für diese Form der Ressourcengewinnung: *GKD-Fonds* der *Deutschen Gesellschaft für Wertpapiersparen mbH*, einem Tochterunternehmen der *Deutschen Bank*. Das Kürzel steht für (Hermann) Gmeiner Kinderdörfer Deutschland. Der Fonds besteht seit 1976 und fördert die *SOS-Kinderdörfer*. Die Ausschüttung der Rendite oder Teile davon gehen an den *Hermann-Gmeiner-Fonds Deutschland e.V.* Insgesamt sind im *GKD Fonds* 160 Mill. DM in Aktien und anderen Wertpapieren angelegt (vgl. N. N. 1994 i: 12). 1994 wurden durch den Verzicht der Investmentsparer auf ihre Rendite, 7,1 Mill. DM zu Gunsten der *SOS-Kinderdörfer* erwirtschaftet bzw. gespendet (Wardenbach 1995).
  DWS-Bildungsfonds der *Deutschen Gesellschaft für Wertpapiersparen mbH*. Das Fondsvermögen beträgt ca. 5 Mill. DM (vgl. N. N. 1994 i: 12; N. N. 1995 k: 24). Der Fonds wurde 1993 aufgelegt anläßlich des

10jährigen Bestehens der privaten *Universität Witten/Herdecke*; nutzen können ihn jedoch prinzipiell alle Bildungseinrichtungen. Förderer investieren und bleiben im Besitz ihres Kapitals; NPO profitieren von der jährlichen Ausschüttung (1994: 4,7 Prozent). Bei einer Geldanlage von beispielsweise 10.000 DM gehen auf diese Weise 500 DM an eine NPO. Der Spender macht diese Summe steuermindernd geltend und profitiert von der Wertsteigerung seiner Anlage.

Verzeichnis der Schaubilder

Literaturverzeichnis

Adorno, Theodor W. (1970 [1951]) Minima Moralia. Reflexionen aus dem beschädigten Leben. Suhrkamp: Frankfurt/M.

Agricola, Sigurd; Wehr, Peter (1993) Vereinswesen in Deutschland. Eine Expertise im Auftrag des Bundesministeriums für Familie und Senioren: Stuttgart, Berlin, Köln

Aktion Friedensdorf e. V. (1995) Die Friedensdorf VISA Card. Friedensdorf Report. Informationen für Mitglieder, Freunde und Förderer (27/Oktober)

Aktion Gemeinsinn e. V. (Hrsg.) (o. J. [1994]) Mensch! Tu was. Eine Informationsbroschüre für alle, die helfen wollen: o. O. [Bonn]

Aktion Gemeinsinn e. V. (Hrsg.) (o. J. [1995]) Empathie – Die Fähigkeit zu verstehen, wovon die anderen reden: o. O. [Bonn]

American Association of Fund-Raising Council (AAFRC) Trust for Philanthropy (1991) Giving USA. The Annual Report on Philanthropy for the Year 1990: New York

Androschin, Kristin; Dönz, Heidi; Hämmerle, Markus (1992) Kultursponsoring – das Geschäft mit Kunst und Kultur. io Management Zeitschrift (5), S. 91 – 94

Anheier, Helmut K. (1992) Voluntary Associations in den Vereinigten Staaten. In: Zimmer, Annette (Hrsg.): Vereine heute – zwischen Tradition und Innovation. Birkhäuser: Basel, Boston, Berlin, S. 257 – 275

Anheier, Helmut K. (1995) Vergleichende Forschung zum Nonprofit-Sektor: Vier Fragestellungen. In: Schauer, Reinhard; Anheier, Helmut K.; Blümle, Ernst-Bernd (Hrsg.): Nonprofit-Organisationen (NPO) – dritte Kraft zwischen Markt und Staat? Trauner: Linz, S. 17 – 39

Ansén, Reiner (1993) Die Phantome der Ökonomie. Die Tageszeitung (TAZ) (11.05.93), S. 14

Arbeitsgruppe Verwaltungsforschung (Hrsg.) (o. J. [1987]) Der Dritte Sektor zwischen Markt und Staat. Reader eines Kongresses vom 30.09. – 02.10.1987 in Kassel: o. O. [Kassel]

BAGFW – Bundesarbeitsgemeinschaft der Freien Wohlfahrtspflege e. V. (1993 a) Glücks-Spirale 1992 spielte 29,8 Millionen für die Freie Wohlfahrtspflege ein. BAGFW Infodienst (1), S. 7

BAGFW – Bundesarbeitsgemeinschaft der Freien Wohlfahrtspflege e. V. (1993 b) Neuer Schwung für die GlücksSpirale. BAGFW Infodienst (2)

BAGFW – Bundesarbeitsgemeinschaft der Freien Wohlfahrtspflege e. V. (1993 c) Neue Wohlfahrtsmarken an den Bundespräsidenten übergeben. BAGFW Infodienst (3), S. 10

Badelt, Christoph (1993) Soziale Dienste und Wirtschaftlichkeit: Ansprüche und Widersprüche. In: Effinger, Herbert; Luthe, Detlef (Hrsg.): Sozialmärkte und Management. Herausforderungen bei der Produktion Sozialer Dienstleistungen im Intermediären Bereich. Universität Bremen: Bremen, S. 139 – 169

Bardout, Jean-Claude (1992) Die Risiken des Marketing. In: Stemmle, Dieter (Hrsg.): Marketing im Gesundheits- und Sozialbereich: Einführung und Grundlagen für die Praxis. Haupt: Bern, Stuttgart, Wien, S. 39 – 47

Bauer, Rudolph (1990) Zwischen Skylla und Charybdis: Das Intermediäre Hilfe- und Dienstleistungssystem. Schweizerische Zeitschrift für Soziologie (2), S. 153 – 172

Bauer, Rudolph (1991 a) Intermediarität und Modernisierung – Am Beispiel intermediärer Hilfe- und Dienstleistungsorganisationen. In: Glatzer, Wolfgang (Hrsg.): 25. Soziologentag 1990. Die Modernisierung moderner Gesellschaften. Westdeutscher Verlag: Opladen, S. 724 – 726

Bauer, Rudolph (1991 b) Intermediäre Instanzen im Strukturwandel der Sozialpolitik. Kommen intermediäre Hilfe- und Dienstleistungsorganisationen als Akteure des sozialpolitischen Strukturwandels in Frage oder sind sie Agenturen zu seiner Verhinderung? Österreichische Zeitschrift für Soziologie (1), S. 74 – 91

Bauer, Rudolph (1994) Erfolgreich gescheitert. Von der Kapitalismuskritik zur Projektfinanzierung: Aus der Geschichte einer Arbeitslosen-Selbsthilfegruppe. Sozial-Extra (7/8), S. 16 ff.

Bauer, Rudolph (1995) Nonprofit-Organisationen und NPO-Forschung in der Bundesrepublik Deutschland. In: Schauer, Reinhard; Anheier, Helmut K.; Blümle, Ernst-Bernd (Hrsg.): Nonprofit-Organisationen (NPO) – Dritte Kraft zwischen Markt und Staat? Trauner: Linz, S. 59 – 96

Bauer, Rudolph; Herrmann, Peter (1992) Soziale Dienstleistungen und „Dritter Sektor": Intermediarität als alternativer Vergesellschaftungsmodus. Sozialwissenschaftliche Literatur Rundschau (25), S. 7 – 25

Bauer, Rudolph (Hrsg.) (1992) Lexikon des Sozial- und Gesundheitswesens. 3 Bände. Oldenbourg: München, Wien

Baum, Holger (1995) Sponsoring in Gefahr? Finanzministerium stellt steuerliche Anerkennung in Frage. BSM-Newsletter (2), S. 19

Becker, Gary S. (1982 [1976]) Der ökonomische Ansatz zur Erklärung menschlichen Verhaltens. Mohr: Tübingen

Beger, Rudolf; Gärtner, Hans-Dieter; Mathes, Rainer (1989) Unternehmenskommunikation – Grundlagen-Strategien-Instrumente. Gabler, FAZ: Wiesbaden, Frankfurt/M.

Behnke, Christoph (1988) Vom Mäzen zum Sponsor. Eine kultursoziologische Fallstudie am Beispiel Hamburgs. Dölling und Galitz: Hamburg

Belz, Christian (1995) Beziehungsmanagement. Eine exotische Nebensache des Marketing? Absatzwirtschaft (3), S. 72 – 78

Belz, Christian et. al. (Hrsg.) (1994) Management von Geschäftsbeziehungen. Thexis: St. Gallen

Bender, Bernd (1995) 1,8 Billionen Mark. Verein & Management (2), S. 17

Benz, Arthur; Seibel, Wolfgang (Hrsg.) (1992) Zwischen Kooperation und Korruption. Abweichendes Verhalten in der Verwaltung. Nomos: Baden-Baden

Berliner AIDS-Hilfe e. V. (Hrsg.) (1994) Tätigkeitsbericht 1993: Berlin

Berndt, Ralph (1993) Kommunikationspolitik im Rahmen des Marketing. In: Berndt, Ralph; Hermanns, Arnold (Hrsg.): Handbuch Marketing-Kommunikation. Gabler: Wiesbaden, S. 5 – 18

Bibliographisches Institut (Hrsg.) (1974) Das Fremdwörterbuch. Duden-Redaktion: Mannheim

Biege, Horst (1988) Bußgelder einwerben. Arbeitshilfe zur Bußgeldwerbung für soziale Verbände. Blätter der Wohlfahrtspflege (3), S. 68 – 70

Bierhoff, Hans Werner (1983) Motivation prosozialer Aktivität. In: Thomae, Hans (Hrsg.): Enzyklopädie der Psychologie. Band 2: Psychologie der Motive. Verlag für Psychologie: Göttingen, Toronto, Zürich, S. 440 – 504

Bierhoff, Hans Werner (1988) Verantwortungszuschreibung und Hilfsbereitschaft. In: Bierhoff, Hans Werner; Montada, Leo (Hrsg.): Altruismus. Bedingungen der Hilfsbereitschaft. Verlag für Psychologie: Göttingen et. al., S. 224 – 252

Blau, Peter M. (1964) Exchange and Power in Social Life. Wiley & Sons: New York

Blau, Peter M. (1968) Social Exchange. In: Sills, David L. (Ed.): International Encyclopedia of the Social Sciences, Band 7. Macmillan/Free Press: New York, S. 452 – 458

Borgmann-Quade, Rainer (Hrsg.) (1982) Stichwort Spendenwesen. Deutsches Zentralinstitut für soziale Fragen (DZI): Berlin

Bremer Toto und Lotto GmbH (o. J. [1995]) Geschäftsbericht 1994: Bremen

Breuninger, Gottfried; Rückert, Susanne (1993) Gegenstand und Besteuerung des Sozio-Sponsoring. Der Betrieb (10), S. 503 – 507

Brockes, Hans-Willy (1995) Das Urteil von Stuttgart. Verein & Management (2), S. 7

Brockhoff, Klaus; Krawinkel, Henriette (1992) Von der Idee zum Konzept. Sponsoring für Museen. Absatzwirtschaft (Sondernummer Oktober), S. 220 – 226

Brocks, Christoph (1994 a) Basiskurs Fundraising. NP-Verlag: Markgröningen

Brocks, Christoph (1994 b) Babylonische Verwirrung. Verein & Management (5), S. 30

Bruhn, Manfred (1990) Sozio- und Umweltsponsoring. Engagements von Unternehmen für soziale und ökologische Aufgaben. Vahlen: München

Bruhn, Manfred (1991 a [2. Aufl.]) Sponsoring. Unternehmen als Mäzene und Sponsoren. Gabler, FAZ: Wiesbaden, Frankfurt/M.

Bruhn, Manfred (1991 b) Qualitätssicherung im Dienstleistungsmarketing – eine Einführung in die theoretischen und praktischen Probleme. In: Bruhn, Manfred; Stauss, Bernd (Hrsg.): Dienstleistungsqualität. Konzepte, Methoden, Erfahrungen. Gabler: Wiesbaden, S. 21 – 47

Bruhn, Manfred (1993 [13. Aufl.]) Dienstleistungsmarketing. In: Gabler Verlag (Hrsg.): Gabler Wirtschaftslexikon. Gabler: Wiesbaden, S. 781 – 789

Bruhn, Manfred; Bunge, Bettina (1994) Beziehungsmarketing – Neuorientierung für Marketingwissenschaft und -praxis?. In: Bruhn, Manfred; Meffert, Heribert; Wehrle, Friedrich: Marktorientierte Unternehmensführung im Umbruch: Effizienz und Flexibilität als Herausforderungen des Marketing. Schäffer-Poeschel: Stuttgart, S. 42 – 84

Bruhn, Manfred; Dahlhoff Dieter H. (Hrsg.) (1989) Kulturförderung –Kultursponsoring: Zukunftsperspektiven der Unternehmenskommunikation. Gabler: Wiesbaden

Bruhn, Manfred; Dahlhoff, Dieter H. (Hrsg.) (1990) Sponsoring für Umwelt und Gesellschaft. Beiträge zum Sponsoring im sozialen und ökologischen Bereich. BDW: Bonn

Bruhn, Manfred; Mehlinger, Rudolf (1992) Rechtliche Gestaltung des Sponsoring. Vertragsrecht, Steuerrecht, Medienrecht, Wettbewerbsrecht. Band I: Allgemeiner Teil. C. H. Beck: München

Bruhn, Manfred; Mehlinger, Rudolf (1994) Rechtliche Gestaltung des Sponsoring. Sport-, Kultur-, Sozial-, Umwelt und Programmsponsoring. Band II: Besonderer Teil. C.H. Beck: München

Bruhn, Manfred; Mussler, Dieter (1991) Sponsoringfibel. Planung und Durchführung des Sponsoring für Sportvereine. Deutscher Sportbund: Frankfurt/M.

Bruhn, Manfred; Pristaff, Julia (1993) Sponsoring in Deutschland. Ergebnisse einer Unternehmensbefragung. European Business School: Oestrich-Winkel

Bruhn, Manfred; Tilmes, Jörg (1994 [2. Aufl.]) Social Marketing: Einsatz des Marketing für nichtkommerzielle Organisationen. Kohlhammer: Stuttgart

Bundesverband Deutscher Stiftungen e.V. (Hrsg.) (1991) Verzeichnis der Deutschen Stiftungen 1991. Hoppenstedt: Darmstadt

Bunk, Burkhardt (1992) Wie kritische Zielgruppen zu überzeugen sind. Absatzwirtschaft (3), S. 48 – 54

Burens, Peter-Claus (1995) Die Kunst des Bettelns. Tips für erfolgreiches Fundraising. Beck: München

Burla, Stefan (1992) Marktanalyse und Marktstrategie: Wie kommen die (Dienst-) Leistungen zu den Klienten? In: Stemmle, Dieter (Hrsg.): Marketing im Gesundheits- und Sozialbereich: Einführung und Grundlagen für die Praxis. Haupt: Bern, Stuttgart, Wien, S. 99 – 110

Burlingame, Dwight F.; Hulse, Lamont J. (Eds.) (1991) Taking Fund Raising Seriously. Jossey-Bass: San Francisco

Burnett, Ken (1992) Relationship Fundraising. A Donor-Based Approach to the Business of Raising Money. The White Lion Press: London

Bürger, Joachim H. (1994 [22. Nachlieferung]) Sozio- und Umweltsponsoring – Alter Wein in neuen Schläuchen? In: Bürger, Joachim H. (Hrsg.): PR – Gebrauchsanleitungen für praxisorientierte Öffentlichkeitsarbeit. Loseblattsammlung in 3 Bänden. Verlag moderne industrie: Landsberg, S. 1 – 55

B.A.U.M. – Bundesdeutscher Arbeitskreis für Umweltbewußtes Management e. V. (Hrsg.) (o. J. [1993]) 1. Entwurf für eine „Berliner Erklärung zum Umweltsponsoring": o. O.

Carnegie, Andrew (1990 [1889]) The Gospel of Wealth. In: Gies, David L.; Ott, J. Steven; Shafritz, Jay M. (eds.): The Nonprofit Organization. Essential Readings. Brooks/Cole Publishing: Pacific Grove, S. 7 – 12

Conrads, Bernhard (1988) Soziomarketing für benachteiligte Menschen. Zur Marketing-konzeption der Bundesvereinigung Lebenshilfe für geistig Behinderte. Blätter der Wohlfahrtspflege (3), S. 60 – 64

Cooper, Katrin (1994) Nonprofit-Marketing von Entwicklungshilfe-Organisationen. Deutscher Universitäts Verlag: Wiesbaden

Curti, Merle (1990 [1973]) Philanthropy. In: Gies, David L.; Ott, J. Steven; Shafritz, Jay M. (Eds.): The Nonprofit Organization. Essential Readings. Brooks/Cole: Pacific Grove, S. 339 – 347

Daweke, Klaus (1986) Die Mission des Mäzens. Leske und Budrich: Opladen

Derrida, Jacques (1993) Falschgeld. Zeit geben I. Fink: München

Deutsche Bundesstiftung Umwelt (o. J. [1995]) Jahresbericht 1994: o. O. [Osnabrück]

Deutsche Marketing-Vereinigung e. V./Deutsche Bundespost Postdienst (Hrsg.) (1994) Das Deutsche Kundenbarometer 1994. Qualität und Zufriedenheit. Eine Studie zur Kunden-zufriedenheit in der Bundesrepublik Deutschland: Düsseldorf, Bonn

Deutscher Bundestag (1994) Antwort der Bundesregierung auf die Große Anfrage der Fraktion der SPD und weiterer Abgeordneter: Humanitäres Spendenwesen in der Bundesrepublik Deutschland – Schwerpunkt Auslandshilfe – Drucksache 12/8248 vom 07.07.1994: Bonn, S. 1 – 31

Deutscher Bundestag (1995) Antwort der Bundesregierung auf die Kleine Anfrage des Abgeordneten Volker Beeck (Köln) und der Fraktion BÜNDNIS 90/DIE GRÜNEN: Rechtssicherheit beim Sponsoring. Drucksache 13/2173 vom 22.08.1995: Bonn, S. 1 – 4

Diemel, Sylvia (1993) Social Sponsoring – die bessere Alternative? Erfahrungen eines Unternehmens mit der Unterstützung einer AIDS-Selbsthilfegruppe. In: Leif, Thomas; Galle, Ullrich (Hrsg.): Social Sponsoring und Social Marketing. Praxisberichte über das ‚neue Produkt Mitgefühl'. Bund-Verlag: Köln, S. 81 – 90

Di Sciullo, Jean (1992) „Marketisme" – Die Konzeption des Marketing der Austausch-beziehungen in der Gesellschaft. In: Stemmle, Dieter (Hrsg.): Marketing im Gesundheits- und Sozialbereich: Einführung und Grundlagen für die Praxis. Haupt: Bern, Stuttgart, Wien, S. 81 – 98

Dove, Kent E. (1988) Conducting a Successful Capital Campaign. A Comprehensive Fundraising Guide for Nonprofit Organizations. Jossey-Bass: San Francisco

Drees, Norbert (1989) Sportsponsoring. Deutscher Universitäts-Verlag: Wiesbaden

DUH – Deutsche Umwelthilfe e. V. (o. J. [1994]) Tätigkeitsbericht 1993: o. O.

DZI – Deutsches Zentralinstitut für soziale Fragen (1991) DZI Spenden-Siegel: Leitlinien und Ausführungsbestimmungen: Berlin, S. 1 – 9

DZI – Deutsches Zentralinstitut für soziale Fragen (1995 a) DZI Spenden-Siegel. Bulletin 2/95. Stand September 1995: Berlin

DZI – Deutsches Zentralinstitut für soziale Fragen (1995 b) Informieren, dokumentieren, publizieren und archivieren für die soziale Arbeit (Selbstdarstellung): Berlin

DZI – Deutsches Zentralinstitut für soziale Fragen (1995 c) Schreiben an den Autor vom 21.11.95: Berlin

DZI – Deutsches Zentralinstitut für soziale Fragen (1995 d) Schreiben an den Autor vom 28.11.95: Berlin

Edles, L. Peter (1993) Fundraising: Hands-on Tactics for Nonprofit Groups. Mc Graw-Hill: New York u.a.

Effinger, Herbert (1990) Individualisierung und neue Formen der Kooperation. Bedingungen und Wandel alternativer Arbeits- und Angebotsformen. Deutscher Universitäts Verlag: Wiesbaden

338

Effinger, Herbert (1993) Soziale Dienste zwischen Gemeinschaft, Markt und Staat. In: Effinger, Herbert; Luthe, Detlef (Hrsg.): Sozialmärkte und Management. Herausforderungen bei der Produktion Sozialer Dienstleistungen im Intermediären Bereich. Universität Bremen: Bremen, S. 13 – 39

Enigma Institut für Markt- und Sozialforschung (o. J. [1993]) Spenden – Repräsentativ-Erhebung 1992 im Auftrag des Diakonischen Werkes der Evangelischen Kirche in Deutschland e. V.: o. O. [Wiesbaden, Stuttgart]

Erbelding, Martin (1991) Das magische Dreieck des Social Sponsoring nutzen. Rotes Kreuz (1), S. 62 – 63

Ernst-Motz, Antje; Zdral, Wolfgang (1991) Sponsoring – Abgesang der Amateure. Industriemagazin (August), S. 42 – 50

Evers, Adalbert (1990) Im intermediären Bereich – Soziale Träger und Projekte zwischen Haushalt, Staat und Markt. Journal für Sozialforschung (2), S. 189 – 210

Evers, Adalbert (1991) Sektor oder Spannungsfeld? Zur Konzeption des intermediären Bereichs und seiner Organisationsdynamik. In: Glatzer, Wolfgang (Hrsg.): 25. Deutscher Soziologentag 1990. Die Modernisierung moderner Gesellschaften. Westdeutscher Verlag: Opladen, S. 729 – 732

Fäh, Bruno; Ebersold, Werner; Zaugg, Robert (1991) Geldsammeln im Dienste des Mitmenschen. Philosophie und Praxis des Fund Raising. Haupt: Bern, Stuttgart

Filer, John H. (1990 [1975]) The Filer Commission Report (Report of the Commission on Private Philanthropy and Public Needs). In: Gies, David L.; Ott, J. Steven; Shafritz, Jay M. (Eds.): The Nonprofit Organization. Essential Readings. Brooks/Cole Publishing: Pacific Grove, S. 70 – 89

Fischer, Heinz H. (1989) Kulturförderung durch Unternehmen in der Bundesrepublik Deutschland. Empirische Bestandsaufnahme und Ausblick. Zentralarchiv für empirische Sozialforschung an der Universität Köln: Köln

Fischer, Uwe (1995) Relationship Marketing als neuer Weg im dienstleistungsorientierten Marketing für Nonprofit-Organisationen. Unveröffentlichte Diplomarbeit im Studiengang Sozialpädagogik der Universität Bremen: Bremen

Flanagan, Joan (1991) Successful Fundraising: A Complete Handbook for Volunteers and Professionals. Contemporary Books: Chicago

Flanagan, Joan (1992 [2. Aufl.]) The Grass Roots Fundraising Book: How to Raise Money in Your Community. Contemporary Books: Chicago

Fleck, Ludvik (1980 [1935]) Entstehung und Entwicklung einer wissenschaftlichen Tatsache. Einführung in die Lehre vom Denkstil und Denkkollektiv. Suhrkamp: Frankfurt/M.

Friedrichs, Jürgen (1990 [14. Aufl.]) Methoden empirischer Sozialforschung. Westdeutscher Verlag: Opladen

Fuld, Werner (1979) Walter Benjamin. Zwischen den Stühlen. Eine Biographie. Hanser: München, Wien

Gabler Verlag (Hrsg.) (1993 [13. Aufl.]) Gabler Wirtschaftslexikon. 8 Bände. Gabler: Wiesbaden

Gerken, Gerd (1990) Abschied vom Marketing. Econ: Düsseldorf

Gies, David L.; Ott, J. Steven; Shafritz, Jay M. (Eds.) (1990) The Nonprofit Organization. Essential Readings. Brooks/Cole Publishing: Pacific Grove

Glinka, Jürgen; Jakob, Gisela; Olk, Thomas (1993) Ehrenamt und Caritas. Eine biographie-analytische Untersuchung ehrenamtlichen Engagements innerhalb des Deutschen Caritasverbandes. Unveröffentlichte Kurzfassung der Studie: Halle

Goll, Eberhard (1991) Die freie Wohlfahrtspflege als eigener Wirtschaftssektor. Theorie und Empirie ihrer Verbände und Einrichtungen. Nomos: Baden-Baden

Graunke, Eugen Martin (1993) Humanität als Werbeinhalt. Absatzwirtschaft (5), S. 130 –133

Grönroos, Christian (1994) From Marketing Mix to Relationship Marketing: Towards a Paradigma Shift in Marketing. Management Decision (2), S. 4 – 20

Gründger, Fritz (1987) Brauchen wir eine Ökonomik der sozialen Dienste? Hinweise auf ein bisher vernachlässigtes Gebiet sozialpolitischer Forschung. Soziale Arbeit (12), S. 445 – 450

Gummesson, Evert (1987) The New Marketing – Developing Long-term Interactive Relation-ships. Long Range Planning (4), S. 10 – 20

Habermas, Jürgen (1985 [3. Aufl.]) Theorie des kommunikativen Handelns. 2 Bände. Suhrkamp: Frankfurt/M.

Haibach, Marita (1993) Professionelles Spendensammeln. Fundraising in USA und Deutschland. In: Leif, Thomas; Galle, Ullrich (Hrsg.): Social Sponsoring und Social Marketing: Praxisberichte über das ‚neue Produkt Mitgefühl‘. Bund: Köln, S. 177 – 189

Hansmann, Henry (1989) The Two Nonprofit Sectors: Fee for Service Versus Donative Organizations. In: Hodgkinson, Virginia A.; Lyman, Richard W., and Associates: The Future of the Nonprofit Sector. Jossey-Bass: San Francisco, London, S. 91 – 102

Hecht, Hans-Peter (1995) Below the line wird immer wichtiger. Horizont. Zeitung für Marketing, Werbung und Medien (12/24.03.1995), S. 21

Heckhausen, Heinz (1980) Motivation und Handeln. Lehrbuch der Motivationspsychologie. Springer: Berlin, Heidelberg, New York

Heister, Werner (1994) Das Marketing spendensammelnder Organisationen. Botermann und Botermann: Köln

Hentschel, Bert (1991 a) Beziehungsmarketing. Das Wirtschaftsstudium (1), S. 25 – 28

Hentschel, Bert (1991 b) Multiattributive Messung von Dienstleistungsqualität. In: Bruhn, Manfred; Stauss, Bernd (Hrsg.): Dienstleistungsqualität. Konzepte, Methoden, Erfahrungen. Gabler: Wiesbaden, S. 313 – 343

Herder-Dorneich, Philipp (1992) Dienstleistungsökonomik. In: Bauer, Rudolph (Hrsg.): Lexikon des Sozial- und Gesundheitswesens. Oldenbourg: München, Wien, S. 442 – 445

Hermanns, Arnold (1987) Sponsoring. Aufsätze zu einem aktuellen Thema. Universität der Bundeswehr München: München

Hermanns, Arnold; Püttmann, Michael (1990) Sponsoring – Barometer. Absatzwirtschaft (9), S. 80 – 86

Hermanns, Arnold; Püttmann, Michael (1992) Grundlagen, Wirkungen und Management des Sponsoring. Die Betriebswirtschaft (2), S. 185 – 199

Hermanns, Arnold; Suckrow, Carsten (1995) Wissenschafts-Sponsoring in der Bundesrepublik Deutschland. In: Tomczak, Torsten; Müller, Frank; Müller, Roland (Hrsg.): Die Nicht-Klassiker der Unternehmenskommunikation. Thexis: St. Gallen, S. 126 – 136

Hesse, Johannes (1994) Rechtsfragen zur sogenannten Neuen Bundeslotterie Umwelt und Entwicklung. Verein & Management (6), S. 26 – 27

Heuser, Uwe Jean (1994) Der Billionen-Segen. Die Zeit (34/19.08.94), S. 17

Hodgkinson, Virginia A. (1989) Key Challenges Facing the Nonprofit Sector. In: Hodgkinson, Virginia A.; Lyman, Richard W., and Associates: The Future of the Nonprofit Sector: Challenges, Changes, and Policy Considerations. Jossey-Bass: San Francisco, London, S. 3 – 19

Hodgkinson, Virginia A.; Weitzman, Murray S. (1990 [1986]) The Independent Sector: An Overview. In: Gies, David L.; Ott, J. Steven; Shafritz, Jay M. (Eds.): The Nonprofit Organization. Essential Readings. Brooks/Cole Publishing: Pacific Grove, S. 41 – 46

Hubert, Astrid (1994) Spenden bevorzugt. Social Management (1), S. 24 – 27

Hunt, Morton (1992) Das Rätsel der Nächstenliebe. Der Mensch zwischen Egoismus und Altruismus. Campus: Frankfurt/M., New York

Hunziker, Rolf (1980) Die soziale Verantwortung der Unternehmung. Auseinandersetzung mit einem Schlagwort. Haupt: Bern, Stuttgart

Hüchtermann, Marion; Spiegel, Rudolf (1986) Unternehmen als Mäzene. Deutscher Instituts-Verlag: Köln

Ilg, Ursula (1991) Zwischen Ethik und Ökonomie. Über das Engagement der IBM für Sport, Kultur, Umwelt und Soziales. IBM Report (6), S. 34 – 36 infas – Institut für angewandte Sozialwissenschaft (1993) Die Freie Wohlfahrtspflege im Spiegel der Öffentlichkeit. Expertenmeinungen und Bevölkerungsbefragung: Bonn, S. 1 – 25

Jakob, Gisela (1993) Zwischen Dienst und Selbstbezug. Eine biographieanalytische Untersuchung ehrenamtlichen Engagements. Leske und Budrich: Opladen

Jeschke, Barnim G.; Berganus, Robert (1991) Profilierung durch Social Marketing – Gestaltungsempfehlungen für ein differenziertes Spendenmarketing privater Entwicklungshilfeorganisationen. Zeitschrift für öffentliche und gemeinwirtschaftliche Unternehmen (4), S. 427 – 441

Kaiser, Joachim (1992) Budgets ausgewählter privater Haushalte im früheren Bundesgebiet 1991. Wirtschaft und Statistik (9), S. 668 – 676

Kammerlander, Gerlinde (1994) Neue Formen der Gesundheitspolitik – Was kann ‚Marketing' zur Problemlösung beitragen? Verbands-Management (1), S. 28 – 34

Kelly, Kathleen S. (1991) Fund Raising and Public Relations. A Critical Analysis. Lawrence Erlbaum: Hillsdale, New Jersey

Kerber, Harald (1984) Motivation. In: Rexilius, Günter; Grubitzsch, Siegfried (Hrsg.): Psychologische Grundbegriffe. Rowohlt: Reinbek, S. 689 – 697

Klett Verlag (Hrsg.) (1991 [2. Aufl.]) Pons Großwörterbuch: Stuttgart

Koch, Andreas (1993) Sponsoring. Theorie und Praxis deutscher Handelsunternehmen. PR Magazin (2), S. 40 – 42

Koch, Fritz (1993) Weihnachtsspende der Audi-Belegschaft für Behinderte, Alte und Kranke. In: Verband evangelischer Einrichtungen für Menschen mit geistiger und seelischer Behinderung e.V.: „Social-Sponsoring" – Zauberwort der 90er Jahre? Diakonie-Verlag: Reutlingen, S. 46 – 56

Kotler, Philip (1972) A Generic Concept of Marketing. Journal of Marketing (April), S. 46 – 54

Kotler, Philip (1986) Megamarketing. Harvard Manager (3), S. 32 – 39

Kotler, Philip (1989 [4. Aufl.]) Marketing – Management: Analyse, Planung und Kontrolle. Poeschel: Stuttgart

Kotler, Philip; Armstrong, Gary (1988) Marketing. Eine Einführung. Service: Wien

Kotler, Philip; Bliemel, Friedhelm (1995 [8. Aufl.]) Marketing-Management. Analyse, Planung, Umsetzung und Steuerung. Schäffer-Poeschel: Stuttgart

Kotler, Philip; Levy, Sidney J. (1969) Broadening the Concept of Marketing. Journal of Marketing (January), S. 10 – 15

Kotler, Philip; Roberto, Eduardo (1991) Social Marketing. Econ: Düsseldorf

Kotler, Philip; Zaltman, Gerald (1971) Social Marketing: An Approach to Planned Social Change. Journal of Marketing (July), S. 3 – 12

Kowner, Arina (1994) Geld – Direct. Ein Plädoyer für direkten Einsatz von finanziellen Mitteln am Beispiel „Kulturprozent" von Migros. In: Zollinger + Partner (Hrsg.): Sponsoring – Wer gräbt wem das Wasser ab? Zürich, S. 74 – 81

Kreitz, Hans-Jürgen (1988) Social-Marketing. Marketing für gesundheitspolitische Ziele. BDW: Bonn

Krentler, Kathleen A. (1989) Cause-Related Marketing: Advantages and Pitfalls for Nonprofits. In: Hodgkinson, Virginia A.; Lyman, Richard W., and Associates: The Future of the Nonprofit Sector. Jossey-Bass: San Francisco, London, S. 363 – 373

Krulis-Randa, Jan S. (1993) Marketingwissenschaft: Stand und Entwicklung. Die Unternehmung (2), S. 149 – 162

Krzeminski, Michael; Neck, Clemens (1994) Social Marketing. Ein Konzept für die Kommunikation von Wirtschaftsunternehmen und Nonprofit-Organisationen. In: Krzeminski, Michael; Neck, Clemens (Hrsg.): Praxis des Social Marketing. Erfolgreiche Kommunikation für öffentliche Einrichtungen, Vereine, Kirchen und Unternehmen. Institut für Medienentwicklung und Kommunikation: Frankfurt/M., S. 11 – 35

Kunczik, Michael (1993) Public Relations. Konzepte und Theorien. Böhlau: Köln, Weimar, Wien

Küffner, Bernd (1991) Konzeption und Anwendung des Marketing bei Nonprofit-Organisationen. Sozialwissenschaften und Berufspraxis (3), S. 280 – 290

Labetzsch, Bernd (1991) Sponsoring für soziale Einrichtungen. Social Management (4), S. 11 – 13

Lackner, Wolfgang (1992) Sozio-Sponsoring. Ziele, Problemfelder und Gestaltungsmöglichkeiten beim Sponsoring von caritativen Organisationen. Unveröffentlichte Magisterarbeit an der Wirtschaftsuniversität Wien: Wien

Lang, Reinhard; Haunert, Friedrich (1993) Sponsoringkonzepte im Sozialbereich. Eine kritische Untersuchung mit Handlungsleitfaden. SPI Servicegesellschaft: Berlin

Lang, Reinhard; Haunert, Friedrich (1995) Handbuch Sozial-Sponsoring. Grundlagen, Praxisbeispiele, Handlungsempfehlungen. Beltz: Weinheim, Basel

Lehmann, Axel (1993) Qualitätsstrategien für Dienstleistungen – Bausteine zum Management von Dienstleistungsqualität. In: Seghezzi, Hans D.; Hansen, Jürgen R. (Hrsg.): Qualitätsstrategien – Anforderungen an das Management der Zukunft. Hanser: München, S. 109 – 128

Leif, Thomas; Galle Ullrich (Hrsg.) (1993) Social Sponsoring und Social Marketing. Praxisberichte über das ‚neue Produkt Mitgefühl'". Bund Verlag: Köln

Logo-S (o. J. [1995]) 2. Deutscher Fundraising Kongress. Umfrage unter den Teilnehmern. Ergebnisse und Auswertung: o. O., S. 1

Loock, Friedrich (1990) Kunstsponsoring. Ein Spannungsfeld von Unternehmen, Künstlern und Gesellschaft. Deutscher Universitäts-Verlag: Wiesbaden

Luhmann, Niklas (1973 [2. Aufl.]) Vertrauen. Ein Mechanismus der Reduktion sozialer Komplexität. Enke: Stuttgart

Luhmann, Niklas (1987) Soziale Systeme – Grundriß einer allgemeinen Theorie. Suhrkamp: Frankfurt/M.

Lundberg, Ferdinand (1975) Die Mächtigen und die Supermächtigen. Das Rockefeller-Syndrom. Bertelsmann: München

Luthe, Detlef (1993) Am Fuße des Leuchtturms ist es dunkel – Reflexionen zur Diskussion um das Management sozialer Arbeit. In: Effinger, Herbert; Luthe, Detlef (Hrsg.): Sozialmärkte und Management. Universität Bremen: Bremen, S. 41 – 59

Luthe, Detlef (1994) Öffentlichkeitsarbeit für Nonprofit-Organisationen. Eine Arbeitshilfe. Maro Verlag: Augsburg

Lutter, Heinz (1993) Zauberwort: Sozialsponsoring. Eine Entwicklungsaufgabe für Sponsoren und Gesponserte. Evangelische Jugendhilfe (1), S. 40 – 49

Maaß, Michael (1995) Steuerrechtliche Betrachtung von Sponsoring. Rundschreiben der Deutschen AIDS-Hilfe e. V. vom 12.06.1995: Berlin

Maecenata Management GmbH (Hrsg.) (1994) Maecenata Stiftungsführer. 1.111 Förderstiftungen: München

Mahnke, Thomas (1987) Social Marketing – Eine Herausforderung für soziale Institutionen. Blätter der Wohlfahrtspflege (2), S. 52

Manderscheid, Hejo (1991) Marketingorientierung in der sozialen Arbeit. Caritas (5), S. 212 – 218

Mann, Robert; Bokatt, Werner (1985) Spendenmarkt Deutschland: Hamburg

Mauerer, Stefan (1992) So finden Sie den richtigen Sponsor. Heyne: München

McCarthy, E. Jerome (1975 [1960]) Basic Marketing: A Managerial Approach. Irwin: Homewood, IL

Mecklenburg, Alexandra (1992) Kultursponsoring als innovatives Instrument der Unternehmenskommunikation unter besonderer Berücksichtigung des englischen und deutschen Marktes. Unveröffentlichte Diplomarbeit im Fach Auslandswissenschaften (Englischsprachige Kulturen) an der Wirtschafts- und Sozialwissenschaftlichen Fakultät der Universität Erlangen-Nürnberg: Nürnberg

Meffert, Heribert (1994) Marketing-Management: Analyse, Strategie, Implementierung. Gabler: Wiesbaden

Meyer, Anton; Mattmüller, Roland (1987) Qualität von Dienstleistungen. Entwurf eines praxisorientierten Qualitätsmodells. Marketing – Zeitschrift für Forschung und Praxis (3), S. 187 – 195

Meyer, Anton; Westerbarkey, Peter (1991) Bedeutung der Kundenbeteiligung für die Qualitätspolitik von Dienstleistungsunternehmen. In: Bruhn, Manfred; Stauss, Bernd (Hrsg.): Dienstleistungsqualität. Konzepte, Methoden, Erfahrungen. Gabler: Wiesbaden, S. 85 – 103

Mindak, William A.; Bybee, H. Malcolm (1971) Marketing's Application to Fund Raising. Journal of Marketing (July), S. 13 – 18

Morgan, Robert M.; Hunt, Shelby D. (1994) The Commitment-Trust Theory of Relationship Marketing. Journal of Marketing (July), S. 20 – 38

Müllerleile, Christoph (1994) Gegen die Immermehritis – für klare Zahlen. BSM-Newsletter (3), S. 4 – 5

Müllerleile, Christoph (1995 a) Spendenentwicklung 1994 uneinheitlich. BSM-Newsletter (3), S. 12 – 13

Müllerleile, Christoph (1995 b) Register Deutscher Spendenorganisationen – Pro und Kontra. BSM-Newsletter (4), S. 6

Müllerleile, Christoph (1996) Wieder eine Benefiz-Gala mit kleinen Fehlern. BSM-Newsletter (1), S. 10 – 11

Müller-Werthmann, Gerhard (1985) Markt der offenen Herzen. Spenden – ein kritischer Ratgeber: Hamburg

Neuhoff, Klaus (1992) Spendenwesen. In: Bauer, Rudolph (Hrsg.): Lexikon des Sozial- und Gesundheitswesens. Oldenbourg: München, Wien, S. 1912 – 1914

Neuhoff, Klaus (1993) Spenden, Stiftung, Sponsoring. Finanzen für Soziales. Caritas (3), S. 112 – 125

Neuhoff, Klaus (1995 a) Was ist der Dritte Sektor? Verein & Management (1), S. 8 – 9

Neuhoff, Klaus (1995 b) Die Zivilgesellschaft wird durchleuchtet. Der Dritte Sektor in Zahlen. Zeitschrift für öffentliche und gemeinwirtschaftliche Unternehmen (2), S. 233 – 238

Nieschlag, Robert; Dichtl, Erwin; Hörschgen, Hans (Hrsg.) (1994 [17. Aufl.]) Marketing. Duncker & Humblot: Berlin

Notheis, Dirk (1995) Ansatzpunkte und Strategien zur Akquisition von Unternehmensspenden. Eine explorative Studie zum Spendenmarketing spendenakquirierender Organisationen. M & P: Stuttgart

N. N. (1988 [3. Aufl.]) Marketing-Mix. In: Woll, Artur (Hrsg.): Wirtschaftslexikon. Oldenbourg: München, S. 471 – 472

N. N. (1993 a) Wie Werbung wächst. Westdeutsche Zeitung (19.10.1993)

N. N. (1993 b) Basteln Senioren für den Fiskus? Weser Kurier (09.12.1993)

N. N. (1994 a) Trends im Spendenmarkt. Deutsches Spenden Barometer erstmalig präsentiert. Verein & Management (5), S. 6 – 8

N. N. (1994 b) Die Bettlerkönige. Social Management (2), S. 36

N. N. (1994 c) Bundeslotterie für Umwelt und Entwicklung im Genehmigungsverfahren. Verein & Management (4), S. 20

N. N. (1994 d) Arm rechnen, arm reden. Der Spiegel (6), S. 63 – 66

N. N. (1994 e) Deutsche Bank hilft Ruanda. BSM-Newsletter (3), S. 10

N. N. (1994 f) Kooperatives Sponsoring in Aachen. BSM-Newsletter (4), S. 12 – 13

N. N. (1994 g) ESPRIT reagiert auf Benetton. BSM-Newsletter (3), S. 10

N. N. (1994 h) Kreditkarten. Verein & Management (5), S. 15

N. N. (1994 i) Investmentfonds für gute Zwecke. BSM-Newsletter (3), S. 12

N. N. (1995 a) Sponsoring. Sanfter Weg zur Imagepflege. iwd – Informationsdienst des Instituts der deutschen Wirtschaft (40/05.10.95), S. 2

N. N. (1995 b) Parteispenden. Verein & Management (2), S. 36

N. N. (1995 c) Deutsche Fundraiser optimistischer. Verein & Management (5), S. 25

N. N. (1995 d) EMNID-Spendenmonitor stößt auf große Resonanz. BSM-Newsletter (4), S. 10

N. N. (1995 e) Keine Chancen für Non-Profit-Statistik. BSM-Newsletter (1), S. 13

N. N. (1995 f) Lotterie „Umwelt und Entwicklung" wartet auf Genehmigung. BSM-Newsletter (1), S. 10

N. N. (1995 g) Umweltlotto vor dem Aus? BSM-Newsletter (4), S. 3

N. N. (1995 h) „Arbeitskreis Erbschaften/Vermächtnisse". BSM-Newsletter (3), S. 28

N. N. (1995 i) Oxfam macht's uns vor: Charity-Shops als Fundraising-Instrument. BSM-Newsletter (2), S. 19 – 20

N. N. (1995 j) Caritas bietet Sparbriefe an. BSM-Newsletter (4), S. 2

N. N. (1995 k) Vermögensanlage mit gutem Zweck. Verein & Management (2), S. 24

N. N. (1995 l) „Tu was"! Neue Auflage des DRK-Marketing-Mix. Gemeinnützigkeit + Management (13/15.11.95), S. 1

N. N. (1995 n) Droht Sponsoring das „Todesurteil"? BSM-Newsletter (3), S. 6

N. N. (1995 o) Profit trifft Non-Profit: Hat Social Sponsoring eine Chance? BSM-Newsletter (1), S. 28 – 29

N. N. (1995 p) Grundsatzentscheid in Berlin. Verein & Management (4), S. 27

N. N. (1995 q) Neues zur Behandlung von Sponsorenleistungen beim Empfänger. Gemeinnützigkeit + Management (13/15.11.1995), S. 3

N. N. (1996) Neue Lotterie für die Umwelt? Weser Kurier (25.01.1996)

N. N. (o. J. [1995]) Berlin fällt Grundsatzentscheidung zur Besteuerung von Sponsorprojekten. Benefit. Fax-Nachrichten der Firma Morgenwelt Consult (Sonderausgabe), S. 1

Odendahl, Teresa J. (1989) Charitable Giving Patterns by Elites in the United States. In: Hodgkinson, Virginia A.; Lyman, Richard W. and Associates: The Future of the Nonprofit Sector. Jossey-Bass: San Francisco, London, S. 416 – 429

Olbertz, Karola (1992) Gib der Aids-Hilfe eine Chance. PR Magazin (10), S. 30 – 31

Oliner, Samuel P.; Oliner, Pearl M. (1988) The Altruistic Personality: Rescuers of Jews in Nazi Europe. Free Press: New York

Oppl, Hubert (1992) Altruismus. In: Bauer, Rudolph (Hrsg.): Lexikon des Sozial- und Gesundheitswesens. Oldenbourg: München, Wien, S. 78

Ostrander, Susan A. (1989) The Problem of Poverty and Why Philanthropy Neglects it. In: Hodgkinson, Virginia A.; Lyman, Richard W. and Associates: The Future of the Nonprofit Sector. Jossey-Bass: San Francisco, London, S. 219 – 236

Oxford University Press (Hrsg.) (1989 [4. Aufl.]) Oxford Advanced Learners Dictionary: Oxford

Paqué, Karl-Heinz (1986) Philanthropie und Steuerpolitik. Eine ökonomische Analyse der Förderung privater Wohltätigkeit: Tübingen

Peters, Michael (1991) Besonderheiten des Dienstleistungsmarketing – Planung und Durchsetzung der Qualitätspolitik im Markt. In: Bruhn, Manfred; Stauss, Bernd (Hrsg.): Dienstleistungsqualität. Konzepte, Methoden, Erfahrungen. Gabler: Wiesbaden, S. 51 – 65

Peter, Sibylle; Schneider, Willy (1994) Strategiefaktor Kundennähe. Vom Transaktionsdenken zum Relationship Marketing. Marktforschung & Management (1), S. 7 – 11

Pfannendörfer, Gerhard (1989) Im öffentlichen Interesse. Marketing und Öffentlichkeitsarbeit für soziale Organisationen. Sozialmagazin (3), S. 34 – 37

Pfannendörfer, Gerhard (1995) Kommunikationsmanagement. Das ABC der Öffentlichkeitsarbeit für soziale Organisationen. Nomos: Baden-Baden

Politische Ökologie und Deutsche Umwelthilfe e. V. (Hrsg.) (1994) Spezial Fundraising. ökom: München

Prochazka, Klaus (1988) Spendenmarketing für Wohlfahrtsverbände und freie Initiativen. Hinweise zur brieflichen Werbung von Spenden. Blätter der Wohlfahrtspflege (3), S. 66 – 67

PubliKom Kommunikationsberatung GmbH (Hrsg.) (o. J. [1992]) Sponsoring-Aktivitäten deutscher Unternehmen: Hamburg

Purtschert, Robert (1989) Das FST-Marketingmodell für Nonprofit-Organisationen. Die Unternehmung (5), S. 405 – 416

Purtschert, Robert (1992) Weiterentwicklung der Marketingansätze und ihre Bedeutung für Non-Profit-Organisationen. Die Unternehmung (4), S. 277 – 291

Purtschert, Robert (1994) Dienstleistungsmarketing. Verbands-Management (3), S. 6 – 18

Purtschert, Robert; Schwarz, Peter (1994) Planung im Fund Raising. Ein analytisch-systematischer Marketing-Ansatz. Die Unternehmung (2), S. 133 – 148

Püttmann, Michael (1991) Sponsoring – Erfolgreiche Symbiose von Wirtschaft und Gesellschaft? Planung und Analyse (7), S. 262 – 265

Reese, Jürgen (o. J. [1987]) Die gesellschaftliche Bedeutung des Dritten Sektors. In: Arbeitsgruppe Verwaltungsforschung (Hrsg.): Der Dritte Sektor zwischen Markt und Staat. Reader eines Kongresses vom 30.09. bis 02.10.1987 in Kassel: o. O. [Kassel], S. 1 – 15

Reichard, Christoph (1988) Der Dritte Sektor – Entstehung, Funktion und Problematik von „Nonprofit"-Organisationen aus verwaltungswissenschaftlicher Sicht. Die Öffentliche Verwaltung (9), S. 363 – 370

Ronge, Volker (1988) Theorie und Empirie des „Dritten Sektors". In: Hesse, Jens Joachim u. a. (Hrsg.): Jahrbuch zur Staats- und Verwaltungswissenschaft. Nomos: Baden-Baden, S. 113 – 148

Rosso, Henry A., and Associates (1991) Achieving Excellence in Fund Raising. Jossey-Bass: San Francisco, Oxford

Roth, Peter (1989) Kultur Sponsoring: Meinungen, Chancen, Probleme, Konzepte, Beispiele. Verlag moderne industrie: Landsberg

Salamon, Lester M. (1989) The Changing Partnership Between the Voluntary Sector and the Welfare State. In: Hodgkinson, Virginia A.; Lyman, Richard W., and Associates: The Future of the Nonprofit Sector. Jossey-Bass: San Francisco, London, S. 41 – 60

Salamon, Lester M.; Anheier, Helmut K. (1994) The Emerging Sector: The Nonprofit Sector in Comparative Perspective – An Overview. The Johns Hopkins University. Institute for Police Studies: Baltimore

Sauer, Otto; Luger, Franz (o. J. [1993, 3. Aufl.]) Vereine und Steuern. dtv: München

Schauer, Reinhard; Anheier, Helmut K.; Blümle, Ernst-Bernd (Hrsg.) (1995) Nonprofit-Organisationen (NPO) – Dritte Kraft zwischen Markt und Staat? Ergebnisse einer Bestandsaufnahme über den Stand der NPO-Forschung im deutschsprachigen Raum. NPO-Forschungs-Colloquium an der Universität Fribourg 29. – 30.09.94. Trauner: Linz

Schießl, Michaela (1992) „Helfende Hände" halten die Hand auf. Die Tageszeitung (TAZ) (12.12.1992), S. 3

348

Schiewe, Kirstin (1994) Sozial-Sponsoring. Ein Ratgeber. Lambertus: Freiburg/Br.

Schirk, Kirsten; Schneidereit, Rolf (1994) Was Menschen (zum Spenden) bewegt. Tiefenpsychologische Forschung in Social Marketing und Fundraising. Fachschriften der Bundesarbeitsgemeinschaft Sozialmarketing e. V.: o. O.

Schmitz, Marcel (1986) Funktionsbestimmungen der Sozialarbeit und die Moderne. Kleine: Bielefeld

Schneidereit, Rolf (o. J. [1994]) Social Marketing – Streifzug durch Theorie und Praxis. Arbeitshilfen für ehrenamtliche Vorstände, Heft 3. Bank für Sozialwirtschaft Service GmbH: Köln

Schneider, Dieter (1993 a [13. Aufl.]) Geschichte der Betriebswirtschaftslehre. In: Gabler Verlag (Hrsg.): Gabler Wirtschaftslexikon. Gabler: Wiesbaden, S. 1322 – 1329

Schneider, Dieter (1993 b [13. Aufl.]) Betriebswirtschaftslehre. In: Gabler Verlag (Hrsg.): Gabler Wirtschaftslexikon. Gabler: Wiesbaden, S. 493 – 501

Schneider, Dieter J. G. (1993 [13. Aufl.]) Marketing. In: Gabler Verlag (Hrsg.): Gabler Wirtschaftslexikon. Gabler: Wiesbaden, S. 2190 – 2193

Schneider, Hans-Dieter (1988) Helfen als Problemlöseprozeß. In: Bierhoff, Hans Werner; Montada, Leo (Hrsg.): Altruismus. Bedingungen der Hilfsbereitschaft. Verlag für Psychologie: Göttingen et. al., S. 7 – 35

Schneider, Willy (1993) Der Spendenbrief im Meinungsbild der Öffentlichkeit. Direkt Marketing (12), S. 30 – 34

Schneider, Willy; Tomasch, Christian (1992) Die Leistungsfähigkeit des Marketing-Ansatzes im Spendensektor. Das Beispiel der Spendenakquisition mittels Spendenbrief. Universität Mannheim, Institut für Marketing: Mannheim

Schneidewind, Günther; Schiml, Kurt (o. J. [1993, 9. Aufl.]) Alles über Steuern von A – Z. dtv: München

Schneiter, Paul H. (1985 [2nd. Edition]) The Art of Asking. How to Solicit Philanthropic Gifts. Fund-Raising Institute: Ambler, Pa.

Schöffmann, Dieter (1993) Fundraising als Managementaufgabe für nichtgewerbliche Organisationen. In: Effinger, Herbert; Luthe, Detlef (Hrsg.): Sozialmärkte und Management. Herausforderungen bei der Produktion Sozialer Dienstleistungen im Intermediären Bereich. Universität Bremen: Bremen, S. 193 – 201

Schöffmann, Dieter (o. J. [1994]) Fund Raising – Prozeß, Konzeption und Managementaufgabe. Arbeitshilfen für ehrenamtliche Vorstände. Bank für Sozialwirtschaft Service GmbH: Köln

Schönfelder, Walter; Mohrlok, Marion; Strieder, Michaela; Neubauer, Rainer (1991) Projektfinanzierung (Fundraising) in den USA. Theorie und Praxis der Sozialen Arbeit (12), S. 471 – 475

Schuh, Arnold; Lackner, Wolfgang (1993) Sponsoring von karitativen Organisationen. Werbeforschung und Praxis (2), S. 33 – 37

Schulze, Gerhard (1995 [5. Aufl.]) Die Erlebnisgesellschaft. Kultursoziologie der Gegenwart. Campus: Frankfurt/M., New York

Schwarz, Peter (1993 [13. Aufl.]) Nonprofit-Management. In: Gabler Verlag (Hrsg.): Gabler Wirtschaftslexikon. Gabler: Wiesbaden, S. 2410 – 2420

Schwarz, Peter; Purtschert, Robert; Giroud, Charles (1995) Das Freiburger Management-Modell für Nonprofit-Organisationen (NPO). Haupt: Bern, Stuttgart, Wien

Scrivner, Gary N. (1990) 100 Years of Tax Policy Changes Affecting Charitable Organizations. In: Gies, David L.; Ott, J. Steven; Shafritz, Jay M. (Eds.): The Nonprofit Organization. Essential Readings. Brooks/Cole Publishing: Pacific Grove, S. 126 – 137

Seibel, Wolfgang (1989) The Function of Mellow Weakness: Nonprofit Organizations as Problem Nonsolvers in Germany. In: Estelle, James (Ed.): The Nonprofit Sector in International Perspective: Studies in Comparative Culture and Policy. Oxford University Press: New York, Oxford, S. 177 – 192

Seibel, Wolfgang (1990) Gibt es einen dritten Sektor? Ein Forschungsüberblick. Journal für Sozialforschung (2), S. 181 – 188

Seibel, Wolfgang (1992 a) Nonprofit-Organisationen. In: Bauer, Rudolph (Hrsg.): Lexikon des Sozial- und Gesundheitswesens. Oldenbourg: München, Wien, S. 1427 – 1429

Seibel, Wolfgang (1992 b) Funktionaler Dilettantismus – Erfolgreich scheiternde Organisationen im „Dritten Sektor" zwischen Markt und Staat. Nomos: Baden-Baden

Severin-Woldt, Claudia (1995) Erbschaftsmarketing in Non-Profit Organisationen – Entwickeln einer Direktmarketing-Strategie. Fischer & Partner: Hamburg

Slaughter, Sheila; Silva, Edward T. (1990 [1980]) Looking Backward: How Foundations Formulated Ideology in the Progressive Period. In: Gies, David L.; Ott, J. Steven; Shafritz, Jay M. (Eds.): The Nonprofit Organization. Essential Readings. Brooks/Cole Publishing: Pacific Grove, S. 374 – 394

Smith, David Horton (1991) Four Sectors of Five? Retaining the Member-Benefit Sector. Nonprofit and Voluntary Sector Quarterly (2), S. 137 – 150

Sorokin, Pitirim A. (1969 [1950]) Altruistic Love. A Study of American „Good Neighbours" and Christian Saints. Kraus Reprint: New York

Spichiger-Carlsson, Peter (1994) Facts, Figures, Futures. Ergebnisse einer Marktstudie (Thesen) zum Sponsoring-Markt. In: Zollinger + Partner (Hrsg.): Sponsoring – Wer gräbt wem das Wasser ab?: Zürich, S. 8 – 11

Staffelbach, Bruno (1988) Strategisches Marketing von Dienstleistungen. Marketing. Zeitschrift für Forschung und Praxis (4), S. 277 – 284

Statistisches Bundesamt (Hrsg.) (1993) Statistisches Jahrbuch 1993 für die Bundesrepublik Deutschland. Metzler-Poeschel: Stuttgart

Statistisches Bundesamt (Hrsg.) (1995) Statistisches Jahrbuch 1995 für die Bundesrepublik Deutschland. Metzler-Poeschel: Stuttgart

Stauss, Bernd (1991) Internes Marketing als personalorientierte Qualitätspolitik. In: Bruhn, Manfred; Stauss, Bernd (Hrsg.): Dienstleistungsqualität. Konzepte, Methoden, Erfahrungen. Gabler: Wiesbaden, S. 229 – 245

Stauss, Bernd (1991 a) „Augenblicke der Wahrheit" in der Dienstleistungserstellung: Ihre Relevanz und ihre Messung mit Hilfe der Kontaktpunkt-Analyse. In: Bruhn, Manfred; Stauss, Bernd (Hrsg.): Dienstleistungsqualität. Konzepte, Methoden, Erfahrungen. Gabler: Wiesbaden, S. 347 – 365

Stauss, Bernd (1994) Der Einsatz der „Critical Incident Technique" im Dienstleistungsmarketing. In: Tomczak, Torsten; Beltz, Christian (Hrsg.): Kundennähe realisieren. Thexis: St. Gallen, S. 233 – 250

Stauss, Bernd; Schulze, Henning S. (1990) Internes Marketing. Marketing – Zeitschrift für Forschung und Praxis (3), S. 149 – 158

Steffen, Jens-Peter (1995) Bericht von der Jahrespressekonferenz des DZI, November 1994. BSM-Newsletter (1), S. 26

Stemmle, Dieter (Hrsg.) (1992) Marketing im Gesundheits- und Sozialbereich. Einführung und Grundlagen für die Praxis. Haupt, LAKO/Sozialforum Schweiz: Bern, Stuttgart

Stiftung Deutsche Jugendmarke e. V. (o. J. [1990]) Jahresbericht 1989: o. O.

Stiftungszentrum im Stifterverband für die Deutsche Wissenschaft (Hrsg.) (1995 [2. Aufl.]) Stiftung und Erbe: Essen

Stippel, Peter (1994) Aufbruch mit Innovationen. Absatzwirtschaft (9), S. 34 – 49

Stone, Irving (1993 [7. Aufl.]) Michelangelo. Ullstein: Frankfurt/M., Berlin

Sutrich, Othmar (1994) Prozeßmarketing anstelle des Mix. Harvard Business manager (1), S. 118 – 125

Tomczak, Torsten (1994) Relationship-Marketing – Grundzüge eines Modells zum Management von Kundenbeziehungen. In: Tomczak, Torsten; Belz, Christian (Hrsg.): Kundennähe realisieren. Thexis: St. Gallen, S. 193 – 215

Trägerverein des Deutschen Spendenrates e. V. (1994) Selbstverpflichtung der Mitgliedsorganisationen. Stand: 16.03.1994: Bonn, S. 1 – 2

Trägerverein des Deutschen Spendenrates e. V. (1995 a) Selbstdarstellung: Bonn, S. 1 – 22

Trägerverein des Deutschen Spendenrates e. V. (1995 b) Entwurf – Richtlinien für Rechenschaftsberichte der Mitgliedvereine des Deutschen Spendenrates e. V.; Stand: 28.06.1995. Vorlage des Arbeitskreises Richtlinien: Bonn, S. 1 – 16

Trommsdorff, Volker (1989) Konsumentenverhalten. Kohlhammer: Stuttgart, Berlin, Köln

Umweltstiftung WWF-Deutschland (Hrsg.) (1995) Testamente für die Natur: Frankfurt/M.

Umweltstiftung WWF-Deutschland (o. J. [1995]) Jahresbericht 1994: o. O. [Frankfurt/M.]

Urselmann, Michael (1994) Gegenleistung für Spende? BSM-Newsletter (3), S. 22 – 24

VEEMB e. V. – Verband evangelischer Einrichtungen für Menschen mit geistiger und seelischer Behinderung e. V. (Hrsg.) (1993) „Social-Sponsoring" – Zauberwort der 90er Jahre? Impulse und Beiträge zum Gespräch in diakonischen Einrichtungen. Diakonie-Verlag: Reutlingen

Volkswagen-Stiftung (1989) Bericht 1988/89: Hannover

Volkswagen-Stiftung (1995) Bericht 1994: Hannover

Voß, Andreas (1992) Betteln und Spenden. Eine soziologische Studie über Rituale freiwilliger Armenunterstützung, ihre historischen und aktuellen Formen sowie ihre sozialen Leistungen. de Gruyter: Berlin, New York

van Til, Jon (1988) Mapping The Third Sector. Voluntarism in a Changing Social Economy. The Foundation Center: New York

Wardenbach, Horst (1995) Ethikfonds bieten Anlegern Chancen. Die Welt (29.09.1995)

Weber, Dieter (1995) Marketingwissenschaft. Das Dilemma der Professoren. Werben & Verkaufen (12), S. 88 – 92

Webster, Frederick E. (1992) The Changing Role of Marketing in the Corporation. Journal of Marketing (October), S. 1 – 17

Wehrli, Hans-Peter (1981) Marketing – Zürcher Ansatz. Haupt: Bern, Stuttgart

Weisbrod, Burton A. (1990 [1975]) Toward a Theory of the Voluntary Non-Profit Sector in a Three-Sector Economy. In: Gies, David L.; Ott, J. Steven; Shafritz, Jay M. (Eds.): The Nonprofit Organization. Essential Readings. Brooks/Cole Publishing: Pacific Grove, S. 23 – 41

Wirz, Jost (1988) Sponsoring – Eine skeptische Einstellung kann durchaus hilfreich sein. Marketing Journal (4), S. 390 – 395

Woll, Helmut (1994) Menschenbilder in der Ökonomie. Oldenbourg: München, Wien

World Vision International e. V. (Hrsg.) (o. J. [1993]) Die Deutschen sind nicht herzlos. Tabellenband zur repräsentativen Untersuchung der G.R.P., München im Auftrag von World Vision e. V.: o. O. [Oberursel; München]

Ylvisaker, Paul N. (1987) Foundations and Nonprofit Organizations. In: Powell, Walter W. (Ed.): The Nonprofit Sector. Yale University Press: New Haven, London, S. 360 – 379

Zastrow, Hartmut (1994) Zielgruppenbestimmung im Sponsoring. Planung und Analyse (1)

Zeithaml, Valerie A.; Berry, Leonard L.; Parasuraman, A. (1991) Kommunikations- und Kontrollprozesse bei der Erstellung von Dienstleistungsqualität. In: Bruhn, Manfred;

Stauss, Bernd (Hrsg.): Dienstleistungsqualität. Konzepte, Methoden, Erfahrungen. Gabler: Wiesbaden, S. 109 – 136

Zimmer, Annette; Nährlich, Stefan (1993) Nonprofit-Management und -Marketing mehr als Betriebsführung und Marktorientierung. Zeitschrift für öffentliche und gemeinwirtschaftliche Unternehmen (3), S. 345 – 354

Zollinger + Partner AG (Hrsg.) (1994) Sponsoring – Wer gräbt wem das Wasser ab? Zahlen, Fakten, Trends und aktuelle Marktstudie. Dokumentation des 3. Schweizerischen Sponsoring-Symposiums am 09.06.1994: Zürich

Zollinger, Hans (1992) Sponsoring – mit außergewöhnlichen Methoden Sympathie schaffen. io Management Zeitschrift (5), S. 85 – 90

Zollinger, Hans (1995) Thesen zu Trends im Sponsoring. In: Tomczak, Torsten; Müller, Frank; Müller, Roland (Hrsg.): Die Nicht-Klassiker der Unternehmenskommunikation. Thexis: St. Gallen, S. 118 – 124